l'Histoire

au jour le jour

La plupart des textes édités dans ce livre
furent diffusés lors de la chronique
« Aujourd'hui dans l'histoire » sur Europe 1.

Avec la collaboration de Thierry Billard, Nicolas Carreau,
Charles Dupêchez, Philippe Séguy et Maxime Vasnier.

Les saints indiqués dans cet ouvrage
sont ceux du calendrier romain.

Création graphique et mise en pages : Alice Leroy
Direction artistique Flammarion : François Durkheim
Photogravure : Quat'Coul
Fabrication : Élodie Conjat

ISBN : 978-2-0813-0018-7
N° d'édition : L.01ELKN000463.N001
Dépôt légal : 2015
editions.flammarion.com

Franck Ferrand

présente

l'Histoire

au jour le jour

Flammarion

Prologue

Des lumières dans la nuit

À l'école, on apprend de moins en moins les dates ; de sorte que, chez les plus jeunes d'entre nous, hormis de grands jalons ressassés à l'envi – 1789, 1914, 1945... –, rares deviennent ceux qui pourraient dater sans hésiter les événements du passé. Est-ce par compensation, dès lors, que notre vie sociale se trouve, de plus en plus, rythmée par toutes sortes de jubilés, d'anniversaires, de commémorations ? Alors même qu'on ne sait plus situer la chute de Constantinople ou la révocation de l'édit de Nantes, plus une semaine ne passe sans la célébration d'un bicentenaire ou le rappel d'une heure de gloire ou d'un jour de deuil...

C'est que – les auditeurs d'Europe 1 me le disent chaque jour – nous avons besoin de bornes et de traces. Pour nous orienter et nous y retrouver ; pour évaluer, comparer, jauger, changer parfois de perspectives... Vouloir oublier les dates, en histoire, reviendrait pour le musicien à se priver des notes, ou pour le joueur de cartes, à nier la valeur des plis... Nous avons besoin – un besoin mental et viscéral – de dater les choses. Ne serait-ce que pour éviter certains raccourcis insensés.

Mais, à mes yeux, la date est bien plus qu'une matière première ; elle est le piton où s'accroche, où coulisse, la corde du temps. Dans mes rêveries d'historien, elle fait figure de repère et d'accès tout à la fois, de point fixe sur le passé, en même temps que de percée, de brèche vers des époques révolues.

Nous avons souhaité, dans ce recueil de dates choisies, vous offrir un florilège de ces repères et de ces accès – pour les uns essentiels, plus anecdotiques pour d'autres – comme une constellation de petites lumières allumées dans la nuit des temps, et qui non seulement nous situent et nous posent, jour après jour, mais nous offrent encore un viatique vers d'autres présents. Où je partage le ravissement d'un Yves Duteil lorsqu'il chante :

> *J'ai un profond respect des dates anniversaires*
> *Ces portes que le Temps dispose autour de nous*
> *Pour ouvrir un instant nos cœurs à ses mystères*
> *Et permettre au passé de voyager vers nous.*

À tous, à toutes, un bon, un heureux vagabondage !

Franck Ferrand

Octobre 2015

C'est le jour de l'An

1564

Quand Charles XI change le calendrier

Sur quoi ouvrir un tel almanach ? Comment faire différent avec un principe qui impose de débuter par le 1er janvier ? Le 1er janvier est-il, d'ailleurs, une date historique, avec des événements qui ont marqué l'Histoire ? Doit-on évoquer la mort de Louis XII en 1515, la fondation de Rio en 1531, ce 1er janvier où Lincoln proclame l'émancipation des esclaves de l'Union ou celui qui marque, en 1901, l'indépendance de l'Australie ? Revenons plutôt aux fondamentaux et aux raisons mêmes de ce livre : raconter, expliquer, faire comprendre. Et pour débuter, commencer par le commencement : l'histoire du 1er janvier lui-même.

C'est au grand Jules César, fondateur du calendrier julien en 46 avant notre ère, que l'on doit ce point de départ, lié à une fête consacrée à Janus – dont le nom *janvier* tire son origine –, dieu qui avait deux visages et pouvait tourner le premier vers l'année passée, le second vers celle à venir…

Si les Romains fixèrent le Nouvel An au 1er janvier, la Gaule a mis bien du temps à suivre leur exemple. Tellement qu'elle était devenue la France. Il a en effet fallu attendre 1564 et l'édit dit de Roussillon de Charles IX pour arrêter cette date. Auparavant, durant des siècles, au gré des époques et en fonction des régions, le Nouvel An s'était promené entre le 1er mars, le 1er avril – d'où le poisson –, Noël ou le jour de Pâques.

Soyons honnêtes, les seuls que ces errances continuent d'agacer sont les historiens qui, pour un événement survenu, par exemple, à Paris en février 1563, doivent savoir s'il s'agit de la date dite « ancien style », ce qui correspond pour nous à février 1564, ou de celle « nouveau style ». Et encore si le calendrier devient identique pour tout le royaume, il faut s'entendre sur celui dont on parle. Celui qui débute en 1564 est toujours le calendrier julien car c'est en 1582, grâce à une ordonnance d'Henri III, que la France passe au calendrier grégorien !

NAISSANCE DU JOUR

En 1921, César Baldaccini, dit César, célèbre sculpteur du trophée du cinéma français.

FAIT DU JOUR

En 1452, Nicolas Rolin, chancelier du duc de Bourgogne Philippe le Bon, et fondateur des Hospices de Beaune, y accueille son premier patient.

2 JANVIER

C'est la Saint Basile le Grand

1492
La chute d'al-Andalus

Le 2 janvier 1492, la ville de Grenade, en Andalousie, tombe enfin entre les mains des Espagnols – les vainqueurs appellent cette journée le *Dia de la Toma de Granada*. La prise met fin à une longue guerre. Et, par la même occasion, à la *Reconquista,* cette reconquête des royaumes chrétiens d'Espagne sur les territoires musulmans, installés dans la péninsule depuis près de huit siècles. De fait, la victoire devient une date capitale dans l'histoire européenne.

Les Arabes dont nous parlons ici appartenaient à l'al-Andalus, une succession d'États musulmans installés en Septimanie depuis la conquête menée en 711-714 : ils comprenaient l'émirat de Cordoue et le califat omeyyade, où régnèrent les dynasties almoravides et almohades, ainsi que le royaume de Grenade fondé par Mohammed ben Nazar en 1238. Un État qui s'effondra en dernier, le 2 janvier 1492, à l'issue de dix ans de combats terribles.

Les vainqueurs du fameux siège ? Ni plus ni moins le roi d'Aragon Ferdinand et son épouse, Isabelle, surnommée la Catholique, reine de Castille, de Léon, de Galice, de Tolède, de Séville, de Cordoue et de Murcie, régions appelées encore « les Espagnes »...

Des figures majeures de l'histoire des pays, au même titre que Christophe Colomb qui, en 1492 aussi, découvrit le Nouveau Monde, au nom de la Couronne. On comprend pourquoi cette année est dite « cruciale » en Espagne !

NAISSANCE DU JOUR

En 1920, Isaac Asimov, auteur américano-russe de romans de science-fiction.

HOMME DU JOUR

En 1907, deux ans après la séparation de l'Église et de l'État, Georges Clemenceau laisse les édifices nécessaires à l'exercice du culte à la disposition des fidèles et des ministres du culte.

La capitulation de Grenade,
par Francisco Pradilla y Ortiz.

XXe SIÈCLE

3 JANVIER

LE FRUIT DÉFENDU DE L'INFORMATIQUE

C'est la Sainte Geneviève

1977
Naissance d'une pomme

En Californie, Steve Jobs et Steve Wozniak, respectivement âgés de 22 et de 26 ans, déposent le 3 janvier 1977 les statuts d'une société existant depuis le 1er avril 1976 dont le nom va bientôt devenir célèbre : Apple. Son but : créer un ordinateur personnel à bas coût. C'est chose faite avec Apple I, vendu au prix de 666,66 dollars, simple boîtier de bois renfermant des circuits imprimés. Clavier et écran n'étant pas fournis, il faut brancher l'engin sur une télévision. Un peu rustique, l'appareil se vend à quelques dizaines d'amateurs passionnés. L'Apple II, lui, correspond plus à l'idée que l'on se fait d'un ordinateur. Commercialisé en juin 1977, en quelques années, il s'écoule à grande échelle. Et Apple devient une entreprise prospère. Suivent de nouvelles versions de la machine, avant, en 1984, l'apparition de la star, l'Apple Macintosh, le « Mac ». Vendu, lui, avec une souris et une interface graphique. À partir de cette date, la pomme croque tout sur son passage. L'expansion d'Apple, malgré quelques années difficiles, devient internationale. Et l'iPod, l'iPad, l'iPhone finissent d'imposer la domination de la marque.

Mais pourquoi avoir choisi une pomme comme logo, et même une pomme grignotée par une bouche gloutonne ? D'abord arc-en-ciel puis uni, ce symbole a suscité maints débats. On a parlé d'un clin d'œil à la pomme de Newton, d'une référence aux Beatles, et une autre rumeur a laissé penser qu'il s'agirait en fait d'un hommage à l'un des pionniers de l'informatique, le Britannique Alan Turing qui déchiffra les codes secrets nazis à l'aide de la machine Enigma. Condamné à la castration chimique parce qu'il aimait les garçons, il se suicida en croquant une pomme qu'il avait lui-même empoisonnée...

NAISSANCE DU JOUR

En 106 avant Jésus-Christ, Cicéron, homme politique romain et auteur.

HOMME DU JOUR

En 1953, Samuel Beckett présente pour la première fois *En attendant Godot*, au théâtre de Babylone à Paris.

4 JANVIER

C'est la Sainte Angèle de Foligno

1960
La fin brutale d'Albert Camus

Une grande page de la littérature française se déchire en ce 4 janvier 1960. Albert Camus, âgé de 47 ans seulement, Prix Nobel deux ans plus tôt, succombe aux suites d'un accident de voiture sur la Nationale 5, au lieu-dit Le Petit-Villeblevin dans le département de l'Yonne, alors qu'il rentrait de sa nouvelle résidence de Lourmarin. Au volant se trouvait Michel Gallimard, le neveu du célèbre éditeur. L'automobile a quitté la chaussée et percuté deux arbres. Un pneu a-t-il éclaté ? La Facel Vega roulait-elle trop vite ? On l'ignore.

Cette mort brutale et prématurée est beaucoup plus qu'un fait divers, elle occasionne un choc moral dont le public de 1960 prend vite la mesure car Albert Camus était davantage qu'un des grands écrivains de son siècle ; il incarnait aussi, et surtout, une haute conscience, un philosophe humaniste aux prises avec le caractère absurde d'une condition humaine qui se découvre privée de tout espoir d'éternité. Faut-il aussi rappeler qu'il descendait d'une vieille famille de pieds-noirs ? Que ses aïeux comptèrent parmi les premiers colons, mais n'en restèrent pas moins pauvres, lui offrant une vision du monde différente ? Qu'Albert, né en 1913, à Mondovi près de Bône, s'engagea en faveur d'une solution pacifique pour obtenir l'indépendance de l'Algérie, attitude qui le mit en marge de sa communauté, sans le faire bien voir des indépendantistes pour autant ? Faut-il souligner encore les œuvres de ce journaliste engagé à gauche, installé à Paris au début de la guerre, auteur de *L'Étranger* et du *Mythe de Sisyphe*, parus durant l'Occupation, puis de *La Peste*, des *Justes*, penseur qui vécut en marge des courants philosophiques de son temps, qu'ils fussent existentialistes, personnalistes, marxistes, car tous lui paraissaient trop abstraits, trop éloignés des êtres humains se débattant dans leur vie quotidienne ? C'est en tout cas une voix rare et écoutée qui s'éteint ce jour-là.

NAISSANCE DU JOUR

En 1785, Jacob Grimm, l'un des frères Grimm, collecteurs de contes et de légendes.

HOMME DU JOUR

En 1958, sir Edmund Hillary, alpiniste et explorateur néo-zélandais, atteint le pôle Sud avec l'expédition transantarctique du Commonwealth après quatre-vingt-deux jours de marche.

5 JANVIER

C'est la Saint Édouard le Confesseur

1757
Quand Louis XV se fait poignarder

À la cour de Versailles, on s'apprête à fêter l'Épiphanie. Louis XV s'est installé dans son ermitage de Trianon, plus facile à chauffer. Toutefois, dans l'après-midi, il fait un saut jusqu'au château pour rendre visite à sa fille, Madame Victoire, dite Coche pour les intimes, qui est souffrante. Un peu avant 18 heures, il regagne son carrosse, en compagnie de son fils et du capitaine de ses gardes, quand, sitôt sorti, il est violemment heurté par un homme qui s'est faufilé dans la pénombre. Le roi porte la main à son flanc et la retire pleine de sang ! Il vient d'être poignardé.

L'agresseur s'appelle Robert-François Damiens. Ce grand gaillard a été domestique chez plusieurs membres du Parlement – et c'est là qu'il a longuement entendu critiquer le roi. À force de capter ces conversations, il en est venu à le détester. Personnage interlope, ancien indicateur de la police, il est arrêté, bien entendu, et interrogé de façon musclée, avant d'être torturé dans les règles. En fait, il n'a frappé le roi qu'avec la petite lame de son canif, ne voulant sûrement pas le tuer, mais comme il s'est rendu coupable de lèse-majesté, son sort est scellé.

Le roi, physiquement, va bien car la blessure est superficielle. Mais, moralement, il est en état de choc, considérant à juste titre cette tentative de meurtre comme une marque de la haine que lui porte son peuple. Il n'ignore pas non plus que le coup vient, indirectement, de cette cour suprême de Justice qu'on appelle le parlement de Paris. De leur côté, les parlementaires, bien contrariés par l'incident, vont se montrer particulièrement sévères avec le coupable. Louis XV aurait volontiers gracié Damiens ; au lieu de quoi, le malheureux subira le plus atroce et infamant des supplices : tenaillé, écartelé vif en place de Grève... L'épouvantable boucherie va révulser l'Europe et jouer un rôle majeur dans le processus qui conduira à l'abolition de la torture.

NAISSANCE DU JOUR

En 1762, Constance Mozart, épouse du compositeur Wolfgang Amadeus Mozart.

FAIT DU JOUR

En 1875, Patrice de Mac-Mahon, maréchal de France et président de la République, inaugure le nouvel Opéra de Charles Garnier.

6 JANVIER

C'est l'Épiphanie

1540
Les six femmes de Henri VIII

Le 6 janvier 1540, il aurait fallu se réjouir du mariage célébré, mais en l'occurrence chacun s'inquiétait plutôt pour la jeune fiancée, la princesse allemande Anne de Clèves. Et pour cause, elle épousait le roi Henri VIII d'Angleterre et devenait sa quatrième femme. Elle ne sera pas la dernière et s'en tirera à bon compte, deux autres lui succédant dans l'alcôve. Pourquoi cette inquiétude ? Parce que, jusqu'ici, les épouses du roi Henri finissaient mal… À commencer par la première, Catherine d'Aragon. Incapable de donner un héritier mâle à la Couronne, elle fut répudiée, ce qui provoqua, après maints rebondissements, le schisme de l'Église d'Angleterre –, puis fut reléguée dans un château lointain pour laisser sa place à la jolie Anne Boleyn… Dont le roi se lassa vite, n'ayant toujours pas d'héritier, bien qu'elle lui eût donné une fille ! Afin de s'en débarrasser, Henri l'accusa d'adultère et même d'inceste : elle fut enfermée à la tour de Londres, puis décapitée. Le mariage avait duré trois ans. La troisième élue s'appela Jeanne Seymour. Une idylle menée tambour battant. Le couple se fiança le lendemain de l'exécution d'Anne Boleyn et se maria dix jours plus tard. Jeanne parvint à donner un héritier au trône : Édouard. Mais elle succomba des suites de l'accouchement. Après s'être montré inconsolable le temps qu'il fallait, le roi se résigna à épouser Anne de Clèves, sœur d'un prince allemand qui pouvait se révéler utile. Hélas, ne connaissant d'elle que son portrait, il fut affreusement déçu en découvrant l'original.

Magnanime, cette fois, il se contenta de dissoudre le mariage ! L'épouse suivante, Catherine Howard, renoua avec le malheur : elle fut décapitée pour adultère, après deux ans d'union. Lui succéda Catherine Parr, qui, peut-être parce qu'elle avait déjà eu deux maris, sut comment s'y prendre pour tirer son épingle du jeu. Une fois veuve, elle se remaria avec son véritable amour, mais mourut en couches.

NAISSANCE DU JOUR

En 1412, Jeanne d'Arc.

HOMME DU JOUR

En 1838, Samuel Morse présente pour la première fois son invention, le télégraphe.

7 JANVIER

C'est la Saint Raymond de Peñafort

1959
Washington adoube Castro

Les États-Unis reconnaissent le nouveau gouvernement cubain, celui de Fidel Castro après que, le 1er janvier, à la tête des rebelles, cet ancien étudiant en droit, issu de la bonne bourgeoisie, eut renversé le régime du dictateur Batista et pris le pouvoir.

Cette reconnaissance, de la part de Washington, fut considérée comme précoce. La Maison-Blanche fut, en effet, l'une des premières à admettre la légitimité de ce nouveau dirigeant. Il est vrai que, vu le nombre d'entreprises américaines implantées sur l'île à l'époque, mieux valait ménager le pouvoir.

Toutefois, l'entente ne dura guère. Dès le mois de mai, les relations entre les deux pays se tendirent. Le nouveau chef, Fidel Castro, lança une politique de nationalisations. Les terres de nombreux citoyens furent confisquées, comme celles de plusieurs grandes sociétés américaines !

En représailles, les États-Unis menacèrent de ne plus acheter de sucre cubain. L'Union soviétique, de son côté, enfonça un coin dans la brèche et se mit à défendre l'île. Commença une succession de crises qui marquèrent l'Histoire : en 1961, dans la baie des Cochons, la CIA rata complètement le débarquement de mille cinq cents Cubains anticastristes. En octobre 1962 éclata la fameuse crise des fusées quand, entre-temps, les États-Unis avaient mis en place un sévère embargo économique, commercial et financier. Il est toujours en place, cinquante ans plus tard… même si Barack Obama et Raúl Castro ont annoncé la reprise de relations diplomatiques.

NAISSANCE DU JOUR

En 1873, Charles Péguy, écrivain et poète français.

HOMME DU JOUR

En 1714, Henry Mill dépose le brevet de la machine à écrire.

8 JANVIER

C'est la Saint Lucien de Beauvais

1642

Galileo Galilei : « Et pourtant, elle tourne »

Rendons-nous du côté de Florence, en Italie, à Arcetri exactement, le jour de la mort d'un certain Galileo Galilei, connu chez nous sous le nom de Galilée. Soit le 8 janvier 1642.

C'est un grand humaniste qui disparait, l'homme qui a inventé la lunette astronomique, notamment, pour observer les planètes et les étoiles d'un peu plus près. À dire vrai, le fameux instrument avait déjà été mis au point par un Hollandais, mais Galilée le perfectionna et réussit à grossir trente fois l'objet observé quand la première version ne le multipliait que par trois ou quatre. Grâce à cette invention, on pouvait désormais observer la Voie lactée, distinguer des cratères sur la Lune, des taches sur le Soleil et même découvrir de nouvelles étoiles ! Galilée publia un livre pour décrire ses observations et jouit d'un succès immédiat.

Mais il se fit des ennemis, et non des moindres, quand il osa défendre la thèse copernicienne selon laquelle la Terre n'était pas le centre de l'Univers, mais tournait sur elle-même et autour du Soleil. Cette assertion n'était pas nouvelle, mais personne n'avait osé, jusqu'ici, la défendre ouvertement et dans une langue ordinaire compréhensible par tous. D'un point de vue religieux, elle posait problème : avec cette théorie, les hommes n'étaient plus le point de mire de Dieu, mais devenaient une poussière jetée dans l'Univers. Les princes de l'Église se raclèrent la gorge. Même le pape Urbain VIII, qui connaissait personnellement Galilée, ne put empêcher qu'on lui fît un procès. La sentence tomba : Galilée fut condamné à la prison, peine commuée en résidence surveillée.

Mais le plus terrible pour le savant fut qu'il dut abjurer, renoncer à ses hypothèses, en lisant un texte dans lequel il reconnaissait ses erreurs. La légende veut qu'après cette lecture, il ait murmuré : *Eppur si muove* ; et pourtant elle tourne ! Il fallut attendre 1992 pour que l'Église, par la voix du pape Jean-Paul II, reconnût ses torts à son égard.

NAISSANCE DU JOUR

En 1935, Elvis Presley, chanteur et acteur américain pionnier du rock and roll.

HOMME DU JOUR

En 1959, Charles de Gaulle prend ses fonctions de président de la République après son élection de décembre 1958.

9 JANVIER

C'est la fête de la Bienheureuse Alix Le Clerc

1934
Le beau Sacha

Chamonix, le 9 janvier 1934. Dans un chalet, Alexandre Stavisky, surnommé « le beau Sacha », est retrouvé mort. Un suicide, semble-t-il. Tout de suite pourtant, son décès intrigue. Car Alexandre Stavisky était un escroc, un financier mouillé dans des affaires de trafic d'influences avec des élus, l'auteur notamment d'une arnaque montée avec la complicité du député-maire de Bayonne. Et parce qu'il était recherché par la police. Or, c'est au moment où celle-ci le retrouve qu'il se suicide, ce qui, l'on s'en doute, arrange bien du monde. Stavisky, mort, ne parlera plus ; il n'impliquera pas de nouveaux responsables. Cependant, en examinant de plus près les circonstances de ce décès, maints éléments laissent les observateurs dubitatifs. *Le Canard enchaîné* titre : « Stavisky s'est suicidé d'une balle tirée… à trois mètres ! Ce que c'est que d'avoir le bras long ! »

À l'époque le climat est délétère : une crise économique et politique sévit, l'instabilité parlementaire dans laquelle s'est installée la IIIe République règne. Et, Stavisky, juif d'origine russe, est la cible des nauséabondes ligues antisémites, qui s'en donnent à cœur joie et attaquent la politique de naturalisation.

Sa mort surgit comme un détonateur qui arrive opportunément, devient le prétexte à lancer un mouvement antigouvernemental. Les ligues manifestent, avec violence. Le gouvernement tombe. Le 6 février, Édouard Daladier, président du Conseil, présente un nouveau ministère. Durant ce temps, une manifestation dégénère sur la place de la Concorde. La police tire. On compte dix-sept morts. Daladier démissionne. Deux ans plus tard sonne la victoire du Front populaire avec Léon Blum à sa tête.

NAISSANCE DU JOUR

En 1941, Joan Baez, chanteuse américaine de musique folk.

HOMMES DU JOUR

En 1959, Pierre Dumayet, Pierre Desgraupes et Pierre Lazareff lancent l'émission *Cinq colonnes à la une*. C'est la naissance du grand reportage à la télévision française.

10 JANVIER

C'est la Saint Guillaume de Bourges

1920
La Société des Nations

La Société des Nations, qui voit le jour le 10 janvier 1920, est l'une des suites importantes du traité de Versailles, signé le 19 juin de l'année précédente. La SDN, comme on se met vite à l'appeler, représente en effet la première tentative de concertation des grandes puissances à l'échelle mondiale. Mais si elle a été imaginée et promue par le président Woodrow Wilson, qui en avait fait son quatorzième point pour le règlement de la Première Guerre mondiale, le Congrès américain s'est refusé à ratifier le traité de Versailles : en somme, d'emblée son pouvoir fut fragilisé. Quel paradoxe pour elle que l'État se trouvant à son origine ait commencé par n'y pas entrer.

Dans l'entre-deux-guerres, plusieurs grandes puissances quittent la Société des Nations : l'URSS, l'Allemagne nazie et le Japon, entre autres. Comment dès lors, et dans ces conditions, l'institution nouvelle pouvait-elle jouer un rôle efficace ?

Cet organisme qui siégeait à Genève, en Suisse, territoire neutre, dans des locaux construits à son usage – le palais des Nations – fut vite brocardé pour son impuissance. Mais cette amorce balbutiante de gouvernement mondial qui préfigure l'ONU est, dans l'Histoire, d'une importance fondamentale, dans la mesure où elle témoigne d'un changement radical dans la philosophie de la diplomatie ; on songe enfin à dépasser les vieux antagonismes nationalistes. Elle a d'ailleurs laissé un héritage plus riche que ce qu'on dit souvent. Et si elle ne se montra pas de taille à s'opposer à l'ascension des régimes totalitaires – Mussolini assurait avec cynisme : « La Société des Nations est très efficace quand les moineaux piaillent, mais plus du tout quand les aigles attaquent... » –, elle eut un rôle non négligeable.

NAISSANCE DU JOUR

En 1769, Michel Ney, nommé maréchal par Napoléon Ier.

FAIT DU JOUR

En 1927, *Métropolis* de Fritz Lang est projeté dans les salles de cinéma allemandes.

11 JANVIER

C'est la Saint Paulin d'Aquilée

1962

Vive le « France », Vive la France

Tout un chacun devait se sentir petit sur le quai du port du Havre, le 11 janvier 1962. Même Michel Debré, le Premier ministre venu inaugurer le *France*, ce gigantesque paquebot qui mesure plus de trois cents mètres de long, ce fleuron des navires de croisière qui, malgré sa taille impressionnante, est capable d'atteindre les trente nœuds (55 km/heure).

Le navire symbolise la puissance française et le savoir-faire des chantiers de l'Atlantique, à Saint-Nazaire. Sa construction a débuté en 1957 et le vaisseau a été lancé en 1960. Le général de Gaulle, lors de son discours, avait déclaré : « Que ce navire aille donc accomplir sa destinée : porter des hommes vers des hommes. » Puis : « Vive le *France*, vive la France ! »

Le palais flottant représente une prouesse technologique ainsi que l'art de vivre à la française. Les architectes ont peaufiné le confort. Les cabines sont climatisées (chose rare pour l'époque), la première classe bénéficie de salons somptueux… Le 19 janvier 1962, le *France* largue donc en fanfare les amarres pour sa croisière inaugurale. Mille sept cents passagers montent à bord, destination les îles Canaries. Une fois bien rodé, le navire effectuera sa première traversée transatlantique le 3 février suivant.

Mais, en 1974, supplantées par les voyages en avion, les croisières maritimes ne font plus recette. Le *France* est donc désarmé. On se souvient du tollé qu'a suscité la nouvelle dans le pays et de la chanson rageuse de Michel Sardou : « Ne m'appelez plus jamais *France.* » Un armateur norvégien rachète le paquebot en 1979. Celui-ci va naviguer à nouveau sous le nom de *Norway*. Avant de changer encore de propriétaire en 2006 et de devenir le *Blue Lady,* démantelé l'année suivante.

NAISSANCE DU JOUR

En 1503, Girolamo Francesco Maria Mazzola, dit Parmigianino ou Le Parmesan en français, peintre italien de la Renaissance.

FAIT DU JOUR

En 1963, on fête l'ouverture du Whisky à Gogo, première salle de danse française qui sera appelée « discothèque ».

12 JANVIER

C'est la Sainte Marguerite Bourgeoys

1822

La Grèce, cette grande indépendante

Le 12 janvier 1822, non loin de l'antique cité d'Épidaure, dans le Péloponnèse, des Grecs se regroupent en assemblée et proclament leur indépendance contre la tutelle de l'Empire ottoman. Une audace lorsqu'on songe que la Grèce vit sous sa domination depuis le XVe siècle ! Mais il ne suffit pas de se proclamer indépendant pour l'être. Aussi une guerre commence, qui va inspirer les œuvres de nombreux romantiques. Hugo et Lamartine en France, Lord Byron en Grande-Bretagne s'enthousiasment pour le combat des Grecs, huit années de luttes très sanglantes qui s'achèvent en 1830. Il faut, *in fine*, le ralliement des forces européennes pour accélérer le cours des événements car, à l'origine du conflit, les Grecs, chrétiens, sont seuls face aux Turcs, musulmans, et les subtiles alliances diplomatiques de l'époque interdisent aux nations européennes d'intervenir : personne ne veut ébranler un équilibre fragile avec le Divan.

En 1827, la conférence de Londres réunit la France, le Royaume-Uni et la Russie. Ces trois pays reconnaissent le nouvel État, tentent d'apaiser le conflit et entament une médiation entre les Grecs et les Turcs. Mais l'Empire ottoman décline toute concession. On va donc se battre puisque c'est la seule solution. Une flotte franco-russo-britannique est envoyée dans la baie de Navarin, à l'ouest du Péloponnèse, qui parvient à détruire une soixantaine de navires ottomans et égyptiens. La victoire est totale. Mais les Grecs ne sont pas libérés pour autant.

C'est seulement en 1830 qu'une conférence à Londres entérine définitivement leur indépendance. Même l'Autriche et la Prusse, jusque-là neutres dans le conflit, s'inclinent. La Grèce fait partie de l'Europe, n'est-ce pas ?

NAISSANCE DU JOUR

En 1949, Haruki Murakami, écrivain japonais auteur notamment de *La Course au mouton sauvage* et *Kafka sur le rivage*.

FAIT DU JOUR

En 1972, Yves Montand est le premier invité de l'émission *Le Grand Échiquier* de Jacques Chancel. Le programme télévisé, qui ne devait pas dépasser treize numéros, dura finalement dix-huit ans.

13 JANVIER

C'est la Saint Hilaire de Poitiers et la Sainte Yvette

1910
L'arrivée de la radio

Le 13 janvier 1910, un nouveau type de média voit le jour. Un média que l'auteur de cet almanach aime plus que tout puisqu'il s'agit de la radio ! L'événement se passe à New York. L'ingénieur américain Lee De Forest, qui a déjà réalisé des expériences radiophoniques, deux ans plus tôt, entre Melun et Paris, propose la première radiodiffusion publique. En l'occurrence la retransmission d'un opéra de Pietro Mascagni, *Cavalleria Rusticana,* en direct du Metropolitan Opera, avec le légendaire Caruso dans le rôle du bellâtre Turiddu. Certes, Marconi avait déjà réussi la première émission de radiotélégraphie entre la France et l'Angleterre mais cette expérience n'avait pas été rendue publique.

Quant à la première transmission de la voix humaine, c'est au Canadien Reginald Fessenden qu'on la doit pour la Noël de 1900 ; six ans plus tard, toujours à l'occasion de la fête de la Nativité, il avait effectué la première retransmission publique de voix et de musique, certes avec bien moins de tapage que son rival de 1910. Précisons aussi que la Marine française était équipée de TSF dès 1900.

La radio venait donc de naître et n'allait pas tarder à prendre son envol. Ce fut même l'une des particularités de cette invention que son succès immédiat. Durant la Première Guerre mondiale, pour des raisons militaires, elle se développa à vive allure. Et, dans l'entre-deux-guerres, elle devint indispensable au point que l'on parle, pour désigner les décennies 1920-1950, des « années radio ». Les premiers programmes quotidiens, ancêtres de ceux que nous connaissons, ont été lancés en Angleterre en 1920, et dans la foulée aux États-Unis, en Union soviétique, en France...

Les récepteurs se perfectionnèrent et apparut bientôt un poste « toutes ondes » dans les familles, avant l'explosion du transistor dans les années soixante. Ce transistor auquel l'image d'Europe 1 est si attachée.

NAISSANCE DU JOUR

En 1924, Roland Petit, chorégraphe et danseur, fils de Rose Repetto, la créatrice du chausson et de la marque Repetto.

FAIT DU JOUR

En 1982, Pierre Mauroy et son gouvernement réduisent la durée du travail à 39 heures hebdomadaires.

14 JANVIER

C'est la Sainte Nino

1797
Napoléon avant Napoléon

Si les Parisiens connaissent forcément la rue de Rivoli, je gagerais qu'ils ne savent guère à quoi cette appellation fait référence. Eh bien, à une victoire napoléonienne, à l'époque où Bonaparte n'est pas encore empereur, mais le général en chef de l'armée d'Italie.

Luttant contre les Autrichiens et venant de remporter la célèbre bataille du pont d'Arcole, l'armée française assiégeait la ville de Mantoue où le général Colli et ses troupes s'étaient réfugiés. Quatre colonnes de vingt-huit mille Autrichiens vinrent à la rescousse. Dix mille Français, derrière le général Joubert, jugèrent prudent de se replier sur le plateau de Rivoli. Arrivèrent alors Berthier et Bonaparte. Tandis que les Autrichiens se trouvaient en contrebas, du côté français, les munitions commencèrent à manquer et l'infériorité numérique, malgré le génie du général, laissait peu d'espoir sur l'issue du combat. Rivoli allait-il devenir synonyme de défaite ?

Le miracle vint du général Masséna. Ce jour-là, il accomplit un véritable exploit. À la tête de ses hommes, il se précipita vers ce village du nord de l'Italie, couvrant cent cinquante kilomètres en deux jours. Et l'afflux massif de soldats, même épuisés, retourna la situation. Ce fut la débâcle chez les Autrichiens.

Bonaparte surnomma son sauveur « l'Enfant chéri de la victoire » et le titra duc de Rivoli ! Il retourna ensuite à Mantoue prêter main-forte aux troupes qui encerclaient la ville puis réussit à la prendre, le 2 février. Les Autrichiens furent bientôt obligés de solliciter la paix, signée à Campoformio. Et ce nom vint à nouveau identifier une station de métro.

NAISSANCE DU JOUR

En 1883, Nina Ricci, styliste franco-italienne.

HOMME DU JOUR

En 1980, Indira Gandhi devient Premier ministre de l'Inde.

15 JANVIER

C'est la Saint Rémi

1790

La France redécoupée

Alors que la Révolution française bat son plein, l'Assemblée constituante publie, le 15 janvier 1790, un décret qui établit une nouvelle division du royaume de France en quatre-vingt-trois départements.

Auparavant, la situation était plus que complexe : le territoire était découpé en circonscriptions administratives, ecclésiastiques, fiscales, en provinces aux contours plus ou moins flous, frontières héritées de l'Histoire. Comme le disait Mirabeau, la France se résumait alors à un « agrégat inconstitué de peuples désunis ». Lutter contre cette anarchie administrative et la simplifier fut justement le but du nouveau découpage proposé par l'abbé Sieyès. Il y avait un impératif dans ce travail : permettre à chaque habitant d'un département de rallier son chef-lieu en moins d'une journée de cheval. Voilà comment naquirent quatre-vingt-trois départements, eux-mêmes divisés en districts, cantons et communes.

Pour décider du mode de découpage, certains émirent l'idée de diviser à la manière américaine, en quadrillant le territoire à angle droit. Sans succès. Mirabeau, notamment, s'y opposa, prônant un découpage qui prît en compte la géographie, les rivières, les montagnes, les reliefs, enfin les aléas du territoire français. Grâce à cette véritable « révolution géographique », c'en était fini des flottements de l'Ancien Régime ; le nouveau cadre allait permettre au pouvoir central de mieux contrôler le pays. On dit que la géographie accompagne toujours l'Histoire, en voici une énième démonstration.

NAISSANCE DU JOUR

En 1622, Jean-Baptiste Poquelin, dit Molière.

HOMME DU JOUR

En 1986, Mikhaïl Gorbatchev propose un plan de désarmement afin de liquider les armes nucléaires d'ici la fin du XXe siècle.

16 JANVIER

C'est la Saint Honorat

1920
Conséquence du puritanisme ? La pègre…

À partir du 16 janvier 1920, les Américains n'ont plus le droit d'acheter, de vendre ou de fabriquer une seule goutte d'alcool. La Prohibition vient de naître.

Qui en est à l'origine ? Les ligues de vertu. Certes, l'idée part d'une bonne intention. Dès le XIXe siècle, certains pasteurs luttent contre les méfaits bien connus de l'alcool et notamment son cortège de violences conjugales. Le sujet brûlant est ensuite repris par des mouvements comme le Ku-Klux-Klan. Petit à petit, quelques États mettent en place des mesures de prohibition ; on les baptise les Dry States (les « États Secs »). En 1855, il sont treize. Le 28 octobre 1919, le *Volstead Act*, qui encadre ces dispositions, est entériné. Et, le 16 janvier 1920, des mesures drastiques entrent en vigueur : il est interdit de fabriquer, de vendre ou simplement de transporter de l'alcool, exception faite, tout de même, du vin de messe et de quelques médicaments.

L'initiative contribue aussitôt au développement… d'un marché noir sans précédent ! Les contrebandiers cachant des bouteilles d'alcool dans leurs bottes, on les appelle les « bootleggers ». Avec la Prohibition naît donc la grande époque des gangsters, Al Capone régnant à Chicago. Les autorités, vite débordées par ce marché parallèle, voient les bars clandestins fleurir, ainsi que les distilleries artisanales dans les caves, qui fabriquent un épouvantable alcool frelaté. Les *Incorruptibles*, une série télévisée puis un film, et, depuis quelques années, l'excellente série *Bordwalk Empire*, installée par Martin Scorsese à Atlantic City, décrivent la violence suscitée par cette Prohibition.

En 1933, n'en pouvant plus, on vote le XXIe Amendement autorisant à nouveau la consommation d'alcool. La morale de l'histoire, c'est que, lorsqu'une loi est excessive, elle peut aussi devenir contre-productive.

NAISSANCE DU JOUR

En 1853, André Michelin, industriel français.

FEMME DU JOUR

En 2005, Adriana Iliescu, une Roumaine de presque 67 ans, donne naissance à une petite fille grâce à une fécondation *in vitro*. C'est la plus vieille mère du monde.

17 JANVIER

C'est la Saint Antoine le Grand

1562
L'édit de Janvier

Les bons sentiments peuvent-ils exister en politique ? Le 17 janvier 1562, le roi Charles IX signe l'édit de Janvier – que l'on nomme parfois l'édit de tolérance de Saint-Germain – puisque le texte est signé dans le château de ce nom. Il accorde aux protestants le droit de pratiquer leur culte dans les faubourgs, hors des villes fortifiées. En contrepartie, ceux-ci doivent restituer les lieux de culte dont ils se sont rendus maîtres.

Charles IX a-t-il décidé seul ? Certainement pas. C'est sa mère, la reine Catherine de Médicis, qui gère en sous-main, et d'une manière plus que ferme, les affaires du royaume. Et pour cause ! Le jeune roi n'a que 12 ans…

En ce milieu du XVIe siècle, les relations entre protestants et catholiques sont extrêmement tendues bien que l'année ait commencé sans heurts. Ce texte apparaît donc, de prime abord, comme un beau gage d'apaisement, une invitation à la réconciliation. Las ! loin de calmer les dissensions, il va les accentuer. Le camp catholique ne décolère pas. Et le parlement de Paris refuse purement et simplement d'enregistrer l'édit. De leur côté, les « huguenots » opposent un non catégorique à l'idée de rendre les chapelles.

Le 1er mars, le duc de Guise, chef de file des catholiques, se rend à la messe avec ses hommes. Il croise à Wassy deux cents protestants en train de célébrer leur culte, non pas en dehors de la ville, mais à l'intérieur des fortifications, rassemblés dans une grange. Guise voit rouge. Ses hommes se ruent dans la foule, armes à la main, massacrent hommes, femmes et enfants. On compte des dizaines de cadavres. La première guerre de Religion va commencer. Dix ans plus tard se déroulera un autre massacre, celui de la Saint-Barthélemy.

NAISSANCE DU JOUR

En 1706, Benjamin Franklin, mathématicien et physicien américain, l'un des Pères fondateurs des États-Unis.

HOMME DU JOUR

En 1895, après la démission de Jean Casimir-Perier à la suite de lois sur la presse jugées liberticides, Félix Faure devient président de la République.

18 JANVIER

C'est la Sainte Marguerite de Hongrie

1800
La création de la Banque de France

C'est au Premier consul, Napoléon Bonaparte, que revient l'excellente idée de créer, en ce beau jour du 18 janvier 1800, une Banque de France. Fondée sur un modèle anglais, elle sera chargée notamment d'émettre des billets. L'ennui, c'est que les Français restent traumatisés par les aventures du papier-monnaie.

En 1720 déjà, l'économiste écossais John Law avait en effet mis en place un système de billets pour éponger la dette de la France. Qui avait eu pour conséquence de créer une spéculation entraînant une panique générale et provoquant une grave crise économique. Une catastrophe comparable s'était déroulée durant la Révolution : les assignats avaient ruiné nombre de citoyens. Le gouvernement, en 1800, tira les leçons de ces *expériences* pour rétablir la confiance : chaque billet pourra être échangé à la Banque de France contre sa valeur en or. Une façon de rassurer les amateurs d'espèces sonnantes et trébuchantes.

La Banque de France s'installe à l'hôtel de Toulouse, dans le premier arrondissement de Paris, avec une capacité d'émission de billets d'abord limitée à la capitale. Le succès est incontestable ! Pas immédiatement mais, petit à petit, la confiance revient et le système se trouve bientôt capable de financer les désirs de Napoléon. Car l'empereur a cruellement besoin d'argent frais pour assouvir ses envies de conquêtes.

Le premier régent de la Banque de France est le banquier suisse Jean-Frédéric Perregaux, à l'initiative du projet. À partir de 1806, Napoléon place un gouverneur à la tête de l'institution afin de s'émanciper de la tutelle des actionnaires et accroître son contrôle. Après la révolution de 1848, pour éviter des demandes de remboursement trop nombreuses, la Banque de France ne sera plus tenue d'échanger de l'or contre des billets.

NAISSANCE DU JOUR

En 1641, le marquis de Louvois, grand ministre de Louis XIV.

FAIT DU JOUR

En 1825, conçu par Joseph Beauvais, le théâtre Bolchoï de Moscou est inauguré.

19 JANVIER

C'est la Saint Germanicus

1840

Un nouveau, nouveau monde

Le 19 janvier 1840, en plein océan Antarctique, près du pôle Sud, deux navires français tentent de se frayer un chemin parmi les icebergs. Tout à coup surgit devant eux une montagne de glace. Le chef de l'expédition, Jules Dumont d'Urville, vient de découvrir la Terre Adélie ! Jusque-là, aucun homme ne s'était aventuré si loin.

Qu'est-il venu faire, ce Dumont d'Urville ? Agir pour les intérêts stratégiques de la France. Car les Anglais aussi s'intéressent à cette terre lointaine. En relâchant dans le port de Hobart, au sud de l'Australie, en Tasmanie, Dumont d'Urville apprend que deux expéditions britanniques sont en marche. Jugeant inacceptable de leur laisser la primeur d'une découverte, il fait hisser les voiles de *L'Astrolabe* et *La Zélée*, ses deux bateaux, et met le cap au sud. Il découvre alors la Terre Adélie.

Mais pourquoi ce nom ? Pour rendre hommage à son épouse qui s'appelle Adèle, privilège dont peuvent jouir les découvreurs. Mais il faut un peu de temps pour débarquer sur ce nouveau territoire. Et c'est seulement le 22 janvier que Dumont d'Urville et ses hommes y posent le pied. Le navigateur plante le drapeau français avec la certitude que cette étendue glacée revêtira, dans l'avenir, une importance stratégique. Autre source de joie et de fierté légitime : Américains et Anglais ont été doublés.

Dumont d'Urville revient en héros au pays natal. Nommé contre-amiral, il reçoit la grande médaille d'or de la très prestigieuse Société de géographie et n'a plus qu'à se reposer et jouir de sa gloire… Hélas, il n'en a guère le loisir : en 1842, à Meudon, il est victime du tout premier accident ferroviaire de l'Histoire. Le train, dont les voitures sont en bois, déraille et provoque un incendie. Cinquante-sept personnes sont brûlées vives, dont Dumont d'Urville, sa femme, Adèle, et leur fils âgé de 16 ans… Quelle ironie que de mourir ainsi, après avoir navigué sur les mers les plus dangereuses !

NAISSANCE DU JOUR

En 1809, Edgar Allan Poe, écrivain américain.

FEMME DU JOUR

En 1911, Isadora Duncan triomphe à Paris. La danseuse américaine danse l'*Orphée et Euridice* de Gluck.

20 JANVIER

C'est la Saint Fabien et la Saint Sébastien

1961

Le 35e président des États-Unis est… catholique !

John Fitzgerald Kennedy est devenu le trente-cinquième président des États-Unis. Le nouveau chef de l'État, tellement charismatique, a 43 ans. En ce 20 janvier 1961, son discours d'investiture ouvre une nouvelle ère ; et sa phrase essentielle s'incruste dans les mémoires : « Vous qui, comme moi, êtes américains, ne vous demandez pas ce que votre pays peut faire pour vous, mais demandez-vous ce que vous pouvez faire pour votre pays. » Des décennies plus tard, on cite encore volontiers ce discours, en omettant hélas souvent la suite : « Vous, citoyens du monde, ne vous demandez pas ce que les États-Unis peuvent faire pour le monde, mais demandez-vous ce que ensemble, nous pouvons faire pour la liberté des hommes. »

À 43 ans, le plus jeune président des États-Unis est aussi le seul qui soit de confession catholique. L'élection de l'année précédente l'a opposé, lui, le démocrate, au républicain Richard Nixon. La campagne s'est terminée par le premier débat télévisé de l'Histoire, sur la chaîne CBS, en septembre 1960. Et c'est sans doute cette confrontation qui fit pencher la balance en faveur de Kennedy, qui apparut calme, serein et séduisant, face à un adversaire nerveux et suant, très peu à son aise. Les politiques de l'époque n'étaient pas encore rompus à cet exercice implacable alors que, chez Kennedy, parler en public était inné. Il n'empêche que le duel fut serré : seules cent vingt mille voix séparèrent le vainqueur du vaincu !

Kennedy a marqué l'Histoire, peut-être moins pour ses réformes politiques et économiques que par son style, son charisme et, bien entendu, sa fin tragique. Mille jours après son élection, le 22 novembre 1963, il est assassiné, à Dallas, officiellement par Lee Harvey Oswald, en réalité dans des circonstances troubles qui demeurent une énigme.

NAISSANCE DU JOUR

En 1920, Federico Fellini, homme de cinéma italien.

HOMME DU JOUR

En 1531, le capitaine Estácio de Sá fonde Rio de Janeiro.

21 JANVIER

C'est la Sainte Agnès de Rome

1793
Ceux qui voulaient sauver Louis XVI

Le moment d'exécuter le roi Louis XVI est arrivé… Place de la Révolution, l'actuelle place de la Concorde, autour de la guillotine, malgré le froid, la foule s'amasse, silencieuse, au petit matin du 21 janvier 1793. Louis Capet, comme on l'appelle maintenant, a été réveillé à 5 heures, dans sa prison du Temple. Il confie à son valet, Cléry, qu'il a bien dormi et qu'il en avait besoin ! En de pareilles circonstances, chaque mot de l'ancien roi se pare d'une sombre ironie… Une messe est célébrée dans sa cellule. Le roi se rase et s'habille. Aux alentours de 9 heures, on le conduit place de la Révolution en voiture, et non sur une charrette de condamné.

Quelqu'un tente-t-il de le sauver sur le chemin ? Oui, le baron de Batz, qui a réuni une poignée de royalistes. La tentative échoue. Louis n'en sait rien. Le convoi continue sa route et son carrosse vient se ranger devant l'échafaud. Il en descend. Le bourreau, Sanson, le salue, lui retire sa redingote, puis sa cravate pour découvrir le cou et permettre à la lame de trancher net. On s'avance pour lui lier les mains, non par cruauté mais afin d'éviter un mouvement involontaire sur la guillotine. « Jamais ! », s'indigne Louis XVI. Il doit cependant s'y résoudre.

À ce moment-là, le souverain déchu n'a pas encore gravi les marches de l'échafaud… Il les monte alors avec l'aide de son confesseur. Mais, avant d'être allongé sur la planche, il adresse au peuple ces paroles : « Je meurs innocent de tous les crimes que l'on m'impute. Je pardonne aux auteurs de ma mort. Je prie Dieu que le sang que vous allez répandre ne retombe jamais sur la France. » Le malheureux n'a pas le temps d'aller au bout de sa déclaration qu'on fait battre les tambours pour couvrir sa voix. Il est placé sur la machine. Et, à 10 h 22, le couperet siffle. L'un des assistants s'empare de la tête et la montre au peuple. La dépouille est inhumée au cimetière de la Madeleine où la rejoint, quelques mois plus tard, celle de son épouse, Marie-Antoinette.

NAISSANCE DU JOUR

En 1763, Augustin Robespierre, le frère de Maximilien avocat et homme politique français.

HOMME DU JOUR

En 1998, Jean-Paul II arrive à Cuba. C'est la première visite d'un pape dans un pays sous régime communiste.

C'est la Saint Vincent

1506
La plus petite armée du monde

Le 22 janvier 1506, cent cinquante hallebardiers traversent Rome, depuis la porte del Popolo jusqu'au Vatican, en passant par le Campo dei Fiori. Le spectacle est magnifique. On fonde la garde suisse pontificale, celle qui deviendra la plus ancienne armée du monde… et aussi la plus petite.

Les gardes suisses sont aujourd'hui surtout connus pour leur uniforme très chamarré. Une tenue qui a toute une histoire, et n'a jamais été conçue par Michel-Ange, comme on l'a prétendu, mais entièrement redessinée en 1914 en s'inspirant des fresques de… Raphaël. Chacun connaît le pourpoint bleu, jaune et rouge et la culotte bouffante assortie, couleurs guère idéales pour se camoufler en temps de guerre, mais parfaites pour l'objectif qu'on leur assigne : l'uniforme des gardes a été créé pour être vu ! On doit le bleu et le jaune au goût du pape Jules II, celui qui a fait venir les Suisses au Vatican, tandis que son successeur, Léon X, ajoute le rouge. Chaque uniforme est réalisé par le tailleur du Vatican, à partir de cent cinquante-six pièces de tissus. Il est ensuite béni par le pape et, quand le garde arrive en fin de service, détruit au hachoir.

Une question récurrente surgit : viennent-ils vraiment de Suisse, ces fameux gardes ? Absolument ! Nul n'intègre la garde et ne revêt cette tenue s'il ne possède la nationalité helvétique. En outre, il doit être sportif ; la petite armée pontificale joue un rôle essentiellement décoratif mais n'en constitue pas moins un corps d'élite surentraîné. Chaque soldat doit avoir moins de 30 ans, être célibataire et mesurer plus d'un mètre soixante-quatorze. Sans oublier, tranquille évidence, qu'il faut être de confession catholique romaine et jouir d'une réputation irréprochable. Ce qui parfois ne met pas la garde suisse à l'abri des scandales. Un de ses commandants n'a-t-il pas été assassiné en 1998 dans des circonstances plus que troubles ?

NAISSANCE DU JOUR

En 1879, Francis Picabia, peintre et écrivain français, proche du dadaïsme.

HOMME DU JOUR

En 1970, Eugène Ionesco, écrivain français d'origine roumaine, est élu à l'Académie française.

23 JANVIER

C'est la Sainte Ildefonse de Tolède

1989

Dalí peut-il mourir ?

Un artiste mondialement connu décède le 23 janvier 1989. Il s'éteint à Figueras, sa ville natale, en Catalogne. Son nom : Salvador Dalí, le peintre surréaliste, l'ami de García Lorca, de Buñuel, de Miró... Un homme imbu de son génie, qui a enchanté nombre d'enfants par ses déclarations narcissiques. Il disait par exemple : « Vous savez quelles sont les deux choses les plus heureuses qui puissent arriver à un peintre contemporain ? Primo : être espagnol, et secundo : s'appeler Dalí. Elles me sont arrivées toutes les deux. » Et, comme il voyait que ce point de vue mégalomane laissait pantois, il ajoutait : « Je crois que tout le macro-cosmos existe uniquement pour qu'il y ait la vie sur Terre, et sur cette Terre, Dalí. »

Lorsque l'on tient ce genre de propos, il s'agit ensuite d'*assurer*. Or Dalí « *assura* » ! Si sa personnalité et ses choix esthétiques et politiques ont été controversés, son œuvre a réuni autour d'elle un certain consensus et son talent, sinon son génie, a éclaté vite et sans conteste.

Si je ne devais retenir qu'une toile de cette œuvre prolifique, je crois que je choisirais le tableau phare exposé au musée de Glasgow, en Écosse, qui l'a acheté dès sa création, en 1951 : un Christ en croix vu d'en haut, depuis un point d'observation zénithal qui met en valeur les épaules du supplicié. Pas de clous visibles, ni de sang apparent ; pas de couronne d'épines, mais un Christ aux cheveux courts, tout en grâce, qui se détache sur les cieux obscurs et paraît sombrer, plonger avec sa croix vers un autre ciel, plus lumineux, d'une couleur d'aurore qui domine, dans une autre perspective, un petit port de Catalogne... Classicisme du dessin, révolution des points de vue, inspiration volontiers hallucinée : tout Dalí est là, brillant, déroutant, exaspérant pour certains, fascinant toujours.

NAISSANCE DU JOUR

En 1832, Édouard Manet, peintre impressionniste.

HOMME DU JOUR

En l'an 98, Trajan devient empereur à Rome.

C'est la Saint François de Sales

1907

Scout toujours prêt

Scout toujours ? Prêt ! La devise est légendaire. Et le scoutisme lancé par lord Baden Powell, le 24 janvier 1907. À l'origine, ce général britannique retraité, à la carrière brillante, considéré même comme un héros national en Grande-Bretagne pour s'être illustré lors de la seconde guerre des Boers, a relevé quelques lacunes dans le système éducatif d'Angleterre. Comme il estime que des valeurs fondamentales, telles que solidarité, dévouement, courage, manquent à l'enseignement des jeunes gens, il cherche à transmettre son expérience dans une structure nouvelle. L'idée ? Les *scouts*, c'est-à-dire *éclaireurs* dans le langage de l'armée. Une réunion de jeunes devant suivre des règles précises, écrites, un comportement spécifique qu'ils jurent d'adopter lors de leur *promesse* : un scout ne fait par exemple rien à moitié, il est maître de soi, sourit dans les difficultés, doit s'acquitter de bonnes actions, les BA… Dans son projet, Baden Powell souhaite en fait ne pas laisser livrés à eux-mêmes les jeunes des classes sociales défavorisées, particulièrement nombreux au début du XXe siècle en Angleterre.

Ce 24 janvier, seulement vingt-quatre scouts se rangent derrière lui, à Brownsea, une île du sud de l'Angleterre, pour le premier camp ! Un an plus tard, le fondateur publie un livre qui résume l'esprit de sa mission, *Scouting for boys*. Et très vite il a la satisfaction d'avoir vu juste : les temps sont mûrs pour accueillir son initiative et le succès enfle. En 1908, on compte déjà cent mille scouts. Depuis, l'institution a évolué, il en existe diverses variantes, religieuses ou laïques, mais l'engouement ne faiblit pas. Ses jeunes adeptes se comptent même aujourd'hui par dizaines de millions.

NAISSANCE DU JOUR

En 1732, Beaumarchais, écrivain et dramaturge français.

FAIT DU JOUR

En 1848, James Marshall trouve des pépites d'or dans l'American River, en Californie.

25 JANVIER

C'est la Saint Paul de Tarse

1515

Le Sacre de François Ier

1515 ? La bataille de Marignan ! Cette année est probablement devenue la plus célèbre de l'histoire de France. Mais elle ne marque pas seulement une victoire française sur des Italiens. Elle est aussi celle où le roi François Ier, le 25 janvier, est sacré, monté sur son trône à la mort de son cousin Louis XII. Restait à officialiser le début de son règne selon la tradition, en se faisant sacrer à la cathédrale de Reims. Où il doit être oint de l'huile sainte, celle qui, selon la légende, aurait été envoyée par le Ciel lors du baptême de Clovis.

La date du 25 janvier n'est pas choisie au hasard. Treize ans plus tôt, jour pour jour, François s'est blessé grièvement après une chute de cheval. Et, ô miracle !, il s'en est sorti vivant. Les contemporains ont aussitôt attribué cette guérison à la protection de saint Paul, le saint patron du jour. Le règne peut donc commencer sous les meilleurs auspices.

Une foule immense se rassemble pour assister à l'événement. Viennent d'abord les gentilshommes : le connétable de France, Charles de Montpensier, Charles d'Alençon, son beau-frère, le comte de Guise, les chevaliers de Saint-Michel... La reine Claude, enceinte, n'assiste pas à la cérémonie. François se présente devant l'archevêque. Les attributs royaux, le sceptre d'or, le grand manteau royal, l'épée, la couronne... sont déposés sur l'autel ainsi que la sainte ampoule. Le connétable prend l'épée et fait symboliquement le roi chevalier. Puis vient l'onction.

Le 15 février suit, selon la coutume, l'entrée dans Paris. François Ier est emmené par un immense cortège devant la cathédrale de Notre-Dame.

NAISSANCE DU JOUR

En 1477, Anne de Bretagne, reine de France.

HOMME DU JOUR

En 41 après Jésus-Christ, Claude devient le quatrième empereur romain.

26 JANVIER

*C'est la Sainte Tite
et la Sainte Timothée*

1926
Le premier direct télévisé

Londres, 26 janvier 1926 : voici la première démonstration publique de télévision. Pour être précis, le dispositif a été présenté un an plus tôt au grand magasin Selfridges, mais le résultat a été tellement mauvais qu'il n'a rien démontré. En ce 26 janvier 1926, devant la Royal Institution, on peut en revanche distinguer sur un écran la silhouette d'un personnage filmé au même moment. L'image est de médiocre qualité, mais elle donne à voir ce qui est en train de se passer dans la pièce voisine ! C'est donc le premier direct télévisé, prouesse due à John Logie Baird, un ingénieur écossais.

Il n'est cependant pas l'inventeur de la télévision… En fait, comme c'est le cas pour beaucoup d'inventions de cette envergure, on ne peut en accorder la paternité complète à un seul individu. Les nouvelles technologies sont en général le fruit de longues recherches, effectuées dans différents secteurs. La télévision doit par exemple son tribut au disque tournant, analyseur d'images, inventé par l'Allemand Nipkow, ainsi qu'à l'iconoscope, une sorte de tube permettant la prise de vues créée par un Russe, Vladimir Zvorykine, en 1923. Mais Baird a pour lui le sens des affaires, il commercialise son Televisor en 1929 et fonde sa société, la Baird Television Development Company, qui fournira à la BBC ses premières images.

Quand arrivent les premières émissions ? En 1929. Avec diffusion une demi-heure par jour, cinq jours par semaine, et seulement à destination de quelques centaines de pionniers. Au rythme de douze images par seconde, la technique ne séduisant pas les foules, elle est abandonnée au profit d'essais de télévision électronique.

NAISSANCE DU JOUR

En 1804, Eugène Sue, auteur de romans populaires, et notamment des *Mystères de Paris*.

HOMME DU JOUR

En 1985, Coluche crée *Les Restos du cœur* en lançant un appel à la solidarité.

27 JANVIER

C'est la Sainte Angèle Merici

1615
Jusqu'où ne montera-t-il pas ?

Il y a quatre siècles, le 27 janvier 1615, naît un grand personnage de notre histoire, Nicolas Fouquet, futur surintendant des Finances de Louis XIV. En d'autres termes, l'homme appelé à veiller sur le Trésor du royaume.

Cette fonction va le conduire à brasser beaucoup d'argent. Au risque, parfois, de confondre sa bourse et celle de l'État. Il devient immensément riche. N'a-t-il pas adopté pour devise un écureuil, le *fouquet* en pays breton, avec la devise : *Quo non ascendet* ? Jusqu'où ne montera-t-il pas ? Nicolas, en effet, va monter un peu trop haut au goût de son maître, le roi Louis XIV, qui prend ombrage du faste de ses demeures et de ses fêtes, notamment celles qui sont organisées au flambant neuf château de Vaux-le-Vicomte, des fêtes comme le roi lui-même ne peut s'en offrir.

On conçoit que le Roi-Soleil n'apprécie guère qu'on lui fasse de l'ombre. Et, surtout, il déteste que *l'on pique dans la caisse*. C'est pourquoi il fait arrêter Nicolas Fouquet par l'un de ses mousquetaires au nom devenu célèbre (pour une autre raison), d'Artagnan. Celui-ci l'arraisonne dans les rues de Nantes, le 5 septembre 1661. Fouquet est d'abord enfermé à Angers, puis est jugé à Paris. Son procès n'offre guère l'exemple d'une justice impartiale… Comme convenu d'avance, il est reconnu coupable et condamné au bannissement, peine à propos de laquelle, fait unique dans l'histoire de France, le roi use de son droit de grâce, non pour l'alléger, mais pour l'alourdir ! Fouquet, condamné à la prison à perpétuité, est conduit dans la forteresse de Pignerol, dans les Alpes. Sans aucun espoir de la moindre remise de peine. Il meurt presque vingt ans plus tard, en 1680.

NAISSANCE DU JOUR

En 1756, Wolfgang Amadeus Mozart, compositeur autrichien.

HOMME DU JOUR

En 1880, Thomas Edison dépose le brevet de la lampe électrique après son invention de la lampe à incandescence.

28 JANVIER

C'est la Saint Thomas d'Aquin

1871
Perte de l'Alsace et de la Lorraine…

Le 28 janvier 1871, le *Journal officiel* annonce la signature d'un armistice qui met fin à la guerre que mène la France contre la Prusse depuis plus de six mois. Un armistice signé par Jules Favre, le ministre des Affaires étrangères et par le chancelier Bismarck. Au passage, pour l'anecdote, sachez que Jules Favre a oublié d'emporter les sceaux de France ! Il a donc utilisé, pour sceller l'accord, la seule bague à sa disposition, celle dite de Fersen, qui lui avait été offerte vingt ans plus tôt. Un bijou ayant appartenu à Louis XVI et Marie-Antoinette utilisé de nouveau par Clemenceau, en 1919, pour sceller le traité de Versailles et la revanche de la France.

Les conditions de l'armistice sont strictes et difficiles à avaler. D'abord, Paris doit capituler, malgré sa résistance au cours d'un siège terrible de quatre mois. Ensuite, Bismarck exige qu'une nouvelle assemblée soit élue afin de ratifier en toute légitimité le traité de paix. Pour l'heure, on a mis en place un gouvernement de Défense nationale, formé à la hâte après la capture de Napoléon III à Sedan et la proclamation de la IIIe République.

Il faut donc voter… Les élections ont lieu dès le 8 février et les partisans de la paix l'emportent. Le nouveau chef de l'exécutif s'appelle Adolphe Thiers. Il va négocier les conditions du traité de Francfort, signé le 10 mai 1871. Dont les peines sont lourdes. La nouvelle Allemagne unifiée annexe l'Alsace et une partie de la Lorraine. La France doit verser une indemnité de cinq milliards de francs-or – une somme énorme ! Cette défaite cause un véritable traumatisme dans l'opinion. L'Alsace et la Lorraine seront seulement récupérées à l'issue de la boucherie de la Première Guerre mondiale.

NAISSANCE DU JOUR

En 1955, Nicolas Sarkozy, futur président de la République.

FAIT DU JOUR

En 1921, les maréchaux Foch, Joffre et Pétain, entourés des autorités civiles et militaires, assistent à la mise en terre du soldat inconnu sous l'Arc de triomphe.

29 JANVIER

C'est la Saint Gildas

1635
L'académie… du roi

Des lettres patentes signées de la main de Louis XIII confirment, de manière officielle, ce 29 janvier 1635, la fondation de l'Académie française. Le cardinal de Richelieu, quelques mois plus tôt, en a arrêté les principes.

Qui sont les premiers académiciens ? Issus d'un petit groupe de gens de lettres, ils n'ont pas attendu Richelieu pour se réunir… À l'origine, ils sont neuf et se retrouvent, depuis quelques années, au domicile de Valentin Conrart, secrétaire du roi, féru de belles-lettres… et de bonne compagnie. Une fois par semaine, ces beaux esprits se retrouvaient chez lui pour deviser. Richelieu ne pouvait guère laisser à son indépendance cette prestigieuse petite assemblée. D'où son officialisation.

Le cardinal a défini la mission des « académistes » – à l'époque, on ne dit pas « académiciens ». L'auguste compagnie devient la gardienne officielle de la langue française. Ses membres doivent aussi rédiger un dictionnaire, à une époque où la langue est en train de se fixer… L'Académie va décider des mots et des expressions « propres à figurer dans la conversation ». Richelieu fixe le nombre de membres à quarante. Sauf de rares exceptions, ils seront choisis, non en raison de leur naissance ou de leur rang, mais par le seul mérite de leur talent. Enfin, a-t-on besoin de vous rappeler qu'ils sont élus à vie ?

C'est en partie pour cette raison qu'on les surnomme « Immortels », et plus précisément encore du fait de leur devise : « À l'immortalité ! », qui vise la langue elle-même plutôt que les académiciens… Vous vous rappelez la formule gentiment ironique de Rostand, dans *Cyrano de Bergerac* – « Tous ces noms dont pas un ne mourra, que c'est beau » –, pièce qui vaudra pourtant à son auteur son élection sous la Coupole.

NAISSANCE DU JOUR

En 1860, Anton Tchekhov, dramaturge russe auteur d'*Oncle Vania* et de *La Mouette*.

HOMME DU JOUR

En 2001, le président de la République Jacques Chirac promulgue la loi qui reconnaît le génocide arménien de 1915.

30 JANVIER

C'est la Sainte Martine

1933
Hitler chancelier

Le 30 janvier 1933, Adolf Hitler devient chancelier d'Allemagne ! C'est le président de la République de Weimar, le maréchal von Hindenburg, qui lui demande, en tant que chef du NSDAP, le parti national-socialiste, de former le nouveau gouvernement.

Pourquoi choisit-il cet individu ? Le vieux soldat a-t-il d'autres possibilités ? Le maréchal n'apprécie guère ce personnage agité et colérique, mais, porté par la crise de 1929, son parti a enregistré de bons résultats aux élections, bien qu'en baisse. Ce n'est donc pas la seule raison de sa nomination. La vérité, c'est qu'il représente aussi un rempart contre le communisme, la grande peur de l'époque. Une donne politique qui explique pourquoi des industriels et politiques de renom, tel l'ancien chancelier von Papen, ont pris parti pour lui et ont enjoint Hindenburg de l'appeler. Sous leur pression, le maréchal cède et nomme Hitler chancelier.

Hitler forme son gouvernement. Qui n'est pas tout à fait un gouvernement nazi. Sont nommés bien sûr aux postes clés ses affidés : Göring, ministre de l'Air, et Wilhelm Frick à l'Intérieur. Mais le reste des portefeuilles est distribué à la droite conservatrice classique. C'est un gouvernement de « redressement national », selon le terme, censé sortir l'Allemagne de la crise.

Le soir même, dans Berlin, les SA, les sinistres « sections d'assaut », service d'ordre du parti nazi, défilent dans les rues. L'impressionnante démonstration de force donne le ton du régime. Deux ans plus tard, Hitler réussira à accaparer le pouvoir. Sa dictature pourra commencer. Et l'enfer s'ouvrir.

NAISSANCE DU JOUR

En 1882, Franklin Delano Roosevelt, président des États-Unis.

HOMME DU JOUR

En 1875, Henri Wallon fait adopter, à une voix de majorité, l'amendement entérinant le régime républicain.

31 JANVIER

C'est la Sainte Marcelle

1943

Les Allemands capitulent devant Stalingrad

Cela fait deux ans maintenant que le chancelier Adolf Hitler, dans son délire absolu de conquêtes maximales, a décidé d'envahir son ancienne alliée l'URSS. Les troupes allemandes sont parvenues jusqu'aux portes de Moscou et de Leningrad, mais l'armée russe oppose aux nazis la plus farouche des résistances. Le plan nazi est simple : un premier corps d'armée doit prendre la route du Caucase et de ses gisements de pétrole au sud ; l'autre partie des divisions, dirigées par le maréchal Friedrich von Paulus, doit mettre le cap sur Stalingrad dont Hitler veut s'emparer coûte que coûte.

Durant l'automne de 1942, la ville est prise après des combats inouïs, rue par rue, avec des souffrances inimaginables, des deux côtés. Mais le chef d'État-major soviétique, le général Joukov, a compris que les Allemands, trop éloignés de leurs bases, et épuisés, commençaient à manquer de vivres et de munitions, il décide donc une contre-offensive. Deux armées soviétiques, empruntant la Volga gelée, convergent vers Stalingrad, l'une par le nord, l'autre par le sud. Les troupes allemandes se trouvent alors encerclées dans la ville qu'elles viennent d'envahir.

Cette amère victoire se poursuit par un siège effroyable. Le froid polaire arrive, insoutenable. Paulus a reçu les ordres d'Hitler : ne capituler sous aucun prétexte. Mais le manque de ravitaillement, de vivres, de munitions, de carburant, les conditions physiques déplorables des soldats, la rigueur de l'hiver, le courage des adversaires russes poussent la situation à son point ultime : Friedrich von Paulus n'a bientôt plus d'autre choix que de se rendre avec son état-major et ses quatre-vingt-dix mille hommes encore en vie. Dans l'intervalle, son armée a perdu quatre cent mille hommes dont cent vingt mille prisonniers, parmi lesquels deux mille cinq cents officiers et vingt-quatre généraux. La victoire des Soviétiques, trois mois après celle, britannique, d'El-Alamein, soulève en Europe un espoir immense : Hitler n'est plus invincible !

NAISSANCE DU JOUR

En 1797, Franz Schubert, compositeur autrichien.

FAIT DU JOUR

En 1946, Django Reinhardt et Stéphane Grappelli enregistrent *Echoes of France*, improvisation sur *La Marseillaise*, qui restera célèbre malgré le scandale que cette adaptation libre provoquera.

1er FÉVRIER

C'est la Sainte Brigitte de Kildate

1960

Les premiers « sit-in » à Woolworth

Greensboro, Caroline du Nord. Ce soir-là, quatre étudiants noirs s'installent au comptoir d'un drugstore, le Woolworth's, et cherchent à passer commande. La serveuse, une Blanche, leur rappelle que l'établissement est interdit aux gens de couleur et refuse de les servir. Au lieu de sortir, les garçons restent immobiles sur leur siège, bien sagement. Et quand, un peu plus tard, la police, appelée, intervient, elle ne constate aucune provocation de leur part. Pour couper court, le patron du restaurant décide de fermer plus tôt.

Mais, dès le lendemain, les quatre jeunes sont de retour. Ils s'installent comme la veille, essuient le même refus, adoptent la même attitude. La télé locale, avertie, couvre l'événement. Une nouvelle forme de résistance passive vient de naître, qui ne tarde pas à prendre une ampleur nationale.

Évidemment, ce mouvement pacifique subit les provocations musclées de quelques extrémistes blancs, mais la non-violence l'emporte. La technique du « sit-in » s'étend à toute la Caroline du Nord et, bientôt, au-delà. Le président Eisenhower lui-même exprime sa sympathie aux manifestants. La stratégie visant à dénoncer sans heurts le racisme et les comportements ségrégationnistes du pays donne très vite des résultats. Ainsi, dès juillet, les Noirs sont acceptés dans les drugstores, jusque-là réservés. Conscients que la non-violence porte ses fruits, les partisans de Martin Luther King y voient une stratégie à suivre.

Le premier « sit-in » pacifique du Woolworth's fut donc un succès, une étape cruciale dans la bataille des droits civiques. La preuve, le fameux comptoir est aujourd'hui exposé au musée de l'Histoire américaine, à Washington.

NAISSANCE DU JOUR

En 1801, Émile Littré, philologue, académicien et auteur du *Dictionnaire de la langue française*, plus connu sous le nom de « Littré ».

HOMME DU JOUR

En 1863, Moïse Polydore Millaud fonde *Le Petit Journal*, quotidien français qui atteindra le million d'exemplaires vendus au début des années 1890.

23

2 FÉVRIER

C'est la Saint Théophane Vénard

1653

New York, New York !

2 février 1653, date de naissance de New York. Ou, plutôt, jour où « La Nouvelle-Amsterdam » s'est dotée d'une municipalité. Soit, mais pourquoi a-t-elle changé de nom ? Parce qu'elle a maintes fois changé de propriétaires !

1523. François Ier se laisse convaincre par un navigateur florentin, Verrazano, de financer une expédition visant à trouver un passage vers le Pacifique en passant par l'Ouest. Le marin embarque à bord de son bateau, *La Dauphine,* et, au terme d'un long périple, devient le premier Européen à jeter l'ancre dans la baie de l'actuelle New York. Habile courtisan, il baptise le lieu « La Nouvelle Angoulême » en l'honneur de François Ier, roi de France qui, avant son accession au trône, était comte de la ville.

La France ayant d'autres priorités, rapidement elle délaisse cette possession lointaine. Un siècle plus tard, ce sont les Néerlandais qui s'y intéressent et prennent possession du territoire. En 1653, des colons déjà installés, qui ont acheté des terres aux occupants locaux – des Amérindiens, les « Manhattes », d'où Manhattan – contre une poignée de florins et quelques verroteries, nomment le lieu « Nouvelle-Amsterdam ».

Énième changement quelques années après. La Grande-Bretagne prenant le pas sur la Hollande dans la région, la Nouvelle-Amsterdam devient New York, en l'honneur de Jacques II, le duc d'York.

NAISSANCE DU JOUR

En 1926, Valéry Giscard d'Estaing, vingtième président de la République française.

HOMME DU JOUR

En 1948, Henri Oreiller, skieur alpin, devient le premier champion olympique de ski français après sa double médaille d'or aux JO de Saint-Moritz.

3 FÉVRIER

C'est la Saint Blaise de Sébaste

1468
Avant Internet, Gutenberg !

Ce 3 février, impossible de ne pas célébrer la disparition d'un homme aussi important que Johannes Gutenberg, l'inventeur – ou réinventeur – d'une des plus grandes révolutions de l'Histoire : l'imprimerie.

Évoquons d'emblée une contre-vérité largement répandue : les Européens sont convaincus d'être les inventeurs de l'imprimerie, mais ils ont tort. Ainsi, les Chinois utilisaient dès le VIIe siècle la « xylographie », un système rudimentaire qui permettait de copier un document en utilisant la gravure sur bois. En fait, Gutenberg a mis au point les caractères mobiles, des lettres ou ponctuations, gravées dans une pièce de métal interchangeables et réutilisables à volonté qu'il suffit de placer dans le bon ordre pour constituer une page imprimée sur papier à l'aide d'une presse. Une opération renouvelable à l'infini, à moindre coût et rapidement. L'imprimerie moderne était née.

Une idée géniale et intelligente que ce fils d'un orfèvre de Mayence, orfèvre lui-même, peaufina longuement. Installé à Strasbourg en 1434, il s'intéressa d'abord à la taille des pierres précieuses, puis à la confection de miroirs. C'est seulement aux alentours de 1440 qu'il réalisa ses premiers caractères d'imprimerie à partir d'un alliage d'étain, de plomb et d'antimoine, et inventa une encre spéciale de meilleure qualité que celle utilisée jusqu'alors, à base d'eau. Afin de rentabiliser au plus vite les frais engagés, il décida d'imprimer la Bible. Deux cents exemplaires sortirent de ses presses, dont quarante-huit existent encore.

Si le procédé de Gutenberg nous paraît aujourd'hui banal, n'oublions jamais qu'il ouvrit les portes de la Renaissance et constitua une véritable révolution. Digne de celle d'Internet survenue cinq cents ans plus tard.

NAISSANCE DU JOUR

En 1909, Simone Weil, philosophe humaniste française.

HOMME DU JOUR

En 1536, Pedro de Mendoza fonde la ville de Buenos Aires.

4 FÉVRIER

C'est la Sainte Véronique

2015

Europe « Numéro 1 »

Voici le jour choisi pour fêter le soixantième anniversaire de ma radio préférée : Europe 1, née en 1955. Une radio qui, à l'âge où d'autres prennent leur retraite, redouble d'ardeur et jouit d'une insolente jeunesse. Si l'on est vraiment précis, il convient d'indiquer que la naissance réelle de la radio est le 1er janvier 1955, jour d'ouverture de l'antenne, antenne coupée très vite parce que la fréquence d'alors interfère avec celle de l'aéroport de Genève ! Après quelques péripéties, les diffusions reprennent définitivement en avril. D'abord pour quelques heures quotidiennes, puis avec une vraie grille en septembre.

Les années passent, fastueuses, le succès étant au rendez-vous. La modernité de la radio séduit. Suppression des speakers dans les tranches d'info, des parrainages publicitaires dans les programmes, des ritournelles musicales ringardes – bref, tout ce qui avait fait la « radio de papa » vole en éclats. Louis Merlin, Maurice Siegel, Lucien Morisse créent une station détendue, naturelle, intelligente, qui parle à tout le monde sans adopter de « ton », qui s'adresse aussi aux jeunes, lesquels prennent l'habitude de l'écouter dans leur chambre, sur leur transistor. Europe Numéro 1 fait souffler un vent de fraîcheur sur le paysage médiatique.

Vient Mai 68, et son vent de printemps qui balaie tout. Alors que Radio Luxembourg est devenue RTL, que Radio Monte Carlo change pour RMC, que dans les locaux de la rue François-Ier les meneurs de jeu ne disent plus « Europe numéro 1 » mais Europe 1, le terme s'impose peu à peu. Il faut cependant attendre 1983 pour voir le nom officiellement changé dans les statuts. Par la suite, la station prendra tous les virages en première ligne : le yé-yé, la libre antenne, l'humour décalé, mais aussi le numérique, les podcasts, le streaming. Comme le dit son slogan actuel, Europe 1 a su, sait et saura garder « un temps d'avance ».

NAISSANCE DU JOUR

En 1900, Jacques Prévert, poète.

HOMME DU JOUR

En 2004, Mark Zuckerberg lance la toute première version de Facebook.

5 FÉVRIER

C'est la Sainte Agathe de Catane

1810
Le rétablissement de la censure

Le jour même de l'occupation de Malaga par les troupes françaises, un décret de Napoléon Ier rétablit la censure. Si les historiens associent généralement cette mesure à la création des prisons d'État pour les présenter comme l'une des fautes de l'Empereur, c'est une erreur. Car, non seulement le décret sur les prisons date du 3 mars, mais le régime des prisons d'État peut être considéré, d'une certaine manière, comme une amélioration de la situation dans ce domaine ! Le rétablissement de la censure est, en fait, dépourvu d'autre justification que l'ambition du prince de diriger les consciences. Ne déclarait-il pas, dix ans plus tôt : « Le droit d'imprimer n'est pas du nombre des droits naturels », ajoutant : « Si je lâche la bride à la presse, je ne resterai pas trois mois au pouvoir. »

L'histoire de la censure en France est un vaste sujet. Celle d'Ancien Régime, formalisée par Richelieu en 1629, demeure dans toutes les mémoires. Alors que la Révolution inscrit la liberté de la presse au cœur de la Déclaration des droits de l'homme – ce qui n'empêche guère les abus –, le Consulat et l'Empire rétablissent la censure pour la presse et l'édition. Celle-ci perdure sous Louis XVIII et Charles X avant d'être supprimée par le régime de Louis-Philippe, le roi des Français insistant sur la censure préalable, ce qui n'empêche évidemment pas les procès après parution…

Étrangement, c'est en fait notre époque qui l'a réellement rétablie, dans le cadre – certes sensible – des publications pour la jeunesse. L'ordonnance de 1949, modifiée en 1967, l'atteste.

NAISSANCE DU JOUR

En 1878, André Citroën, pionnier de l'industrie automobile en France.

FAIT DU JOUR

En 1954, Coco Chanel présente lors d'un défilé son premier tailleur en tweed gansé.

6 FÉVRIER

C'est la Saint Gaston

1945
Fusiller Brasillach ?

De quoi accuse-t-on Robert Brasillach, en ces temps d'épuration et de chasse aux « collabos » ? Avant tout d'avoir été rédacteur en chef d'un journal tristement célèbre, *Je suis partout*, collaborationniste et antisémite. Pour autant, si l'auteur est depuis longtemps à l'extrême de la droite française ; si, dès les années 1930, il rédigea de nombreux articles pour *L'Action française* ; s'il prôna un « fascisme à la française », il n'était pas acquis à la cause hitlérienne, ayant même qualifié *Mein Kampf* de « summum du crétinisme excité » ! Toujours, les choses sont plus complexes qu'on les présente.

Reste qu'en septembre 1944, apprenant que sa mère a été arrêtée, il s'est constitué prisonnier pour la faire libérer. Poursuivi pour intelligence avec l'ennemi, incarcéré à Fresnes, il est jugé en janvier 1945. Six heures de procès, vingt minutes de délibéré, voilà qui n'est guère long pour prononcer la sentence d'un des plus brillants intellectuels et écrivains de sa génération.

Albert Camus, Jean Cocteau, Jean Anouilh... signent la pétition qui demande sa grâce, ne serait-ce qu'au nom du talent. Le 3 février, le général de Gaulle lui-même souffle à François Mauriac : « Mais non, on ne fusillera pas Brasillach ! » Pourtant, deux jours après, le jeune écrivain est exécuté au fort de Montrouge.

Que s'est-il passé ? Selon certaines sources, c'est à la vue d'une photo montrant un homme portant l'uniforme allemand, qu'il prend pour Brasillach, que le président du Gouvernement provisoire change d'avis. Une erreur fatale puisqu'il s'agissait de Jacques Doriot.

NAISSANCE DU JOUR

En 1665, Anne Stuart, reine d'Angleterre.

HOMME DU JOUR

En 1927, Yehudi Ménuhin donne son premier récital en Europe. Il n'a que 10 ans.

7 FÉVRIER

C'est la fête de la Bienheureuse Eugénie Smet

1904
L'incendie de Baltimore

La grande Histoire a retenu ce sinistre événement comme le « grand incendie de Baltimore ». Or on devrait plutôt le qualifier de « gigantesque » incendie tant il fut monstrueux.
Un peu avant 11 heures, ce 7 février 1904, un homme marche dans les rues du quartier d'affaires de cette ville du Maryland, au nord-est des États-Unis. Comme il fait froid en ce dimanche matin, peu de monde se trouve dans le quartier. Soudain, le passant lève les yeux. De la fumée s'échappe d'une fenêtre ! Le quatrième étage de l'immeuble de la société John E. Hurst & Co vient de prendre feu. C'est le début d'un incendie qui durera plus de trente heures.
Des renforts de Philadelphie et Washington se précipitent. Près de mille trois cents pompiers sont mobilisés, vite confrontés à un problème auquel ils ne s'attendaient pas : les normes des lances à incendie ne sont pas les mêmes partout, l'État fédéral n'ayant pas imposé de standard en la matière. Les hommes du feu ne peuvent donc brancher leurs lances sur les bornes à proximité ! Tout est tenté, y compris dynamiter les immeubles qui entourent le feu afin de le circonscrire, mais rien n'y fait : les flammes continuent à se propager.

Heureusement, grâce au peu d'affluence en ce dimanche, le bilan humain est incroyablement faible. Une seule victime serait à déplorer. Mais le bilan matériel, lui, se révèle considérable ! Mille cinq cents bâtiments, les plus beaux et grands immeubles du cœur économique de la ville et du front de mer sont réduits en cendre. Des dizaines de milliers d'habitants ont perdu leur emploi. Avec courage, les hommes se mettent au travail. Il leur faudra seulement deux ans pour reconstruire Baltimore.

NAISSANCE DU JOUR

En 1812, Charles Dickens, l'auteur d'*Oliver Twist*.

HOMME DU JOUR

En 1653, Nicolas Fouquet est nommé surintendant des Finances par Mazarin.

8 FÉVRIER

C'est la Sainte Joséphine Bahhita

1962
Mortelle manifestation

Station du métro Charonne, à Paris. La manifestation « pour la paix en Algérie » bat son plein, alors qu'elle n'a pas été autorisée par le pouvoir. Le drame est pour bientôt.

En ce 8 février, la CGT, la CFTC et d'autres syndicats, en accord avec le Parti communiste et le PSU, souhaitent réagir au climat de violence et de terreur entretenu par l'OAS, notamment en région parisienne. Avec un rassemblement prévu à 18 h 30, place de la Bastille. Mais le général de Gaulle s'y étant opposé formellement, le gouvernement a interdit le défilé. L'affrontement avec les forces de l'ordre est, dès lors, inévitable.

D'une rare violence, il éclate contre l'un des cortèges, précisément au niveau de cette station de métro. Après les échauffourées, la police relève huit morts et comptera bientôt une neuvième victime, décédée plus tard des suites d'une fracture du crâne.

Le plus inouï demeure la réaction du gouvernement : le Premier ministre Michel Debré adresse ses compliments à la police ! Certains historiens iront jusqu'à parler de bavures préméditées, destinées à donner des gages à certains milieux militaires ultraconservateurs.

Les victimes de la répression ? Elles sont inhumées au Père-Lachaise, non loin du mur des Fédérés, tandis qu'une plaque commémorative scellée à l'intérieur de la station de métro leur rend hommage. À l'occasion du quarante-cinquième anniversaire de ce drame terrible, le maire socialiste de Paris, Bertrand Delanoë, baptisera l'intersection de la rue de Charonne et du boulevard Voltaire « place du 8-Février-1962 ».

NAISSANCE DU JOUR

En 1552, Théodore Agrippa d'Aubigné, poète.

FAIT DU JOUR

En 1896, Davy Crockett arrive au Fort d'Alamo où il livrera sa dernière bataille.

9 FÉVRIER

C'est la Sainte Apolline

1953
Le format de poche

Un grand événement agite le milieu littéraire en ce 9 février 1953 : le lancement du Livre de Poche. Henri Filipacchi, alors secrétaire général de la Librairie Hachette, a décidé de sortir un nouveau format de réédition. Son objectif ? Toucher un public plus large, plus jeune, aux moyens plus modestes aussi puisqu'à l'époque ce format réduit coûte deux cents francs (anciens évidemment), soit quatre fois moins qu'un ouvrage de format classique. De fait, des livres aux dimensions aussi petites, il n'en existe pas vraiment en France (à part quelques romans de gare) alors qu'en Angleterre le grand éditeur Penguin en a déjà eu l'idée en 1935. Pour combler ce retard, Henri Filipacchi met au point un fabuleux programme. Le tout premier livre de poche est en effet un roman de Pierre Benoit, *Koenigsmark,* le deuxième un livre de A.J. Cronin, *Les Clés du royaume,* suivi du célèbre *Vol de nuit* d'Antoine de Saint-Exupéry. Voici qui éloigne sérieusement son catalogue du roman à l'eau de rose ou du polar bas de gamme !

Hélas, les débuts ne sont guère fulgurants. Le public juge sévèrement les couvertures trop colorées, pour ne pas dire criardes, qui changent ses habitudes. Et puis, peu à peu, la mayonnaise prend. Bientôt, la version poche d'*Un amour de Swann* atteint 500 000 exemplaires ; en 1958, les *Mémoires du cardinal de Retz* s'arrachent à 60 000 exemplaires ! Pratique, éclectique, Le Livre de Poche ne tarde pas à aborder tous les styles. De quoi désacraliser et, sans doute, démocratiser la lecture. L'une des principales révolutions du siècle en matière d'édition – et de culture – a eu lieu.

NAISSANCE DU JOUR

En 1837, José Burgos, missionnaire espagnol, porte-parole des indigènes philippins lors de la première révolution anticoloniale aux Philippines.

HOMME DU JOUR

En 1899, le tennisman américain Dwight Filley Davis, étudiant à Harvard, crée, à partir d'un bloc de dix-huit kilos d'argent massif, le Trophée qui porte son nom.

10 FÉVRIER

C'est la Sainte Scholastique

1763
La guerre en dentelles

En cette seconde partie du règne de Louis XV, la « guerre en dentelles » – celle de *Barry Lyndon* – où l'on s'égorge avec grâce, vient d'opposer la Grande-Bretagne, alliée de la Prusse, à la France et à l'Autriche. Les puissances protestantes contre les puissances catholiques – et cela, sur plusieurs continents. Un conflit d'importance puisque certains historiens n'ont pas hésité à y voir le prélude aux futures guerres mondiales. L'enjeu ? Le contrôle des mers et donc, accessoirement, de certaines colonies. De fait, en Amérique, la Nouvelle-France est un gigantesque territoire qui s'étend de la partie est du Canada à la Louisiane – sans oublier Terre-Neuve et ses bancs de morues. Voilà qui éloigne des « quelques arpents de neige » dont Voltaire parlait avec désinvolture.

La longue et si pénible guerre de Sept Ans se termine donc, ce 10 février, par le traité de Paris. Un traité qui voit la victoire des Britanniques et entraîne le début de leur suprématie. Un traité qui stipule que les Anglais rétrocèdent Belle-Île à la France, laquelle doit, en contrepartie, restituer l'Acadie, le Canada, Saint-Vincent et Tobago aux Antilles. Sans parler de possessions en Inde, où nous ne garderons que les miettes, dont Pondichéry et Chandernagor. Si le royaume conserve son droit de pêche à Terre-Neuve, les terres de Saint-Pierre-et-Miquelon, ainsi que les îles antillaises comme la Guadeloupe, la Martinique et Saint-Domingue, pour le reste la Grande-Bretagne est gagnante. Et Versailles fragilisé.

Car Madame de Pompadour a eu tort de pousser ses compatriotes dans les bras de l'impératrice d'Autriche. Paris a perdu et Louis XV devient impopulaire. Mais la France aura sa revanche sous Louis XVI en contribuant à faire basculer les colonies anglaises dans le giron de la jeune Amérique.

NAISSANCE DU JOUR

En 1925, Pierre Mondy, comédien et metteur en scène français.

HOMME DU JOUR

En 1942, Glenn Miller, tromboniste et chef d'orchestre de jazz américain, reçoit le premier disque d'or pour *Chattanooga Choo Choo*.

11 FÉVRIER

C'est la fête de la Bienheureuse Héloïse

1945

L'ordre de Yalta

Yalta. Le nom de cette station balnéaire de Crimée, posée juste à côté de l'ancienne résidence impériale de Livadia, résonne encore dans toutes les mémoires. Alors que la défaite de l'Allemagne est proche, Joseph Staline a convié Franklin D. Roosevelt et Winston Churchill à le rejoindre pour décider des conclusions de la guerre. Durant une semaine, les dirigeants des pays vainqueurs – États-Unis, Grande-Bretagne et URSS – se partagent le monde, chacun avec ses propres arrière-pensées. Tandis que l'URSS veut étendre son emprise, les Anglo-Saxons s'efforcent de freiner diplomatiquement l'expansion soviétique, qui commence à les inquiéter sérieusement. Que décide-t-on à Yalta ? D'abord que l'Union soviétique doit entrer en guerre contre le Japon. Une décision qui, dans les faits, pèsera peu, les Japonais capitulant bientôt, en raison des attaques atomiques sur Hiroshima et Nagasaki. Ensuite, les Alliés posent les bases de l'Organisation des Nations unies, avec un noyau dur composé des trois puissances réunies, auxquelles on prévoit d'ajouter la Chine et la France.

La France, grande absente de la conférence. Et ce pour une raison simple : Roosevelt n'a pas voulu qu'on invite le général de Gaulle, dont il se méfie. Le président américain craint en effet que ce dernier ne complique les négociations. Toutefois, la France n'a pas été oubliée puisque sa grande ennemie du moment, l'Allemagne, sera divisée en quatre zones – une soviétique à l'est, une britannique au nord-ouest, une américaine au sud – dont la dernière, tout à fait à l'ouest, lui revient.

Les Alliés se partagent donc le gâteau… Et deux camps, deux blocs se dessinent : Est et Ouest. Se profile, déjà, le spectre de la Guerre froide.

NAISSANCE DU JOUR

En 1847, Thomas Edison, inventeur américain et fondateur de *General Electric*.

HOMME DU JOUR

En 1986, Anatoli Chtcharanski, militant pour les Droits de l'homme et porte-parole du mouvement dissident Refuznik, est libéré après neuf ans de captivité en Union soviétique.

12 FÉVRIER

C'est la fête de la Bienheureuse Ombeline

1894

L'anarchisme contre l'affairisme...

Une bombe vient d'être lancée dans le café Terminus. Bilan : un mort et dix-sept blessés. Qui a causé ce terrible attentat ? La France, en cette toute fin de XIXe siècle, subit de plein fouet une crise anarchiste. Ce que certains journaux nomment « affairisme » – les riches s'enrichissent tandis que les pauvres continuent de s'appauvrir – déclenche une vague d'actes criminels... Déjà, l'anarchiste Vaillant a jeté une bombe au sein même de la Chambre des députés, causant toutefois si peu de dégâts que le président, avec flegme, déclara d'un ton égal : « Messieurs, la séance continue... » Ce 12 février 1894, à 9 heures du soir, Émile Henry, brillant jeune homme de 21 ans, entre au café de l'hôtel Terminus, gare Saint-Lazare. Il a déjà tenté d'assassiner le président Carnot, qui vient de refuser de gracier Vaillant. Cependant, le nombre de policiers, massés autour de l'Élysée, l'a découragé.

Henry hésite ! Il se rend d'abord chez Bignon puis au Café de la Paix, mais, assurera-t-il froidement après son forfait aux policiers : « il n'y avait pas assez de monde. » Parvenu devant le Terminus, le jeune homme extrait de la poche de son pardessus une bombe artisanale, allume la mèche avec son cigare, sort, et se retourne au dernier moment afin de lancer son engin. L'explosion est effroyable. Miroirs, boiseries, tables volent en éclats. Des blessés, un mort.

Émile Henry est immédiatement arrêté par un garçon de café qui se saisit de lui alors qu'il tente de s'enfuir. Jugé très vite, il est guillotiné le 21 mai suivant. Il y aura d'autres attentats anarchistes. Le 24 juin, Caserio, un Italien, vengera ses amis Vaillant et Henry en assassinant Sadi Carnot, à Lyon.

NAISSANCE DU JOUR

En 1877, Louis Renault, fondateur de l'entreprise Renault, fleuron de l'industrie automobile française.

HOMME DU JOUR

En 1941, Albert Alexander, un policier anglais, reçoit la première injection de pénicilline.

13 FÉVRIER

C'est la Saint Gilbert

1575
Henri III, Rex

En la cathédrale de Reims, voici venu le jour du sacre d'un nouveau roi de France : Henri III. Un habitué des trônes, si le lecteur permet cette expression, puisque deux ans plus tôt, à 21 ans, le jeune prince s'est déjà installé sur celui de Pologne, alors vacant, tandis que son frère Charles IX règne en France.

À la disparition de ce dernier, Henri devient roi de France, Charles n'ayant pas de descendant. Sitôt informé de la mort de son frère, il quitte son trône polonais et court vers celui de France, bien plus prestigieux. Fils de roi, frère de deux rois, enfant adoré de la très machiavélique Catherine de Médicis, Henri est ambitieux à mourir. Le 13 février, le nouveau monarque va donc enfin recevoir l'onction du saint-chrême et, joie suprême, ceindre la couronne.

La cérémonie se veut fastueuse. Coquet, Henri change sept fois de costume dans la même journée ! Et puis, lors du sacre, à jeun selon la tradition, le jeune prince est pris de malaise. Alors que le cardinal de Guise lui pose la couronne sur la tête, la voici qui glisse. Le prélat la rattrape *in extremis*. Enfin, Henri est roi… Pour la deuxième fois.

Il régnera jusqu'au 2 août 1589 et son assassinat par Jacques Clément. Ce jour-là, installé sur sa chaise percée, le souverain sera surpris par ce dominicain auquel il dira : « Ah ! Méchant moine ! Tu m'as tué ! » Henri étant le dernier de la branche des Valois, son trône verra l'accession du premier Bourbon : Henri IV.

NAISSANCE DU JOUR

En 1855, Paul Deschanel, futur président de la IIIe République.

FAIT DU JOUR

En 1910, le Vélodrome d'Hiver, construit par Gaston Lambert, est inauguré.

14 FÉVRIER

C'est la Saint Valentin

1779

James Cook est mort

Les grands navigateurs ont des destins hors normes… et parfois des fins tragiques. La vie de James Cook en est la preuve. Selon la légende, le jeune homme, employé dans une boutique de rubans, passait son temps à regarder par la fenêtre les bateaux qui évoluaient dans le port anglais de son enfance. Son patron, comprenant vite qu'il n'était pas fait pour cette activité, le présenta alors à John et Henry Walker, des quakers propriétaires de plusieurs vaisseaux. Et le virus de la mer devint sa raison de vivre.

Apprenti marin, il monte rapidement en grade et se voit confier, dès 1755, le commandement d'un bateau. Mais il préfère s'engager dans la marine royale. Deux ans plus tard, le voici commandant. Si sa carrière est lancée, ce sont surtout ses voyages qui le révéleront à la postérité. La Royal Society le chargeant d'explorer l'océan Pacifique, Cook débarque en Nouvelle-Zélande le 6 octobre 1769. Suivront, en 1772, la découverte de la Géorgie du Sud, les îles Sandwich, sans oublier d'étudier l'île de Pâques, la Nouvelle-Calédonie ou les Nouvelles-Hébrides.

Hélas, son troisième voyage lui sera fatal. En 1776, cap sur Tahiti. James Cook et son équipage abordent la baie de Kealakekua, sur l'actuelle Grande Île d'Hawaï. Or son arrivée coïncide avec la fête du dieu de la Paix Lono à qui les indigènes identifient le nouvel arrivant. Durant un mois, les Hawaïens se montrent bienveillants quand, soudain, un accident au mât de misaine contraint les Anglais à regagner l'île. Un malentendu va alors tout faire basculer. La saison de Lono est terminée ; place est désormais donnée à la fête de Ku, le dieu de la Guerre. Si Cook revient, l'équilibre du monde n'en est-il pas changé ? Le 14 février, une poignée d'Hawaïens volent une chaloupe. Cook, qui a l'habitude de prendre des otages afin que les larcins soient restitués, décide d'emprisonner Kalaniopu'u, le roi de l'île. Une violente bagarre éclate. Frappé à la tête, le capitaine s'écroule puis est battu à mort. Ensuite, les indigènes enlèvent son corps. La légende prétend que, considéré tel un demi-dieu, ils l'auraient dévoré afin de puiser en lui force et courage.

NAISSANCE DU JOUR

En 1942, Michael Bloomberg, maire de New York.

FAIT DU JOUR

En 1933, le système d'horloge parlante, élaboré par Ernest Esclangon, est inauguré en France.

15 FÉVRIER

C'est la Saint Claude La Colombière

1710
Louis XV est né

15 février 1710, un futur roi vient au monde. Un enfant qui, sous le nom de Louis XV, gouvernera le pays pendant près de cinquante-neuf ans. Soit le plus long règne de notre histoire après celui de son grand-père Louis XIV, qui avait duré soixante-douze ans.

Le règne de Louis XV fut, sans conteste, celui de l'apogée de la France et de sa culture, celui de l'absolu rayonnement de Versailles et des Lumières... Avec un souverain longtemps si populaire que Louis XV lui-même, au lendemain d'une guérison inespérée à Metz, en 1744, prend le surnom de « Bien-aimé ». Pourtant, rien n'avait vraiment bien commencé pour lui, et tout finira assez mal – du moins si l'on se réfère à la chronique, souvent trompeuse.

Qu'on en juge. Ses parents, le duc et la duchesse de Bourgogne, le laissent orphelin à 2 ans. Comme il en a 5 seulement lorsque meurt Louis XIV, c'est son oncle, Philippe d'Orléans, qui assure la Régence. Si, plus tard, devenu souverain à part entière, il s'entoure de grands ministres – le cardinal de Fleury, d'Argenson ou Choiseul l'assistent dans son métier de roi qu'il assume de manière consciencieuse –, gouverne le pays avec panache, entraîne la France dans un demi-siècle de bonheurs, de succès, d'opulence même, l'opinion a tendance à ne retenir du héros de Fontenoy que des aspects secondaires de son passage. Comme ses amours légères avec la Pompadour ou la du Barry et l'accumulation de malheurs arrivés sur le tard qui lui valurent de mourir plus méprisé qu'aimé de ses sujets. Or le dernier grand souverain français de droit divin mérite beaucoup mieux que ces raccourcis. Devant l'incroyable silence entourant sa personnalité, il était important de le rappeler.

NAISSANCE DU JOUR

En 1564, Galilée, l'homme qui affirma le premier que la Terre tournait autour du Soleil.

FAIT DU JOUR

En 1794, le pavillon tricolore dessiné par le peintre Jacques-Louis David est adopté par la Convention nationale. Quelques années plus tard, ce dessin deviendra le drapeau français.

C'est la Sainte Julienne de Nicomédie

1899

Mort du « président Soleil »

Les salles de rédaction de France n'en reviennent pas, hésitant entre la stupeur et le ricanement. On murmure que le président de la République a rendu l'âme, le 16 février 1899, dans les bras d'une femme.

Comme toujours, les faits sont bien plus complexes que les résumés à l'emporte-pièce. Si le bon Félix Faure a fait un malaise alors qu'il se trouvait en compagnie de sa maîtresse, il ne serait mort qu'un peu plus tard, entouré de ses proches. Les journalistes se contentent donc de broder entre eux sur les circonstances de ce décès historique. Deux choses sont sûres. Le lieu du drame : le salon d'Argent de l'Élysée. Et le nom de la dame : Marguerite Steinheil, une étrange créature plus tard accusée d'avoir fait assassiner son mari ! C'est d'ailleurs lors de son procès que sera révélée à l'opinion sa présence à l'Élysée le 16 février 1899.

La légende s'est bien sûr emparée du décès inédit du chef de l'État. Elle prétend que le président avait pris une dose fatale d'aphrodisiaque, alors même qu'il souffrait de tachycardie ; certains avancent qu'il aurait été empoisonné. La vérité est plus simple : Félix Faure a succombé à ce que la médecine moderne appelle un AVC.

Pays de la gauloiserie oblige, les mauvais esprits se sont emparés de l'événement. Georges Clemenceau, odieux comme à son habitude, lança, pas mécontent de son effet : « Il voulait être César, il a fini Pompée... » Le même déclara publiquement à propos du malheureux Félix : « En entrant dans le néant, il a dû se sentir chez lui ! » Épitaphe terrible pour celui que l'on baptisait, avec plus d'indulgence, le « président Soleil » tant il tenait à mettre la France républicaine au niveau des royautés l'entourant.

NAISSANCE DU JOUR

En 1519, Gaspard de Coligny, chef des huguenots.

FAIT DU JOUR

En 1723, Louis XV est déclaré majeur à 13 ans et un jour. C'est la fin de la Régence.

17 FÉVRIER

C'est la Saint Alexis Falconieri

1673

Molière n'est plus

Pauvre Jean-Baptiste Poquelin, alias Molière ! Alors que la plupart des gens le pensent mort sur scène, rien n'est moins vrai : il a *commencé* d'y mourir.

Ce soir-là, au théâtre, le comédien joue le rôle d'Argan dans *Le Malade imaginaire* – triste ironie du sort – lorsqu'un malaise le surprend à la fin de la pièce, en plein ballet burlesque. Molière, aidé se ses camarades, quitte aussitôt la scène. En vie. On le ramène chez lui, non loin de là, en chaise à porteurs. Il peut marcher, quoique difficilement. Quand son épouse, Armande Béjart, lui offre un bouillon, Jean-Baptiste le trouve trop corsé et lui préfère un peu de parmesan. Le comédien et chef de troupe en avale un morceau mais se voit subitement atteint d'une nouvelle crise. Il va mourir quelques heures plus tard. À 51 ans.

Ces informations très précises sur les derniers instants du grand auteur proviennent d'une seule source : le registre de la troupe tenu méticuleusement par La Grange. Où l'on apprend par exemple que Molière était « fort incommodé d'un rhume et fluxion sur la poitrine, qui lui causait une grande toux, de sorte que, dans les grands efforts qu'il fit pour cracher, il se rompit une veine dans le corps ».

Pour autant, la minutie de ces détails contraste avec le reste d'une biographie pleine de trous et d'incertitudes. La vie de Molière n'a été relatée, par son premier biographe Grimarest, que trente-deux ans après sa disparition. Son parcours offre d'autant plus de zones d'ombre qu'à ce jour aucun écrit de sa main, hormis quelques signatures au bas d'actes notariés, n'a été conservé. La raison de bien des polémiques historiques.

NAISSANCE DU JOUR

En 1877, André Maginot, homme politique français connu notamment pour la ligne de fortifications qui porte son nom.

FAIT DU JOUR

En 1800, Bonaparte crée le corps des préfets dans le but de pacifier le pays après les événements révolutionnaires.

18 FÉVRIER

C'est la Sainte Bernadette Soubirous

2002
Un quotidien gratuit ?

Le 18 février 2002, le quotidien *Métro* fait son apparition sur les quais et dans les couloirs du métropolitain parisien. Un journal gratuit, premier de ce genre en France, qui, par la suite, va conquérir une quinzaine de villes et connaître des éditions régionales. Quelque temps plus tard, *Métro* est concurrencé – et dépassé en diffusion – par un second quotidien gratuit, *20 Minutes,* sans oublier *Direct Soir* et *Direct Matin Plus,* en 2006 et 2007.

Depuis, comment se porte la presse d'information gratuite hors kiosque en France ? Après une explosion, elle a accusé un reflux relatif. Une raison à cela : son financement par la seule publicité la rend encore plus vulnérable aux effets de la crise. Heureusement, un titre comme *Métro*, publié par un groupe ayant essaimé ses publications dans une vingtaine de pays d'Europe, d'Amérique et d'Asie, est édité en seize langues et a les reins solides. N'est-il pas devenu au fil des années, pour le nombre de lecteurs, le premier quotidien mondial (hors Japon) ?

Au-delà de ces données quantitatives, il convient de souligner la révolution éditoriale de ces journaux gratuits qui, d'emblée, ont privilégié la sobriété de traitement et la rapidité de lecture, à l'analyse, le commentaire et l'investigation. Quelle idée géniale de prendre à rebours toutes les traditions de la presse écrite.

NAISSANCE DU JOUR

En 1933, Yoko Ono, artiste japonaise et seconde épouse de John Lennon.

FAIT DU JOUR

En 1930, Clyde William Tombaugh découvre la planète Pluton.

19 FÉVRIER

C'est la Saint Gabin de Rome

1788
Contre l'esclavage

Nous sommes à la veille de la Révolution. Ce jour-là se tient la première séance de la Société des amis des Noirs, association inspirée par une société anglaise, fondée en France par d'éminents intellectuels et politiques tels Mirabeau, Brissot ou Clavière. Imaginez leur audace dans le contexte de l'époque : ces grands hommes se sont mis en tête d'abolir l'esclavage et la traite des Noirs, militent pour l'égalité entre Blancs, hommes de couleur et mulâtres, les métis. Un combat complexe qui leur vaut une opposition virulente mais aussi encouragements et ralliements. Ainsi, en 1789, ils sont rejoints par un prêtre qui en deviendra le héraut, l'abbé Grégoire.

Que font, concrètement, les membres de la Société ? Ils agissent de manière politique. À l'Assemblée constituante, par exemple, Condorcet, membre influent de la Société, présente un programme intitulé : *Au corps électoral, contre l'esclavage des nègres.*

Leurs ennemis, très nombreux, surtout dans les Antilles et à Saint-Domingue où l'on utilise les Noirs comme main-d'œuvre gratuite, les vouent aux gémonies. Furieux, les colons veulent par exemple faire interdire l'application de la Déclaration des droits de l'homme dans les colonies. Quant aux multiples adversaires politiques de l'abbé Grégoire, ils l'accusent ni plus ni moins d'être en cheville avec l'Angleterre.

Mais les nobles causes gagnent toujours. Le 4 février 1794, l'esclavage est aboli par la Convention. Rétabli par Bonaparte en 1802, il faudra attendre 1848 et l'action déterminante de Victor Schoelcher pour que cette pratique odieuse soit définitivement interdite en France.

NAISSANCE DU JOUR

En 1473, Nicolas Copernic, médecin et astronome polonais.

FAIT DU JOUR

En 1800, Bonaparte s'installe aux Tuileries.

20 FÉVRIER

C'est la Sainte Aimée

1962
Glenn en orbite

L'astronaute américain John Glenn est, aux États-Unis, un héros. Pourquoi ? Parce qu'il réalise le premier vol orbital américain et fait trois fois le tour de la Terre. Certes, cela a déjà été tenté par le Russe Guerman Titov l'année précédente et, quelques mois plus tôt, Iouri Gagarine est devenu le premier homme dans l'espace ! Mais, cette fois, les Américains rattrapent leur retard. Plus question de se laisser distancer par les Soviétiques. Glenn est leur *space cow-boy*.

En pleine Guerre froide, la conquête spatiale est devenue un enjeu scientifique et symbolique majeur, un nouveau terrain d'affrontements entre Washington et Moscou. C'est à qui ira plus loin, plus haut, plus longtemps. Vexés d'avoir été dépassés par les soviétiques, depuis quelque temps les États-Unis se sont donné les moyens de rattraper leur retard. Ainsi, les effectifs de la NASA triplent et passent de dix mille à trente-six mille collaborateurs. Ainsi, le programme Mercury permet un premier vol en 1961 avec une incursion à cent quatre-vingt-six kilomètres d'altitude. Mais avec John Glenn, ce 20 février 1962, les Américains placent enfin un homme en orbite autour de la Terre, à bord du vaisseau *Friendship 7* !

Le vol dure quatre heures, cinquante-cinq minutes et vingt-trois secondes. Il aurait dû être beaucoup plus long, Glenn étant censé boucler sept tours de la planète, mais un très faible signal imposa la prudence à l'astronaute qui préféra écourter la mission. Après l'amerrissage, les ingénieurs remarquèrent qu'il y avait bien eu un problème à bord : une faille du bouclier thermique censé protéger la capsule de la chaleur intense. John Glenn a eu chaud !

NAISSANCE DU JOUR

En 1951, Gordon Brown, futur Premier ministre britannique.

HOMME DU JOUR

En 1811, François-René de Chateaubriand est élu à l'Académie française.

Friendship 7

21 FÉVRIER

C'est la Saint Pierre Damien

1804

Les débuts de la locomotive

En matière de trains, on pourrait discuter longtemps de quand et qui a inventé quoi… Au terme de ces ergotages un brin stériles, on se rendrait compte que chacun a apporté sa pierre à l'édifice et que les erreurs des uns ont fait avancer les réussites des autres.

En ce 21 février 1804, Richard Trevithick, inventeur britannique de génie, parvient à tracter vingt tonnes de wagons grâce à sa locomotive à vapeur, la première du genre. Le chercheur a de la suite dans les idées, puisqu'il a déjà créé une sorte de voiture à vapeur pour la route, la « puffing devil » – le souffle du diable. Certes, depuis longtemps les hommes utilisent des rails pour faire avancer les chariots dans les mines, mais ceux-ci sont poussés à la force des muscles ou tractés par des chevaux. Cette fois, c'est bel et bien une révolution du transport qui se met en branle.

Nous sommes au pays de Galles, à Pen-Y-Darren. En ce mois de février, Trevithick accroche cinq wagons à son engin. Soixante-dix personnes y grimpent avec dix tonnes de fer. À l'avant, la petite locomotive est surmontée d'une haute et fine cheminée. Elle n'a l'air de rien, mais elle emmène le convoi à une vitesse de 8 km/h et parcourt les 14,5 kilomètres de voies en quatre heures et cinq minutes, Trevithick trottinant à côté de son invention pour en examiner les réactions. Il intervient quand il faut retirer les rochers ou la végétation empêchant le train de continuer sa route, réparer la voie endommagée. Au final, quel succès !

NAISSANCE DU JOUR

En 1903, Raymond Queneau, cofondateur de l'Oulipo, l'ouvroir de littérature potentielle, auteur de *Zazie dans le métro*.

HOMME DU JOUR

En 1322, Charles IV le Bel est sacré roi de France à Reims.

22 FÉVRIER

C'est la Sainte Isabelle

1940

Un océan de sagesse

Au Tibet, un nouveau dalaï-lama vient d'être désigné. Né en juillet 1935 dans un petit village rural de la province de l'Amdo, aux portes de la Chine, il s'appelle Lhamo Dhondrub, mais a pris le nom de Tenzin Gyatso, « océan de sagesse ».

Ce sont, en 1937, les visions du régent Reting Rinpoché qui l'ont désigné comme réincarnation du treizième dalaï-lama, Tuben Gyatso, décédé quatre ans plus tôt. Selon la tradition, l'enfant a été pris en charge par la communauté, et ses parents aussitôt anoblis. À l'âge de 4 ans et demi, le 22 février 1940, le quatorzième dalaï-lama se voit donc installé officiellement au palais du Potala durant une cérémonie. Une solennité qui ne cesse depuis de faire polémique, le gouvernement chinois prétendant que la manifestation s'est déroulée sous la présidence d'un haut représentant de Pékin alors que les témoins de l'époque affirment que cette personnalité n'était qu'un des nombreux officiels présents et rien de plus.

Une fois acclimaté, début 1941, l'enfant élu commence à recevoir une éducation monastique. Et, en novembre 1950, le jeune homme est définitivement intronisé chef spirituel et temporel du Tibet. Il a 16 ans.

Dès cette époque, le dalaï-lama est confronté à l'invasion chinoise du Tibet. En 1959, Tenzin Gyatso se voit contraint de s'exiler avec son gouvernement. Favorable à l'indépendance de son pays jusqu'en 1973, à son autonomie depuis lors, il s'active sans relâche de manière non violente évidemment – à résoudre le conflit sino-tibétain. Ce qui lui a valu, parmi une myriade de distinctions diverses, le Prix Nobel de la paix en 1989.

NAISSANCE DU JOUR

En 1403, Charles VII, roi de France.

FAIT DU JOUR

En 1945, sur une proposition du ministre du Travail et de la Sécurité Sociale, Alexandre Parodi, sont créés les comités d'entreprise.

23 FÉVRIER

C'est la Saint Alexandre l'Acémète

1893
Un moteur à huile ?

Ce 23 février 1893, Rudolph Diesel obtient le brevet du moteur qui portera son nom. À la différence de celui à essence, nul besoin de bougies pour enflammer le carburant, le gazole y parvenant seul grâce à la compression de l'air. Passons sur les détails techniques, mais rappelons que l'on devrait plutôt dire « huile végétale » en évoquant son invention puisque, au départ, Diesel avait conçu un moteur à huile !

Né à Paris, en 1858, de parents immigrés bavarois, Rudolph Diesel passe la guerre de 1870 chez un oncle, en Bavière, qui enseigne les mathématiques. Le jeune homme se passionnant pour cette matière et pour les sciences en général, à 14 ans sa conviction est faite : il sera ingénieur. Il entreprend alors de brillantes études et ne tarde pas à imaginer de multiples moteurs. Toutefois, les débuts sont difficiles, Rudolph tâtonne. Il conçoit d'abord un système qui fonctionne avec de la vapeur mélangée à de l'ammoniac. Échec cuisant : durant un essai, le mécanisme explose et l'expédie à l'hôpital. Et puis, en 1893 enfin, son principe fonctionne. Hélas, il lui faudra plusieurs années pour le peaufiner. En 1900, son fameux moteur est présenté à l'Exposition universelle. Après la Grande Guerre, les bateaux l'adoptent. Quant à l'automobile, c'est seulement à la fin des années trente que Mercedes ou Peugeot s'y intéressent.

À cette date, Rudolph Diesel est déjà mort. Dans d'étranges circonstances. En 1913, à bord d'un paquebot allemand en direction de l'Angleterre, il quitte sa table après dîner. Le lendemain, on trouve sa cabine vide ! Son cadavre sera repéré par un navire néerlandais, mais jamais le mystère ne sera élucidé.

NAISSANCE DU JOUR

En 1685, Georg Friedrich Haendel, compositeur allemand de l'époque baroque.

FAIT DU JOUR

En 532, l'empereur Justinien ordonne la construction de la basilique Sainte-Sophie de Constantinople, devenue Istanbul.

24 FÉVRIER

C'est la Saint Modeste

1525
La bataille de Pavie

Si tout un chacun connaît 1515 et la victoire de Marignan, étrangement la date de la bataille de Pavie est moins populaire. Est-ce parce qu'il s'agit d'une défaite ? Parce que cette campagne a été menée en dépit du bon sens ? Sans doute un peu des deux.

L'armée du roi de France doit fondre sur Milan, mais il lui faut d'abord prendre la place forte de Pavie. Que sept mille hommes défendent quand trente mille Français approchent. Les troupes de François Ier tentent un premier assaut. Échec total. S'amorcent donc les travaux de siège. Qui traînent un peu. Impatient, François Ier fait les cent pas en rongeant son frein. Jusqu'au moment où, lassé de patienter, il envoie plusieurs milliers d'hommes prêter main-forte au duc d'Albany à l'assaut de Naples.

Cette funeste décision amoindrit l'armée française. Conscients d'avoir soudain l'avantage, dans la nuit du 23 au 24 février, les impériaux attaquent. La lutte s'engage. Bientôt, la batterie des canons français tire sur les troupes ennemies qui se trouvent en difficulté. Nouvelle erreur du roi : au lieu d'en profiter, François Ier lance sa cavalerie contre les assaillants ! Résultat, les chevaux se coupent de l'infanterie et, en venant se placer entre l'ennemi et l'artillerie française, ils rendent cette dernière inopérante, les bouches à feu ne pouvant cracher leurs salves sans craindre de toucher des Français.

La défaite tourne au désastre, et même au massacre. François tombe de cheval. Au sol, il dégaine son épée, mais, très vite, doit se rendre. Chose inouïe, inconcevable : le roi de France est fait prisonnier ! Comme il l'écrira à sa mère : tout est perdu, « fors l'honneur et la vie qui est sauve ». François sera libéré un an plus tard. Au prix fort !

NAISSANCE DU JOUR

En 1955, Steve Jobs, cofondateur de la société Apple.

HOMME DU JOUR

En 1896, le physicien Henri Becquerel constate que la phosphorescence s'accompagne parfois d'émission de rayon X. C'est le début des découvertes sur la radioactivité.

25 FÉVRIER

C'est la Saint Nestor de Pamphylie

1954
Nasser au pouvoir

En ce 25 février 1954, Gamal Abd-el-Nasser, plus communément appelé Nasser, prend ses fonctions de chef du gouvernement égyptien. Un Premier ministre qui va devenir la figure marquante du pays, le plus grand leader du monde arabe de l'après-guerre.

Le lieutenant-colonel responsable du coup d'État ayant provoqué l'abdication et l'exil du roi Farouk entreprend de multiples réformes, dont une agraire permettant à un million de paysans d'acheter des terres aux grands propriétaires. Nasser lutte également contre le colonialisme, affirme la place de l'Égypte dans le concert des nations, n'hésite pas à croiser le fer avec les grandes puissances. La crise de Suez, en 1956, le montre. Lorsqu'il nationalise la Compagnie du canal de Suez, les Français, les Anglais et les Israéliens s'insurgent. Le canal, qui relie la Méditerranée à la mer Rouge, n'est-il pas d'une importance stratégique considérable ? Le gouvernement français voit dans cet acte unilatéral l'occasion d'en finir avec ce leader agaçant qui a le mauvais goût, en plus, de soutenir les nationalistes algériens. La guerre est déclarée… très vite interrompue par les États-Unis et l'URSS, les deux gendarmes du monde ne voulant en aucune manière voir Londres, Paris et d'autres agir ainsi. C'est une victoire pour Nasser, dont la popularité se renforce !

Mais son idée majeure demeure la création d'une union de tous les États arabes. Un projet que nombre de ses voisins n'approuvent pas, l'Arabie saoudite en tête, peu encline à suivre ce socialiste convaincu. Devant réduire ses ambitions, le dirigeant égyptien crée, avec la Syrie, une éphémère République arabe unie.

Quand il meurt d'une crise cardiaque, en 1970, l'Égypte est sous le choc. Au Caire, cinq millions de personnes suivront ses obsèques ! Son cercueil sera placé dans la mosquée Al-Nasr, rebaptisée depuis mosquée Abd-el-Nasser. Son nom, lui, est déjà entré dans l'Histoire.

NAISSANCE DU JOUR

En 1841, Auguste Renoir, peintre français.

FAIT DU JOUR

En 1975, le président de la République française, Valéry Giscard d'Estaing, remet la Légion d'honneur à Paul Bocuse, qui crée pour l'occasion la *Soupe aux truffes noires VGE.*

C'est la Saint Alexandre

1815
Napoléon s'évade !

Sa décision est prise : s'évader de l'île d'Elbe, ce tout petit territoire situé entre la Corse et l'Italie. C'est là que les Alliés, vainqueurs, ont osé assigner à résidence et sous contrôle étroit celui qui fut jadis le maître de l'Europe. Insupportable déchéance pour Napoléon, l'homme qui faisait les rois...
Pourquoi s'en va-t-il ? Par exaspération. Sans doute aussi parce qu'il s'estime en danger. On sait aujourd'hui que des complots ont été fomentés contre l'ancien empereur. Louis XVIII, le premier, n'aurait pas été fâché de le voir disparaître. Napoléon élabore donc son évasion. Renseigné par des espions qui lui rapportent des nouvelles de France, le voici rassuré sur sa popularité. Il prépare habilement son coup. En ce soir du 26 février, vers 19 heures, il se dirige vers le port et embarque sur un brick baptisé l'*Inconstant,* suivi de six autres navires. Personne ne surveille donc les lieux ? Si, habituellement, un représentant anglais est présent, mais cette nuit-là l'homme s'est absenté.

Sans encombre, l'empereur débarque à Golfe-Juan, près d'Antibes, le 1er mars. La rumeur de son retour se propageant, les rangs grossissent. Napoléon se met en route vers Paris. Les troupes du 5e régiment d'infanterie se portent au-devant de lui près de Grenoble afin de l'arrêter au nom du roi, un peu hésitantes cependant puisqu'il s'agit tout de même de leur ancien chef. Face à elles, Napoléon s'avance et, à portée des fusils, ouvre sa redingote en clamant : « S'il est parmi vous un soldat qui veuille tuer son empereur, me voici ! » Pétrifiés, les hommes baissent les armes et se rallient ! Cette fois, la messe est dite : Napoléon Ier va regagner la capitale que Louis XVIII quitte en hâte. Le retour au pouvoir durera cent jours, jusqu'à Waterloo.

NAISSANCE DU JOUR

En 1802, Victor Hugo, notamment auteur des *Contemplations* et des *Misérables*.

HOMME DU JOUR

En 1935, l'Écossais Robert Watson fait la démonstration de son invention, le Radar (Radio Detection and Ranging).

27 FÉVRIER

C'est la Sainte Honorine

1913

Bonnot et sa bande

Le 27 février 1913 débute le dernier jour du procès de la célèbre bande à Bonnot. Un Bonnot qui n'assiste pas aux audiences, puisqu'il est mort l'année précédente lors d'un échange de coups de feu avec des policiers. Qui juge-t-on, alors ? Tous les survivants. Et certains complices du « deuxième cercle », si l'on peut écrire. À la barre, on compte donc Callemin, Dieudonné, Carouy, Victor Serge… Accusés de meurtres pour certains et, pour d'autres, de braquages.

Qui sont-ils, ces membres de la fameuse bande ? Des anarchistes-cambrioleurs, pour ainsi dire. Des adeptes de ce qu'on appelle, à l'époque, « l'illégalisme », une école de pensée politique qui prône le vol, le braquage, le cambriolage des bourgeois, des hommes riches, des patrons. En somme, « le » moyen de faire advenir la Révolution ! Autant dire une forme de banditisme à caution idéologique.

Et le chef, Jules Bonnot, qui était-il vraiment ? Né dans le Doubs, au sein d'une famille modeste, il s'oppose, dès l'adolescence et frontalement, à l'autorité. Au début des années 1900, au chômage il se lance dans les braquages. À Lyon, à partir de 1910, il rencontre d'autres anarchistes : la bande prend forme. En 1911 et 1912, elle multiplie les hold-up et utilise, pour s'enfuir, des automobiles. Une nouveauté qui marque les esprits et humilie la police, à cheval et à vélo, distancée à tous les coups. Finalement, Bonnot tué, les différents criminels seront arrêtés les uns après les autres. Et condamnés à mort ou aux travaux forcés.

NAISSANCE DU JOUR

En l'an 272, Constantin Ier, empereur romain.

FAIT DU JOUR

En 1594, Henri IV est couronné roi de France en la cathédrale de Chartres.

C'est la Saint Auguste Chapdelaine

2013

Le pape rend sa tiare

Il est des événements contemporains d'une telle importance qu'ils entrent à l'instant même dans l'Histoire. Ce 28 février 2013, alors que le pape Benoît XVI est bien vivant, à 20 heures le monde entier découvre le siège de Saint-Pierre vacant ! Sa sainteté vient, en effet, d'abandonner son poste de « vicaire du Christ ». Deux semaines plus tôt, le 11 février, le souverain pontife déclarait lors d'un consistoire : « Après avoir examiné ma conscience devant Dieu, à diverses reprises, je suis parvenu à la certitude que mes forces, en raison de l'avancement de mon âge, ne sont plus aptes à exercer adéquatement le ministère pétrinien. » L'idée du retrait le hantait depuis presque un an déjà ; au Vatican, on murmurait que le pape avait été épuisé par ses voyages au Mexique et à Cuba l'année précédente ; mais cette fois c'est fait : l'ancien archevêque de Munich se retire.

À 16 heures donc, ce 28 février, Benoît XVI salue ses cardinaux et monte à bord d'un hélicoptère pour Castel Gandolfo, la résidence d'été papale. Sur le balcon, il salue la foule, se montrant soulagé : « Je redeviens un simple pèlerin », avoue-t-il. Au Vatican, on organise déjà l'élection du prochain souverain pontife. Et, le 13 mars, la fumée blanche s'échappe de la cheminée de la chapelle Sixtine. *Habemus papam !* Voici le pape François.

La renonciation papale, si elle n'est pas habituelle, n'a rien d'exceptionnelle. De nombreux papes avant Benoît XVI ont pris cette décision pour des raisons diverses mais souvent politiques. Le dernier en date s'appelait Grégoire XII ; c'était en 1415. La chrétienté vivait alors le Grand Schisme.

NAISSANCE DU JOUR

En 1824, Charles Blondin, funambule et acrobate, qui a traversé le premier les chutes du Niagara en équilibre sur un fil de chanvre.

FAIT DU JOUR

En 1969, les Halles de Paris, dont le transfert a été confié à Libert Bou par Charles de Gaulle, sont déplacées à Rungis.

29 FÉVRIER

C'est la Saint Auguste Chapdelaine

1980
Un jour pas comme les autres

Les calendriers sont des mécaniques de précision, une invention humaine sans cesse perfectionnée. Entre autres bizarreries, le 29 février tient une place à part puisqu'il revient tous les quatre ans. Pour en savoir l'origine, il convient de remonter au temps de Jules César. Les savants d'alors avaient calculé qu'une année, c'est-à-dire le temps que met la Terre pour faire le tour du Soleil, comptait 365,25 jours. Comme ils durent trouver un moyen de compenser ce quart « en trop », ils inventèrent l'année bissextile : tous les quatre ans, une journée de plus est ajoutée.

D'évidence, cette particularité calendaire a donné lieu à de nombreuses croyances et coutumes. Ainsi, une tradition irlandaise concède ce jour-là aux femmes le droit de pouvoir demander un homme en mariage ! Si celui-ci refuse, il doit, selon une loi écossaise cette fois, s'acquitter d'une compensation : offrir à la malheureuse douze paires de gants afin que la prétendante éconduite dissimule son infortune, trahie par l'absence de bague à son doigt, durant les douze mois de l'année suivante.

En presse aussi, on s'amuse de ces subtilités calendaires. Ainsi, *La Bougie du sapeur* est un journal périodique publié uniquement les 29 février depuis 1980. Il coûte quatre euros, et l'on peut s'abonner pour un siècle entier ! Seuls neuf numéros sont parus depuis trente-cinq ans. Le journal tient son nom du célèbre Sapeur Camember, un soldat pas bien malin inventé par le dessinateur de bandes dessinées Christophe au XIXe siècle. Ce grand nigaud à barbe rousse serait évidemment né, à en croire sa biographie 100% imaginaire… un 29 février 1844.

NAISSANCE DU JOUR

En 1792, le compositeur italien Gioachino Rossini.

FEMME DU JOUR

En 1940, Hattie McDaniel crée l'événement à Hollywood : elle est la première femme noire à recevoir un Oscar, pour son rôle dans *Autant en emporte le vent*.

C'est la Saint Aubin d'Angers

1810

Chopin, le romantique

Si son nom est bien français, Frédéric Chopin reste le plus grand compositeur polonais de l'Histoire. Et, évidemment, l'un des plus éblouissants pianistes et compositeurs de tous les temps. Son père était un émigré venu de Lorraine et lui naquit près de Varsovie en 1810, à une époque où la Pologne indépendante n'existait plus, la Russie ayant mis la main sur une bonne partie de son territoire. L'insurrection nationaliste qui éclata en 1830 conduisit à une répression sanglante et Frédéric Chopin choisit alors de se réfugier à Paris.

Ayant reçu une solide formation musicale dès son plus jeune âge, il donna, pour vivre, des leçons de piano et se produisit dans les salons huppés dont très vite il devint la coqueluche. Il devint tout aussi vite l'ami de merveilleux artistes comme le peintre Delacroix ou les musiciens Berlioz et Liszt qui admirèrent son génie. Ce fut d'ailleurs grâce à ce dernier qu'il rencontra un jour George Sand, avec laquelle il vécut une célèbre histoire d'amour. Mais la tuberculose, qui le minait depuis si longtemps, finit par l'emporter à 39 ans. Il s'éteignit place Vendôme et ses funérailles à l'église de la Madeleine furent grandioses. Sa tombe se trouve au cimetière du Père-Lachaise mais son cœur repose à Varsovie, dans sa patrie qu'il n'avait jamais oubliée. Il nous a laissé une œuvre qui continue d'enthousiasmer le monde entier. Vous connaissez, bien sûr, ses valses, ses polonaises, ses mazurkas, ses préludes, ses études et, pour ma part, je n'ai encore jamais rencontré quelqu'un qui ne les aimât pas.

NAISSANCE DU JOUR

En 1445, Sandro Botticelli, le peintre de *La Naissance de Vénus*.

HOMME DU JOUR

En 1912, Albert Berry effectue le premier saut en parachute depuis un aéroplane.

2 MARS

C'est la fête du Bienheureux Charles le Bon

1848
La semaine de 66 heures !

Il y avait quelques jours que le peuple de Paris venait de chasser le vieux roi bourgeois Louis-Philippe. Conduite par Lamartine, la IIe République avait été instaurée et entamait alors de profondes réformes qui allaient faire avancer considérablement le progrès social : abolition de l'esclavage, suffrage universel uniquement réservé aux hommes et… réduction du temps de travail.

En effet, le 2 mars 1848, fut promulgué un décret qui réduisit la durée journalière du travail à… dix heures à Paris et onze heures en province ! Cela faisait donc une semaine de soixante-six heures. Cette décision fut à l'époque considérée comme très humaniste car, ainsi que le précisait le décret, « un travail manuel trop prolongé, non seulement ruine la santé du travailleur, mais encore, en l'empêchant de cultiver son intelligence, porte atteinte à la dignité de l'homme ». Et, naturellement, des sanctions étaient prévues pour tout patron contrevenant : ainsi, un chef d'atelier qui ferait travailler ses ouvriers plus de dix heures à Paris serait puni de trente-cinq à cent francs. Et même à deux cents francs en cas de récidive ! Enfin, la prison le guettait si, malgré tout, il persistait.

Naturellement, les patrons ne se montrèrent guère contents et prétendirent que leurs entreprises iraient à la faillite et que la France serait ruinée. Ils gagnèrent en partie leur combat : six mois plus tard, la durée du travail quotidien fut remontée à douze heures car la majorité, à l'Assemblée nationale, avait changé de couleur. Étant sûr que ce débat vous rappelle quelque chose, je ne vous ferai pas l'injure de vous dire quoi.

NAISSANCE DU JOUR

En 1760, Camille Desmoulins, avocat, journaliste et révolutionnaire français.

FAIT DU JOUR

En 1969, André Turcat effectue le premier vol d'essai du *Concorde*.

3 MARS

C'est la Saint Guénolé

1875
Carmen est enfant de bohème

« Bizet, prends garde à toi ! » C'est ce qu'aurait pu se dire Georges Bizet le jour où fut créé *Carmen* à l'Opéra-Comique, le 3 mars 1875. Car l'œuvre du pauvre garçon tomba à plat malgré le soutien de quelques éminents critiques. « Monsieur Bizet appartient à l'école du civet sans lièvre », écrivit bêtement *Le Gaulois*. Comment osait-on montrer en scène une femme aussi dévoyée qui change d'amants comme d'autres le font de leurs chemises ?, s'insurgèrent certains. Quelle indécence, quelle honte pour la moralité des familles ; impossible d'emmener désormais les chastes demoiselles au spectacle !, renchérissaient d'autres.

Bizet fut naturellement très attristé par ce demi-échec mais il s'en remit. D'abord, il avait connu ce genre de déboire avec *Djamileh*, son opéra précédent, conçu en un acte pour ce même Opéra-Comique. Ensuite, travailleur acharné, absorbé par son métier, il avait déjà commencé à composer un nouvel opéra sur le personnage du Cid.

Et *Carmen* ? Eh bien, le succès s'installa peu à peu pour devenir l'une des œuvres lyriques les plus populaires du monde. Hélas, Georges Bizet ne put jouir de son triomphe, une rupture d'anévrisme l'emportant brutalement, trois mois plus tard, à 36 ans. On donnait alors la trente-troisième représentation de l'œuvre ; la légende raconte qu'il expira au moment même où la cantatrice qui interprétait son ardente héroïne, dans le fameux trio des cartes, retournait l'enseigne fatidique en chantant : « La mort, toujours la mort ! » Cela ne donne-t-il pas le frisson ?

NAISSANCE DU JOUR

En 1847, Alexander Graham Bell, inventeur du téléphone.

FAIT DU JOUR

En 1915, David W. Griffith sort son film *La Naissance d'une nation*, succès mondial du cinéma muet.

4 MARS

C'est la Saint Casimir

1861
Lincoln Président

Ce jour-là, les États-Unis installent officiellement leur seizième président de la République, élu le 6 novembre 1860. Nul doute qu'il partage avec John Kennedy le privilège d'être l'un des deux présidents américains les plus connus mondialement. Vous avez deviné son nom, n'est-ce pas ? Vous hésitez ? Si on ajoute qu'il était reconnaissable à son collier de barbe, à son chapeau haut de forme et que son effigie monumentale a été sculptée sur le mont Rushmore, vous aurez deviné. Oui, il s'agit bien d'Abraham Lincoln, ce président qui réussit à faire abolir l'esclavage.

Sa vie ne fut pas un long fleuve tranquille. Sorti d'une famille pauvre, il fut tour à tour matelot, magasinier, postier puis se battit pour devenir avocat. Également saisi par le virus de la politique, il se fit élire député à 37 ans.

Lorsqu'il parvint à la magistrature suprême, près de quatorze ans plus tard, la guerre civile entre le Nord et le Sud se préparait. Elle éclata très vite lorsque les États du Sud, partisans de l'esclavage, firent sécession. Lincoln leva alors une armée et déclara la guerre peu après l'émancipation des esclaves. Elle faisait toujours rage lorsqu'il décrocha son second mandat. Cinq semaines après, cette boucherie fratricide se terminait par la victoire du Nord, mais Lincoln, sans esprit de vengeance, prôna la réconciliation afin de réunifier son pays. Alors qu'il assistait à une représentation théâtrale, deux mois plus tard, un sinistre individu, sympathisant sudiste nommé Booth, l'abattit. Ne dirait-on pas qu'une malédiction plane sur les présidents américains : faut-il qu'ils succombent sous les balles pour entrer à jamais dans l'Histoire ?

NAISSANCE DU JOUR

En 1188, Blanche de Castille, reine de France et mère de Louis IX.

FAIT DU JOUR

En 1988, François Mitterrand inaugure la pyramide du Louvre, construite par l'architecte américain Ieoh Ming Pei.

5 MARS

C'est la Sainte Olive et la Saint Virgile

1953
Le décès occulté de Serge Prokofiev

Comme pour les trains, une mort peut en cacher une autre. On se souvient de la disparition du grand écrivain Jean Cocteau, dont l'annonce fut complètement éclipsée dans les journaux par celle d'Édith Piaf. Il en arriva de même du compositeur russe Serge Prokofiev dont l'on connaît tous le célèbre *Pierre et le loup*. Cet immense artiste eut la malchance, si je puis dire, de mourir le même jour que Joseph Staline. Mais ce fut encore pire pour lui car non seulement la *Pravda*, l'organe tout-puissant du Parti communiste, décida d'annoncer sa disparition seulement six jours plus tard afin de pouvoir mieux rendre hommage au petit père des peuples, mais encore le pouvoir somma la famille de garder la nouvelle par devers elle et d'organiser des funérailles secrètes dans un cimetière de banlieue.

Pour Staline, ce fut une autre affaire. Victime d'une attaque cérébrale, le 28 février 1953, on le retrouva étendu dans sa chambre. Mais le tyran, de peur d'être empoisonné par les médecins comme lui-même l'avait si souvent ordonné pour d'autres, avait interdit qu'en de telles circonstances les fils d'Esculape approchassent de son chevet. Son bras droit, le sinistre chef de la Sécurité Beria, qui savait son avenir politique menacé, aurait donc demandé qu'on respectât la volonté du moribond et qu'on le laissât tranquillement aller *ad patres*. Mais la mort ne fut probablement pas satisfaite de ce magnifique trophée puisque, dans l'immense bousculade qui entoura les funérailles, quelques jours plus tard, périrent plusieurs centaines d'individus.

NAISSANCE DU JOUR

En 1922, Pier Paolo Pasolini, écrivain, poète et cinéaste italien.

HOMME DU JOUR

En 752, Pépin le Bref est sacré roi à Soissons.

6 MARS

C'est la Sainte Colette de Corbie

1429

Jeanne d'Arc devant le roi

Le beau royaume de France est quasiment tout occupé par nos « amis » les Anglais lorsqu'une jeune bergère, venue de Lorraine, se présente, le 6 mars 1429, devant le dauphin Charles. Celui-ci s'est réfugié à Chinon où il tient une petite cour. La demoiselle, qui passe alors pour un peu fofolle, prétend avoir reçu de saint Michel, sainte Catherine et sainte Marguerite l'ordre de bouter les Anglais hors de France.

Pour venir jusqu'au prince, elle est parvenue à persuader le capitaine qui réside près de son village de lui fournir une escorte. Déjà un petit exploit ! De son entretien, on ne sait rien et le fait qu'elle l'aurait reconnu d'emblée au milieu de la foule des courtisans est probablement une légende. Mais ce qu'on sait, c'est que, désespéré par la situation du royaume et prêt à se résoudre aux pires extrémités, celui-ci accède à la demande de la jeune fille et lui fournit une petite armée.

On connaît la suite, comment elle libère Orléans afin d'ouvrir la route de Reims. C'est là que le roi peut enfin être sacré, le 17 juillet 1429, en présence de notre héroïne. Pardon, il faudrait dire notre « Pucelle » puisque c'est avec ce sobriquet vertueux qu'elle figure à jamais dans l'Histoire après avoir été capturée par les Anglais et brûlée vive à Rouen.

NAISSANCE DU JOUR

En 1475, Michel-Ange, sculpteur et peintre, notamment de la chapelle Sixtine à Rome.

FEMME DU JOUR

En 1980, Marguerite Yourcenar est la première femme élue à l'Académie française.

7 MARS

« NE TARDEZ PAS CAMARADES »

C'est la Sainte Perpétue et la Sainte Félicité

1921
La mutinerie de Kronstadt

Kronstadt est une citadelle située sur l'île de Kotline, dans la baie de la Neva, en face de Saint-Pétersbourg. Où, le 7 mars 1921, va se jouer un terrible drame. La Révolution russe est alors engagée depuis quatre ans, le tsar a été assassiné avec sa famille ; une poignée de bolcheviques se partage le pouvoir absolu.

Pourquoi l'équipage du cuirassé *Petropavlovsk* décide-t-il de se rebeller ? Parce qu'il considère que la révolution a été confisquée par des apparatchiks et qu'elle doit être rendue au peuple, aux paysans, aux ouvriers qui l'ont faite. Il réclame la liberté de la presse, la liberté d'opinion, de réunion et d'association.

Le 6 mars, les marins adressent un message radio « aux ouvriers du monde entier » : « Notre cause est juste [...]. Camarades ! À Kronstadt, tout le pouvoir est exclusivement entre les mains des marins, soldats et ouvriers révolutionnaires. Ne tardez pas, camarades ! Rejoignez-nous. » Naturellement, le pouvoir en place est furieux. Le commissaire à la Guerre, Léon Trotski, zélateur acharné du recours à la violence, décide de réprimer la révolte. Sur la mer gelée, les rebelles posent barbelés et mines pour se défendre. Mais comment pourraient-ils résister à l'Armée rouge ? Vaincus après deux combats, beaucoup des leurs sont déportés dans des camps tandis que d'autres parviennent à s'enfuir en Finlande. Cet épisode sonne le glas des grands idéaux communistes.

NAISSANCE DU JOUR

En 1915, Jacques Chaban-Delmas, homme politique français.

FAIT DU JOUR

En 1976, le musée Madame Tussaud de Londres accueille une statue du premier artiste rock depuis les Beatles. Il s'agit d'Elton John.

8 MARS

C'est la Saint Jean de Dieu

1977
La Journée internationale des femmes

Ce 8 mars 1977, les Nations unies invitent officiellement les pays du monde à célébrer une journée internationale des femmes afin de réclamer l'égalité entre les deux sexes. Mieux vaut tard que jamais, n'est-ce pas ? Hélas, l'histoire des droits des femmes n'a toujours pas fini d'être écrite et, à l'allure que prennent les événements actuels dans le monde, nous n'en verrons probablement pas la fin de sitôt.

Si le combat a commencé en France dès la Révolution, puis s'est vite propagé dans les pays occidentaux les plus avancés, comme la Grande-Bretagne et les États-Unis, la première manifestation à caractère international s'est tenue à Copenhague le 19 mars 1911. Elle était due à l'initiative de deux communistes, une Russe Alexandra Kollontaï et une Allemande, Clara Zetkin. On y demandait le droit de vote et la fin des discriminations sur les lieux de travail.

Dès lors, les féministes organisèrent, chaque année, une manifestation. Lénine, lui-même, instaura une journée pour le droit des femmes en la fixant au 8 mars. Est-ce afin de lui rendre hommage que les Nations Unies ont choisi cette date pour instaurer la journée internationale des femmes ? Pas le moins du monde, mais quand on raconte qu'elles ont voulu commémorer une révolte d'ouvrières de l'industrie textile, en 1857, aux États-Unis, on se trompe. Et pour cause : cette révolte est une légende... inventée par les féministes françaises des années 1950 !

NAISSANCE DU JOUR

En 1891, Albert Séguin, champion de gymnastique aux Jeux olympiques de 1924 à Paris, un des trois seuls médaillés d'or des gymnastes français.

FAIT DU JOUR

En 1910, le roi d'Espagne, Alphonse XIII, donne aux femmes l'autorisation de faire des études supérieures.

9 MARS

GREENWICH À L'HONNEUR

C'est la Sainte Françoise Romaine

1911
Petite capitulation pour la France !

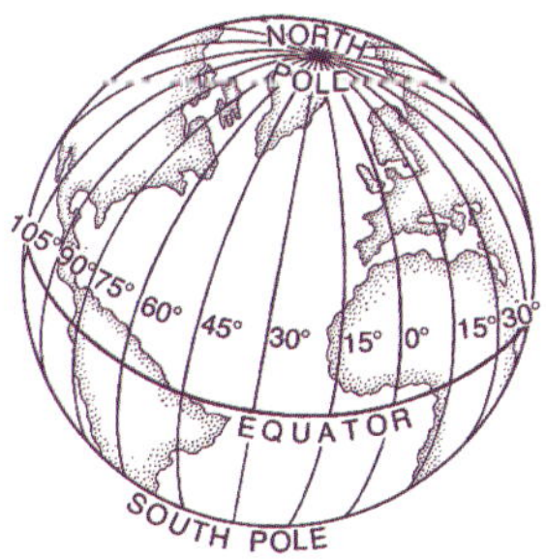

Pour se mettre d'accord, rien ne vaut de bonnes bases acceptées par tous. En matière d'horaires notamment, l'extension du commerce, les relations internationales réclamèrent peu à peu que tous les pays adoptassent le même langage. Ce fut dans ce but que la France adopta, le 9 mars 1911, le méridien de Greenwich en abandonnant celui qu'elle entendait pourtant imposer au monde, le méridien de Paris.
D'âpres négociations avaient commencé dès 1884. Il s'agissait de découper le globe en vingt-quatre fuseaux de 15° chacun, et de choisir un méridien 0. Et ces négociations donnèrent lieu à un bras de fer entre les deux nations dominantes de l'époque, la France et la Grande-Bretagne. Inutile de vous dire que c'était bien plus une affaire politique qu'un débat scientifique. Il y avait alors trois possibilités : le méridien de l'île de Fer, aux Canaries, ceux des observatoires de Paris et de Greenwich, en Angleterre. Les Britanniques emportèrent le morceau avec une contrepartie : ils promirent d'adopter le système métrique.

Oublié alors à jamais le méridien de Paris ? Pas tout à fait : à Villers-sur-Mer, sa ligne est représentée au bord de la mer... À Paris, il est matérialisé par cent trente-cinq médaillons fixés au sol, portant tous le nom d'Arago, qui l'avait calculé.

NAISSANCE DU JOUR

En 1939, Jean-Pierre Chevènement, homme politique français.

HOMME DU JOUR

En 1305, après son élection, le pape Clément V s'installe en Avignon. C'est le premier pape à y résider.

10 MARS

C'est la Saint Vivien

1969

Pour avoir tué le révérend King

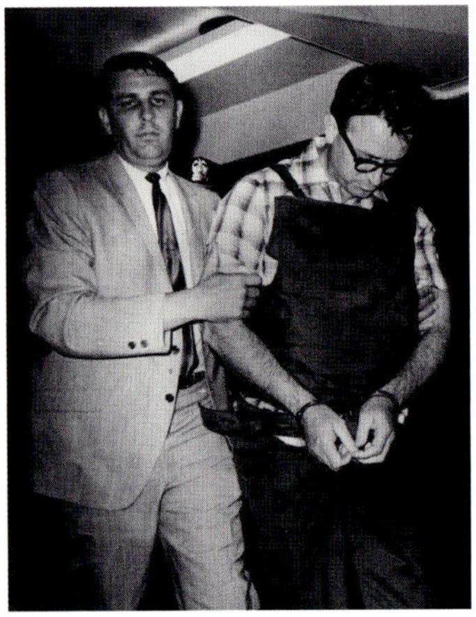

Le 10 mars 1969, la justice américaine condamnait à quatre vingt dix-neuf ans de prison James Earl Ray pour le meurtre du pasteur Martin Luther King qu'il avait tué d'une balle dans la gorge. Cet apôtre de la non-violence, ce militant de l'abolition de la ségrégation raciale, ce Prix Nobel de la paix, était déjà devenu une légende. Peu avant d'être assassiné, se sachant menacé, il confia à ses proches : « Que pourrait-il m'arriver de la part d'un de nos frères blancs malades... Comme tout le monde, j'aimerais vivre une longue vie. La longévité est importante, mais je ne suis pas concerné par ça maintenant. Je veux juste accomplir la volonté de Dieu. Je n'ai aucune crainte. Je n'ai peur d'aucun homme. »

Qui était son assassin ? Un pauvre type, bien sûr ! Un ségrégationniste repris de justice évadé de prison un an plus tôt. S'il réussit à s'échapper après le meurtre, il ne courut pas longtemps : on l'arrêta un peu plus tard à l'aéroport de Londres, muni d'un faux passeport. Extradé aux États-Unis, il avoua le meurtre puis se rétracta en accusant deux individus qu'il aurait rencontrés au Canada. De là naquirent bien des rumeurs, comme il arrive souvent en pareils cas, sur l'implication possible de la mafia et du gouvernement. Ray n'en fut pas moins condamné. S'il parvint à s'échapper de prison en 1977, le FBI le retrouva après trois jours de cavale et il s'éteignit en 1998 derrière les barreaux.

NAISSANCE DU JOUR

En 1920, Boris Vian, écrivain, poète, chanteur et musicien français.

FAIT DU JOUR

En 1908, Douglas Mawson, Edgeworth David et Alistair Mackay effectuent l'ascension du mont Erebus, sur l'île de Ross, le volcan le plus actif de l'Antarctique.

11 MARS

C'est la Sainte Rosine

843
Le triomphe des iconodules

La question de la représentation de Dieu a toujours suscité un vaste débat dans les religions. On en sait quelque chose en ce moment, et ce n'est pas d'hier que les hommes s'entretuent à ce propos.

Le 11 mars 843, l'impératrice Théodora, qui régnait sur l'Empire romain d'Orient et dont on peut admirer le portrait dans une sublime mosaïque à Ravenne, mit fin à la querelle des images qui durait depuis un bon siècle. Au centre du débat, l'épineuse question : pouvait-on vénérer une image de Dieu ? Les iconoclastes s'y opposaient farouchement. Les iconodules, eux, s'y montraient favorables.

Tout avait commencé en 726 sous le règne du pape Léon III. Le clergé de l'époque décréta qu'il était désormais interdit de représenter Dieu ou le Christ ! Et, pour faire appliquer cette décision, on n'hésita pas à recourir à la violence. On détruisit les images pieuses et les soldats traquèrent sans pitié les individus récalcitrants. Renversement de doctrine en 787, cette fois sous le règne d'une autre impératrice, Irène : on rétablit le culte des images. Puis, nouveau revirement en 814 avec persécutions à la clé. Enfin, dénouement final, le 11 mars 843.

Depuis cette date, tous les premiers dimanches du carême, les chrétiens orthodoxes commémorent le triomphe de l'image. Cette date n'a-t-elle pas sonné le coup d'envoi d'un art extraordinaire, et disons-le sans façon, de la civilisation tout court ?

NAISSANCE DU JOUR

En 1921, Astor Piazzolla, bandonéoniste et compositeur argentin de tango.

FAIT DU JOUR

En 1794, Jacques-Élie Lamblardie, Gaspard Monge et Lazare Carnot fondent l'École polytechnique.

12 MARS

C'est la Sainte Justine

1930
La marche du sel

Dans nos civilisations occidentales, le sel a toujours eu un traitement de faveur : on en a fait un champion idéal pour prélever l'impôt. En colonisant l'Inde, les Britanniques imposèrent ainsi une taxe sur ce produit et interdirent sa récolte : il devint un monopole d'État. Gandhi, l'apôtre de la non-violence, se servit de ce symbole pour organiser, le 12 mars 1930, une marche de protestation. Destination ? Le bord de la mer afin d'y soustraire un peu de sel. Beaucoup de ses compatriotes comprirent évidemment que cette marche était un prétexte pour faire progresser la cause de l'indépendance. De fait, parti d'Ahmenabad avec quelques dizaines de personnes, il parcourut trois cent quatre-vingt-dix kilomètres à pied et fut peu à peu rejoint par une foule impressionnante. Au bord de l'océan, le 6 avril, après vingt-cinq jours de marche, ce furent des milliers d'Indiens qui plongèrent les mains dans l'eau avec le Mahatma.

Les Britanniques ne pouvaient rester insensibles à cette provocation. Soixante mille sympathisants du Mahatma furent arrêtés. Gandhi lui-même fut emprisonné pendant neuf mois. Mais la marche vers l'indépendance était amorcée ! Les libéraux invitèrent Gandhi à Londres pour évoquer le sujet. Si la Seconde Guerre mondiale retarda l'indépendance du pays, elle fut finalement accordée en 1947, à l'issue d'une terrible guerre indo-pakistanaise. Par son incroyable audace tranquille, Gandhi était parvenu à donner la liberté à tout un peuple.

NAISSANCE DU JOUR

En 1922, Jack Kerouac, écrivain américain auteur notamment de *Sur la route*.

HOMME DU JOUR

En 1880, Charles Lepère, ministre de l'Intérieur, se voit octroyer un crédit extraordinaire pour subventionner l'aménagement des chemins vicinaux.

C'est la Saints Rodrigue et Salomon de Cordo

1989

Le WWW

Savez-vous ce que signifient les trois lettres WWW qui précèdent les adresses des sites que vous consultez sur Internet ? World Wide Web : la toile d'araignée mondiale ! Ce fut le 13 mars 1989 que naquit officiellement le premier site Internet. Qui a inventé ce système extraordinaire dont on peut dire qu'il a révolutionné la civilisation sur la planète ? Un Anglais du nom de Tim Berners-Lee. Pardon ! il faut écrire respectueusement sir Thimoty puisqu'il a été anobli depuis lors par la reine. Et à juste titre.

Très tôt, il se passionne pour l'informatique. Dès la fin des années 1970, durant ses études, il se confectionne un premier ordinateur, bricolé à partir d'une vieille télévision. En 1980, frais émoulu d'Oxford, il invente le lien hypertexte : un système qui permet de relier un document informatique à un autre. Cette invention donne ainsi la possibilité, en cliquant sur un terme ou une phrase surlignés, de se rendre immédiatement sur un autre site qui offre des informations complémentaires, lequel porte à son tour des mots surlignés...

Neuf ans plus tard, il entre au laboratoire européen du CERN, en Suisse, près de Genève. À cette époque, le réseau Internet existe déjà ; les ordinateurs peuvent communiquer entre eux, mais de manière très rudimentaire. Berners-Lee souhaiterait que les chercheurs puissent y partager entre eux des documents scientifiques et y naviguer sans peine ! Il a donc l'idée d'associer son principe de l'hypertexte au réseau Internet. Le WWW est né. Le tout premier site sera forcément celui du CERN, www.info.cern.ch. Berners-Lee va alors être aidé par un ingénieur belge, Robert Cailliau, pour développer son idée de génie.

Aujourd'hui, on estime le nombre de sites à plus d'un milliard ! Et dites-vous bien que nous ne sommes qu'au début de son histoire.

NAISSANCE DU JOUR

En 1888, Paul Morand, écrivain élu à l'Académie française.

FAIT DU JOUR

En 1634, les « Académistes », comme ils s'étaient nommés avant de devenir les Académiciens, se réunissent en assemblée pour la première fois.

14 MARS

C'est la Sainte Mathilde

1861
Victor-Emmanuel, roi d'Italie

Il faut remonter très loin dans le haut Moyen Âge pour trouver une Italie unifiée, et encore… Toute l'histoire de la péninsule est celle d'États morcelés, duchés, royaumes, républiques, qui se firent constamment la guerre.

Quand commence la seconde moitié du XIXe siècle, l'Empire austro-hongrois occupe la Lombardie et la Vénétie et ce sont des cousins de l'empereur qui règnent sur le grand-duché de Toscane et le duché de Modène. On trouve aussi des Bourbons dans le royaume des Deux-Siciles et dans le duché de Parme. Mais, depuis plusieurs décennies, se renforce l'ambition de créer une nation unifiée qu'on appelle le Risorgimento : la résurrection.

Le roi de Sardaigne, qui règne aussi sur la Savoie et le Piémont, songe fortement, dans la foulée de son père qui n'y avait pas réussi, à en être l'instigateur. Son Premier ministre Cavour s'assure d'abord du soutien des Français à Plombières où il rencontre secrètement l'empereur Napoléon III en 1858. Il lui promet en retour la cession de la Savoie et de Nice. Le roi peut alors déclarer la guerre à l'Autriche et remporter les victoires de Solferino et de Magenta. Au sud, c'est le major-général Garibaldi qui conquiert pour lui la Sicile et Naples. Et le 14 mars 1861, la péninsule peut enfin proclamer Victor-Emmanuel Ier, roi d'Italie !

Florence devient quatre ans plus tard la capitale du nouveau royaume. Mais il faut attendre 1870 pour que le Vatican renonce enfin à sa domination sur Rome et sur les États qu'il contrôle encore.

NAISSANCE DU JOUR

En 1879, Albert Einstein, physicien américain d'origine allemande, auteur de l'équation $E=mc^2$.

HOMME DU JOUR

En 1800, à Rome, le pape Pie VII succède à Pie VI, décédé en 1799.

15 MARS

C'est la Sainte Louise de Marillac

44 avant Jésus-Christ

Toi aussi, mon fils !

Jules César est au sommet de sa gloire : à 55 ans, il vient d'obtenir la dictature à vie. Mais on le soupçonne de vouloir renoncer à la République pour devenir empereur et entamer des réformes qui mettraient à mal les privilèges des patriciens.

Son assassinat est donc programmé par une soixantaine de conjurés. Aux ides de mars, c'est-à-dire le 15 mars 44 avant Jésus-Christ, se tient une séance au Sénat. Comme prévu, le sénateur Metellus, feignant la colère sur un vain prétexte, arrache un coin du manteau de César – et s'assure ainsi qu'il ne porte pas de protection. C'est le signal convenu ; les conjurés lui assènent aussitôt vingt-trois coups de poignard, si l'on en croit l'historien Suétone. Ainsi s'écroule, comme le dit ce dernier, « le mari de toutes les femmes et la femme de tous les maris », faisant allusion à son penchant pour les garçons comme pour les dames.

Le dernier mot de l'agonisant est bien connu : « *Tu quoque mi fili !* (toi aussi, mon fils !) », dit-il en reconnaissant parmi ses meurtriers celui qu'il aimait comme son fils, un certain Marcus Brutus. L'assassinat de César ne servit pas à grand-chose : son successeur Auguste mit fin à la République et fut proclamé empereur dix-sept ans plus tard.

NAISSANCE DU JOUR

En 1892, Charles Nungesser, aviateur français.

FAIT DU JOUR

En 1493, Christophe Colomb entre dans le port de Palos, après un voyage vers les Indes de sept mois et onze jours.

C'est la fête de la Bienheureuse Bénédicte

1914
Le crime de Madame Caillaux

La rue Drouot, dans le neuvième arrondissement de Paris, en fin d'après-midi. Une voiture s'arrête devant l'entrée du quotidien *Le Figaro*. Une dame en sort. Elle porte une robe noire, à la coupe presque austère et, petite particularité, tient ses mains cachées dans un manchon de fourrure. Qui est-elle ? C'est Henriette Caillaux, épouse du ministre des Finances, le radical Joseph Caillaux. Elle pénètre dans l'immeuble et demande à parler au directeur, Gaston Calmette. Mais il n'est pas là. Qu'à cela ne tienne, elle attendra ! Elle s'assied à quelques pas du bureau. À 18 heures, Calmette est de retour ; il gagne son bureau, y reste quelques minutes, puis s'apprête à ressortir quand on le prévient que Madame Caillaux l'attend depuis un long moment. Gaston Calmette n'en croit pas ses oreilles !

Pourquoi un tel étonnement ? Parce que depuis des semaines *Le Figaro* mène une violente campagne contre Joseph Caillaux, homme de gauche, hostile à la guerre qui se prépare contre l'Allemagne ; il a même laissé entendre qu'il publierait la correspondance intime du ministre, alors marié, avec celle qui n'était encore que sa maîtresse, l'actuelle Madame Caillaux.

Calmette demande à l'huissier de faire entrer sa visiteuse. « Vous vous doutez sans doute de l'objet de ma visite ? », dit-elle. Très vite, elle sort de son manchon un pistolet et vide le chargeur sur son interlocuteur. Grièvement blessé, le directeur du *Figaro* va mourir à l'hôpital. Madame Caillaux est arrêtée. Elle reconnaît les faits et précise qu'elle voulait que le journal cessât de s'en prendre à son mari. Celui-ci, qui accourt, est effondré ; sa carrière est brisée ; il doit démissionner pour organiser la défense de sa femme. Et, aussi étrange que cela paraisse, Henriette va être acquittée par les assises !

Or, comme l'a montré Dominique Jamet dans un excellent ouvrage, Joseph Caillaux, pacifiste, aurait peut-être été de taille, d'étoffe à empêcher la guerre… De là à dire que les coups de feu de son épouse ont eu autant d'importance que ceux de Sarajevo, il n'y a qu'un pas que l'on peut même être tenté de franchir.

NAISSANCE DU JOUR

En 1871, Albertine Duhamel, directrice de la première école de rééducation des mutilés pendant la Première Guerre mondiale, créatrice du mouvement des Guides de France.

HOMME DU JOUR

En 1521, Fernand de Magellan débarque à Samar, une île de l'archipel des Philippines.

1915

La fin de la « fée verte »

Il est impossible de s'intéresser à la littérature du XIXe siècle sans connaître l'absinthe. Verlaine, Rimbaud, Baudelaire, Oscar Wilde en ont été des consommateurs, disons, invétérés. C'est ce dernier qui l'aurait qualifiée de « fée verte ». Il a décrit les effets qu'elle produisait dans son célèbre *Portrait de Dorian Gray* : « Le premier verre vous montre les choses comme vous voulez les voir, disait-il, le second vous les montre comme elles ne sont pas ; après le troisième, vous les voyez comme elles sont vraiment. Et il n'y a rien de pire. »

Or, le 17 mars 1915, sa consommation devient tout bonnement interdite. Pourquoi ? Parce que, selon les ligues antialcooliques, cette boisson rend fou et criminel, provoque l'épilepsie et la tuberculose, et fait de l'homme une bête féroce, de la femme une martyre, de l'enfant un dégénéré. Bref, elle désorganise et ruine la famille et, par conséquent, l'avenir du pays. Il y a naturellement beaucoup d'exagération dans ces propos, mais n'est-ce pas le propre des ligues vertueuses ?

Il est vrai que cet alcool très puissant peut faire beaucoup de mal à cause d'une molécule qu'il contient, la thuyone. Et, d'autre part, en 1915, on souhaite que les soldats au front évitent une consommation d'autant plus tentante qu'elle n'est guère coûteuse. Quitte à boire de l'alcool, autant boire du vin, comme le proclament les vignerons de l'époque qui ne perdent pas le nord : « Tous pour le vin, contre l'absinthe ! »

Le malheur des uns fait toujours le bonheur des autres, n'est-ce pas ? C'est le pastis qui va connaître alors ses heures de gloire. La distillerie Pernod se lance dans sa production et entame son essor. Puis vient le tour de Paul Ricard. Mais tout est bien qui finit bien : la consommation de l'absinthe, avec modération bien sûr, a été de nouveau autorisée en 2011.

NAISSANCE DU JOUR

En 1874, Mike Bernard, pianiste et compositeur, précurseur du ragtime, qui donna naissance au jazz.

FAIT DU JOUR

En 1990, l'Opéra-Bastille, conçu par l'architecte uruguayen Carlos Ott, offre sa toute première représentation, *Les Troyens* de Berlioz.

18 MARS

C'est la Saint Cyrille de Jérusalem

1871

La Commune

Alors que la France était partie en guerre « le cœur joyeux », selon le triste mot du ministre du gouvernement Émile Ollivier, elle en sortit plus meurtrie que jamais, vaincue par les Prussiens après la terrible bataille de Sedan qui mit en déroute l'armée de l'empereur Napoléon III. Quelle humiliation de voir le roi de Prusse se faire proclamer empereur d'Allemagne dans la galerie des Glaces au château de Versailles, le 18 janvier 1871 !

Les Prussiens occupent donc Paris après un siège extrêmement douloureux pour les petites gens. Mais l'agitation gagne la capitale et les milieux populaires où se recrute la garde nationale. Le 18 mars 1871, le gouvernement, dirigé par Adolphe Thiers, décide de la désarmer et envoie des soldats se saisir des canons entreposés à Montmartre et à Belleville. C'est l'insurrection car les gardes nationaux, soutenus par la populace, refusent d'obtempérer.

Les insurgés élisent un conseil communal à Paris qui va siéger à l'hôtel de ville sous le nom de « Commune de Paris ». Ils affichent un état d'esprit nettement révolutionnaire que ne peut tolérer la bourgeoisie au pouvoir !

En mai, la répression du gouvernement Thiers est sanglante. En guise de représailles, les communards incendient les Tuileries, l'hôtel de ville, et d'autres monuments. On compte plus de vingt mille morts, des prisonniers, des déportés. Disparaissent aussi dans l'incendie de l'hôtel de ville des milliers de registres paroissiaux et d'état civil, accumulés depuis François Ier, privant à jamais les généalogistes et les historiens d'une inestimable source d'information.

NAISSANCE DU JOUR

En 1842, Stéphane Mallarmé, poète français.

HOMME DU JOUR

En 1965, Alekseï Leonov, cosmonaute russe, effectue la première sortie extravéhiculaire, en combinaison spatiale.

19 MARS

C'est la Saint Joseph

1815
Louis XVIII est reparti...

Pour le vieux roi Louis XVIII, obèse et podagre, c'est un cauchemar qui recommence : l'honni Napoléon, débarqué à Golfe-Juan le 1er mars, s'apprête à entrer à Paris, acclamé tout au long de son parcours par une population en liesse. Il a tout juste le temps de faire ses malles et, pour la deuxième fois de sa vie, gagner la Belgique au plus vite : parti le 19 mars 1815 à minuit, il va endurer dix jours de calèche sur trois cents kilomètres et se réfugier à Gand.

L'exil, il le connaît : brimbalé entre la Belgique, l'Italie, la Russie et l'Angleterre de 1791 à 1814, soit près d'un quart de siècle, ce frère de Louis XVI n'a cessé de comploter et de prier pour recouvrer le trône de ses aïeux !

Ce que les historiens appellent les Cent-Jours commence, qui vont s'achever par la tragique défaite de Waterloo. L'Aigle à jamais terrassé, le roi peut alors regagner Paris, mais « dans les fourgons de l'étranger » car les « alliés » viennent occuper la capitale en exigeant des dommages de guerre écrasants.

Un contexte difficile qui n'empêchera pas ce souverain imbu de son lignage et très intelligent d'œuvrer à la réconciliation des Français.

NAISSANCE DU JOUR

En 1933, Philippe Roth, écrivain américain.

FAIT DU JOUR

En 1895, les frères Lumière captent quarante-cinq secondes d'images animées lors de la sortie de l'usine Lumière à Lyon. C'est le premier film de l'histoire du cinéma.

20 MARS

C'est la Saint Herbert

1956
L'indépendance de la Tunisie

Placée sous protectorat en 1881, la Tunisie réclame son indépendance depuis cette époque. Mais, au début des années 1950, les émeutes et les manifestations connaissent une recrudescence. Le gouvernement doit réagir. Il accorde l'autonomie interne avec le discours de Pierre Mendès France prononcé à Carthage, le 31 juillet 1954. Puis, nouvelle étape, l'indépendance est enfin reconnue le 20 mars 1956. À la tête des nationalistes se trouve un certain Habib Bourguiba, chef du parti le Néo-Destour. C'est lui qui prend le pouvoir.

Il proclame la République en 1957 et devient le premier président de son pays.

À cette époque, la guerre d'Algérie fait rage et un certain nombre d'affrontements continuent d'opposer l'armée française aux Tunisiens. Car la France dispose dans le pays d'une base militaire stratégique, celle de Bizerte. Bourguiba obtient que Paris l'abandonne en 1963, et il nationalise en même temps les terres détenues par les étrangers, notamment celles des anciens colons français. La Tunisie devient alors réellement indépendante.

Bourguiba demeure au pouvoir jusqu'en 1987. Puis Ben Ali lui succède jusqu'en 2011, avant d'être renversé par ce qu'on a appelé le Printemps arabe, dont l'histoire s'écrit toujours avec gravité.

NAISSANCE DU JOUR

En 1882, René Coty, président de la République française entre 1954 et 1959.

HOMME DU JOUR

En 1986, Jacques Chirac est nommé Premier ministre par François Mitterrand. C'est le début de la cohabitation.

21 MARS

C'est la Sainte Clémence

1935
La Perse devient l'Iran

La civilisation perse est l'une des plus vieilles du monde. On se souvient des guerres successives que cet immense empire livra aux Grecs. Les noms des rois Darius et Xerxès sonnent encore à nos oreilles. Et puis, pour ceux qui aiment voyager, ceux de Persépolis, Antioche, Ispahan font rêver. Plusieurs empires sur ses terres se sont succédé : achéménide, séleucide, parthe, sassanide, qui nous ont laissé de magnifiques vestiges.

Ensuite le pays s'est endormi dans un long sommeil dont la grande Histoire a un peu oublié les péripéties. Elle se réveille à nouveau alors que les Britanniques et les Russes ont jeté leur dévolu sur ce territoire, après la Grande Guerre. Un général, Reza Chah Pahlavi, a pris le pouvoir en 1921 à la faveur d'un coup d'État et se fait, quatre ans plus tard, attribuer le titre de shah par l'Assemblée constituante. Il se fait couronner en 1926, désireux d'obtenir l'indépendance de son pays. Il entend le modifier en profondeur car on peut dire que le mode de vie y est resté archaïque. Lui-même ne sort absolument pas d'une lignée royale. Pour montrer sa détermination, il annonce au monde entier, le 21 mars 1935, que le nouveau nom de son royaume deviendra l'Iran, qui est celui de la Perse dans la langue nationale, le pharsi. L'État impérial d'Iran est né.

Faisant appel à des ingénieurs et professeurs européens, son maître s'attelle à sa tâche, modelant les institutions sur le modèle européen, ouvrant une université à Téhéran, créant des industries lourdes et des infrastructures, mettant sur pied un système de santé. Il oblige les hommes à s'habiller à l'occidentale, et interdit aux femmes de porter le voile. Poursuivies par son fils, toutes ces réformes bousculeront trop vite les mentalités qui, exaspérées par la corruption et la dictature militaire, vont amener au pouvoir les ayatollahs, partisans d'une tradition pure et dure où la vie quotidienne du peuple n'en sera pas moins jugulée.

NAISSANCE DU JOUR

En 1685, Jean-Sébastien Bach, compositeur et organiste allemand.

HOMME DU JOUR

En 1804, Napoléon fait promulguer le Code civil. Il répertorie les lois relatives aux droits civils des Français, aux personnes, aux biens et aux relations entre les personnes privées.

22 MARS

C'est la Saint Léa

1940
Un cabinet d'union nationale

Si la Seconde Guerre mondiale a commencé, la France ne la fait pas vraiment encore, embourbée dans ce qu'on a appelé la « drôle de guerre ».

Le 20 mars 1940, le gouvernement d'Édouard Daladier est renversé à la Chambre pour n'être pas intervenu en Finlande contre l'URSS, alors alliée à l'Allemagne. Paul Reynaud est investi, le 22 mars, à la tête d'un cabinet d'union nationale. Il décide d'agir et propose aux Anglais d'intervenir en Scandinavie, afin de barrer aux Allemands la « route du fer ». En représailles, Hitler envahit la Norvège le 10 avril. Pour être vraiment efficace, Paul Reynaud souhaite concentrer les pouvoirs de guerre, mais Daladier, ministre de la Guerre, s'y oppose. Le 9 mai, Reynaud remet sa démission au président de la République, Albert Lebrun. Mais c'est trop tard : l'offensive allemande venant de débuter, elle lui est refusée. Paul Reynaud va donc devenir le chef du gouvernement de la débâcle, à son corps défendant. Mais ce fut son successeur, le maréchal Pétain, qui signa l'armistice.

Depuis des années, Reynaud se disait favorable aux idées téméraires d'un certain colonel de Gaulle, qu'il fit entrer, du reste, comme sous-secrétaire d'État. C'est dans cette fonction que le futur général fait la connaissance du Premier ministre britannique, Winston Churchill, lors d'une visite de ce dernier à Briare, les 11 et 12 juin 1940. On sait les conséquences de cette rencontre. De Gaulle, reconnaissant, confia à Paul Reynaud, en 1958, la présidence du Comité consultatif constitutionnel. Puis les deux hommes se brouillèrent en 1962.

NAISSANCE DU JOUR

En 1923, Marcel Marceau, dit le « mime Marceau ».

FAIT DU JOUR

En 1841, le roi Louis-Philippe fait adopter une loi interdisant le travail des enfants de moins de 8 ans dans les manufactures, les usines ou les ateliers.

XVIIIe SIÈCLE

23 MARS

CHEF-D'ŒUVRE DE LACLOS

C'est la Saint Alphonse Turibe de Mogrovejo

1782
« Les Liaisons dangereuses »

L'histoire de la littérature française est périodiquement secouée de scandales. Beaucoup tombent aux oubliettes, mais quelques-uns, parce qu'ils concernent d'authentiques chefs-d'œuvre, marquent un jalon : souvenez-vous du *Mariage de Figaro* de Beaumarchais, d'*Hernani* de Victor Hugo, de *Madame Bovary* de Flaubert, des *Fleurs du mal* de Baudelaire.

Il y a aussi *Les Liaisons dangereuses* de Choderlos de Laclos, roman épistolaire où rivalisent à mort deux libertins, la marquise de Merteuil et le vicomte de Valmont autour d'une pauvre proie, la petite Cécile de Volange. Dès sa parution, le 23 mars 1782, le livre rencontre le succès puisque son premier tirage de mille exemplaires est vite épuisé, événement rare à l'époque. Est-ce parce que son immoralité scandalise et choque ? On envoie son auteur, un officier d'artillerie, se faire oublier dans une garnison à La Rochelle où il devra participer à la construction d'un arsenal.

Mais le livre ne sera interdit que longtemps plus tard, sous la Restauration, lorsque la morale bourgeoise et puritaine s'abattra sur la société comme une chape de plomb. Il faut attendre le XXe siècle avec ses sommités que sont Jean Giraudoux, André Gide et Alain Malraux, pour rendre à ce chef-d'œuvre ses lettres de noblesse.

Les adaptations théâtrales et cinématographiques ne se comptent désormais plus. Pour ma part, mon enfance a été marquée par le film de Stephen Frears avec Glenn Close et John Malkovitch.

NAISSANCE DU JOUR

En 1951, Jean Plantureux, dit Plantu, dessinateur satirique français, collaborant avec le journal *Le Monde*.

FAIT DU JOUR

En 1857, le premier ascenseur, construit par Elisha Graves Otis, est inauguré dans un grand magasin à New York. À l'époque, la machine soulève cinq à six personnes de vingt centimètres par seconde !

24 MARS

C'est la Sainte Catherine de Suède

1860
L'annexion de Nice et de la Savoie

Si l'on vous demande ce qu'a entériné le traité de Turin, saurez-vous répondre ? Probablement pas, et personne ne vous en voudra ! Car nous sommes peu à savoir que c'est grâce à lui que le duché de Savoie et le comté de Nice ont rejoint notre beau pays. C'est le prix que dut payer le royaume de Piémont-Sardaigne pour obtenir les bonnes grâces et le soutien militaire de la France contre l'Autriche dans son projet d'unification italienne. Car le puissant Empire austro-hongrois de François-Joseph et de Sissi contrôlait alors directement ou indirectement quasiment tout le reste du nord de l'Italie jusqu'aux États du Vatican.

L'origine de cette tractation remonte à une entrevue secrète tenue entre Napoléon III et le roi Victor-Emmanuel, à Plombières, le 21 juillet 1858. Outre son engagement, l'empereur y exige que le nouveau royaume laisse leur indépendance aux territoires du très Saint-Père dont Rome est le joyau. La pieuse impératrice Eugénie n'aurait pas toléré qu'on les annexât ! Après les victorieuses batailles de Solferino et de Magenta, Napoléon préfère arrêter les hostilités et signer l'armistice de Villafranca avec l'Autriche. Par dépit, le tout-puissant Premier ministre Cavour démissionne, remettant ainsi en cause l'avenir de la Savoie et de Nice. Les pourparlers reprennent. Et l'on aboutit à la signature du traité de Turin le 24 mars 1860.

On décide que l'annexion des deux territoires sera soumise au vote des populations. Mais c'est un plébiscite que remporte quasiment la France tant l'adhésion de la population est massive. Figurez-vous que, cent cinquante ans plus tard, quelques farfelus demandent encore l'abrogation de ce traité.

NAISSANCE DU JOUR

En 1930, Steeve McQueen, acteur américain notamment dans *Les Sept Mercenaires* et *La Grande Évasion*.

FAIT DU JOUR

En 1998, le film de James Cameron, *Titanic*, sort au cinéma. Il recevra onze Oscars.

XXe SIÈCLE

25 MARS

GLOIRE DE L'HOMME-SINGE

C'est l'Annonciation et la Saint Humbert

1932
Tarzan à l'écran

The Ape Man, c'est l'homme singe, autrement dit… Tarzan. La première du film qui va rendre ce personnage si célèbre a lieu le 25 mars 1932. On y découvre le fameux OhiiiIoihhoooOOO !, ce cri censé être « le cri de victoire d'un grand singe », selon Edgar Rice Burroughs, l'auteur du roman originel. Personnellement, ce hurlement primal me fait davantage penser à un yodel autrichien…

À ce sujet, un mystère demeure : on n'a jamais su si Johnny Weissmuller avait réellement émis ce bruit inclassable. Car c'était lui, alors grande star de Hollywood, qui interprétait le personnage. Fils d'immigré hongrois, arrivé en Pennsylvanie à 7 mois et atteint par la poliomyélite à 9 ans, son médecin l'encouragea à pratiquer la natation. Il suivit si bien ce conseil que, non seulement, il guérit, mais devint un vrai champion dans les bassins. En 1924, il participa aux Jeux olympiques de Paris, où il décrocha la médaille d'or au 100 mètres nage libre qu'il parcourut en moins d'une minute ! S'étant construit un physique de rêve, il fut recruté pour des publicités de maillots de bain et de sous-vêtements masculins avant que Hollywood ne le repérât. Tarzan, qui se joue en petite tenue, ne pouvait que lui convenir.

Le film qui sortit le 25 mars 1932 sur les écrans était, en fait, la sixième adaptation du roman, mais c'était surtout la première version parlante. Après cet immense succès, Weissmuller reprit le rôle une dizaine de fois et ne se libéra jamais de son personnage. Il ne tourna rien d'autre, fut criblé de dettes, devint représentant en piscines avant de basculer dans la folie et de finir ses jours dans un hôpital psychiatrique à pousser son fameux cri.

NAISSANCE DU JOUR

En 1921, Simone Signoret, actrice française notamment dans *La Vie devant soi*, *Le Chat* et *L'Armée des ombres*.

HOMME DU JOUR

En 1655, l'astronome hollandais Christiaan Huygens fait la découverte d'un satellite de Saturne qu'il appelle « Lune de Saturne », plus tard rebaptisé Titan.

THE APE MAN

26 MARS

C'est la Sainte Larissa

1814
Le docteur Guillotin est mort

Ce fut le 24 juillet 1814 que mourut le triste docteur Joseph Ignace Guillotin, qui passe pour être l'inventeur de la guillotine alors qu'il n'était en rien à l'origine de ce redoutable engin. Le mérite, si l'on ose dire, en revient à son confrère Antoine Louis, de la faculté de médecine et de chirurgie, qui donna son nom à une première version appelée la « louisette ». Elle s'inspirait de modèles existant déjà en Europe – il y eut, par exemple, une machine à décapiter en Écosse, dès le XIIe siècle ! Alors, quelle fut l'action de Guillotin dans cette histoire ? Eh bien, il se chargea de défendre politiquement son utilité en se posant comme bienfaiteur de l'humanité, après avoir vu tant de décapitations ratées et tant d'hommes souffrir atrocement ; avec cet engin, disait-il, tout le monde mourrait de la même façon, quel que soit son rang social, et sans s'exposer à d'inutiles souffrances.

Avait-il raison ? Peut-on prétendre que l'adoption de la guillotine a marqué un progrès ? D'une certaine façon, oui, si l'on considère toute la batterie d'anciens supplices plus ou moins barbares et dégradants, plus ou moins interminables, que l'ingéniosité humaine avait concoctés…

Quand la « guillotine » fut-elle officiellement adoptée ? Au printemps 1792. Ce fut le roi Louis XVI qui signa le décret instituant, comme moyen uniforme d'infliger la peine de mort, une décapitation « en un instant et d'un seul coup ». Quelle singulière ironie de l'histoire, lorsque l'on sait que, moins d'un an plus tard, il fût exécuté de cette façon ! L'ironie va d'ailleurs plus loin, puisqu'il semblerait que ce fut lui en personne qui eut l'idée de donner au couperet la forme d'un biseau, afin de rendre l'intervention plus efficace.

NAISSANCE DU JOUR

En 1913, Jacqueline de Romilly, grande helléniste, membre de l'Académie française et première femme à être devenue professeur au Collège de France.

HOMME DU JOUR

En 1899, Robert Johann Koldewey, archéologue allemand, découvre les murailles de Babylone, la ville du roi Nabuchodonosor, dans l'actuel Irak.

27 MARS

C'est Pâques et la Saint Rupert de Salzbourg

1803 L'invention du franc

Le 7 germinal de l'an XI selon le calendrier républicain, c'est-à-dire le 27 mars 1803, le Premier consul Napoléon Bonaparte réforma le franc créé en 1795 sous la Convention en lui donnant une valeur fixe, définie par un poids déterminé de métal. On l'appela le franc germinal. Pourquoi cette réforme ? Tout simplement pour épurer une situation confuse qui a perduré pendant toute la Révolution, où se mêlaient les pièces anciennes, les assignats, une sorte de papier monnaie, et les « mandats nationaux », créés en 1796. Cette anarchie était préjudiciable au développement des affaires, outre qu'une inflation chronique ajoutait au désordre de l'économie.

Le franc germinal pèse 5 grammes d'argent dont 4,5 d'argent pur. Mais on met aussi en circulation des pièces de vingt francs – qu'on appelle les napoléons et qui pèsent 6,45 grammes dont 5,8 grammes d'or. Autant dire de la monnaie sonnante et trébuchante ! Ce mélange de matériaux, appelé le bimétallisme complet, a la particularité d'être un système assez stable. À la suite de ce lancement disparurent peu à peu les autres pièces encore en circulation.

Ce « franc germinal » circula durant tout le XIXe siècle. Il devint une valeur sûre, en France mais également dans le monde. Ce fut la Première Guerre mondiale qui ébranla sa position dominante… Il vacilla jusqu'en 1928, date à laquelle Poincaré instaura l'étalon-or. On l'appela le franc Poincaré. Plus tard, en 1960, sonna l'heure du nouveau franc, que l'on aura bientôt oublié avec le passage à l'euro, en 2002. Mais celui-ci n'appartient plus à l'histoire de France, il est de l'histoire européenne .

NAISSANCE DU JOUR

En 1662, Marie-Louise d'Orléans, reine d'Espagne et épouse du roi Charles II.

FAIT DU JOUR

En 1990, la piscine Molitor, dessinée par l'architecte Lucien Pollet, est inscrite aux Monuments historiques.

28 MARS

C'est la Saint Gontran

1979
Three Mile Island

Quatre heures du matin viennent de sonner à la centrale nucléaire de Three Mile Island dans l'État de Pennsylvanie, aux États-Unis. Elle est en service depuis quatre ans et a, jusqu'ici, fonctionné sans problème.

Que se passe-t-il à l'aube du 28 mars 1979 ? Une panne des pompes dans le système de refroidissement entraîne la fusion partielle d'un des deux réacteurs. Pour empêcher toute suite grave, il faut libérer les soupapes de sécurité. Or la manœuvre provoque l'émission de vapeur d'eau radioactive dans l'atmosphère. Le gouverneur de l'État est informé de la situation, mais aucun plan d'urgence n'est prévu en pareil cas. Une conférence de presse est organisée pour rassurer la population en affirmant que le taux de radioactivité relevé dans les parages ne doit nourrir aucune inquiétude. Deux jours plus tard, les déclarations deviennent contradictoires, les informations communiquées par la NRC, l'autorité de sûreté nucléaire, sont ambiguës. On ne sait plus qui croire !

Les autorités se convainquent finalement d'ordonner l'évacuation des femmes enceintes et des enfants à plus de cinq miles (huit kilomètres) de la centrale. Dans la capitale de l'État, Harrisburg, à seize kilomètres de là, la panique commence à gagner les habitants. Près de deux cent mille personnes quittent la région ! C'est l'affolement. Mais tout finit bien : la contamination s'est finalement révélée de faible dose.

Il n'empêche que cet accident aura traumatisé l'Amérique. Le président Jimmy Carter annonce qu'il annule les projets de construction de centrale. Effectivement, à partir de cette date, le programme nucléaire américain va s'arrêter. Mais cela n'empêchera pas que, dans le reste du monde, d'autres accidents nucléaires, et d'une autre envergure, vont survenir, celui de Tchernobyl, bien entendu, en 1986, et Fukushima en 2011. Y en aura-t-il un prochain ?

NAISSANCE DU JOUR

En 1862, Aristide Briand, homme politique français.

HOMME DU JOUR

En 1957, le général Jacques Pâris de Bollardière demande à être relevé de son commandement pour protester contre les méthodes employées en Algérie.

29 MARS

C'est la Sainte Gladys

1880
Les jésuites hors de l'enseignement

Peu à peu, tout au long du XIXe siècle, les modalités de l'enseignement, dont on mesure pleinement l'influence sur l'avenir de notre société, ont joué un rôle prépondérant dans la politique des gouvernements.

La loi Falloux, promulguée en 1850, sous la IIe République, donna une pleine place aux écoles religieuses en proclamant la liberté de l'enseignement. Mais la notion de laïcité, si débattue de nos jours, s'accroissait à vive allure tandis qu'un anticléricalisme de plus en plus soutenu envahissait les classes moyennes. Un décret du 29 mars 1880, signé par le ministre Jules Ferry, interdit désormais l'enseignement aux jésuites. Ils ont trois mois pour fermer leurs établissements. Le même jour, un second décret expulse également de l'enseignement les congrégations non autorisées qui refusent de se faire enregistrer (dominicains, franciscains, etc.). Cinq mille six cent quarante congrégationnistes sont ainsi priés de plier bagage.

Comme toujours en France, les réformes de l'éducation ne se font pas sans heurts. Des incidents éclatent partout. Le chef du gouvernement, Charles de Freycinet, veut négocier, mais Jules Ferry reste inflexible. Il succède à Freycinet qui démissionne le 19 septembre. Et, en décembre de la même année, promulgue la loi proposée par Camille Sée qui ouvre l'enseignement secondaire aux jeunes filles. L'instruction morale et civique remplace l'instruction religieuse. La laïcisation de l'école est en marche.

Rappelons-en les étapes suivantes : en 1882, déjà gratuit, l'enseignement primaire devient obligatoire et laïc. C'est l'avènement des instituteurs, que Charles Péguy a baptisés « hussards noirs » : « Nos jeunes maîtres étaient beaux comme des hussards noirs. Sveltes, sévères, sanglés. Sérieux, et un peu tremblants de leur précoce, de leur soudaine omnipotence. » Et, plus que jamais aujourd'hui, les questions de laïcité à l'école continuent à susciter des débats vifs.

NAISSANCE DU JOUR

En 1902, Marcel Aymé, écrivain, scénariste et dialoguiste français.

FAIT DU JOUR

En 1955, Brocas et Brachet pilotent la locomotive BB 9004 qui atteint la vitesse record de 331 km/h. Cette performance mettra près de vingt ans à être dépassée.

30 MARS

C'est la fête du Bienheureux Amédée IX

1842
L'anesthésie moderne

L'idée – astucieuse – vient d'un médecin américain, le docteur Crawford Long, qui doit opérer un malade d'une tumeur au cou. Pour alléger sa souffrance, pourquoi ne pas utiliser de l'éther ? On peut donc dater de ce jour – le 30 mars 1842 – la naissance de l'anesthésie. Jusque-là, pour soulager la douleur, on connaissait seulement les vertus analgésiques de certaines plantes, comme la mandragore ou le pavot. On saoulait aussi le patient. Le grand chirurgien du XVIe siècle, Ambroise Paré, recourait à l'alcool et à l'opium lorsqu'il devait amputer à vif les soldats blessés au champ de bataille. C'était le même produit, par exemple, qu'on faisait respirer à Naples aux enfants qu'on voulait castrer pour en faire de grands chanteurs. Au XVIIIe siècle, le chimiste Joseph Priestley isola un gaz euphorisant, le protoxyde d'azote, mieux connu sous le nom de « gaz hilarant » tant il plongeait ceux qui l'inhalaient dans un état d'euphorie. Mais, dans un premier temps, son usage ne s'imposa pas en chirurgie et resta surtout confiné à la fabrication de la crème Chantilly !

Grâce à l'ingéniosité du docteur Long, la médication progressa à vive allure avec l'usage généralisé de l'éther. À sa suite, un dentiste, Horace Wells, redécouvrit les vertus du gaz hilarant. Il le testa d'abord sur lui-même en s'arrachant une dent. Ce fut un succès ! Il l'appliqua donc à ses patients qui s'en montrèrent satisfaits. Mais, lorsqu'il fut invité à présenter sa découverte au Massachusetts General Hospital, le cobaye se plaignit de douleurs pendant l'extraction. Wells fut alors hué, conspué, puis discrédité. L'étudiant, qui devait être assez sot, avoua plus tard qu'il n'avait pas eu si mal que ça… Par bonheur, cette expérience ne découragea pas Wells qui orienta ses nouvelles expériences vers le chloroforme. Il en devint si dépendant qu'il fut jeté en prison pour avoir agressé deux prostituées sous son emprise. Aujourd'hui, vous pouvez néanmoins admirer une statue érigée à sa mémoire à Hartford, dans le Connecticut.

NAISSANCE DU JOUR

En 1853, Vincent Van Gogh, le peintre des *Tournesols*.

FAIT DU JOUR

En 1900, Alexandre Millerand fait adopter la loi réduisant le temps de travail à dix heures par jour.

C'est la Saint Benjamin de Perse

1282
Mot de passe : « Cicero »

Connaissez-vous les Vêpres siciliennes ? Sans doute puisque c'est le titre d'un admirable opéra de Verdi. Mais ce que vous savez probablement moins, c'est que le livret s'est inspiré d'un horrible fait authentique où furent massacrés huit mille Français sous le ciel enchanteur de Palerme.

À l'époque où celui-ci s'est déroulé, le royaume de Naples et la Sicile étaient occupés par les Français. Le roi Charles Ier d'Anjou avait conquis ces terres avec la bénédiction du pape. Mais cet individu ne ressemblait gère à son frère Saint Louis : il aimait les conquêtes et l'argent. Pour se le procurer, il accablait ses sujets siciliens d'impôts insoutenables. La coupe, un jour, fut pleine. Le lundi de Pâques, le 30 mars 1282, à l'heure des vêpres, au moment où les cloches se mirent à sonner, les Siciliens, comme un seul homme, se révoltèrent. Ils massacrèrent les troupes royales puis, le lendemain, continuèrent à traquer les Français, à les débusquer partout dans la ville. Les chroniques racontent qu'en cas de doute sur l'origine de leur victime les Siciliens lui demandaient de prononcer le mot « Cicero », qui veut dire « pois chiche » en sicilien et qui est surtout très difficile à prononcer correctement pour un Français !

Dans ce soulèvement, certains auteurs, plutôt fantaisistes, ont voulu voir l'origine du mot mafia – celui-ci paraissant l'acronyme du cri de ralliement des insurgés : « Morta Alla Francia ! Italia Aviva ! – Mort aux Français, vive l'Italie ! » Bien entendu, c'est une légende. Elle a été forgée au XIXe siècle, encouragée par les mafieux trop contents de pouvoir enraciner leurs méfaits dans les Vêpres siciliennes.

NAISSANCE DU JOUR

En 1596, René Descartes, philosophe, mathématicien et physicien français.

FAIT DU JOUR

En 1954, Françoise Sagan publie *Bonjour tristesse*.

1er AVRIL

C'est la Saint Hugues de Grenoble

1938
Le café... soluble !

Certains pourraient trouver la blague forte de café, mais ils auraient tort : le Nescafé a bel et bien été commercialisé un 1er avril. C'était en 1938.

Qui inventa un café lyophilisé acceptable ? À vrai dire, plusieurs personnes seraient légitimes à en revendiquer la paternité. D'abord l'écrivain Alphonse Allais, qui déposa en 1881 le brevet d'une poudre qu'il suffisait de réhydrater pour la boire, procédé offrant le double avantage d'un gain de place et d'une conservation plus longue que celle des grains habituels. Sa trouvaille s'adressait aux militaires, les ayant trop entendus se plaindre de la piètre qualité et du mauvais goût de leur breuvage favori. La recette est améliorée en 1890 par le Néo-Zélandais David Strang. Sans rencontrer plus de succès. Et puis, un jour, la maison Nescafé s'empare de l'idée. La marque fait travailler des chimistes, en Suisse, qui trouvent la solution : le café doit être moulu, passé dans une cafetière et – en troisième lieu – déshydraté. Après de multiples essais, le café soluble est donc lancé en ce jour d'avril 1938...

Toutefois – et c'est toujours pareil – si l'on se souvient de ce qui marche, on oublie les fours et autres ratages. Or la même technique (revisitée) a été appliquée au thé. Baptisé Nescathé, le produit a aujourd'hui disparu mais il bénéficiait du soutien de très bons ambassadeurs, à commencer par Winston Churchill. Savez-vous ce qu'il disait à son propos : « *I have drunk as much tea as there is water in the sea !* » *J'ai bu autant de thé qu'il y a d'eau dans la mer...* Le Premier Ministre avait adopté le Nescathé durant la guerre. Juste après le conflit, en 1946, dans une lettre au général de Gaulle, il écrivait encore : « Je ne suis pas nostalgique de l'action. La guerre ne me manque pas. Un fauteuil, un cigare et un Nescathé. Quoi d'autre ? » En anglais, vous avez reconnu l'expression : « *What else* ? », cette petite phrase que l'on retrouve aujourd'hui dans la bouche de George Clooney. Une question, vous y avez cru ?

NAISSANCE DU JOUR

En 1868, Edmond Rostand, écrivain et dramaturge français, auteur notamment de *Cyrano de Bergerac*.

HOMME DU JOUR

En 1921, Adrienne Bolland passe la cordillère des Andes en avion en partant de Mendoza en Argentine pour arriver à Santiago du Chili, au Chili. C'est la première femme à réaliser cet exploit.

2 AVRIL

C'est la Saint François de Paule

1974
Les derniers jours de Georges Pompidou

Triste date que celle-ci, jour de la mort de Georges Pompidou. Après de longues souffrances dont l'opinion ne sut que plus tard l'ampleur. En vérité, le président de la République était affaibli depuis longtemps. Atteint par la maladie de Waldenström – une sorte de cancer du sang –, le chef de l'État s'efforçait de donner le change. Si le silence sur la question fut possible durant plusieurs mois, peu à peu le mal devint évident aux yeux des experts. On le comprenait à sa démarche. On le lisait sur son visage. Et on souffrait pour cet homme éreinté par une fonction présidentielle épuisante qui ne faisait qu'empirer son état. À tel point que, fin 1973, Georges Pompidou s'installa dans son appartement du quai de Béthune, sur l'île Saint-Louis, et y fut placé sous assistance médicale. Évidemment, depuis l'Élysée, on tenta de brouiller les pistes en parlant de grippe, de bronchite ou autres refroidissements, mais rien n'y fit : la rumeur agita le microcosme.

Tout le monde comprit qu'il se passait quelque chose de grave le 21 mars 1974 lorsque le président fut absent du dîner des Ambassadeurs. Si un communiqué officiel évoqua « une lésion bénigne, d'origine vasculaire, située dans la région ano-rectale, et hyperalgique par intermittence », ces données précises se révélaient bien en deçà de la réalité. Le 27, Georges Pompidou trouva la force d'assister au Conseil des ministres, et avoua avoir besoin de repos, mais six jours plus tard il fut victime d'une septicémie foudroyante. Il mourut chez lui, le 2 avril, à 9 heures du soir.

Nombre de Français apprirent la nouvelle par un bandeau défilant sur leur écran de télévision, en pleine diffusion d'une fiction. L'émotion fut grande. Les obsèques du défunt eurent lieu à Notre-Dame de Paris, l'inhumation à Orvilliers, dans les Yvelines, sous une simple dalle de pierre.

NAISSANCE DU JOUR

En 1840, Émile Zola, homme de lettres français, auteur notamment de *Germinal* et *L'Assommoir*.

FAIT DU JOUR

En 1928, la Police nationale participe à l'aide médicale d'urgence en réceptionnant les premiers appels « Police Secours », depuis les bornes installées tous les cinq cents mètres dans les rues de Paris. Deux ans plus tard, avec le développement du téléphone, on pourra composer le numéro 17.

3 AVRIL

C'est la Saint Richard de Chichester

1711
Clipperton sera français

Connaissez-vous l'île de Clipperton ? Savez-vous qu'elle fut découverte en avril 1711 ? Par des Français ? Qu'elle se situe à mille trois cents kilomètres au large du Mexique, côté ouest, et qu'elle est encore, aujourd'hui, une possession française ? Sans doute pas et c'est normal tant l'île tient surtout de l'îlot avec son 1,7 kilomètre carré de superficie ! Sur cette bande de terre circulaire, impossible de bâtir de grandes cités coloniales, constructions auxquelles personne ne se risquerait avec un sol en sable corallien consolidé par du guano. En fait, Clipperton est le plus petit territoire français dans le Pacifique.

Un territoire découvert par hasard. En 1711, Michel Dubocage et Mathieu Martin de Chassiron, commandant respectivement les frégates *La Découverte* et *La Princesse*, explorent la côte ouest du continent américain. En mettant le cap sur la Chine, ils tombent sur cet îlot – inhabité cela va de soi. Ce jour-là étant un vendredi saint, l'atoll est baptisé « l'île de la Passion ». D'où vient le nom Clipperton alors ? D'un naturaliste et flibustier anglais qui aurait débarqué sur place en 1704. Depuis, l'intitulé est resté. Les Mexicains ont tenté de nous ravir les lieux à la fin du XIXe siècle afin d'en exploiter le guano, mais comme ils revêtent un intérêt stratégique et nous confèrent une zone de pêche de deux cents milles autour, vite ils furent délogés. Évidemment, on ne trouve aucun représentant de la France sur place. Mais, une fois par an, la Marine nationale y débarque quelques heures, le temps de renouveler le drapeau tricolore !

NAISSANCE DU JOUR

En 1924, Marlon Brando, acteur américain ayant joué notamment dans *Le Parrain*.

HOMME DU JOUR

En 1862, Victor Hugo voit son livre *Les Misérables* remporter un plein succès.

4 AVRIL

C'est la Saint Isidore de Séville

1814
L'abdication de Napoléon

Cette fois, ça y est. Les puissances coalisées d'Europe, l'Autriche, la Prusse, mais aussi la Russie et bien entendu l'Angleterre, sont en passe de vaincre « l'ogre » Napoléon Ier. Six cent cinquante mille hommes marchent sur la France. En face, après tant d'années de guerre, l'armée de l'empereur des Français est exsangue. Le 31 mars, les troupes du tsar Alexandre Ier pénètrent dans Paris. Réfugié avec un millier d'hommes au château de Fontainebleau, Napoléon sait que les jeux sont faits. Le 3 avril, le Sénat vote sa déchéance. Et, le 4, il lui faut se rendre à l'évidence : ses maréchaux le pressent de déposer les armes.

Ce jour-là, Napoléon s'enferme dans son cabinet et rédige l'acte d'abdication, à ses conditions. Il abdique, certes, mais en faveur de son fils, le roi de Rome. Le tsar refuse. Le 6 avril, l'empereur, fidèle à son serment, déclare qu'il renonce, « pour lui et ses héritiers, aux trônes de France et d'Italie », et qu'il « n'est aucun sacrifice personnel », même celui de sa vie, qu'il ne soit prêt à « faire aux intérêts de la France. » Enfin, le 13, le traité de Fontainebleau entérine cette décision. En échange, Napoléon obtient la souveraineté de l'île d'Elbe et un revenu de deux millions de francs annuel.

Sept jours plus tard, le 20 avril, dans la cour du château, il fait ses adieux à ses soldats : « Depuis vingt ans, je vous ai trouvés constamment sur le chemin de l'honneur et de la gloire, leur déclare-t-il. Dans ces derniers temps, comme dans ceux de notre prospérité, vous n'avez cessé d'être des modèles de bravoure et de fidélité. » Quatre jours après, Louis XVIII accède au trône.

NAISSANCE DU JOUR

En 1914, Marguerite Duras, romancière française, auteure notamment de *L'Amant* et de *Un barrage contre le Pacifique*.

FAIT DU JOUR

En 1891, Paul Gauguin quitte Paris pour s'installer à Tahiti. Il y peindra de très nombreux portraits de femmes, occupées à leurs activités quotidiennes.

5 AVRIL

C'est la Sainte Irène

1975
L'interlocuteur chinois

Tchang Kaï-chek, l'une des plus grandes figures de l'histoire moderne chinoise, vient de mourir. Il décède à Taipei, dans cette île – l'ancienne Formose – où s'était réfugiée autour de lui, comme un ultime bastion face à la Chine populaire, la République nationaliste de Chine. Les débuts de ce petit État, nommé plus tard Taïwan, ont été difficiles, mais grâce à son autorité, à son attitude aussi durant la guerre de Corée, la Chine nationaliste est parvenue à tenir bon. Et lorsqu'il disparaît, en 1975, âgé de 87 ans, le général préside un pays devenu aussi riche qu'influent.

Né en 1887 dans la riche province du Zhejiang, au sud de Shanghai, de parents commerçants aisés, il s'est formé dans une académie militaire japonaise, s'est battu durant sa jeunesse au sein du Kuomintang, le parti révolutionnaire de Sun Yat-sen – qu'il suivit un temps en exil. À partir de 1922, Tchang se rapproche des Soviétiques, mais en revient. Il succède à Sun Yat-sen en 1925 et lance, dès l'année suivante, une expédition au Nord contre les seigneurs de la Guerre, tout en s'opposant aux communistes. À la fin des années 1920, tellement anarchiques dans l'ancien empire du Milieu, Tchang Kaï-chek s'impose comme le maître de l'ensemble du pays. Une position qu'il conservera bon an, mal an – jusqu'à la victoire de Mao et des communistes en 1949 – et qui fit de lui l'interlocuteur chinois des grands leaders de la Seconde Guerre mondiale.

NAISSANCE DU JOUR

En 1588, Thomas Hobbes, philosophe anglais.

FAIT DU JOUR

En 1966, sous le pontificat de Paul VI, l'Index des livres interdits aux croyants est aboli.

6 AVRIL

C'est la Saint Célestin Ier

1199

La fin de Richard Cœur de Lion

Au cœur du vert Limousin, le roi d'Angleterre Richard Cœur de Lion piétine de rage sous les remparts du château de Châlus-Chabrol. Pourquoi se trouve-t-il ici ? Pour la guerre, toujours, que Richard aura passé sa vie à faire.

Ses sujets avaient pensé ne jamais le revoir lorsqu'il partit à la troisième croisade, aux côtés du roi de France Philippe Auguste, et fut fait prisonnier par l'empereur Henri VI. Mais, libéré après rançon, le farouche soldat a retrouvé son trône, au grand dam de son frère Jean sans Terre, le souverain perfide de Robin des bois – qui, lui, relève de la fiction ! Or, à peine rentré, Richard est déjà reparti au combat, cette fois contre les velléités territoriales de son ancien allié Philippe Auguste.

Tandis qu'il assiège le château du vicomte Adémar V de Limoges, le 26 mars 1199, du haut d'un rempart, Pierre Basile, chevalier de petite noblesse, ajuste son arbalète, le vise et tire ! Le carreau atteint le roi d'Angleterre à la base du cou. Ce dernier serre les dents, agrippe le morceau de bois qui dépasse et le retire d'un coup sec. Seulement, la pointe en fer est demeurée dans la chair… Et son agonie débute. Atroce, terrible, longue de onze journées.

Le 6 avril 1199, Richard Cœur de Lion pousse son dernier soupir. Sa dépouille, comme le veut la tradition, est fragmentée. Les entrailles demeurent sur place, à Châlus, le corps est inhumé en l'abbaye de Fontevraud, en Anjou. Quant au cœur, il est envoyé à la cathédrale de Rouen, enfermé dans un coffret de plomb. Richard étant décédé sans héritier, Jean sans Terre lui succède.

NAISSANCE DU JOUR

En 1483, Raphaël, peintre et architecte italien.

FAIT DU JOUR

En 1896, le Comité international olympique, dirigé par Dimitrios Vikelas, lance les premiers Jeux olympiques de l'ère moderne. Ils ont lieu à Athènes et dureront deux jours.

7 AVRIL

C'est la Saint Jean-Baptiste de La Salle

1795

Ainsi naquit le mètre

18 germinal an III, selon le calendrier républicain en vigueur à l'époque. Un jour important, puisque c'est celui où le système métrique est adopté en France. Dorénavant, le mètre sera l'unité de longueur, le kilogramme, celle de poids. Objectif : simplifier et uniformiser les poids et mesures à l'échelle du pays, puisque auparavant on parlait selon les lieux de coudée, de brasse, de toise qui valait six pieds, mais pas partout ! Avec le mètre et le kilogramme, un système décimal universel, facile à diviser autant qu'à multiplier – il suffit de déplacer la virgule – s'impose et unifie l'ensemble du pays.

Mais comment fut décidée la longueur du mètre ? Question compliquée, longuement débattue. Au final, les autorités conclurent qu'un mètre devait représenter la dix-millionième partie du quart du méridien terrestre. Encore fallait-il le mesurer. Deux scientifiques, Delambre et Méchain, furent désignés pour calculer la distance réelle d'un arc de ce méridien, soit celle entre Barcelone et Dunkerque. Patiemment, accroupis sur la route, ils ont posé, avec leurs équipes, des règles de deux toises de long (environ quatre mètres) sur toute la distance, ce qui permit de déduire la longueur d'un mètre. Une mission qui les occupa sept ans !

De cette épopée passionnante, les Archives nationales conservent des traces aussi émouvantes qu'essentielles. Aujourd'hui encore, un mètre étalon y est conservé : une règle de platine qui mesure un mètre à la température de 0 °C. On y trouve aussi un cylindre du même métal pesant un kilogramme.

Précisons enfin que la plupart des pays du monde ont adopté le système métrique. Seuls demeurent irréductiblement réfractaires les États-Unis, le Liberia et la Birmanie.

NAISSANCE DU JOUR

En 1915, Billie Holiday, chanteuse américaine de jazz, blues et swing.

FAIT DU JOUR

En 1919, Jules Rimet est le premier président de la Fédération française de football.

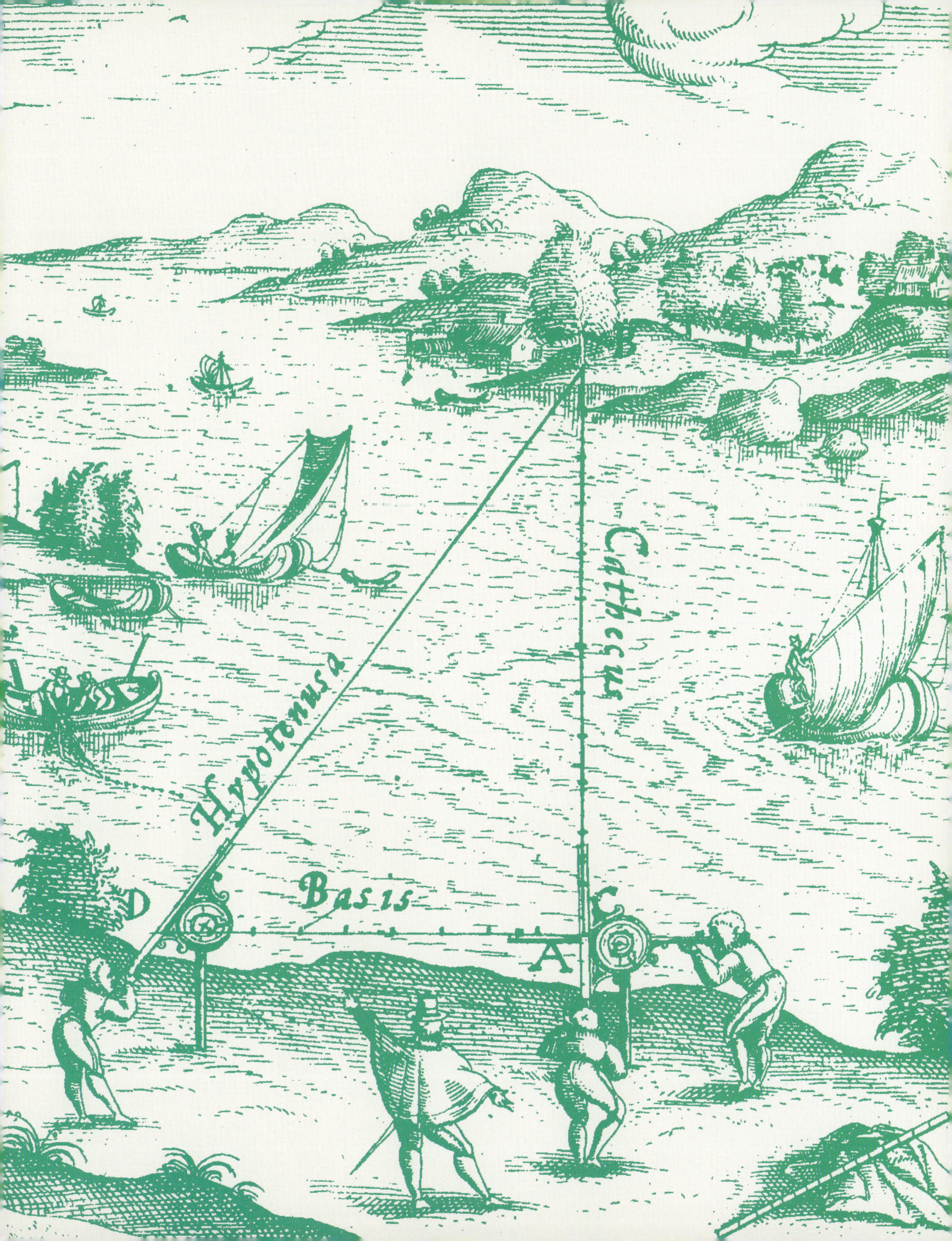

Hypotenusa
Cathecus
Basis
D
C
A

8 AVRIL

C'est la Saint Gautier

1904
L'Entente cordiale

Jour d'importance s'il en est, le 8 avril 1904 scelle l'accord historique entre deux ennemis héréditaires, les Français et les Anglais. Enfin, l'Entente cordiale devient réalité diplomatique.

Est-ce une alliance ? Pas vraiment. Plutôt un *gentlemen's agreement*. Depuis des années, des siècles même, les Français et les Anglais sont en conflit, et la colonisation n'a fait qu'accroître les différends. Partout dans le monde, les deux pays grignotent leurs territoires. En Afrique, régulièrement des escarmouches éclatent. La crise de Fachoda, un petit village du Soudan revendiqué par les deux nations, survenue en 1898, a failli conduire à un conflit armé. De quelle manière un rapprochement a-t-il pu, dès lors, avoir lieu ? Par la grâce d'un ennemi commun : l'Allemagne.

L'empereur Guillaume II s'est en effet mis en tête de développer sa marine. Or ce renforcement inquiète l'Angleterre, la reine des mers. Seule solution, tendre la main à l'ennemi privilégié. Encore faut-il faire des efforts – des deux côtés de la Manche – afin d'y parvenir. Le roi Édouard VII, tout juste couronné, entame le processus en venant à Paris, qu'il connaît bien, pour y poser les jalons d'une entente future. Bien qu'en Angleterre la francophobie soit très forte, bien qu'en France on évoque les affres de la « perfide Albion », bien que durant son voyage il entende dans la foule des : « Vive Jeanne d'Arc », le roi, véritable amoureux de Paris, multiplie les signes d'amitié. Et les Français se laissent amadouer.

Par la suite, politiquement, chacun effectue un pas vers l'autre : la France renonce à l'Égypte, l'Angleterre promet le protectorat marocain. Dès lors, l'accord peut être signé ! Dix ans plus tard, alors qu'éclatera la Première Guerre mondiale, Français et Anglais se battront côte à côte...

NAISSANCE DU JOUR

En 1929, Jacques Brel, chanteur belge.

FAIT DU JOUR

En 1981, le film de David Lynch, *Elephant Man*, sort en France.

9 AVRIL

C'est la Saint Demetrius

1940
L'opération Weser

« L'opération Weser » – la *Weserübung,* en allemand –, du nom du fleuve allemand Weser, a commencé tôt en ce matin du 9 avril 1940 : les troupes de Hitler sont entrées en Norvège à 2 h 15, et au Danemark à 5 h 20. Raison officielle avancée par la Wehrmacht – l'argument ne manque pas de sel : « protéger la neutralité » de la Norvège et du Danemark face à une agression programmée des Anglais et des Français ! Objectif officieux de l'invasion : contrecarrer, à titre préventif, une intervention prévisible franco-britannique initiée, dès son entrée en fonctions, par le nouveau président du Conseil français, Paul Reynaud. Et aussi assurer les voies d'approvisionnement du Reich en minerai de fer, absolument décisif en cette période de « drôle de guerre ». Du reste, jusqu'en 1943, l'occupation allemande au Danemark et en Norvège se fera, relativement, en douceur.

Comment expliquer que les nazis n'en aient pas profité pour envahir aussi la Suède ? En fait, préparant leur grand assaut à l'Ouest, ils ont besoin de chaque unité, et Hitler ne voit aucune raison d'occuper le royaume. Avec le Danemark et la Norvège – sans parler de l'Union soviétique qui, à l'époque, est son alliée –, il prend suffisamment en tenailles les Suédois, par ailleurs neutres, pour les inciter à faciliter le transit du fer vers l'Allemagne. Résultat : dès le printemps 1940, tout le nord de l'Europe est sous contrôle allemand.

NAISSANCE DU JOUR

En 1821, Charles Baudelaire, poète et écrivain français, auteur notamment des *Fleurs du mal.*

FAIT DU JOUR

En 1931, Toulouse-Lautrec est mis à l'honneur au musée des Arts décoratifs à Paris, au cours d'une rétrospective au profit de la Société des amis d'Albi.

10 AVRIL

C'est la Saint Fulbert

1919
« L'Attila du Sud »

En ce jour de 1919, ses amis et partisans pleurent Emiliano Zapata, le révolutionnaire mexicain. Un décès survenu durant un guet-apens. Son ennemi juré, le colonel Jesus Guajardo, de l'armée régulière, lui a laissé entendre peu de temps auparavant qu'un accord était envisageable. Rendez-vous a donc été pris dans une hacienda située au sud de Mexico. Mais quand Zapata y pénètre, des hommes armés l'attendent et tirent. Emiliano reçoit plusieurs balles, presque à bout portant, et meurt sur le coup. Le piège s'est refermé.

Qui était-il, ce Zapata ? Un paysan que l'on reconnaissait à ses grosses moustaches et à son immense sombrero. Un homme en colère qui, en 1909, souleva les paysans, les *Peones,* contre le dictateur Porfirio Diaz, avant de se rallier à la révolte d'un réformateur appelé Maduro. Hélas, une fois au pouvoir, ce dernier, contrairement à ses promesses, ne redistribua pas les terres. Zapata reprit donc la lutte avec ses guérilleros, et publia bientôt le plan de l'Alaya, texte fondateur d'une ambitieuse réforme agraire.

Si son combat était proche de celui du fameux Pancho Villa – ils s'allièrent, d'ailleurs, ceux que l'on surnommait l'Attila du Sud et le Centaure du Nord, et s'emparèrent de Mexico en décembre 1914 –, des divergences apparurent entre eux. Ephémère, leur union se fissura, mais Zapata poursuivit sa cause. Cette fois en affrontant le régime de Carranza qui, agacé par ce hors-la-loi, décida d'en finir. Quelle que soit la méthode.

Zapata ne pouvant être arrêté par le seul talent militaire, ses ennemis recoururent à la ruse pour l'éliminer. Le colonel Jesus Guajardo, prétendant avoir déserté l'armée fédérale, fit savoir au leader paysan qu'il était prêt à rejoindre ses troupes en apportant avec lui canons, hommes et munitions. Le révolutionnaire tomba dans son piège. Un an plus tard, ce fut au tour de Pancho Villa d'être assassiné.

NAISSANCE DU JOUR

En 1932, Omar Sharif, acteur égyptien ayant joué notamment dans *Lawrence d'Arabie* et *Docteur Jivago*.

FAIT DU JOUR

En 1998, Tony Blair, Bertie Ahern, John Hume, Gerry Adams et David Trimble signent l'accord de paix pour l'Irlande du Nord, dit du Vendredi saint, qui met fin à trente ans de guerre civile sanglante.

11 AVRIL

C'est la Saint Stanislas

1961
Ouverture du procès Eichmann

La guerre est finie depuis plus de quinze ans. Et le 11 avril 1961 débute en Israël le procès – filmé et médiatisé – de l'un des maîtres d'œuvre de « la solution finale », Adolf Eichmann.

L'ancien Obersturmbannführer SS, arrêté un an plus tôt à Buenos Aires, en Argentine, où il s'était réfugié, et ramené à Jérusalem par trois agents du Mossad, comparaît pour crime contre l'humanité. N'a-t-il pas organisé, d'un point de vue logistique, la déportation des juifs ? À l'ouverture des audiences, stupeur : le monde découvre non un militaire archétype du nazi, mais un petit homme à lunettes, une sorte de monsieur Tout-le-monde banal, un individu terne, lambda. La philosophe Hannah Arendt parlera, le concernant, de « banalité du mal ».

Lui-même fait tout pour minimiser son rôle et atténuer ses responsabilités. Derrière les vitres de son box, Eichmann se défend en expliquant qu'il n'était qu'un exécutant, qu'il ne faisait que son « travail », qu'il agissait en fonctionnaire zélé, qu'il se contentait d'obeir aux ordres. À la barre, les témoins, rescapés des camps, défilent et se confient. Pour la première fois, conséquence indirecte du procès, un tabou se brise : les survivants de la Shoah prennent enfin la parole. Et, enfin, le monde les écoute.

Après huit mois d'audiences, Eichmann est condamné à mort en décembre 1961. Il fait appel. Sa requête rejetée, le 31 mai 1962 l'ancien SS est pendu, son corps incinéré et ses cendres dispersées en Méditerranée. D'autres criminels de guerre seront jugés après lui, grâce notamment à la pugnacité des époux Klarsfeld.

NAISSANCE DU JOUR

En 1755, James Parkinson, médecin anglais ayant décrit avec précision la *Paralysis agitans,* plus tard rebaptisée maladie de Parkinson.

FAIT DU JOUR

En 1995, la cathédrale d'Évry, conçue par Mario Botta, première cathédrale construite en France depuis 1905, est inaugurée.

12 AVRIL

C'est la Saint Jules Ier

1096

La première croisade

Parce que la route de Jérusalem était barrée par les Turcs seldjoukides et qu'il lui semblait impensable de laisser les lieux saints aux mains des infidèles, en 1095 le pape Urbain II lança un appel aux chevaliers. Contre l'absolution de leurs péchés, ils devaient se rassembler, prendre armes et hommes et partir délivrer les villes tombées entre de si mauvaises mains. La première croisade était lancée.

Le mot d'ordre fit tache d'huile et ne se limita pas aux seuls guerriers aguerris. Touché par l'appel papal, un certain Pierre l'Ermite prit son bâton de pèlerin et se mit à sillonner les routes de France, juché sur un âne, pour recruter dans les campagnes, villes et villages une armée du peuple capable de marcher sur Jérusalem. Prédicateur exalté, au fil de ses prêches il parvint à convaincre tellement d'hommes que près de quinze mille personnes quittèrent tout pour le suivre et arrivèrent à Cologne le 12 avril 1096. Dont la plupart, inexpérimentées, seront massacrées par les Turcs avant même d'atteindre le Saint-Sépulcre.

En automne, c'est la croisade dite des barons qui, cette fois, s'ébranle. Trois armées venues de tous les coins de France – où l'on trouve notamment Godefroi de Bouillon – marchent vers Constantinople, puis Jérusalem. La route, longue, est émaillée de batailles, d'épidémies, de famines. Sur cent cinquante mille croisés, seule une infime partie parvient aux portes de Jérusalem en juin 1099. La prise de la ville vire au massacre. Des chroniqueurs racontent que le sang versé montait jusqu'aux chevilles. Assauts, défenses, horreurs, finalement les croisés remportent la victoire. Et Baudoin de Boulogne, le frère de Godefroi, devient roi de Jérusalem sous le nom de Baudoin Ier.

NAISSANCE DU JOUR

En 1932, Jean-Pierre Marielle, acteur français jouant notamment dans *Coup de torchon* et *Tous les matins du monde*.

HOMME DU JOUR

En 1954, Bill Haley, un des premiers musiciens américains blancs de rock and roll, enregistre chez Decca *Rock around the Clock*, mais c'est avec le film *Rock around the Clock*, en 1956, que le rock explose.

13 AVRIL

C'est la Sainte Ida de Louvain

1946
La fin des maisons closes

La guerre est finie. Et la loi « Marthe Richard » – qui impose la fermeture des maisons closes dites de « tolérance » et suscite une vive controverse – mise aux voix. Mais qui est donc celle par qui la morale et le scandale arrivent ?

Ancienne prostituée, mais aussi pilote d'avion – elle fut l'une des premières femmes à obtenir un brevet –, Marthe Richard prétend avoir été espionne durant la Grande Guerre, avant de se marier avec un riche industriel. Conseillère municipale de Paris après la Libération, elle veut protéger les prostituées, nombreuses depuis la fin des hostilités, des maisons à l'hygiène souvent déplorable et où la liberté individuelle est bannie. Or, la France ne manque pas de « bordels », puisqu'il en existe mille cinq cents sur le territoire et cent quatre-vingts à Paris, dont les institutions que sont Le One two two, Le Panier fleuri ou encore Le Moulin galant. Si certains établissements affichent un vrai standing, beaucoup sont des endroits mal famés, dangereux pour les prostituées, bouges sans sécurité ni intimité, fréquentés par des voyous... Certaines filles n'y font-elles pas jusqu'à soixante-dix passes par jour ? Bref, les autorités sentent qu'il faut agir et la proposition de Marthe Richard leur sert de déclencheur.

Au départ, le projet de l'ancienne élève d'institution catholique concerne seulement la capitale, mais rapidement il fait boule de neige. Le ministre de la Santé s'en empare, puis un député propose une loi, votée ce 13 avril 1946, appliquée le 6 novembre. Qui n'interdit pas la prostitution, mais ferme les portes des maisons closes. Une fermeture qu'aujourd'hui encore certains contestent.

NAISSANCE DU JOUR

En 1743, Thomas Jefferson, troisième président des États-Unis.

HOMME DU JOUR

En 1948, Léon Jouhaux est élu président de la CGT-FO lors du congrès fondateur du syndicat.

14 AVRIL

C'est la Saint Maxime

1912
Le naufrage du « Titanic »

14 avril 1912. Milieu de l'Atlantique nord, au large de Terre-Neuve. Le RMS *Titanic* navigue avec sérénité et à belle allure (22 nœuds, 41 km/h) en direction de New York. Et pourtant, en cette belle nuit, le plus grand paquebot du monde va sombrer corps et biens.

Tout à coup, à 23 h 40, Frederick Fleet, chargé du quart, distingue une énorme masse située à cinq cents mètres du paquebot. C'est un bloc de glace flottant de trente mètres de haut. Immédiatement, il donne l'alerte. La chaîne de commandement se déclenche. Très vite, ordre est donné de virer à bâbord sur la gauche, afin de tenter d'éviter l'iceberg qui se présente sur tribord. Hélas, il est trop tard… Le *Titanic* heurte l'iceberg. S'il n'entre pas de front dans la glace, le côté tribord du navire se déchire au moment du choc. Et l'eau pénètre tout de suite dans la coque.

Mais le paquebot est un bateau moderne, peut-être le plus sophistiqué de tous à l'époque – c'est ce qui fait la fierté des Britanniques –, équipé de compartiments conçus pour circonscrire une éventuelle voie d'eau, donc aucune crainte à avoir ! Sauf que lorsque l'officier de quart, Murdoch, ordonne la fermeture des portes étanches des fameux compartiments, l'eau est déjà passée.

Après un rapide état des lieux, l'équipage conclut qu'il reste deux heures au fleuron de la marine de tourisme avant de sombrer. L'évacuation débute dans le calme. Or le commandant Smith doit affronter un autre problème : le navire transporte deux mille deux cents personnes alors que les canots de sauvetage sont capables de n'accueillir que mille huit cents individus. Les secours arriveront trois heures plus tard. On dénombrera environ mille cinq cents victimes.

NAISSANCE DU JOUR

En 1912, Robert Doisneau, photographe français.

FAIT DU JOUR

En 1947, le général de Gaulle fonde le Rassemblement du peuple français, le RPF.

15 AVRIL

C'est la Saint Patern de Vannes

1900
L'Exposition universelle

Vitrines, à l'échelle d'un pays, des sciences, de la technique, mais aussi des arts, les Expositions universelles sont une grande parade du génie humain. Selon la définition officielle, elles ont pour but de « faire l'inventaire des moyens dont dispose l'homme pour satisfaire les besoins d'une civilisation et faire ressortir dans une ou plusieurs branches de l'activité humaine les progrès réalisés ou les perspectives d'avenir ». Un résumé auquel la grande Expo ouverte à Paris le 15 avril 1900 correspond en tous points.

Imaginez. Dans cette époque riche en inventions multiples – on vient de découvrir le téléphone, l'automobile, le cinéma, l'aéronautique –, à ce moment charnière entre deux siècles – le thème de la manifestation n'est-il pas : « Le bilan du siècle » ? –, une foule énorme vient admirer les merveilles présentées par les quatre-vingt-trois mille exposants ! Les nouveautés ne manquent pas sur les deux cent seize hectares dévolus au grand événement, une partie rassemblée autour du Champ-de-Mars, des Invalides, du palais du Trocadéro, l'autre située en plein bois de Vincennes. Le Petit et Grand Palais attirent ; les films parlants, ceux des frères Lumière projetés sur écran géant, le premier escalier mécanique, le télescope Refractor et bien d'autres créations fascinent. Quant à la première ligne de métro parisienne, elle est inaugurée à cette occasion.

Jusqu'au 12 novembre 1900, cinquante millions de visiteurs se pressent dans la capitale. En attirera-t-on autant en 2025, si Paris est choisi ?

NAISSANCE DU JOUR

En 1452, Léonard de Vinci, peintre, architecte et sculpteur italien.

FAIT DU JOUR

En 1920, les femmes belges obtiennent le droit de vote aux élections communales. Il faudra encore attendre près de trente ans pour qu'elles puissent participer aux élections parlementaires et provinciales.

16 AVRIL

C'est la Saint Benoît-Joseph Labre

1943
Voici venu le temps du... LSD

Avouons-le, découvrir une substance hallucinogène n'est pas commun. Surtout lorsque cela arrive par hasard et que le produit en question est le diéthylamide de l'acide lysergique, mieux connu sous le nom de LSD. En 1943, dans son laboratoire de la société suisse Sandoz, à Bâle, le chimiste Albert Hofmann essaye d'isoler le principe actif de l'ergot de seigle. Si on connaît ce champignon depuis le Moyen Âge – les sages-femmes l'utilisaient pour faciliter les accouchements –, on sait aussi qu'il peut être dangereux et provoquer des bouffées délirantes. Hofmann tente donc, le 16 avril, de synthétiser la molécule afin d'en tirer un médicament quand il est pris d'un étrange vertige. Ne se sentant pas bien, il rentre chez lui, sa tête lui tourne, sensation, avouera-t-il, « pas désagréable ». Une espèce d'ivresse le gagne, vite suivie d'hallucinations, notamment des formes kaléidoscopiques pour le moins étranges. Heureusement, le malaise s'apaise et il va mieux : l'effet s'est dissipé.

Le chimiste ne comprend pas d'emblée qu'il vient de mettre au jour une nouvelle substance. Au départ, il ne sait même pas ce qui a pu se passer. Ayant utilisé du chloroforme, il pense en avoir inhalé par erreur. Seulement, le chloroforme ne provoque pas ce genre de délire ! Et puis, une intuition le gagne : et si c'était le LSD 25, la molécule qu'il est en train de synthétiser ? Pour en avoir le cœur net, il ingère une petite quantité du produit. Et voilà qu'il tombe dans un état de folie, croit visiter l'enfer, tellement les visions qui l'assaillent sont horribles.

Le LSD sera par la suite utilisé pour... soigner la toxicomanie – mais oui ! Avant, dans les années 1960, de voir son usage détourné. Par certains artistes d'abord, séduits par ses effets, puis de nombreux fêtards et toxicomanes. La légende veut même que le célèbre morceau « Lucy in the Sky with Diamonds » des Beatles – dont les initiales donnent LSD – soit une ode à cette drogue psychédélique.

NAISSANCE DU JOUR

En 1889, Charlie Chaplin, acteur et réalisateur britannique, notamment interprète du personnage Charlot.

FAIT DU JOUR

En 1955, le philologue agrégé de grammaire Jacques Perret invente le mot « ordinateur ».

17 AVRIL

C'est la Sainte Kateri Tekakwitha

1970
Drame dans l'espace

Ce 17 avril 1970, le monde retient son souffle. Il attend avec impatience et angoisse des nouvelles d'*Apollo 13,* qui effectue un nouveau voyage vers la Lune. Tandis que, l'année précédente, suscitant un très grand enthousiasme, l'homme avait, pour la première fois grâce à *Apollo 11,* mis un pied sur le sol lunaire, qu'*Apollo 12* avait suivi sans encombre, cette fois on craint le pire.

À vrai dire, depuis le début de la mission tout va de travers. À croire que le numéro 13 porte vraiment malheur. Au départ, trois astronautes ont été sélectionnés : Jim Lovell, le commandant ; Fred Haise, le pilote du module lunaire ; Ken Mattingly, qui doit piloter le vaisseau en tant que tel. Or, juste avant sa mission, ce dernier présente les premiers symptômes de la rougeole. On le remplace par Jack Swigert. Enfin, le lancement a lieu. Un 13 avril.

Après un décollage convenable, l'un des cinq moteurs de la fusée lâche. Heureusement, la perte de puissance est compensée par les trois autres. Le lendemain, nouveau pépin. D'envergure ! Un réservoir d'oxygène explose, ce qui remet en cause l'approvisionnement en air et en eau. La situation est dramatique, mais Jack Swigert prévient par radio la base en prononçant, avec un calme extraordinaire, une phrase devenue mythique : « *Houston, we've had a problem.* » Seul moyen de s'en sortir pour l'équipage, se réfugier dans le module lunaire, pas du tout conçu pour accueillir trois passagers, continuer vers la Lune, s'appuyer sur sa gravitation afin de prendre de l'élan, faire le tour et repartir vers la Terre. Une mission quasi impossible.

Courageux, héroïques même, les astronautes survivront quatre jours, avant d'amerrir en plein Pacifique ce 17 avril 1970. Après l'un des périples les plus épiques de toute l'Histoire.

NAISSANCE DU JOUR

En 1894, Nikita Khrouchtchev, président de l'URSS de 1955 à 1964.

FAIT DU JOUR

En 1909, le Français Michel Frankel dépose le brevet du pot d'échappement catalytique.

Les Américains sont suspendus devant la télévision et retiennent leur souffle alors que la mission *Apollo 13* est en péril.

18 AVRIL

SOIXANTE-QUINZE SECONDES

C'est la Saint Parfait de Cordoue

1906
Tremblement de terre à San Francisco

À 5 h 13, le 18 avril 1906, le sol tremble en Californie. Un séisme de 8,3 sur l'échelle de Richter, avec une première secousse de quarante secondes, suivie de dix secondes de répit, et une autre secousse. En soixante-quinze secondes, alors que l'épicentre se situe à une centaine de kilomètres, la ville de San Francisco est détruite. Vingt-huit mille bâtiments, cinq cents pâtés de maisons, s'effondrent. Faisant sept cents victimes et près de cinquante mille sans-abri sur quatre cent mille habitants !

Plus terrible encore, si le tremblement de terre est en lui-même terrifiant, les incendies qui se déclenchent dans la foulée font de nombreux dégâts et créent la panique. Deux cent mille personnes fuient vers les collines alentour. Et les pilleurs finiront de ravager ce qui aurait pu encore être sauvé. Au final, la ville, symbole prospère du dynamisme et de l'espoir américain, est détruite à quatre-vingts pour cent.

Témoin du drame, logeant dans une suite du Palace Hotel, le ténor italien Enrico Caruso se relève hébété une fois la secousse passée. On raconte qu'il aurait chanté pour surmonter sa peur et réconforté, du même coup, les victimes à proximité. Il faudra du temps à San Francisco pour se remettre d'une pareille catastrophe. Ainsi que du courage et beaucoup d'audace. D'ailleurs, le jour même, de nouveaux plans de construction commencent à être élaborés.

NAISSANCE DU JOUR

En 1974, Olivier Besancenot, homme politique français.

FAIT DU JOUR

En 1951, après le discours fondateur de Robert Schuman, la France, l'Italie, la RFA, la Belgique, les Pays-Bas et le Luxembourg signent le traité créant la Communauté européenne du charbon et de l'acier, la CECA.

C'est la Saint Mappalique

1956
Rainier III épouse Grace Kelly

Monaco est en émoi : les caméras du monde entier sont fixées sur le Rocher. Et pour cause, enfin le prince régnant se marie ! À 33 ans, après sept ans de règne, Rainier III compte un certain nombre de conquêtes féminines à son carnet du coeur, dont l'actrice française Gisèle Pascal. Mais personne jusqu'alors n'était parvenu à le décider à franchir le pas. Le patron de la Société des bains de mer, le milliardaire grec Aristote Onassis, avait bien imaginé de lui faire épouser Marilyn Monroe – quelle publicité pour la Principauté ! –, mais, en définitive, c'est la star fétiche d'Alfred Hitchcock, l'Américaine d'origine irlandaise Grace Kelly, que le célibataire le plus couru du Gotha a choisie. Tous deux se sont rencontrés en marge du Festival de Cannes, en 1955, à l'occasion d'une séance de photos organisée dans les jardins du palais à l'initiative de Pierre Galante, rédacteur en chef de *Paris Match*.

Le jour J, les fiancés arrivent à Monaco par voie maritime, à bord du paquebot *Constitution*. Onassis, toujours discret, fait pleuvoir sur le Rocher des brassées d'œillets rouges et blancs. Fête folklorique et illuminations le 17 avril, présentation aux Monégasques, mariage civil le 18, célébration religieuse le 19… durant ces quelques jours du printemps 1956 on peut dire que le monde entier eut les yeux rivés sur Monaco.

Cette union dura plus d'un quart de siècle, jusqu'à la mort tragique de la princesse Grace en 1982, et donnera naissance aux trois altesses sérénissimes que nous connaissons bien.

NAISSANCE DU JOUR

En 1793, Ferdinand Ier, empereur d'Autriche.

FAIT DU JOUR

En 1984, l'Australie, après un concours gagné par Peter Dodds McCormik, abandonne l'hymne de la Grande-Bretagne et du Commonwealth pour *Advance Australia Fair.*

20 AVRIL

C'est la fête de la Bienheureuse Odette

1534
À la rencontre des Micmacs

Si, en 1534, l'Amérique a été découverte depuis plus de quarante ans, on est bien loin d'en avoir fait le tour. Le continent reste à explorer. Et les routes maritimes aussi. Ces défis, un marin français les a en tête lorsque son expédition, composée de deux navires et soixante et un hommes, s'éloigne de Saint-Malo le 20 avril. N'a-t-il pas reçu pour mission du roi François Ier de chercher un nouveau passage au nord-ouest vers les Indes ?

Son nom : Jacques Cartier. Et son périple va le conduire à découvrir le Canada, après avoir aperçu Terre-Neuve, longé la côte vers le nord et s'être engagé dans l'embouchure d'un fleuve appelé plus tard Saint-Laurent.

Cartier est-il le premier Européen à pénétrer sur ces terres ? En fait, non, la région n'est pas une *Terra Incognita*, certains marins s'y perdant parfois en quête de bancs de morues. Pour preuve, durant l'expédition, le Malouin porte assistance à un bateau de pêche de La Rochelle égaré ! Mais il avance, établit un premier contact, harmonieux, avec des Amérindiens : les Micmacs. Ensuite, il pousse jusqu'à la rive ouest du golfe et débarque à Gaspé, dans l'actuelle province de Québec. Là, il plante une croix de neuf mètres de haut. Nouvelle rencontre avec des Amérindiens. Leur chef, Donnacona, l'autorise à emmener avec lui deux de ses fils, qui vivront huit mois en France et apprendront notre langue. Les premiers touristes nord-américains, pour ainsi dire !

NAISSANCE DU JOUR

En 1808, Louis-Napoléon Bonaparte (Napoléon III), empereur français de 1852 à 1870.

COUPLE DU JOUR

En 1995, Pierre et Marie Curie sont accueillis au Panthéon. Marie Curie est la première femme à entrer dans le mausolée des grands hommes.

21 AVRIL

C'est la Saint Anselme de Cantorbéry

1918
Mort du Baron rouge

Un mythe, un adversaire redoutable et redouté fauché en plein vol ! Le 21 avril 1918, le Fokker Dr. I de Manfred von Richthofen, un Allemand qui a fait des ravages dans le ciel de la Première Guerre mondiale sous le surnom de « Baron rouge », est abattu. Un symbole disparaît.

D'où vient-il, cet aviateur porté aux nues par la propagande de Guillaume II ? Issu de l'aristocratie prussienne, ayant entamé sa formation militaire alors qu'il n'avait que 11 ans, le jeune homme est, au début du conflit, officier de cavalerie avant d'être affecté, à sa demande, dans la nouvelle force aérienne allemande, ancêtre de la Luftwaffe. Car si, jusqu'alors, les aéroplanes servaient à observer les champs de bataille, on a décidé de les envoyer au combat. Lorsque Manfred von Richthofen commence en 1916 sur un biplan Albatros, ses supérieurs découvrent qu'il dispose d'un don de pilote phénoménal. Dès le 23 novembre, il abat un as britannique, Hawker. Bien d'autres ensuite. Et, en 1917, il choisit son fameux triplan, rouge vif.

Pourquoi cette couleur bien peu discrète ? Parce que l'aviateur veut servir d'appât. Quand son avion carmin vient narguer les chasseurs ennemis posés au sol, ceux-ci décollent et se font… décimer par les partenaires du baron, cachés, eux, au-dessus des nuages.

Le « Baron rouge » a-t-il été fauché par un adversaire à sa mesure ? Même pas. Ce 21 avril 1918, il est abattu par une batterie de défense antiaérienne, alors qu'il passait, dans la Somme, au-dessus des lignes alliées. Mais, courageux jusqu'au bout, alors que des soldats australiens l'ont touché par balle à la poitrine, il trouve la force de se poser. Avant de mourir, à 25 ans, dans son appareil. Les Alliés, par respect pour cet « as des as », l'enterreront avec les honneurs.

NAISSANCE DU JOUR

En 1926, Elizabeth II, reine du Royaume-Uni.

FAIT DU JOUR

En 1545, Pierre de Ronsard, au cours d'un voyage à Blois, rencontre celle qui lui inspirera son poème *Mignonne, allons voir si la rose*, Cassandre Salviati.

C'est la Saint Épipode

1370

Ainsi naquit la Bastille

Lorsque le prévôt de Paris, l'ancêtre du maire, Hugues Aubriot, pose la première pierre de la Bastille le 22 avril 1370, la forteresse n'a aucune vocation à devenir prison royale. Dans l'esprit du roi Charles V, qui a ordonné sa construction, il s'agit de renforcer la défense de la ville contre ses ennemis. Ceux de l'extérieur bien sûr, mais aussi les Parisiens eux-mêmes, les défenses étant orientées sur le faubourg afin de protéger une fuite éventuelle de la Cour vers Vincennes en cas de rébellion. L'édifice, il est vrai, a de quoi impressionner avec sa silhouette massive de soixante-six mètres de long sur trente-quatre de large et ses quatre tours – elles seront bientôt huit – qui culminent à vingt-quatre mètres de haut.

C'est sous le règne de Louis XI, au milieu du siècle suivant, que le bâtiment est transformé en prison. Après quoi, la Bastille sert d'arsenal puis de coffre-fort gigantesque conservant précieusement le trésor du royaume. Jusqu'à ce qu'au début du XVIIe siècle, Richelieu lui redonne son statut de prison d'État. Où sont envoyées, sans aucun procès, des personnes désignées par le roi, sur simple lettre de cachet.

Les hôtes illustres n'y ont pas manqué, chacun le sait. Si le marquis de Sade y a rédigé ses *120 Journées de Sodome* – Simone de Beauvoir dira à ce propos : « En prison entre un homme, il en sort un écrivain » –, la liste des pensionnaires de renom « embastillés » a de quoi fasciner les passionnés d'Histoire comme de mystères : le duc de Richelieu, Nicolas Fouquet, le Masque de fer...

Personne ne l'ignore non plus, le 14 juillet 1789, ce symbole de l'arbitraire royal a été pris d'assaut, avant d'être démoli pierre par pierre. Ce que l'on sait moins, c'est que ce fut sur ordre de Louis XVI et que les matériaux ont servi à bâtir... le pont de la Concorde !

NAISSANCE DU JOUR

En 1724, Emmanuel Kant, philosophe allemand.

FAIT DU JOUR

En 1500, le Portugais Pedro Alvares Cabral fait la découverte du Brésil, en débarquant sur la côte nord-est.

23 AVRIL

C'est la Saint Georges

1616
L'ère des géants

« Bien triste jour que ce 23 avril 1616 qui voit disparaître deux génies de l'humanité, Shakespeare et Cervantès. »

D'emblée, à la lecture d'une telle phrase, les lecteurs minutieux et érudits crieront à l'erreur, arguant qu'on compte dix jours d'écart entre leurs deux décès. Et ils auront raison. Ou, plutôt, pas tout à fait tort. La clef de l'énigme tient aux calendriers utilisés pour évoquer ce sujet. Les Espagnols avaient déjà adopté le grégorien, tandis que les Anglais, à cette époque, conservaient encore le calendrier julien. D'où la différence.

Quant aux connaissances sur leurs disparitions, elles sont assez floues. On ignore tout du décès de William Shakespeare, enterré en Angleterre dans l'église de la Sainte-Trinité, à Stratford-upon-Avon. Il faudrait éventuellement ouvrir sa sépulture pour en apprendre davantage, mais bien courageux celui qui oserait une telle profanation alors qu'il est inscrit sur le tombeau : « Béni soit celui qui épargne ces pierres / Maudit soit celui qui bougera mes os. »

Le mystère est presque aussi entier pour l'auteur de *Don Quichotte*, bien qu'un peu différent. Si l'on sait que Cervantès souffrait de diabète, avait 68 ans à sa mort, est enterré à Madrid dans l'église des Trinitaires, on ignore où précisément ! La municipalité a d'ailleurs lancé des recherches, à l'aide d'un radar ultra-sophistiqué.

Ce qui est sûr, en revanche, c'est qu'ils sont devenus l'un comme l'autre les emblèmes de leur littérature nationale. Ne parle-t-on pas de la langue de Shakespeare pour désigner l'anglais, de celle de Cervantès pour évoquer l'espagnol ? Et que des doutes sont régulièrement émis quant à la paternité de leurs œuvres respectives ?

NAISSANCE DU JOUR

En 1954, Michael Moore, écrivain et réalisateur américain de documentaires engagés.

FAIT DU JOUR

En 1348, le roi d'Angleterre Édouard III crée l'ordre de la Jarretière, un des ordres les plus élevés de la chevalerie britannique.

24 AVRIL

C'est la Saint Fidèle de Sigmaringen

1617
L'assassinat de Concini

Nous sommes sept ans après la mort d'Henri IV. Louis XIII n'est pas encore vraiment roi et sa mère, Marie de Medicis, tient les rênes du pouvoir. Dès le début de sa régence, elle a écarté les ministres du défunt monarque pour gouverner comme elle l'entend, nommant aux postes clés ses fidèles, dont Concino Concini, Italien comme elle, l'un de ses favoris. L'homme, ambitieux, marié à une très proche de la reine, Leonora Dori, mieux connue sous le nom de la Galigaï, a donc l'oreille de la régente.

Fait maréchal de France en 1613 – bien qu'il n'ait jamais servi dans les armes – Concini dirige avec morgue et poigne le royaume. Et se fait de multiples ennemis. D'abord le jeune Louis XIII, qui n'entend pas que cet énergumène méprisant conduise à sa place les affaires de la France. Ensuite la plupart des seigneurs de la Cour, dont le duc de Luynes, hérissés par le comportement de ce pseudo-maréchal, furieux de lui voir tant de puissance. L'affaire est donc entendue : pour beaucoup, il faut en finir. Et l'éliminer physiquement. Mais comment y parvenir alors qu'il dispose de sept mille soldats à sa disposition ?

Par surprise. C'est au baron de Vitry, capitaine des gardes du Louvre, que revient la mission de tuer Concini. Il s'exécute ce 24 avril 1617, en lui tirant dessus à coup de pistolet en pleine cour du Louvre. Une fois le meurtre commis, Louis s'exclamera : « Merci, grand merci à vous ! À cette heure, je suis roi ! » Cet acte marquait le véritable début de son règne.

L'histoire finit-elle là ? Eh bien non. Rancuniers, les Parisiens exhument la dépouille du maréchal d'Ancre de Saint-Germain-l'Auxerrois, la traînent dans les rues de Paris avant de la rosser et de la pendre par les pieds à la potence située sur le Pont-Neuf. Le corps est ensuite brûlé. Son épouse ne s'en sort pas mieux. Jugée pour sorcellerie, elle sera exécutée en place de Grève le 8 juillet 1617. Même leur fils devra subir ce revirement du destin : déclaré ignoble par le Parlement, il est interdit de toutes fonctions dans le royaume.

NAISSANCE DU JOUR

En 1944, Christine Ockrent, journaliste d'origine belge.

HOMME DU JOUR

En 1558, Marie Stuart épouse François II. C'est son premier mariage – elle a alors 15 ans – et il lui permettra de devenir reine de France.

1792

Rouget de Lisle compose « La Marseillaise »

En ce 25 avril 1792, le cœur de la Révolution bat à tout rompre. Le 20 avril précédent, la France a déclaré la guerre à l'Autriche et les esprits s'échauffent. À Strasbourg, un jeune officier du génie de 32 ans, poète et compositeur à ses heures, se trouve en garnison quand le baron de Dietrich, maire de la ville, l'incite à composer un hymne lié aux événements. Claude-Joseph Rouget, mieux connu sous le nom de Rouget de Lisle – c'est évidemment de lui qu'il s'agit – s'y attelle. *La Marseillaise* est sur le point de naître.

Invité à dîner à l'hôtel de ville, le maire aurait dit au compositeur : « Monsieur de Lisle, faites-nous quelque beau chant pour ce peuple soldat qui surgit de toutes parts à l'appel de la patrie en danger et vous aurez bien mérité de la nation. » Le poète s'exécute et travaille toute la nuit. Le lendemain, il présente à Dietrich ce qu'il appelle *Le Chant de guerre pour l'armée du Rhin*. La légende veut que le maire, enthousiaste, l'ait entonné en s'accompagnant au piano : « Allons enfants de la patrie ! Le jour de gloire… »

Quelques semaines plus tard, le 22 juin, le général François Mireur, qui a entendu l'hymne, se rend à Marseille. Lors d'un dîner avec le Club des amis de la Constitution, il fredonne l'air qui lui trotte en tête. Le public, restreint, est conquis et l'œuvre publiée dans *Le Journal des départements méridionaux*. Très vite, des soldats en font leur musique de marche. *La Marseillaise* est décrétée chant national par la Convention le 14 juillet 1795.

Quant à Rouget de Lisle, il n'a pas eu, de son vivant, la notoriété qui est la sienne depuis. Il échappa de peu à la guillotine pendant la Terreur et décéda oublié. Ses cendres seront transférées aux Invalides le 14 juillet 1915.

NAISSANCE DU JOUR

En 1214, Louis IX, dit Saint Louis.

FAIT DU JOUR

En 2001, le film de Jean-Pierre Jeunet, *Le Fabuleux Destin d'Amélie Poulain*, sort au cinéma. Il attirera dix-sept millions de spectateurs en sept mois.

26 AVRIL

C'est la fête de la Bienheureuse Alde

1986
Du côté de Tchernobyl

Le 26 avril 1986, l'Europe apprenait, dans l'angoisse, l'accident nucléaire survenu à Tchernobyl, en Ukraine, région alors partie intégrante de l'Union soviétique. Située à une grosse centaine de kilomètres de Kiev, non loin de la frontière biélorusse, au bord du Pripiat, un affluent du Dniepr, la centrale atomique Lénine avait lancé une expérience sur le réacteur 4, en vue de tester l'alimentation électrique de secours.

Mais l'exercice tourne mal. Une série d'erreurs conduit à la fusion du cœur du réacteur et à la libération, dans l'atmosphère, d'un important nuage radioactif.

Les conséquences de la catastrophe seront terribles. Et, dans bien des domaines, incalculables. Directement, au moins cinquante personnes périssent dans l'accident. Indirectement, du fait des rayonnements, le nombre de victimes est vraisemblablement cent fois supérieur. Certains avancent des chiffres bien plus effrayants, tant les éléments dont nous disposons sont ceux communiqués au compte-gouttes par les instances soviétiques, habituées à pratiquer la censure.

Nous autres, Français, serions cela dit mal placés pour donner des leçons de transparence et d'information. Souvenons-nous que, selon le gouvernement de l'époque, le nuage radioactif qui avait survolé l'Europe se serait arrêté aux frontières de l'Hexagone !

NAISSANCE DU JOUR

En 1798, Eugène Delacroix, peintre français.

FAIT DU JOUR

En 1248, le futur Saint Louis inaugure la Sainte-Chapelle qu'il a fait construire sur l'île de la Cité et y expose les reliques de la Passion, notamment la couronne d'épines, achetées à prix d'or.

27 AVRIL

C'est la fête du Bienheureux Amédée IX

1848

Libres !

Le 27 avril 1848 appartient aux plus grandes et nobles dates de l'histoire de France, puisqu'il s'agit du jour officiel et définitif de l'abolition de l'esclavage. Un événement majeur pour la patrie des droits de l'Homme, qui ne se fit pas – on s'en doute – sans heurts. En vérité, ce combat connut plusieurs moments et étapes d'importance. Si l'esclavage était officiellement interdit depuis des siècles grâce à une loi promulguée par Louis X proclamant que le sol français affranchissait l'esclave qui venait à le toucher, si l'Église catholique s'était toujours opposée, par principe, à la servitude, de la réalité aux faits il existait un gouffre. La preuve : l'esclavage avait été aboli durant la Révolution, en 1794, et rétabli par Napoléon en 1802. Les raisons de ce revirement tiennent notamment à la puissance de ce que l'on appellerait aujourd'hui un lobby, les propriétaires terriens des colonies, plus particulièrement ceux de la Martinique, Sainte-Lucie ou Saint-Martin, hostiles à voir les Noirs et métis, qui leur servaient de main-d'œuvre gratuite corvéable à merci, émancipés.

En somme ce débat, entamé depuis plusieurs décennies au moment de l'abolition finale, ne cessait d'attiser les passions et de rencontrer des résistances farouches. Tandis que les libéraux (au sens de l'époque) luttent depuis longtemps afin d'abolir d'abord la traite, puis l'esclavage tout court, les plus conservateurs des députés freinent ces avancées en invoquant un argument inouï : les esclaves ne seraient pas prêts à recevoir la liberté !

Alors quel sera le véritable déclencheur ? Un homme : Victor Schœlcher. Passionné, opiniâtre, il a publié des livres sur la question, connaît parfaitement le dossier et se voit nommé, à la chute du roi Louis-Philippe, sous-secrétaire d'État. Le 27 avril 1848, douze décrets sont présentés. Qui émancipent les esclaves. D'un coup, deux cent quarante-huit mille personnes sont libérées ! Un affranchissement bientôt suivi dans d'autres pays.

NAISSANCE DU JOUR

En 1791, Samuel Morse, inventeur du télégraphe électrique et de l'alphabet qui porte son nom.

FAIT DU JOUR

En 1970, un malade de l'hôpital Broussais à Paris reçoit un stimulateur cardiaque au plutonium, créé par des chercheurs de l'Agence internationale de l'énergie atomique.

28 AVRIL

C'est la Saint Pierre Marie Chanel

1789
Les révoltés de la « Bounty »

1789, année de la colère. En France, tandis que la Révolution se prépare doucement, une révolte survient le 28 avril en plein océan Pacifique ! Une terrible mutinerie bouleverse un navire britannique, la *Bounty*.

Si le pacha William Bligh, âgé de 33 ans, ne manque pas d'expérience, lui qui a parcouru « les sept mers » – comme on dit dans les tavernes – et fait partie des expéditions du capitaine Cook, son sens de la discipline et les mauvais traitements qu'elle implique épuisent et enflamment les marins. Fidèle à la tradition de la marine britannique, il fait en effet régner l'ordre à coups de « chat à neuf queues », un fouet redoutable composé de neuf cordelettes qui se terminent chacune par une griffe !

Devant se rendre à Tahiti pour y chercher des arbres à pain, la *Bounty* a déjà traversé des moments difficiles lorsqu'elle s'éloigne de Tahiti. Une escale durant laquelle les hommes d'équipage ont été accueillis par de ravissantes vahinés : le paradis sur Terre ! Aussi, lorsqu'il s'est agi de repartir, beaucoup ont traîné des pieds. Dès lors, en mer les punitions redoublent. Fletcher Christian, le second, essaye de raisonner le capitaine Bligh, de l'inciter à modérer son autoritarisme, mais rien n'y fait. Alors, c'est lui qui prend la tête de la mutinerie. L'équipage, pas difficile à convaincre, le suit. Le capitaine et dix-huit fidèles sont abandonnés sur une chaloupe, au milieu du Pacifique ! Ils s'en sortiront de justesse.

Ne pouvant laisser impunie une telle révolte, la justice britannique ne va cesser de traquer Fletcher Christian et ses vingt-cinq mutins. Qui, en compagnie de vahinés, ont gagné l'île Pitcairn et brûlé le navire. En attendant leur capture, le lieutenant Bligh est promu : il finira vice-amiral. Quant aux mutins, les « Bounty's bastards », ils auront une descendance. Dont on trouve des héritiers jusqu'à nos jours.

NAISSANCE DU JOUR

En 1928, Yves Klein, peintre français connu pour son bleu dit *Klein*.

HOMME DU JOUR

En 1924, Gaston Ramon, vétérinaire à l'Institut Pasteur, découvre le vaccin antidiphtérique.

29 AVRIL

C'est la Sainte Catherine de Sienne

1945
Les femmes votent en France

Enfin ! Le 29 avril 1945, pour la première fois les femmes françaises peuvent voter. Grâce à une ordonnance du gouvernement provisoire du général de Gaulle signée à Alger un an plus tôt, qui les autorisait non seulement à mettre un bulletin dans les urnes, mais à être élues.

Pourquoi diable a-t-on attendu si longtemps, malgré de multiples campagnes, manifestations de suffragettes, actions d'éclat? Parce que les élus de la Nation en rejetaient la perspective. Les députés et sénateurs, tous hommes il va sans dire, refusaient ce progrès. Le plus surprenant est de constater que les adversaires du vote des femmes se trouvaient au sein de tous les camps et partis politiques. Que les conservateurs y soient hostiles n'est pas forcément surprenant, mais entendre alors les anticléricaux contester ce progrès parce que la cause féministe ferait le jeu du clergé, sous prétexte que la gent féminine serait trop proche de la religion, a de quoi surprendre nos esprits libérés de telles œillères. En 1945, on vit d'ailleurs quelques caricatures montrant des femmes en train de confondre une urne avec un bénitier. Très spirituel…

Aux élections municipales du 29 avril, un peu particulières puisque la guerre n'est pas encore tout à fait terminée, douze millions de femmes sont inscrites. Comme il s'agit d'un événement, la presse photographie certaines personnalités devant les urnes, telles Yvonne de Gaulle ou Irène Joliot-Curie, afin d'immortaliser la scène. Certaines seront élues, comme en octobre aux législatives où trente-trois femmes entrent à l'Assemblée… aux côtés de cinq cent cinquante-trois hommes.

Petit paradoxe à souligner : la France fut l'un des premiers pays à instituer le suffrage universel en 1848, mais l'un des derniers, après la Turquie, la Grande-Bretagne ou les États-Unis, à y inclure les femmes !

NAISSANCE DU JOUR

En 1907, Tino Rossi, chanteur français.

FAIT DU JOUR

En 1968, les *Shadoks*, ces créatures qui parlent par monosyllabes et construisent des machines improbables qui ne fonctionnent jamais, créés par Jacques Rouxel, font leur première apparition à la télévision.

C'est la Saint Pie V

1975
La chute de Saïgon

Nous voici au Vietnam. Tandis que les Américains sont en train d'évacuer Saïgon dans des conditions catastrophiques. L'épisode, pour le moins piteux, vient en quelque sorte solder leur absolue défaite, leur débâcle même, au terme d'une guerre – on devrait d'ailleurs parler de « guerres » au pluriel si l'on y inclut celle d'Indochine, conflits entamés depuis trois décennies – tout ce qu'il y eut de terrible.

Les images tournent en boucle sur les télévisions du monde entier. Saïgon, la capitale historique de la Cochinchine, la plus grosse ville et le poumon économique du Vietnam, tombe. Celle qui était depuis 1954 la capitale du Sud-Vietnam, où les Américains avaient installé leur commandement, est encerclée depuis le début du mois par les troupes communistes du Nord. La confusion règne. Une panique générale, qui engendre la démission en cascade de trois présidents sud-vietnamiens, gagne. Le dernier d'entre eux, Duong Van Minh, ordonne la reddition de ses troupes ce fameux 30 avril. Les Américains organisent pendant ce temps un angoissant ballet d'hélicoptères pour tenter d'évacuer le plus possible de leurs partisans. Mais, au moment où le dernier appareil décolle, un peu avant 8 heures, les jardins de l'ambassade américaine sont encore noirs de candidats à l'exil…

Dans les années qui vont suivre, des dizaines de milliers de personnes seront exécutées par le nouveau régime, et des centaines de milliers, déportées. Saigon, elle, sera rebaptisée Hô Chi Minh-ville.

NAISSANCE DU JOUR

En 1952, Jacques Audiard, cinéaste français, plusieurs fois primé au Festival de Cannes, notamment en 2015 pour *Dheepan*, qui a obtenu la Palme d'or.

FAIT DU JOUR

En 1856, Gustave Flaubert achève son chef-d'œuvre *Madame Bovary* après près de cinq ans de travail.

C'est la Saint Jérémie, le prophète, et la Saint Joseph Artisan

1886

Aux origines de la fête du Travail

Le 1er mai est consacré à la fête du Travail. Qui se retrouve aujourd'hui dans de nombreux pays et puise son origine aux États-Unis – même si, là-bas, la grande journée consacrée à la masse laborieuse se célèbre le premier lundi de septembre.

Le 1er mai 1886, à Chicago, éclata une grève pour réclamer la journée de 8 heures. Elle engendra, le surlendemain, une manifestation qui fut durement réprimée par la police. Les anarchistes firent de cet événement un emblème de la répression. Lorsqu'en France, en 1889, se tint la IIe Internationale socialiste célébrant le centenaire de la Révolution, on décida d'organiser une grande manifestation, à date fixe, et l'on choisit le 1er mai en souvenir des événements de Chicago. Beaucoup de nos concitoyens croient que c'est le régime de Vichy qui a inventé la fête du Travail... Eh bien on constate qu'ils n'ont pas tout à fait raison tant les racines se trouvent bel et bien dans un mouvement anarchiste. En fait, le gouvernement du maréchal Pétain a fait de ce jour chômé et payé, par la loi Belin, une célébration nationale. Dont le nom complet était : « Fête du Travail et de la Concorde nationale ».

La Libération reprend l'idée. En 1947, sur proposition du socialiste Daniel Mayer, le 1er Mai est acté « jour chômé et payé » dans toutes les entreprises, publiques comme privées. Ce qui n'en fait pas pour autant une fête nationale !

NAISSANCE DU JOUR

En 1917, Danielle Darrieux, actrice française ayant notamment joué dans *Les Demoiselles de Rochefort*.

FAIT DU JOUR

En 1561, Charles IX reçoit un brin de muguet en guise de porte-bonheur. À partir de ce jour, il décide d'offrir chaque année à cette date un brin de muguet aux dames de la Cour.

2 MAI

C'est la Saint Athanase d'Alexandrie

1668
Le traité d'Aix-la-Chapelle

Le 2 mai 1668, Louis XIV signe à Aix-la-Chapelle un traité qui met fin à la guerre de Dévolution. Un conflit ayant commencé l'année précédente sur une question d'héritage. Le roi de France revendiquait la possession de la Franche-Comté et d'une partie des Pays-Bas au titre des biens qui revenaient à son épouse, fille du roi Philippe IV, mort en 1665. Pour justifier sa réclamation, il avait exhumé une vieille coutume du duché de Brabant, le droit de Dévolution.

Certes, lors de son mariage avec le roi de France, l'infante d'Espagne avait renoncé à cet héritage en signant le traité des Pyrénées. Mais le traité stipulait également qu'elle devrait toucher une dot de cinq cent mille écus d'or qu'elle n'a jamais vue. Il fallait donc une compensation.

La réponse de l'Espagne sur la cession de ces territoires est résumée dans le titre à rallonge que publie le baron de Lisola : *Bouclier d'État et de justice contre le dessein manifestement découvert de la monarchie universelle sous le vain prétexte des prétentions de la reine de France*. Traduction : elle refuse.

Louis XIV tient là un beau prétexte pour déclarer sa première véritable guerre. Turenne envahit d'abord Lille et les Pays-Bas espagnols, en mai 1667. Puis le duc de Condé prend la Franche-Comté en février 1668. Cet appétit n'étant pas tellement du goût des forces européennes, l'Angleterre s'allie aux Provinces-Unies et à la Suède pour contrer la France. Louis XIV doit se résoudre à signer la paix, ce 2 mai 1668 à Aix-la-Chapelle. Il conserve tout de même Lille, Armentières et Douai, entre autres. Quant aux questions de succession en Espagne, elles donneront lieu à d'autres conflits jusqu'à la fin du règne du Roi-Soleil qui « aimait trop la guerre ».

NAISSANCE DU JOUR

En 1922, Serge Reggiani, chanteur et acteur d'origine italienne.

FAIT DU JOUR

En 1933, Aldie Mackay et son époux font allusion, dans le journal *Inverness Courier*, à un monstre, pareil à une baleine, qui se baignerait dans un lac écossais. C'est la première fois que l'on entend parler du monstre du Loch Ness.

3 MAI

C'est la Saint Jacques le Mineur

1803
Bonaparte cède la Louisiane

Les Américains s'agrandissent d'un nouveau territoire, la Louisiane, le 3 mai 1803. Aucun coup de feu n'a retenti autrement que pour fêter cette acquisition. Il n'y a pas eu de guerre, ni de combat, mais un simple achat ! C'est le Premier consul, Napoléon Bonaparte, qui a cédé ce territoire pour quinze millions de dollars (quatre-vingts millions de francs). Mais, attention, il ne s'agit pas seulement de l'actuelle Louisiane ; à l'époque, ce nom recouvre un espace gigantesque qui s'étend des Grands Lacs au nord jusqu'au Mexique au sud ! Aujourd'hui, il représenterait presque un quart de la surface totale des États-Unis (220 millions d'hectares), comprenant les États de l'Arkansas, du Dakota du Sud et du Nord, de l'Iowa, etc.

Il peut paraître étonnant qu'un conquérant comme Bonaparte laisse filer un si beau lopin de terre que l'Espagne, d'ailleurs, vient de restituer à la France après le lui avoir pris en 1762. Mais, devant l'échec qu'il a rencontré à Saint-Domingue, le futur empereur juge préférable de se concentrer sur les besoins urgents de son pays. L'Angleterre se fait menaçante et la France a besoin d'argent. À ses yeux, cette cession est le meilleur moyen de mettre ces terres hors de la portée des Anglais et, à ceux des Américains, elles constituent une aubaine. Pour verser une telle somme, la jeune nation doit s'endetter, mais ces territoires permettront d'offrir, déclare Thomas Jefferson, « un espace à nos descendants jusqu'à la millième génération ». Le 20 octobre 1803, la décision est entérinée.

On peut aujourd'hui encore trouver des vestiges de la France en Louisiane. Ne serait-ce que le nom même de l'État, baptisé ainsi par un Français, Cavelier de La Salle, en 1682. Quant à la ville de La Nouvelle-Orléans, elle doit son nom au Régent, Philippe d'Orléans.

NAISSANCE DU JOUR

En 1469, Nicolas Machiavel, homme politique, écrivain et philosophe italien.

FAIT DU JOUR

En 1494, Christophe Colomb découvre la Jamaïque.

4 MAI

C'est la Saint Sylvain de Gaza

1897
L'incendie du Bazar

Le Petit Journal
SUPPLÉMENT ILLUSTRÉ
INCENDIE DU BAZAR DE LA CHARITÉ
LE SINISTRE

Quel jour terrible que celui où le Bazar de la charité à Paris brûle de fond en comble ! L'incendie, qui survient le 4 mai 1897, fait plus de cent vingt victimes. Ce « bazar » – terme qu'il ne faut pas entendre ici dans son sens courant – est en fait une vente saisonnière pour de bonnes œuvres. Une sorte de vide-grenier pour grandes dames, si l'on ose écrire, dont les recettes vont aux pauvres. Le Bazar de la charité dure trois semaines. Cette année, il est installé rue Jean-Goujon, juste à côté de l'actuelle chaîne de radio Europe 1… C'est alors un terrain vague sur lequel on dresse un baraquement en bois de sapin. Il mesure quatre-vingts mètres sur treize. À l'entrée flottent des bannières colorées. Le détail est d'importance. Ajoutez à cela un décor en carton-pâte posé là pour l'occasion. Comment ne pas songer que si le feu s'y invite, ce sera un piège infernal ? Et c'est justement ce qu'il va se passer…

Dans le baraquement, on a installé – c'est très moderne – un projecteur cinématographique. Dont la lampe est alimentée par de l'éther. Quelqu'un craque une allumette à proximité et, immédiatement, les vapeurs s'enflamment. Rien d'affolant à l'origine quoiqu'on commence à faire évacuer gentiment et calmement le Bazar. Cependant, le feu se répand plus vite que prévu et embrase bientôt le plafond qui n'est autre qu'un vélum goudronné ! Toute la structure se transforme alors en une torche géante. La panique saisit les mille deux cents invités. On crie, on hurle, on court en tous sens pour trouver une sortie ou chercher un proche qui s'est éloigné. Les récits de l'époque font froid dans le dos. C'est une incroyable scène d'épouvante qui se déroule. Les pompiers interviennent de leur mieux. Mais, à la fin, on relève de nombreux corps calcinés. Dont celui de la duchesse d'Alençon, née duchesse en Bavière et sœur de l'impératrice Sissi. Cette catastrophe faillit remettre en cause le cinéma lui-même, tenu pour responsable.

NAISSANCE DU JOUR

En 1655, Bartolomeo Cristofori, facteur d'instruments et inventeur du premier piano.

HOMME DU JOUR

En 1959, François Truffaut présente *Les 400 Coups* au Festival de Cannes, consacrant ainsi la « nouvelle vague » des cinéastes français.

5 MAI

C'est la Sainte Judith

1821

Les derniers jours de Napoléon

Au milieu de l'Atlantique Sud, sur l'île de Sainte-Hélène, dans une assez modeste maison coloniale sise à Longwood, un célèbre prisonnier rend l'âme, le 5 mai 1821 : Napoléon Bonaparte.

Depuis quelques mois, il souffrait atrocement, plié en deux par les douleurs et se plaignant de maux d'estomac. Il ne pouvait plus rien avaler et s'affaiblissait de jour en jour. À 17 h 49, ce 5 mai 1821, il rend son dernier souffle – il avait 51 ans.

Le gouverneur anglais de Sainte-Hélène déclare : « Messieurs, c'était le plus grand ennemi de l'Angleterre, et le mien aussi ; mais je lui pardonne tout. À la mort d'un si grand homme, on ne doit éprouver qu'une profonde douleur et de profonds regrets. » Du côté français, Talleyrand montre moins de noblesse : « Cette mort n'est même plus un événement, c'est une nouvelle… »

On a parlé d'empoisonnement au sujet de ce décès. Est-il possible qu'on ait assassiné Napoléon ? Encore aujourd'hui, la question reste difficile à trancher… On a évoqué un cancer de l'estomac, un ulcère aussi. De nombreux experts continuent à soutenir l'idée d'un assassinat par un empoisonnement lent à l'arsenic. Pourtant, plus le temps passe, plus la thèse d'une mort naturelle paraît s'imposer. Ce qui est sûr, c'est que le 5 mai est devenue LA date napoléonienne par excellence.

En 1840 – dix-neuf ans après le décès –, le roi Louis-Philippe décide de faire rapatrier le corps – cérémonie qu'on va appeler le « Retour des cendres ». Seulement, cette translation soulève une nouvelle énigme : certains – et j'en fais partie – pensent que le corps de l'Empereur ne gît pas dans le tombeau des Invalides ! Mais cela, c'est une autre histoire, une histoire qu'il est quasiment interdit de répandre.

NAISSANCE DU JOUR

En 1818, Karl Marx, premier théoricien du « socialisme scientifique » et initiateur du mouvement ouvrier international contemporain.

HOMME DU JOUR

En 2002, Jacques Chirac est élu président de la République avec 82,21 % des voix, face à Jean-Marie Le Pen.

6 MAI

C'est la Saint Jacques Chastan et la fête de la Bienheureuse Prudence

1994

La Grande-Bretagne n'est plus une île

Le 6 mai 1994, la Grande-Bretagne a cessé d'être une île. Par quel miracle ? L'inauguration du tunnel sous la Manche, un événement entré immédiatement dans l'Histoire.

D'abord, en tant que prouesse technologique. Ensuite, comme le symbole qui relie deux peuples, les Français et les Britanniques, ayant été pendant des siècles et des siècles deux frères ennemis.

En combien de temps a-t-on construit ce tunnel ? Sept ans, entre le début de la construction, le 15 décembre 1987, et la mise en service en juin 1994. Soit une durée assez brève quand on imagine l'incroyable prouesse que ces cinquante kilomètres de long représentent !

Ce défi, on y pensait depuis 1751 ; un Français, Nicolas Desmarets, remit à Louis XV un rapport sur un projet de tunnel, aéré par de hautes cheminées et laissant passer les hommes et les diligences ! Il resta, bien entendu, à l'état de projet...

Beaucoup, du même acabit, suivirent. En 1874, l'idée ressurgit d'une manière plus sérieuse, mais des problèmes techniques et économiques la firent abandonner en 1883. Comme quoi, il faut toujours persévérer.

NAISSANCE DU JOUR

En 1758, Maximilien de Robespierre, avocat et homme politique français.

FAIT DU JOUR

En 1840, le premier timbre-poste, inventé par Rowland Hill et James Chalmers, est mis en circulation.

C'est la fête de la Bienheureuse Gisèle

1915
Le naufrage du « Lusitania »

C'est au large de l'Irlande que coule, le 7 mai 1915, le RMS *Lusitania*, un navire britannique transportant mille neuf cent cinquante-neuf passagers. Mille cent quatre-vingt-dix-huit disparaissent avec ce gigantesque paquebot, l'un des plus rapides du monde !
Il coule après avoir été touché par la torpille d'un sous-marin allemand alors que la Grande Guerre ravage le continent européen. Le *Lusitania*, parti de New York, bat pavillon britannique, ce qui est une donnée importante. Ses passagers sont même plus ou moins conscients du danger qu'ils courent. On leur a dit, avant l'embarquement aux États-Unis, que les navires anglais pouvaient être la cible des U-boot, c'est-à-dire de sous-marins. L'Allemagne a aussi prévenu du risque.

Si on peut considérer qu'avec cette torpille les Allemands ont tué sciemment plus de mille civils, la cause du désastre est plus ambiguë qu'elle n'y paraît. Le 7 mai, à 14 h 15, un passager remarque à tribord des remous dans l'eau. C'est une torpille, bien entendu. Elle frappe le navire à l'aplomb de la passerelle, provoquant une forte détonation. Or – et c'est tout le nœud de l'affaire – survient bientôt une seconde détonation ! Sur le moment, on n'a pas vraiment le temps de s'en inquiéter car, en un quart d'heure seulement, le *Lusitania* sombre. Et cela, l'équipage du sous-marin allemand ne l'avait pas prévu ; son capitaine, Walther Schwieger, est stupéfait du spectacle que lui révèle son périscope. Normalement, une seule torpille ne peut envoyer un aussi grand paquebot par le fond. On sait en effet aujourd'hui que le *Lusitania* transportait tout un stock de munitions. Et ce sont elles qui ont fait sombrer le navire. De là à imaginer que les Britanniques ont favorisé la catastrophe ! Sans aller jusqu'à cette extrémité, il faut noter que ce naufrage a compté pour beaucoup dans la décision des États-Unis d'entrer finalement dans la guerre…

NAISSANCE DU JOUR

En 1901, Gary Cooper, acteur américain ayant notamment joué dans *Cœurs Brûlés* et *Le train sifflera trois fois*.

FAIT DU JOUR

En 1824, la 9e Symphonie de Ludwig van Beethoven, bien connue pour son air de l'*Ode à la joie*, est présentée à Vienne.

C'est la Saint Désiré

1842

Le premier accident ferroviaire

Il fallait bien qu'arrivât un jour une première catastrophe ferroviaire ! Elle survint le 8 mai 1842 sur la ligne pionnière qui reliait Versailles à Paris. Ce dimanche-là, à hauteur de Meudon, le train dérailla et tua cinquante-cinq personnes. Jusqu'ici, depuis 1827, avec la ligne Saint-Étienne-Andrézieux, construite en 1827, il n'y avait rien eu... Certes, elle n'était pas bien longue, ne mesurant que dix-huit kilomètres, et s'avérait très lente puisque des animaux tiraient les wagonnets, mais elle était précieuse pour transporter le charbon des mines, notamment. Les locomotives Schneider à vapeur suivirent rapidement et allaient beaucoup plus vite.

En ce 8 mai 1842, la ligne Versailles-Paris était bondée. Sept cent soixante-dix personnes y avaient pris place car, à l'occasion de la fête du roi Louis-Philippe, on faisait jaillir les grandes eaux à Versailles. Au retour, le train de 17 h 30 filait à 40 km/h, quand, à Meudon, l'un des essieux de la locomotive céda. Le convoi dérailla, les wagons de bois se chevauchèrent, s'encastrèrent les uns dans les autres. Des morceaux de charbon incandescents répandirent vite le feu. Quarante-trois personnes périrent sur place, brûlées vives, et d'autres des suites de leurs blessures. Il y eut, enfin, une centaine de blessés graves. Comble de l'horreur, les passagers se virent mourir prisonniers des wagons car ceux-ci, par « mesure de sécurité », et pour les protéger des intrus, étaient fermés de l'extérieur.

Ce terrible accident doucha l'enthousiasme de l'opinion pour le train et, au-delà, le progrès. Mais Alphonse de Lamartine, député à l'époque, dans un discours à la Chambre, prononça ces mots : « Plaignons les victimes, plaignons-nous et marchons ! »

NAISSANCE DU JOUR

En 1903, Fernand Contandin, dit Fernandel, acteur français ayant joué notamment dans *La Vache et le Prisonnier* et incarné le personnage de Don Camillo.

FAIT DU JOUR

En 1898, Zo d'Axa, né Alphonse Gallaud de la Pérouse, journaliste satirique, libertaire et antimilitariste, présente aux élections législatives de Paris un âne, qu'il promène à travers la ville pour appeler à voter nul.

9 MAI

C'est la Saint Pacôme le Grand

1893
Edison présente son « kinétoscope »

Au Brooklyn institute of arts and sciences, deux cents invités se bousculent, le 9 mai 1893, pour assister à la démonstration de la nouvelle invention du génial et prolifique Thomas Edison. Son « kinétoscope » est tout simplement… le cinéma avant l'heure. Enfin presque.

L'appareil se présente sous la forme d'un meuble en bois, surmonté d'un œilleton. Et, lorsque le spectateur regarde à l'intérieur, il voit défiler des images animées. Il s'agit, selon Edison, « d'un instrument qui fait pour l'œil ce que le phonographe fait pour l'oreille : il enregistre et reproduit des objets en mouvement ; il sera bon marché, commode et d'un fonctionnement sûr ». Des photos défilent les unes après les autres et donnent l'impression de mouvement.

Le premier film du genre – et donc le premier film tout court – s'intitule *Dickson Greeting,* du nom du bras droit d'Edison, Laurie Dickson. On le voit saluer avec son canotier pendant quelques secondes. Mais avant la projection, il a bien fallu inventer la caméra ! Celle-ci s'appelle kinétographe. Dans sa première mouture, l'appareil enregistre des images sur un cylindre photosensible, mais le procédé donne de piètres résultats. Aussi, pour progresser, il faut attendre 1887 et l'arrivée des rubans de celluloïd, beaucoup plus souples et précis. Edison et Dickson y intègrent sur les côtés des perforations afin que la pellicule se positionne à la perfection.

Edison lance ensuite, à New York, une utilisation commerciale de sa machine, le *kinetoscope parlor,* des salles dans lesquelles chacun peut à loisir regarder, penché seul sur la machine, quelques minutes les images. Si les débuts sont prometteurs, en 1895, le kinétoscope périclite car les frères Lumière présentent le cinématographe qui permet de visualiser des films en public.

NAISSANCE DU JOUR

En 1923, Claude Piéplu, acteur français connu notamment pour avoir été le narrateur de la série d'animation *Les Shadoks.*

FAIT DU JOUR

En 1952, le film de René Clément *Jeux interdits,* qui fit connaître Brigitte Fossey alors enfant, sort au cinéma.

10 MAI

C'est la Sainte Solange

1940

Cette fois, la guerre commence

Voici la date charnière de l'histoire contemporaine : le 10 mai 1940, lorsqu'Hitler lance sa grande offensive sur l'Europe occidentale, et notamment sur la France. La Wehrmacht envahit d'abord les Pays-Bas, le Luxembourg, la Belgique, avec l'appui massif et ciblé de la Luftwaffe.

On ne peut pas dire que, pour le commandement français, cette offensive ait été une surprise ; la preuve, nos troupes volent immédiatement au secours de la Belgique. Ce qui le prend de court – en dépit des avertissements répétés d'un certain colonel de Gaulle –, c'est l'efficacité foudroyante du duo char-avion, et la ruée des Allemands sur des Ardennes réputées infranchissables. Elle permet, dès lors, aux Allemands, de prendre à revers les troupes françaises et britanniques engagées en Belgique.

Au Nord, les Pays-Bas sont bientôt envahis ; ils capitulent en cinq jours ; au Sud, commence la bataille de France.

De cette campagne, on a souvent souligné la rudesse. Elle ne fut vraiment pas une promenade de santé. Il ne faut pas que le succès spectaculaire de la « guerre-éclair » allemande – succès qui conduisit à la débâcle et à l'armistice du 22 juin – relègue au second plan l'effroyable âpreté des combats, parmi les plus sanglants de l'Histoire. Oui, les troupes françaises se sont souvent montrées héroïques en 1940.

NAISSANCE DU JOUR

En 1864, Léon Gaumont, pionnier de l'industrie du cinéma en France.

FAIT DU JOUR

En 1508, Michel-Ange commence les travaux du plafond de la chapelle Sixtine, commandés par le pape Jules II.

C'est la Saint Cyrille, la Saint Méthode et la Sainte Estelle

1865
L'ouverture officielle du Printemps

Près de la toute nouvelle gare Saint-Lazare, le Printemps ouvre ses portes le 11 mai 1865. Après le Bon Marché et les Grands Magasins du Louvre, un autre défricheur du commerce entre en scène : Jules Jaluzot.

Le projet a exigé un énorme investissement, et se révéla fort risqué ! Car le quartier est en pleine transformation et nul ne peut prévoir ce qu'il deviendra. Mais le pari de Jaluzot sera largement gagné.

À vrai dire, celui-ci ne fait pas les choses à moitié. Il voit grand, confiant à l'architecte Jules Sédille la conception d'un bâtiment hors normes. L'immeuble réalisé répond aux attentes. Il est consacré au service d'un principe simple : vendre de la qualité à bon marché et à prix fixe. Pas de marchandages ! La devise du Printemps est d'ailleurs : *Eprobitate decus* (Mon honneur, c'est ma probité).

Quel est l'accueil du public ? D'emblée excellent. L'endroit bénéficie vite d'un rayonnement mondial et d'une réputation de raffinement. Voyez ce qu'en dit, dès 1869, un article de *L'Illustration* : « Voici quelques nouveaux modèles des Grands Magasins du Printemps. En les mettant sous les yeux de nos lectrices, nous avons la certitude de leur être agréables. C'est élégant, gracieux, riche et simple à la fois, et du meilleur goût. »

Le bâtiment de l'inauguration n'est pas tout à fait celui que l'on connaît aujourd'hui. En 1881, un incendie en ravage une grosse partie, et c'est paradoxalement une chance pour l'établissement. Paul Sédille, le fils de Jules, opte en effet pour une reconstruction avec du fer et du verre, concevant ainsi un magasin ultramoderne. Il faudra attendre 1908 pour admirer le somptueux vitrail d'un concurrent voisin, les Galeries Lafayette.

NAISSANCE DU JOUR

En 1904, Salvador Dalí, peintre et sculpteur espagnol.

FAIT DU JOUR

En 1502, Christophe Colomb, le navigateur infatigable, prend la mer pour un quatrième voyage, qui sera le dernier. Il part depuis Cadiz avec trois caravelles et un navire.

12 MAI

C'est la Saint Achille de Larissa

1776
Turgot s'en va

La démission du ministre des Finances, Anne Robert Turgot, tombe le 12 mai 1776. Enfin, le mot de démission est inexact : le ministre n'a pas eu le choix. C'est le roi Louis XVI qui lui a demandé de partir.

Mais quelle est sa faute ? Elle s'appelle crime de libéralisme ! Turgot fait partie des « physiocrates » (1776 est l'année où Adam Smith publie ses *Recherches sur la nature et les causes de la richesse des nations*, la bible des économistes libéraux), ces premiers penseurs libéraux du point de vue économique, premiers à considérer qu'il vaut mieux ouvrir les frontières et favoriser les échanges plutôt que dresser des barrières et contrôler l'économie. Leur devise ? « Laissez faire, laissez passer. » Si l'idée est admise aujourd'hui, elle est audacieuse à l'époque.

Pourquoi Turgot démissionne-t-il ? Parce qu'il a essayé d'appliquer sa méthode et que ses tentatives ne se sont pas faites sans friction. Quand il est arrivé à son poste, deux ans plus tôt, le royaume était au bord de la faillite. Il a commencé par juguler les dépenses de la Maison du Roi, c'est-à-dire les abus de la Cour ! Le tollé fut général… Puis le peuple s'est rebiffé, quand il a choisi d'ouvrir les frontières intérieures, territoriales, pour permettre la libre circulation du grain. Le bruit, entretenu par les spéculateurs qui avaient intérêt à voir perdurer l'ancien système, a couru que cette décision entraînerait des famines en cascade. En économie, il est bon de chercher l'origine des rumeurs… Des émeutes éclatent, qu'on appelle la « guerre des farines ». Les grands propriétaires, nouvellement taxés, sont mécontents. Il est peu de dire que le ministre déplaît à tout le monde. Ce 12 mai 1776, on le remercie donc gentiment. Dans une lettre au roi rédigée quelques semaines plus tôt, Turgot écrivait : « N'oubliez pas, Sire, que c'est la faiblesse qui a mis la tête de Charles Ier sur un billot. » L'Histoire lui donna raison.

NAISSANCE DU JOUR

En 1899, Maurice Carême, écrivain et poète belge.

FAIT DU JOUR

En 1949, Staline lève le blocus de Berlin et admet ainsi sa défaite face à l'Occident dans la Guerre froide qui a commencé en 1947. Malheureusement, la fin du Blocus de Berlin ne signe pas l'arrêt de la Guerre froide. Il faudra attendre quarante ans pour qu'elle cesse.

C'est la fête de Notre-Dame de Fatima

1917

Apparition de la Sainte Vierge

Village de Fatima, centre du Portugal. Le 13 mai 1917, Lucia, Francisco et Jacinta – trois enfants âgés entre 7 et 10 ans –, gardent des moutons, non loin de chez eux. Tout à coup, « une dame toute vêtue de blanc », selon leur témoignage, leur apparaît dans un chêne. Qui leur dit de réciter tous les jours leur chapelet, de prier pour la paix et de revenir dans un mois.

Un mois plus tard, les enfants ont parlé de cette apparition. Lorsque, le 13 juin, ils se retrouvent devant le chêne, c'est accompagnés d'une myriade de curieux. La dame revient, mais seuls Lucia, Francisco et Jacinta l'entendent et la voient. Et ils affirment que la Sainte Vierge leur a dit quelques mots de nouveau. Elle aurait expliqué à Lucia, d'abord, qu'elle emmènerait bientôt ses deux amis au Ciel. Soit... Mais aussi qu'elle comptait sur elle pour apprendre à lire et écrire afin de diffuser sa Parole.

Ce ne fut pas la dernière fois que la mère du Christ vint les voir ! Il y eut six apparitions en tout. Et, à chaque fois, la foule de témoins grandit, atteignant jusqu'à cinquante mille personnes ! Autant de témoins aveugles puisque la Vierge n'apparaissait toujours qu'aux trois enfants. Jacinta et Francesco moururent, comme elle l'avait annoncé, très vite, en 1919 et 1920, de la grippe espagnole. Lucia a vécu, elle, presque centenaire, jusqu'en 2005, devenue sœur Lucie du Cœur Immaculé. Fatima est, depuis les années 1930, un haut lieu de pèlerinage.

NAISSANCE DU JOUR

En 1840, Alphonse Daudet, écrivain français, auteur notamment des *Lettres de mon moulin*, et de *Tartarin de Tarascon*.

FAIT DU JOUR

En 1637, le cardinal de Richelieu fait limer les pointes des couteaux, donnant ainsi naissance au couteau de table que l'on connaît.

C'est la Saint Matthias

1610
Derrière Ravaillac

François Ravaillac est parvenu à son but : il a assassiné Henri IV, le 14 mai 1610.

Le jour du meurtre, au début de l'après-midi, Henri IV quitte le Louvre pour rendre visite à son ministre, Sully, malade. Les artères longues et étroites du Paris d'alors sont facilement encombrées. Dans la rue de la Ferronnerie, son carrosse est soudain bloqué par une charrette de foin, devant l'auberge appelée, comme par prémonition, « Au cœur couronné percé d'une lance ». À ce moment, surgit le régicide, un homme roux, vêtu de vert et venu d'Angoulême, qui grimpe sur l'essieu arrière et accède à l'intérieur de la voiture, dépourvue de fenêtres. Sous les yeux du capitaine des gardes, il poignarde le roi par deux fois. Henri IV est immédiatement transporté au Louvre où il rend son dernier souffle.

L'assassin fut aussitôt maîtrisé et conduit dans un hôtel particulier, rue Charlot, avant d'être transféré à la prison de la Conciergerie. Après avoir été torturé, il fut, le 27 mai, reconnu coupable de régicide. On le mena en place de Grève pour y être brûlé au soufre, tenaillé, avec du plomb fondu versé dans les plaies, enfin, écartelé vif, dans des souffrances affreuses et interminables. Ne s'est-on pas acharné sur ce malheureux pour dissimuler l'essentiel ? Car il avait probablement des complices, ou plutôt… des commanditaires, des personnes capables de manipuler son esprit fragile. L'enquête, à l'époque, fut interrompue « vu la qualité des personnes accusées », un cas inouï dans l'Histoire. Et si l'on cherche encore aujourd'hui à qui profite le crime, on est tenté, comme le regretté Philippe Erlanger, d'aller chercher du côté du duc d'Épernon.

NAISSANCE DU JOUR

En 1897, Sidney Bechet, musicien de jazz.

FAIT DU JOUR

En 1804, Meriwether Lewis et William Clark partent depuis Saint-Louis, Missouri, pour entreprendre un voyage à travers les États-Unis, qui marque les débuts de la conquête de l'Ouest. Ils seront les premiers à traverser le pays jusqu'au Pacifique.

15 MAI

C'est la Sainte Denise

1768
Et la Corse devint française...

La Corse est devenue française sous le règne de Louis XV, non par la guerre, mais d'une façon bien plus originale. À cette époque, l'île de Beauté est une possession de la République de Gênes. Mais les rebelles corses donnent maille à partir aux Génois et, dans la seconde partie du XVIIIe siècle, ils ont décidé d'appeler les Français à leur rescousse afin de les mater. Ceux-ci sortent tout juste de la guerre dite de Sept Ans qui a chamboulé un peu toute l'Europe ; le royaume est exsangue et a dû céder de nombreux territoires à la Grande-Bretagne : notamment la Nouvelle-France et les comptoirs des Indes. Dans l'appel des Génois, le principal ministre de Louis XV, le duc de Choiseul, voit tout de suite un moyen de rasseoir l'influence stratégique de son pays en Méditerranée.

L'affaire est conclue par le traité de Versailles, le 15 mai 1768. La France s'engage à rétablir l'ordre dans l'île et, en contrepartie, à administrer la Corse. Si la République de Gênes veut récupérer son territoire, elle devra verser quarante millions de livres en remboursement des frais engagés par la France pour mater la rébellion. Cette manière d'agir ressemble un peu à un prêt sur gage. Évidemment, la République de Gênes sera incapable de débourser un tel montant.

La guerre contre les révoltés n'est pas une sinécure pour l'armée française. Vingt mille hommes sont déployés sur l'île et la guérilla va durer un an. Mais, juridiquement, que devient le statut de la Corse par rapport à la France ? À partir de 1789, il est clair : l'île est intégrée au territoire par décret, bien que Gênes n'ait jamais cédé à la France ses droits ! Du reste, celle-ci retrouvera de nouveau son indépendance, entre 1794 et 1796, avec l'aide de nos amis les Anglais.

NAISSANCE DU JOUR

En 1920, Michel Audiard, scénariste et réalisateur français.

FAIT DU JOUR

En 1863, Antoine Chintreuil et Édouard Manet créent le « Salon des refusés » pour protester contre le jury du Salon de peinture et de sculpture qui avait, cette année-là, refusé énormément de contributions. Ce salon était le seul moyen pour un artiste de se faire connaître.

16 MAI

C'est la Saint Honoré

1770
Mariage de Louis XVI et de Marie-Antoinette

Vive les très jeunes mariés ! Le dauphin Louis, futur Louis XVI, n'a que 15 ans et sa promise, l'archiduchesse d'Autriche, Marie-Antoinette, 14. Ils se sont rencontrés deux jours plus tôt dans la forêt de Compiègne où leur entrevue a été minutieusement préparée par le protocole. Pas moins de cinq mille invités sont attendus à Versailles pour célébrer leurs noces. L'archevêque de Reims les bénit dans la chapelle du château et les festivités commencent. Elles débordent de luxe, même si elles sont un peu gâchées par un orage qui éclate dans la nuit et qui interdit le lancement du feu d'artifice.

Les époux gagnent ensuite la chambre nuptiale. Quelques témoins doivent attester que le couple partage le même lit. On ferme pudiquement le rideau de l'alcôve, mais cette délicate attention est superflue : malgré la beauté de la reine, Louis ne se montre guère ardent ni très enthousiaste. La fête du mariage se poursuit les jours suivants.

Le 17, le feu d'artifice, prévu la veille, est finalement tiré. Les bals se succèdent, et l'on donne une représentation d'*Athalie* de Racine, et l'on joue *Persée* de Lully.

Le 30 mai, les réjouissances se déplacent à Paris. Un nouveau feu d'artifice doit être tiré sur la place Louis XV, devenue aujourd'hui celle de la Concorde. Les Parisiens s'y pressent. Mais une bousculade dans la foule crée un mouvement de panique qui provoque cent trente morts ! Cette catastrophe n'arrête pas pour autant les réjouissances qui se prolongent jusqu'au 14 juillet…

Huit ans plus tard, Marie-Antoinette donnera naissance à son premier enfant, Marie-Thérèse, « Madame Royale ».

NAISSANCE DU JOUR

En 1951, Christian Lacroix, couturier français.

FAIT DU JOUR

En 1701, Louis XIV fait porter le nombre de sièges à l'Académie française à quarante. À ses débuts en 1663, on ne comptait que quatre académiciens. On en dénombra ensuite huit. Mais, depuis 1701, les sièges à occuper n'ont plus augmenté.

C'est la Saint Pascal Baylon

1792
La naissance de Wall Street

Tandis qu'en France la Révolution bat son plein, on s'occupe de finances aux États-Unis. Et l'on profite du printemps ! Sous un platane, au sud de Manhattan, vingt-quatre courtiers ont jusqu'ici l'habitude de s'échanger des actions de banques. Leur activité se déroule de manière informelle, mais, le 17 mai 1792, ils signent l'accord de Buttonwood, du nom de l'arbre qui les abrite. Il s'agit d'un arrangement, un code de bonne conduite, par lequel ils s'engagent à percevoir des commissions fixes sur leurs transactions et à se vendre les actions entre eux.

Cet événement marque en fait la naissance de Wall Street, la Bourse de New York. Le marché organisé est né. Les agents de change investissent bientôt l'étage du Tontine Coffee House, juste à côté de leur platane. En 1817, on passe le cap des trois cent quatre-vingt mille actions échangées ! La Bourse prend le nom de New York Stock & Exchange Board. L'industrialisation des États-Unis accroît le montant des échanges et, à partir de 1830, les sociétés de chemin de fer donnent un nouvel élan à l'activité.

À la fin du XIXe siècle, plus d'un million d'actions sont échangées par jour ! En 1903, la Bourse de New York s'installe sur Board Street. En 1929, le terrible jeudi noir, le krach boursier, plonge le monde dans le début d'une grave crise économique… La confiance reviendra tout doucement. Mais Wall Street traversera maintes autres épreuves, jusqu'à la faillite de Lehman Brothers en 2008.

NAISSANCE DU JOUR

En 1904, Jean Gabin, acteur français ayant joué notamment dans *Un singe en hiver* et *Quai des brumes*.

FAIT DU JOUR

En 1814, la Norvège adopte une constitution, une première en Europe.

C'est la Saint Dioscore

1152
Aliénor, deux fois reine

Rendons-nous dans la bonne ville de Poitiers, pour assister, en la cathédrale Saint-Pierre et dans la salle somptueuse du palais, à l'un des mariages les plus fracassants de l'Histoire. À vrai dire, il s'agit plutôt d'un remariage puisque Aliénor, la duchesse d'Aquitaine qui était il y a peu encore reine de France (son union avec le roi Louis VII n'ayant été annulée qu'en mars), prend un nouvel époux.

On a le droit de penser que, cette fois-ci, il s'agit pour elle de faire un mariage d'amour. D'autant que son nouveau mari est un homme de 20 ans à peine, alors qu'Aliénor en a près de 30. Cependant, il ne faut pas se fier aux apparences puisque, avant de songer à convoler avec ce jouvenceau, Aliénor a envisagé d'épouser son père, Geoffroy. Comme celui-ci est mort subitement à la suite d'un bain dans un Loir trop froid, elle se rabat donc, si l'on ose écrire, sur le fils, attirée sans doute par leur position : celle de ducs d'Anjou. Aliénor est ainsi : elle parie toujours sur l'avenir.

Et elle joue finement, puisque le jeune Henri s'empresse de convoiter la succession du défunt roi Étienne d'Angleterre. Il bat l'armée du roi de France et devient, en 1154, roi d'Angleterre sous le nom d'Henri II. De sorte que son épouse, après avoir été reine de France, devient reine d'Angleterre. Sa trajectoire va rester un cas unique dans l'histoire des deux pays ; mais notre chère Poitevine n'est-elle pas, de toute façon, unique en son genre ? Par sa seconde alliance, c'est tout l'ouest de la France actuelle, du Cotentin jusqu'aux Pyrénées, qui bascule dans le camp de la couronne d'outre-Manche. La main d'Aliénor a provoqué autant de chambardements que le nez de Cléopâtre.

NAISSANCE DU JOUR

En 1897, Frank Capra, réalisateur, scénariste et producteur américain.

FAIT DU JOUR

En 1997, le cinéaste Ingmar Bergman reçoit la Palme des Palmes d'or lors des cinquante ans du Festival de Cannes.

C'est la Saint Yves

1643

Le matin de Rocroi

Quand le roi Louis XIII meurt, la guerre de Trente Ans bat son plein. Si son décès n'arrête malheureusement pas les hostilités, cinq jours plus tard, le 19 mai 1643, sonne l'une des plus belles victoires françaises, celle de Rocroi, dans les Ardennes.

Contre quel ennemi nos troupes combattent-elles ? Les Espagnols, rassemblés dans l'armée dite des Flandres, emmenée par Francisco de Melo, son commandant en chef. Ce génie militaire a déjà pris aux Français de nombreuses places sans jamais les lâcher. C'est un homme d'expérience, âgé de 46 ans en 1643. En face de lui dans cet affrontement, se dresse au contraire un tout jeune homme, le duc d'Enghien : il n'a que 21 ans ! C'est pourtant lui qui mène les soldats français à la victoire. Comme quoi l'adage dit vrai : la valeur n'attend pas le nombre des années.

Le duc d'Enghien fait preuve d'un brio stratégique, mais aussi d'un sang-froid qui force le respect. Écoutez ce qu'en dira Bossuet en évoquant son souvenir à sa mort : « À la nuit qu'il fallut passer en présence des ennemis, comme un vigilant capitaine, il reposa le dernier ; mais jamais il ne reposa plus paisiblement. [...] On sait que le lendemain, à l'heure marquée, il fallut réveiller d'un profond sommeil cet autre Alexandre. »

Et, effectivement, c'est bien un général digne d'Alexandre qu'on a vu manœuvrer à Rocroi. L'infanterie espagnole, réputée invincible, est défaite. Les troupes ennemies perdront quize mille hommes sur les vingt-six mille qu'elles ont engagés. On n'a pas vu une victoire aussi éclatante en France depuis un siècle ! Rocroi est devenu le pivot de la guerre de Trente Ans, dont il accélère l'issue, survenue cinq ans plus tard. La France en sortira grande gagnante.

NAISSANCE DU JOUR

En 1925, Malcolm X, homme politique américain et militant des Droits de l'homme.

FAIT DU JOUR

En 1522, Juan Sebastián Elcano passe le cap de Bonne-Espérance aux commandes du *Victoria*. Son navire sera le premier à faire le tour du monde.

20 MAI

C'est la Saint Bernardin de Sienne

1506
Ci-gît celui qui ne pensait pas avoir découvert l'Amérique

Le 20 mai 1506, disparaît l'une des figures les plus célèbres de l'histoire du monde : Christophe Colomb. Meurt-il riche et célèbre ? Riche, oui. Mais oublié de tous et un peu maltraité par la couronne d'Espagne…

Isabelle la Catholique, la reine de Castille, sa protectrice, a rendu l'âme deux ans plus tôt. Les promesses n'engageant que ceux qui les écoutent, l'amiral Colomb plonge dans l'amertume en constatant l'ingratitude à son égard des princes qui succèdent à sa souveraine. Ses richesses sont, malgré tout, immenses. Il a obtenu des droits sur les terres découvertes en Amérique – qui ne s'appelle pas encore ainsi. Car il rend son dernier souffle sans savoir qu'il a découvert un nouveau continent, croyant avoir mis le pied sur une partie de l'Asie !

Quelle est la cause de son décès ? On ne le sait pas avec certitude. Sa santé déclinait depuis quelques années. Il était âgé de 55 ans, souffrait de goutte et d'arthrite et se trouvait pratiquement aveugle. Devant son état, on l'avait transporté à Valladolid où il est mort. On l'enterre au couvent de l'Observance. Pas un membre de la Cour n'assiste à la cérémonie. Seuls ses fils et ses frères sont présents.

On peut dire qu'il est mort oublié, au point qu'on n'est pas certain, aujourd'hui, de l'endroit où le découvreur du Nouveau Monde repose. Ses restes auraient été transférés dans un couvent de Séville, déplacés ensuite. Puis ils auraient repris la mer pour être inhumés à Saint-Domingue.

À partir de là, le souvenir du grand homme sort complètement de la mémoire collective. C'est seulement à la toute fin du XVIIIe siècle qu'on le réveille. On transporte alors sa dépouille de Saint-Domingue à La Havane. Elle regagne Séville en 1899, enfin avec les honneurs !

NAISSANCE DU JOUR

En 1799, Honoré de Balzac, l'auteur de *La Comédie humaine*.

FAIT DU JOUR

En 1983, les professeurs Robert Gallo, Max Essex et Luc Montagnier publient dans la revue *Science* cinq articles démontrant l'origine virale du sida.

21 MAI

« WELL, I DID IT »

C'est la Saint Constantin Ier le Grand

1927
Lindbergh l'a fait

L'aviateur Charles Lindbergh s'apprête à traverser l'Atlantique. Il lui faudra trente-trois heures et trente minutes pour parcourir d'une traite les six mille trois cents kilomètres qui séparent New York de Paris, à bord de son célèbre *Spirit of St. Louis,* un avion conçu spécialement pour l'occasion. Pourquoi se lance-t-il dans une aventure si dangereuse ? Par goût du risque et du dépassement de soi, d'abord. Mais aussi pour remporter le prix Orteig, doté de vingt-cinq mille dollars. Raymond Orteig, un riche New-Yorkais, propriétaire d'hôtels, a en effet promis cette récompense à quiconque relèverait le défi de traverser l'Atlantique Nord par les airs.

Lindbergh n'est pas le premier à tenter sa chance ! D'autres l'ont précédé, mais leur aventure s'est terminée tragiquement. Il y a eu ainsi René Fonck, dont l'avion s'est écrasé au décollage, tuant deux membres de l'équipage. Ou le duo Nungesser et Coli dont l'appareil, l'*Oiseau blanc,* s'est abîmé dans l'océan, trois semaines avant la tentative de Lindbergh. Tous étaient pourtant des pilotes expérimentés.

Pourquoi Lindbergh a-t-il réussi, lui ? Grâce à un peu de chance sans doute. Il a raconté à son retour combien de fois il a frôlé la mort, se réveillant, par exemple, juste à temps d'un sommeil inopiné pour redresser le nez du *Spirit of St. Louis* qui commençait à frôler la crête des vagues. Mais aussi grâce à la méticulosité de sa préparation. L'avion a été étudié spécialement pour endurer l'épreuve. Tout y a été allégé : il est le seul – une prouesse – à n'emporter que quatre sandwiches pour se sustenter. Pour autant, rien n'était joué d'avance. Il a vraiment mis sa vie en danger. En atterrissant au Bourget, le 21 mai 1927, il lance un simple et laconique : « *Well, I did it…* » Lindbergh, à partir de cet instant, devient une immense star internationale et entre dans l'Histoire.

NAISSANCE DU JOUR

En 1921, Andreï Sakharov, physicien russe, militant pour les Droits de l'homme et Prix Nobel de la paix en 1975.

FAIT DU JOUR

En 1791, presque deux ans après sa prise par le peuple, Pierre-François Palloy achève enfin la démolition de la Bastille.

22 MAI

C'est la Saint Émile et la Sainte Rita da Cascia

1808
Nerval, suicide ou crime ?

Le 22 mai 1808 naît à Paris l'un des plus grands poètes français, Gérard de Nerval. De son vrai nom à l'état civil Gérard Labrunie – beaucoup moins onirique. Quand la muse commence-t-elle à le titiller ? Très vite. Il faut dire qu'il est à bonne école puisqu'il partage les bancs du collège avec un certain Théophile Gautier.

Très jeune, il compose son premier recueil, intitulé sobrement *Poésies et poèmes*. À 19 ans seulement, il traduit le *Faust* de Goethe. Il travaille ensuite dans une étude de notaire pour faire plaisir à son père. Mais la poésie le rappelle. Il se lie à Victor Hugo, Vigny, Musset, Dumas, et devient une figure essentielle des Lettres de son époque.

Jusqu'à sa fin tragique quand on le retrouve pendu par un matin froid de janvier 1855, dans la rue de la Vieille-Lanterne, aujourd'hui disparue.

On sait que Nerval était sujet à certaines crises de folie, qu'il était fasciné par l'ésotérisme, l'alchimie, la magie noire et autres cultes sombres… Ce suicide n'étonna donc personne, à l'exception de quelques amis. Parmi eux, il y eut Dumas qui se demanda comment le chapeau de Gérard avait pu rester sur sa tête, malgré les soubresauts que la mort par pendaison provoque. Ses pieds effleuraient le sol : cela lui parut aussi un peu étrange. Enfin, il s'était pendu avec un lacet de corset pour femme. On sait qu'il lui servait de ceinture, mais tout de même…

Un mystère plane donc encore aujourd'hui autour de la mort du poète. Suicide ou crime ? Lui-même s'était chargé de rédiger son épitaphe :

Et quand vint le moment où, las de cette vie,
Un soir d'hiver, enfin l'âme lui fut ravie,
Il s'en alla disant : « Pourquoi suis-je venu ? »

NAISSANCE DU JOUR

En 1924, Charles Aznavour, chanteur français d'origine arménienne.

FAIT DU JOUR

En 1957, dans « La Vie littéraire » du *Monde*, Émile Henriot emploie l'expression « Nouveau Roman » à propos de *La Jalousie* d'Alain Robbe-Grillet et de *Tropismes* de Nathalie Sarraute.

23 MAI

C'est la Saint Didier de Vienne

1960
L'un des grands criminels nazis

Le 23 mai 1960, David Ben Gourion, Premier ministre d'Israël, annonce à la Knesset l'arrestation du bourreau Adolf Eichmann.

Qui a été, à partir de 1942, l'un des principaux organisateurs de la déportation et de l'extermination des Juifs d'Europe. Il a été l'homme de la logistique, l'acteur zélé de cette entreprise monstrueuse. « J'ai le sentiment d'avoir tué cinq millions de Juifs, a-t-il déclaré ; ce qui me procure beaucoup de satisfaction. »

Emprisonné par les Américains en 1945, il s'était échappé l'année suivante et caché un temps en Allemagne, puis en Italie, avant de rejoindre l'Argentine en 1950. Intensément recherché, c'est le Mossad, c'est-à-dire les services secrets israéliens, qui finirent par le capturer en territoire argentin, le 11 mai 1960, et le ramenèrent en Israël, le 21 mai.

Ce fut donc le 23 que Ben Gourion annonça la nouvelle aux députés qui applaudirent, debout. Son procès, nous vous en parlons par ailleurs.

NAISSANCE DU JOUR

En 1908, Hélène Boucher, aviatrice française ayant battu de nombreux records de vitesse.

FAIT DU JOUR

En 1987, Jean-Louis Barrault, qui préside l'Association professionnelle et artistique du théâtre, décerne les premiers Molières.

24 MAI

C'est la Saint Donatien et la Saint Rogatien

1844

La première communication en morse

À Baltimore, aux États-Unis, Alfred Vail reçoit, le 24 mai 1844, un message télégraphique constitué d'une suite de points et de traits : « *What hath god wrought* » (« Ce que Dieu a forgé »). Il lui est adressé par Samuel Morse lui-même, l'inventeur de l'alphabet du même nom, qui se trouve, lui, à six cents kilomètres de là, au Capitole, à Washington.

Après des années d'étude et de recherches, les deux hommes exultent. Ils viennent d'envoyer le premier message en morse ! Cet ancien peintre n'était pas le seul à travailler sur l'idée, d'autres systèmes du même ordre étant utilisés pour communiquer à distance. Mais Morse propose, lui, un procédé simple et facile d'utilisation. Rien, à l'origine, ne disposait cet artiste à marquer l'histoire des communications. L'envie d'envoyer des messages à la vitesse de l'électricité lui serait venue au moment de la mort de sa femme. Il se trouvait alors à Washington pour exécuter un portrait du général Lafayette et, prévenu trop tard du décès par courrier, se promit d'inventer un mode de communication plus rapide.

Mais ce n'est qu'en 1832, à bord d'un navire, le *Sully,* et lors d'une discussion qui tourne autour des propriétés de l'électricité, que Morse a l'idée de faire passer un message par un fil conducteur. Il invente donc, quelques années plus tard, un système composé d'un électroaimant, de piles et d'un interrupteur. Les traits et les points obtenus sont transcrits sur papier, et il suffit ensuite de les traduire. S'il s'agit là du premier télégraphe électrique de Morse, il est honnête de préciser qu'il existait d'autres types de télégraphes. Le système de Chappe, par exemple, consistait en un réseau de sémaphores aux bras articulés.

NAISSANCE DU JOUR

En 1686, Daniel Gabriel Fahrenheit, inventeur de l'échelle de température qui porte son nom.

HOMME DU JOUR

En 1950, Jacques Tati reçoit le Grand Prix du Cinéma français pour *Jour de fête*.

XIXe SIÈCLE

25 MAI

C'EST LE FUTUR NAPOLÉON III

C'est la Sainte Madeleine-Sophie Barat

1846
Badinguet s'évade

Au fort de Ham, dans la Somme, un certain Louis-Napoléon Bonaparte se fait la belle, après six ans de captivité, le 25 mai 1846.

Enfermé pour avoir conspiré contre le trône du roi Louis-Philippe, chef du parti bonapartiste, il avait cru, en 1840, pouvoir profiter de l'enthousiasme accompagnant le retour des cendres de son oncle, Napoléon Ier, pour s'emparer du pouvoir.

Il était rentré en France avec une soixantaine d'hommes, sbires attifés d'uniformes de la Grande Armée. Le petit commando débarqua sur une plage de Boulogne et commença à haranguer la foule. Un officier s'approcha du groupe pour raisonner ces excités, mais Louis-Napoléon tira un coup de pistolet et le blessa !

Sa tentative de coup d'État virait au grotesque. Le neveu du grand empereur fut donc arrêté, expédié à Paris et condamné à la prison perpétuelle. On le conduisit ensuite au fort de Ham.

Comment réussit-il à s'échapper ? Par la porte, messieurs-dames ! Naturellement, il bénéficia de quelques complicités internes. Il revêtit les habits d'un maçon, un certain Alphonse Pinguet, dit *Badinguet,* prit une solive, une grande planche de charpente qu'il plaça sur son épaule de manière à se cacher le visage et franchit la porte principale sans être importuné.

Deux ans plus tard, en 1848, il devint le premier président de la IIe République, avant de faire le coup d'État qui fit de lui l'empereur Napoléon III ! Certains de ses adversaires continuèrent à l'appeler Badinguet, du nom du maçon dont il avait endossé les frusques.

En 1870, il se retrouva à nouveau prisonnier, mais des Prussiens cette fois.

NAISSANCE DU JOUR

En 1887, Padre Pio, un des rares hommes à qui la tradition attribue des stigmates, bien que contestés.

FEMMES DU JOUR

En 1949, Jacqueline Joubert et Arlette Accart, premières speakerines de l'Histoire, font leur apparition à la télévision.

C'est la Saint Bérenger et la Saint Philippe Neri

1755
Mandrin roué vif

Le 26 mai 1755, on exécute à Valence le brigand Louis Mandrin. Après l'avoir d'abord soumis à la question, c'est-à-dire à la torture, pour qu'il livre les noms de ses complices. En l'occurrence, afin de le rendre bavard, le bourreau a choisi les brodequins : il a placé la jambe du condamné entre deux planches qu'il a serrées au moyen d'un étau. La souffrance qui résulte de ce genre de civilité est intolérable, mais elle paraît trop douce aux autorités : Mandrin doit subir ensuite le supplice de la roue. Ses bras et jambes sont attachés à une croix de Saint-André. On les lui brise, ainsi que les côtes, à coups de barre de fer. Puis ce qu'il reste du malheureux est lié à une roue de carrosse, face au soleil, où on l'invite à attendre la mort. Heureusement pour lui, mais seulement au bout d'une dizaine de minutes, l'évêque demande à ce qu'on abrège ses souffrances ; il est donc garrotté par le bourreau.

Qu'a fait Mandrin pour endurer un tel châtiment ? De la contrebande ! C'était un brigand, un bandit de grand chemin ayant comme spécialité l'attaque des collecteurs d'impôts. Sans entrer dans les détails de son animosité contre cette coterie, il avait quelques bonnes raisons d'en vouloir à ce qu'on appelait alors la Ferme générale. Et avait pris la tête d'une petite troupe de contrebandiers, organisée comme une véritable armée. Tout en affichant une loyauté sans faille envers son roi, Mandrin passait en fait son temps à ridiculiser l'institution fiscale. Il en avait tiré une forte popularité, celle d'un Robin des Bois des temps modernes.

Furieuses, les autorités l'avaient traqué sans relâche. Après plusieurs tentatives infructueuses, elles le capturèrent, et il fut condamné à mort au terme d'un procès expéditif. Évidemment, sa popularité n'en fit que grandir ! Ses exploits furent racontés et idéalisés par les conteurs et les romanciers et lui devint une sorte de modèle pour bien des justiciers, plus ou moins présentables.

NAISSANCE DU JOUR

En 1822, Edmond de Goncourt, écrivain français et fondateur de l'Académie Goncourt.

FAIT DU JOUR

En 1952, Konrad Adenauer, Robert Schuman, Antony Eden et Dean Acheson signent les accords germano-alliés qui abrogent le statut d'occupation.

27 MAI

C'est la Saint Augustin de Cantorbéry

1968

Accords de Grenelle

En pleine agitation populaire, le 27 mai 1968, le gouvernement de Georges Pompidou, en difficulté, et les partenaires sociaux signent les fameux accords de Grenelle.

Aujourd'hui, le mot de Grenelle semble entrer dans le langage courant. On a ainsi parlé du « Grenelle de l'Environnement » en 2007 – en faisant référence aux accords signés, il y a plus de quarante ans. Mais pourquoi l'a-t-on choisi ? Parce que cette négociation s'est tenue au ministère du Travail, à Paris, rue de Grenelle où il est installé depuis 1905 dans l'ancien hôtel des archevêques de Paris. Le but des accords était de mettre fin à la grève qui paralysait le pays en donnant largement satisfaction aux syndicats et, à travers eux, au Parti communiste. Cependant, ils furent rejetés par la base et la grève se poursuivit. D'abord d'ordre culturel, puis social, les événements de mai 1968 devinrent le cœur d'un enjeu politique.

Les accords de Grenelle proposaient pourtant une fournée sans précédent d'acquis sociaux, allant de l'augmentation du SMIG au paiement partiel des jours de grève, en passant par la réduction du temps de travail. Il fallait remonter à la Libération, peut-être même aux accords de Matignon, en juin 1936, pour trouver un arsenal aussi vaste de concessions patronales et gouvernementales. Mais Georges Pompidou ayant échoué à résoudre la crise par des mesures économiques, ce fut le général de Gaulle qui y mit un terme par le recours au suffrage universel, après avoir dissous l'Assemblée.

NAISSANCE DU JOUR

En 1894, Louis-Ferdinand Céline, notamment auteur de *Voyage au bout de la nuit*.

FAIT DU JOUR

En 1933, Walt Disney sort son premier film d'animation en couleurs : *Les Trois Petits Cochons*.

XVIIe SIÈCLE

28 MAI

UN ARTISTE DAMNÉ

C'est la Saint Germain de Paris

1606

Le Caravage tue un homme en duel

Le grand peintre Michelangelo Merisi da Caravaggio, que nous appelons en France le Caravage, est âgé de 34 ans, le 28 mai 1606, mais est-il vraiment adulte ? Ce jour-là, il sort son épée du corps d'un homme qu'il vient de battre en duel. Ainsi, l'affaire commencée par une querelle de jeu se termine dans un bain de sang. Si nous écrivons que le Caravage n'est pas vraiment adulte, c'est parce qu'il se comporte depuis toujours comme un adolescent bagarreur. Il a déjà fait quelques séjours en geôle pour des duels et des agressions car il a l'honneur chatouilleux. Son épée n'aime pas séjourner trop longtemps dans son fourreau. Mais cette fois, son affaire devient très grave : un homme est mort.

Il doit fuir car il n'a pas d'autre choix l'homme tué appartenant à une puissante famille romaine. S'il est arrêté, sa vie sera finie. Il quitte donc Rome, passe un peu de temps à Naples et embarque pour l'île de Malte. Il y est accueilli par l'ordre des Hospitaliers de Saint-Jean de Jérusalem, des religieux-militaires, un peu comme le sont les Templiers. Il se trouve que leur chef, Alof de Wignacourt, un admirateur de son œuvre, lui offre l'hospitalité. À titre de remerciement, l'artiste peint son portrait et de très grands tableaux religieux.

Mais le sang paraît avoir teinté sa palette. Ses nouvelles peintures s'imprègnent d'une rare violence. Et le bonhomme ne s'est pas calmé. Il trouve le moyen de se battre encore avec des chevaliers. L'inventeur de ce qu'on appelle en peinture l'art du clair-obscur possédait, comme vous le constatez, une face très sombre. Pour ses nouveaux méfaits, il est emprisonné mais il réussit à s'évader. Il s'exile encore, avant d'entreprendre un retour à Rome pour obtenir le pardon du pape. Il meurt dans de mystérieuses circonstances, avant d'y parvenir.

NAISSANCE DU JOUR

En 1908, Ian Fleming, écrivain britannique auteur notamment de la série de romans d'espionnage *James Bond*.

FAIT DU JOUR

En 1659, David Chaillou obtient de Louis XIV le droit d'occuper seul le marché du chocolat – fabrique, vente et débit – dans tout le royaume et pour vingt-neuf ans.

C'est la Sainte Ursule Ledochowska

1825
Par la grâce de Dieu

Le dernier sacre d'un roi de France se tint le 29 mai 1825. Ce fut celui de Charles X. Il eut lieu à Reims, comme l'avaient été tous ceux des rois à l'exception de celui d'Henri IV, à Chartres. Cette cérémonie était l'apanage des rois de droit divin. Or, même après la Révolution – qu'ils n'avaient pas digérée – les frères de Louis XVI, Louis XVIII puis Charles X persistaient à se considérer comme des rois de droit divin. Cependant, le premier, pour des raisons à la fois symboliques et personnelles, avait fait l'économie du sacre ; Charles X, lui, tint à assumer pleinement la tradition de la royauté française. Durant toutes ses années d'exil puis les premières années de la Restauration, n'avait-il pas été l'âme de la Contre-Révolution, le chef du parti ultra ? À la fin de l'Ancien Régime, au lendemain de la prise de la Bastille, c'était lui qui avait donné le signal de l'émigration à la noblesse, en allant chercher des soutiens auprès de toutes les monarchies d'Europe.

Ce roi un peu borné, nostalgique de l'Ancien Régime, désira donc une cérémonie du sacre fastueuse. Les bâtiments furent restaurés, des sommes considérables investies en décorum. Il s'offrit même le luxe de commander à Rossini un opéra, *Le Voyage à Reims*. Son carrosse n'échappa pas à ce souci des détails. Les meilleurs artisans, dirigés par l'architecte Percier, conçurent une voiture majestueuse. Ornée de sculptures de bronze, elle fut entièrement couverte de feuilles d'or. Elle était si lourde qu'il fallut huit chevaux pour la tirer au pas ! L'habitacle était à l'avenant : quatre places en vis-à-vis dans un écrin de velours de soie cramoisie, de passementeries et de torsades de fils d'or. On peut aujourd'hui l'admirer dans les écuries du château de Versailles.

Or tout ce tralala n'a guère plu au peuple. Le manque de perspicacité finit par conduire Charles X à sa chute. En 1830, sa politique autoritaire déclencha la révolution de Juillet – dite des Trois Glorieuses. Ce roi alla mourir en exil, en 1836, à Gorizia, sur l'actuelle frontière slovène, où son corps repose toujours.

NAISSANCE DU JOUR

En 1917, John F. Kennedy, trente-cinquième président des États-Unis.

FAIT DU JOUR

En 1953, Edmund Hillary et le sherpa Tensing Norgay de l'expédition de sir John Hunt atteignent le sommet de l'Everest (8 848 mètres).

C'est la Saint Ferdinand III le Saint

1431

Jeanne, brûlée vive

Sur la place du Vieux-Marché à Rouen se dresse un bûcher. Le 30 mai 1431, il attend sa victime, mademoiselle Jeanne d'Arc. C'est le matin même que la pucelle d'Orléans a appris qu'elle allait être brûlée vive. L'évêque Pierre Cauchon, l'homme qui a mené les auditions du procès, lui a rendu visite dans sa cellule. Elle l'a accueillie par ces mots : « Évêque, je meurs par vous ! »

Jeanne avait été capturée par les Bourguignons, le 24 mai 1430, et vendue dans la foulée aux Anglais par Jean de Luxembourg pour dix mille livres. Son procès s'ouvrit le 9 janvier. Elle fut jugée pour hérésie et sorcellerie. Le but caché était de discréditer le roi Charles VII et de démontrer son illégitimité sur le trône par son alliance avec une sorcière. Mais le procès ne se passa pas aussi facilement que prévu. Jeanne commença par se révéler habile dans sa défense, sachant esquiver les questions pièges de l'évêque. Puis, à bout de forces, elle craqua, abjura et admit ses fautes.

Elle fut condamnée à la prison dans un premier temps. Mais les Anglais préférèrent en finir pour de bon avec elle. L'un des arguments de l'accusation consistait à rappeler que Jeanne portait des vêtements d'homme lors de ses campagnes militaires, une tenue vestimentaire condamnée par l'Église. Comme elle avait endossé ensuite des habits de femme, on les lui subtilisa en ne lui laissant qu'un pantalon dont elle fut obligée de se vêtir. Elle fut alors déclarée relapse pour cette « provocation ».

Le bûcher l'attendait. Elle y fut amenée le 30 mai 1431, à 9 heures, coiffée d'une mitre ornée du nom de ses fautes : « hérétique », « relapse », etc. Une fois ses membres liés, le bourreau embrasa le bûcher. Elle n'eut que le temps de crier : « Jésus ! » Ses cendres furent ensuite dispersées dans la Seine. Cinq cents ans plus tard, le 16 mai 1920, Jeanne fut canonisée.

NAISSANCE DU JOUR

En 1874, Ernest Duchesne, médecin français qui découvrit trente ans avant Alexander Fleming que certaines moisissures pouvaient neutraliser la prolifération de bactéries.

FAIT DU JOUR

En 1972, l'accord SALT 1 sur la limitation des armes nucléaires est publié, signé par Richard Nixon et Leonid Brejnev.

C'est la Visitation de la Vierge Marie

1910

Naissance de l'Afrique du Sud

Le 31 mai 1910, quatre colonies britanniques d'Afrique australe fusionnèrent pour donner naissance à l'Afrique du Sud. C'étaient celles du Cap, du Natal, du Transvaal et de l'Orange, quatre territoires dont deux, le Transvaal et l'État libre d'Orange, avaient été gagnés sur les Boers qu'on appela plus tard les Afrikaners, c'est-à-dire des colons d'origine néerlandaise, longtemps rebelles à la Couronne britannique. La seconde guerre des Boers, opposant ces derniers aux Anglais, ne s'était terminée qu'en 1902, dans des conditions peu flatteuses pour le Royaume-Uni.

L'accord du 31 mai 1910 regroupe ces colonies dans un seul dominion, autant dire un État sous tutelle britannique : il prend le nom d'Union de l'Afrique du Sud et le gardera, ainsi que son statut, jusqu'en 1961, date du massacre de Sharpeville. À ce moment-là, il devint la République d'Afrique du Sud.

Toutes ces évolutions politiques ne concernaient en fait que la population dominante, à savoir les Blancs, qui étaient très minoritaires en nombre. La politique de ségrégation était aussi vieille que le colonialisme. En 1906, les Britanniques avaient promulgué une loi excluant les autochtones des emplois qualifiés. Et la condition des Noirs ne fit qu'empirer avec le temps. L'apartheid fut institutionnalisé en 1948, avec la victoire complète du Parti national aux élections.

NAISSANCE DU JOUR

En 1930, Clint Eastwood, acteur, réalisateur, producteur et musicien américain.

FAIT DU JOUR

En 1578, Henri III, roi de France, pose la première pierre du Pont-Neuf à Paris, sous les yeux de l'assistance rassemblée, composée de sa mère Catherine de Médicis, de son épouse Louise de Lorraine-Vaudemont et des principaux magistrats de la ville.

1er JUIN

C'est la Saint Justin

1967

Les Cœurs solitaires du sergent Poivre

Le 1er juin 1967, arrive dans les bacs des disquaires un 33 tours culte, un futur mythe de la culture pop, le premier album « studio » des Beatles, *Sergent Pepper's Lonely Hearts Club Band (L'Orchestre du Club des Cœurs solitaires du sergent Poivre)* !

C'est aussi leur chef-d'œuvre où l'on trouve à la fois *Penny Lane* de Paul McCartney, *Strawberry Fields for Ever* de John Lennon, sortis précédemment en 45 tours – mais encore *Lucy in the Sky with Diamonds, She's Leaving Home,* entre autres.

Bourré d'arrangements inédits et d'effets sonores, le microsillon témoigne d'une véritable révolution discographique ; c'est un travail de pionniers, enregistré, ou plutôt élaboré, dans les studios EMI d'Abbey Road, à Londres, pendant cent vingt-neuf jours.

Sergent Pepper's marque un sommet dans la carrière fulgurante des Beatles. Un sommet et aussi une inflexion.

Car les Beatles, qui n'ont pris ce nom qu'en 1960, ont eu une carrière courte. Le groupe, formé près de Liverpool en 1957, voit sa célébrité décoller en 1961-1962 à Hambourg, en Allemagne, avant de connaître un succès planétaire à partir de 1963. On parle alors de « Beatlemania ». Mais un tel phénomène ne peut se poursuivre sans divers excès. Les hurlements des fans sont tels que les concerts deviennent de moins en moins audibles. C'est pourquoi les Beatles décident, un jour, de se retrancher dans leur studio d'Abbey Road, au tournant de l'année 1967. Il en sort cet album.

Un mois après sa parution, dès juillet, les Beatles présenteront un nouveau 45 tours intitulé *All You Need Is Love*, qui devient l'hymne d'une génération.

NAISSANCE DU JOUR

En 1926, Marilyn Monroe, actrice, mannequin et chanteuse américaine.

HOMME DU JOUR

En 1997, la Gauche plurielle gagne les élections législatives. Le président de la République, Jacques Chirac, confie à Lionel Jospin le soin de former un nouveau gouvernement. C'est la troisième cohabitation.

Sgt PEPPERS
LONELY HEARTS
CLUB BAND
BEATLES

2 JUIN

C'est la Sainte Blandine et la Saint Pothin

1946
Les Italiens choisissent la République

Si nous avons le 14 juillet, l'Italie a le 2 juin. Un jour férié qui fête la naissance de sa République. À la Libération, le roi Victor-Emmanuel III, qui a fricoté avec Mussolini, décide d'abdiquer en faveur de son fils, Umberto II. Les Italiens sont consultés par référendum, le 2 juin 1946, pour approuver cette décision ; et, si l'on en croit la version officielle, ils se prononcent en fait à 54 % en faveur d'un autre régime, la République. La monarchie est abolie ; le roi Umberto et la reine Marie-José sont destitués.

Pourquoi dire « version officielle » ? Parce que des historiens indépendants ont démontré qu'il y a eu de telles irrégularités dans les scrutins que l'avis du peuple italien semble avoir été quelque peu forcé ! Les femmes participèrent au vote, ce qui n'était pas courant à l'époque.

L'élection d'une Assemblée constituante, organisée en même temps, place en tête les démocrates chrétiens, suivis par les socialistes puis les communistes. Ces trois partis vont structurer toute la vie politique locale des années à venir. Un chef de gouvernement est désigné : Alcide de Gasperi. Le roi Umberto II quitte son pays pour le Portugal. Et la République est officiellement proclamée le 18 juin de cette année 1946.

Si, depuis sa naissance en 1861, l'Italie unifiée a toujours été une monarchie, plusieurs de ses États, lorsqu'ils étaient indépendants, comme Venise ou Gênes, ont connu un régime républicain.

NAISSANCE DU JOUR

En 1904, Johnny Weissmuller, nageur et acteur américain, ayant incarné le rôle de *Tarzan* dans plusieurs films des années trente et quarante.

HOMME DU JOUR

En 1976, Arthur Rubinstein, pianiste, fait ses adieux au public, à Londres, à l'âge de 90 ans.

3 JUIN

C'est la Saint Kevin

1800
La Maison-Blanche n'est pas prête

Le 3 juin 1800, John Adams, le deuxième président des États-Unis, quitte la ville de Philadelphie pour s'installer à Washington. Or la résidence officielle, que l'on n'appelle pas encore la Maison-Blanche, n'est pas prête. Il choisit donc de s'établir dans un hôtel à proximité, estimant primordial qu'un président s'installât dans la nouvelle capitale des États-Unis. L'emplacement de celle-ci a été arrêté en 1787. Situé sur la côte Est, il s'intercale parfaitement entre les États du nord et ceux du Sud. On a pris soin de détacher un territoire marécageux, sur les bords du fleuve Potomac, pour en faire non un nouvel État, mais le district de Columbia, un terrain neutre – le fameux DC. La ville prend le nom du tout premier président des États-Unis, George Washington.

Un Français, Pierre Charles L'Enfant, en a dessiné les plans. Arrivé en Amérique avec Lafayette, ayant servi sous les ordres de Washington lors de la guerre d'Indépendance, choisi pour concevoir *Federal City* (l'ancien nom de la capitale) à partir de 1791, il imagine une ville en damier, où s'élèvera la résidence du chef de l'État, inaugurée sous le nom de « manoir présidentiel ». À cause de sa couleur, on lui attribuera, en 1811, le nom de « Maison-Blanche ».

John Adams franchit ses murs en novembre 1800. Mais il n'y reste pas longtemps et cède la place, dès 1801, à son successeur, Thomas Jefferson.

NAISSANCE DU JOUR

En 1906, Joséphine Baker, chanteuse et danseuse française.

HOMMES DU JOUR

En 1950, les alpinistes Maurice Herzog et Louis Lachenal conquièrent l'Annapurna, l'un des plus hauts sommets de l'Himalaya.

4 JUIN

C'est la Sainte Clotilde et la Sainte Marthe

1958
« Je vous ai compris ! »

« Je vous ai compris ! » Cette phrase tellement célèbre et tellement polémique est prononcée par le général de Gaulle – qui dresse à cette occasion les bras en V vers le ciel – le 4 juin 1958. Il est à Alger, devant des dizaines de milliers de personnes, se tient sur le balcon du gouvernement général.

La guerre d'Algérie s'éternise. Et le Général, arrivé à la tête de l'État trois jours plus tôt, a obtenu les pleins pouvoirs pour gérer la crise. Il se rend donc à Alger et prononce ces mots : « Je sais ce qui s'est passé ici. Je vois ce que vous avez voulu faire. Je vois que la route que vous avez ouverte en Algérie, c'est celle de la rénovation et de la fraternité. Je dis la rénovation à tous égards. Mais très justement vous avez voulu que celle-ci commence par le commencement, c'est-à-dire par nos institutions, et c'est pourquoi me voilà. Et je dis la fraternité parce que vous offrez ce spectacle magnifique d'hommes qui, d'un bout à l'autre, quelles que soient leurs communautés, communient dans la même ardeur et se tiennent par la main. Eh bien ! de tout cela, je prends acte au nom de la France et je déclare qu'à partir d'aujourd'hui la France considère que, dans toute l'Algérie, il n'y a qu'une seule catégorie d'habitants : il n'y a que des Français à part entière, des Français à part entière, avec les mêmes droits et les mêmes devoirs. »

Ce discours, qui s'adresse aux Français d'Algérie, est d'une incontestable ambiguïté. Comment doivent-ils interpréter cette déclaration, rassurante pour eux mais seulement en apparence ? Jusqu'où le général l'a-t-il prononcée en conscience ? À Mostaganem, trois jours plus tard, Charles de Gaulle scandera un « Vive l'Algérie française ! » beaucoup plus clair. Or l'Algérie deviendra rapidement indépendante.

NAISSANCE DU JOUR

En 1966, Cecilia Bartoli, mezzo-soprano italienne.

HOMME DU JOUR

En 1989, Lech Walesa, du syndicat Solidarnosc, gagne les élections législatives en Pologne.

5 JUIN

C'est la Saint Boniface et la Saint Igor II

1305
Un pape gascon

5 juin 1305, le pape Clément V est élu. Bertrand de Got, d'origine gasconne, archevêque de Bordeaux à 29 ans, n'a pas 40 ans lorsqu'il monte sur le trône de saint Pierre. C'est donc un pape français, le premier depuis plus de trois cents ans.

Aucun hasard dans son élection : Philippe le Bel a tout fait pour la garantir. Le conclave, réuni à Pérouse, a duré onze mois, et s'est déroulé dans un contexte très tendu. Et pour cause : le roi de France, ne supportant plus le pouvoir du Saint-Siège qui conteste son autorité – une crise avait éclaté avec Boniface VIII, le dernier pape –, refuse de renouveler l'expérience. Cette fois, il faut un souverain pontife français, c'est-à-dire qui se met sous les ordres de Paris. Deux camps s'affrontent donc : les Français contre les partisans du défunt Boniface VIII.

Et ce sont les premiers qui, d'une certaine manière, l'emportent bien que l'heureux élu, Français, n'ait jamais pris parti dans la querelle. Considéré comme neutre, Clément V est couronné à Lyon, un lieu symbolique. Il y a foule. Devant lui, assis sur un trône dans le chœur de l'église Saint-Just, un clerc s'avance, une torche à la main, et récite : « Père Saint, *sic transit gloria mundi*. » Ainsi passe la gloire du monde. Le nouveau pape reçoit ensuite la tiare.

Mais être sous la menace du roi de France n'est pas aisé à vivre. Ainsi, le nouvel élu ne peut empêcher le massacre des Templiers et installe le siège de la papauté en Avignon – une première depuis saint Pierre –, ce qui conduit bientôt au grand schisme d'Occident.

NAISSANCE DU JOUR

En 1723, Adam Smith, économiste et philosophe britannique.

HOMME DU JOUR

En 2004, Noël Mamère, député-maire de Bègles, célèbre le premier mariage homosexuel en France.

6 JUIN

C'est la Saint Claude

1944

Le Débarquement

« Les sanglots longs des violons de l'automne… » Les vers de Verlaine résonnent depuis quelques jours sur Radio Londres. Mais, ce 6 juin 1944, c'est le D-Day qui a sonné ! L'opération Neptune est lancée. Cent soixante quinze mille hommes déferlent sur les plages normandes. Les Américains, Britanniques, Canadiens et Français des commandos Kieffer débarquent sur Utah Beach, Omaha Beach, Gold, Juno et Sword Beach. Tout a été minutieusement étudié, cette intervention n'étant que l'un des rouages d'une opération plus large, Overlord, prévue depuis 1943, qui vise à établir une tête de pont dans le nord-ouest de l'Europe.

Les troupes alliées attendaient en Angleterre le départ, initialement prévu le 4 juin. Mais les conditions météo empêchèrent les navires de prendre la mer. Ce fut donc le lendemain, 5 juin, que cinq mille bateaux traversèrent la Manche pendant la nuit. Jamais on n'avait vu pareille armada. Les bombardiers pilonnèrent la zone et les parachutistes sautèrent par milliers sur les côtes normandes.

À l'aube du 6 juin 1944, les hommes montèrent sur les barges de débarquement. Les plages furent ensuite prises d'assaut et les défenses allemandes tombèrent les unes après les autres. Omaha Beach résista plus longtemps ; jusqu'au milieu de l'après-midi. Et fut par la suite surnommée « Bloody Omaha » en raison des lourdes pertes qu'elle occasionna. Dix mille hommes perdirent la vie dans l'opération, mais la percée fut décisive. L'armée allemande n'attendait pas du tout un débarquement dans cette zone, mais plutôt dans le Pas-de-Calais. Le 15 août, survint le débarquement de Provence. Et le 25, la libération de Paris.

NAISSANCE DU JOUR

En 1606, Pierre Corneille, dramaturge français auteur du *Cid*.

FEMME DU JOUR

En 1942, Adeline Gray, une jeune Américaine de 24 ans, teste le premier parachute en nylon.

7 JUIN

C'est la Saint Gilbert

1936
Les accords de Matignon

Le 7 juin 1936, les accords de Matignon sont signés entre les partenaires sociaux, sous l'égide du nouveau président du Conseil, Léon Blum, chef de la majorité du Front populaire issue des urnes, un mois plus tôt, le 3 mai.

S'ils prennent ce nom, c'est parce qu'ils ont pour cadre l'hôtel de Matignon qui, l'année précédente seulement, est devenu le siège de la présidence du Conseil. Il s'agit de la première négociation globale à l'échelle nationale. Y participent, sous l'arbitrage du gouvernement, le patronat représenté par la CGPF et le grand syndicat du moment, la CGT.

Les acquis sociaux issus de ces accords sont importants pour les salariés qui, désormais, seront représentés par des délégués. Ils obtiennent aussi la liberté d'exercice du droit syndical et des salaires augmentés de 7 à 15 % selon les cas.

On a surtout retenu de ces avancées sociales l'octroi des congés payés et de la semaine de quarante heures. Et, de fait, ce sont les mesures qui eurent le plus d'effet sur la vie concrète des salariés. Ces deux réformes sont intégrées aux lois des 11 et 12 juin 1936. À l'origine, seule la réduction du temps de travail était inscrite au programme de la CGT. Et si la semaine de quarante heures marque les esprits, elle le fait moins que les quinze jours de congés payés qui constituent, à leur manière, une petite révolution.

S'il fallait, de manière moins symbolique mais plus fondamentale, retenir une chose des accords de Matignon, ce serait davantage l'instauration de conventions collectives par branches. Celles-ci deviennent un cadre essentiel pour les négociations salariales en France, sectorisation qui imprégna, de manière définitive, tout le fonctionnement de notre système.

NAISSANCE DU JOUR

En 1848, Paul Gauguin, peintre français.

FAIT DU JOUR

En 1670, Louis XIV ordonne la destruction des remparts et des fortifications de Paris, qui devient ainsi une ville ouverte.

8 JUIN

C'est la Saint Médard de Noyon

632
Mort de Mahomet

La date du 8 juin 632, essentielle pour les musulmans, marque la mort de Mahomet. Le prophète de l'islam s'éteint à Médine où il habite depuis dix ans, une ville située dans le Hedjaz, en actuelle Arabie saoudite.

Si nous écrivons *Mahomet,* à la française, le nom arabe est en fait *Mohammad*, qui veut dire « louable », ou plutôt « digne de louanges ». Dans le Coran et les hadiths, c'est-à-dire les actes et les paroles de Mohammad et de ses compagnons, tels que les rapporte la tradition, il est désigné notamment comme le « messager de Dieu » ou l'« envoyé ».

Vingt-trois ans avant sa mort, en 610, l'archange Gabriel (*Jibril*) lui serait apparu pour la première fois, dans la grotte de Hira où il avait l'habitude de se recueillir, afin de lui révéler la parole de Dieu qui lui sera dès lors dictée en arabe jusqu'à la fin de sa vie.

Mahomet va convertir à la foi nouvelle, et donc au monothéisme, les membres de son entourage : sa femme Khadija, le cousin de celle-ci Waraqua, puis Abou-Bakhr et bientôt trente-sept compagnons qui ne tardent pas à essaimer dans les territoires alentour. Par ce prosélytisme, le peuple arabe, qui était le dernier du monde méditerranéen à rester polythéiste, se convertira au monothéisme.

Mais si Mahomet a fondé l'islam, il s'est aussi montré homme de guerre et de pouvoir. Il a en effet livré bataille aux ennemis de la foi nouvelle, notamment les Mecquois, et aurait participé à plusieurs dizaines d'expéditions. C'est lui encore qui organise *l'oumma,* la communauté des croyants, manifestant à cet égard de hautes qualités politiques.

NAISSANCE DU JOUR

En 1903, Marguerite Yourcenar, femme de lettres française.

FAIT DU JOUR

En 1867, François-Joseph Ier et Élisabeth de Bavière, mieux connue sous le surnom de Sissi, sont couronnés roi et reine de Hongrie.

JUIN

C'est la Saint Ephrem le Syrien

1660

Louis XIV et l'infante d'Espagne…

Jour faste s'il en est, le 9 juin 1660, puisque le jeune Louis XIV épouse l'infante d'Espagne, Marie-Thérèse d'Autriche, à Saint-Jean-de-Luz, non loin de la frontière espagnole, où les festivités commémoratives se déroulent depuis déjà deux semaines ! C'est en effet dans l'église Saint-Jean-Baptiste de la cité basque, fameuse à l'époque comme port de chasse à la baleine, qu'a lieu la cérémonie unissant les cousins germains. En effet, le père de Marie-Thérèse, le roi Philippe IV d'Espagne, est le frère d'Anne d'Autriche, la mère de Louis XIV.

Les deux jeunes mariés ont, à quelques jours près, le même âge, 21 ans, et ils se sont juste aperçus, de manière non officielle, la semaine précédente sur l'île des Faisans. L'évêque de Bayonne les unit au cours d'une cérémonie qui dure de midi à 15 heures. Le roi de France est vêtu d'un habit de drap d'or recouvert de dentelle noire ; l'infante porte un lourd et long manteau violet, et une couronne d'or.

Ces noces scellent, comme la plupart des alliances royales, une union politique. Elles entérinent la paix des Pyrénées, signée avec l'Espagne le 7 novembre de l'année précédente, et met fin à trente années de guerre. L'union n'a donc rien d'un mariage d'amour ; d'autant plus que Louis XIV a dû, pour s'y soumettre, refouler la passion qu'il nourrissait pour une des nièces de Mazarin, la belle Marie Mancini !

NAISSANCE DU JOUR

En 1930, Monique Serf, dite Barbara, chanteuse française.

FAIT DU JOUR

En 1348, le pape Clément VI paye à la reine de Naples, Jeanne, quatre-vingt mille florins pour l'achat de la ville d'Avignon.

10 JUIN

QUATRE JOURS APRÈS LE DÉBARQUEMENT

C'est la Saint Landry

1944

Oradour

Dans le calendrier de l'Histoire, il existe des journées de cauchemar, comme celle durant laquelle se déroule le massacre d'Oradour-sur-Glane. Un crime contre l'humanité qui survient juste après le débarquement de Normandie, ce qui explique, en partie, la cause du drame.

Il est 14 heures, le 10 juin 1944, à Oradour, village de mille cinq cents âmes, situé à une vingtaine de kilomètres de Limoges, quand un convoi de camions s'annonce. C'est un détachement de la terrible division SS, *Das Reich*.

Les habitants n'essayent pas de s'enfuir. L'auraient-ils voulu qu'ils ne l'auraient pu car les SS encerclent aussitôt la bourgade. Et comme personne ne saurait imaginer l'horreur qui va suivre, chacun reste tranquille. Des soldats descendent des camions. Les hommes sont séparés des femmes et des enfants, enfermés dans l'église.

Que viennent faire les SS ? Ils prétendent qu'un dépôt d'armes leur a été signalé, et que les habitants non concernés seront laissés tranquilles. Le soulagement s'imprime sur les visages. Personne ne se sent visé car aucun n'a connaissance d'un dépôt dans les parages ! Différents groupes d'habitants sont donc rassemblés, ici et là. Pour le moment, pas un coup de feu, tout reste calme. Et puis, soudain, éclate une détonation. Suivie dans l'instant de fusillades tous azimuts.

Le massacre débute. Tous les hommes sont tués. Ensuite, les SS mettent le feu aux cadavres. Et, dans l'église, les trois cent cinquante femmes et enfants sont brûlés vifs. Seuls une trentaine d'habitants survivront pour témoigner des atrocités.

NAISSANCE DU JOUR

En 1819, Gustave Courbet, peintre français.

FAIT DU JOUR

En 1930, Georges Simenon fait paraître *Pietr le Letton*. Son public découvre alors le commissaire Maigret.

11 JUIN

C'est la Saint Barnabé

1726

Fleury, le bon Cardinal

Louis XV décide de congédier son ministre, le duc de Bourbon-Condé, le 11 juin 1726, laissant le champ libre à un homme d'État trop méconnu, le cardinal André-Hercule de Fleury.

C'est à nouveau un prélat qui se retrouve à la tête des affaires, après Richelieu et Mazarin. Si on peut les comparer, un point les sépare : Fleury devient Premier ministre à l'âge de 73 ans ! Il ne manque donc pas d'expérience. Issu d'une famille de petite noblesse, il est entré jeune à la Cour, comme aumônier de la reine Marie-Thérèse, la femme de Louis XIV, puis devient évêque de Fréjus avant que Madame de Maintenon ne le fasse nommer précepteur du futur Louis XV. L'importance de cette fonction engendre donc un lien très fort entre les deux hommes.

Qui explique pourquoi Louis XV se tourne vers son mentor. Et bien lui en prend. Car Fleury possède deux qualités : il est un bon gestionnaire de l'État et ne court pas après la fortune, contrairement à Richelieu et à Mazarin. C'est peut-être aussi la raison de l'oubli dans lequel il est tombé tant en France on apprécie les « filous ». Homme raisonnable, Fleury, chaque soir, rentre dormir dans sa chambre de séminaire, à Issy-les-Moulineaux. Il agit tout aussi prudemment quand il gère les affaires du royaume : il y est économe, mesuré, vertueux. Le ministre stabilise le cours de la monnaie, favorise l'industrie et le commerce colonial. Mieux, l'homme est un partisan de la paix ! Sans doute une des grandes raisons de la prospérité de sa gouvernance. Il meurt à 89 ans, toujours à son poste, en 1743. Louis XV décide alors de se passer de Premier ministre.

NAISSANCE DU JOUR

En 1910, Jacques-Yves Cousteau, dit commandant Cousteau, aventurier et explorateur de la mer.

FAIT DU JOUR

En 1770, James Cook s'échoue sur un récif des côtes australiennes. Il vient de découvrir la grande barrière de corail.

C'est la fête du Bienheureux Guy Vignotelli

1964
Nelson Mandela condamné

Nelson Mandela est condamné à la prison à vie à l'issue d'un procès tenu à Rivonia, en Afrique du Sud, le 12 juin 1964. Avec lui, d'autres membres de son parti, le Congrès national africain (ANC), écopent de la même peine.

On l'accuse de sabotage et de liens supposés avec le Parti communiste, péché terrible à une époque où règne, dans le monde, ce qu'on appelle la Guerre froide. L'ANC, le parti de Mandela, se bat en vérité contre l'apartheid. Au début partisan de la non-violence, son leader s'est rendu peu à peu compte que rien ne bougeait. Aussi les actions du mouvement finissent-elles par inclure le sabotage qui, selon lui, « n'entraîne aucune perte en vie humaine et ménage les meilleures chances aux relations interraciales ». Les cibles sont symboliques : les bureaux du passeport intérieur, un document obligatoire pour les Noirs d'Afrique du Sud, ou la Cour de justice pour les natifs. Autant dire tous les lieux qui illustrent la ségrégation. En 1961, Mandela réussit à faire voter une grève générale que le gouvernement réprime en envoyant l'armée et la police.

Il est arrêté le 5 août 1962 avec l'aide de la CIA, qui a recensé l'ANC parmi les organisations terroristes. Le 9 octobre 1963 commence donc le procès, dit de Rivonia. Que Mandela transforme en tribune, y trouvant l'occasion de s'exprimer. Il déclare notamment : « Toute ma vie, je me suis consacré à la lutte pour le peuple africain. J'ai chéri l'idéal d'une société libre et démocratique dans laquelle toutes les personnes vivraient ensemble en harmonie. C'est un idéal pour lequel j'espère vivre et agir. Mais, si besoin est, c'est un idéal pour lequel je suis prêt à mourir. » Le futur Prix Nobel de la paix n'est pas condamné à la peine de mort, mais à la prison à perpétuité le 12 juin 1964. En 1990, il sera libéré, avant d'être élu président de la République d'Afrique du Sud, quatre ans plus tard.

NAISSANCE DU JOUR

En 1924, George Bush (père), quarante et unième président américain.

FEMME DU JOUR

En 1942, Anne Frank reçoit un carnet pour ses 13 ans et commence son journal.

13 JUIN

C'est la Saint Antoine de Padoue

313
L'édit de Milan

Au IIIe siècle de notre ère, il ne fait pas bon être chrétien dans l'Empire romain. Depuis trois cents ans, alternent périodes d'apaisement et phases de tyrannie. L'empereur Dioclétien, lorsqu'il arrive sur le trône, redouble de zèle dans les persécutions. L'arrivée de Constantin à la tête de l'empire, en revanche, change le climat. Il est païen lors de son avènement, mais sa mère, Hélène, la future sainte Hélène, convertie. Il n'entretient donc aucune défiance ni d'animosité excessive à l'égard du christianisme. En octobre 312, il s'apprête à combattre son rival, Maxence, au pont de Milvius, non loin de Rome. Une légende pieuse veut que, avant d'engager la bataille, Constantin ait vu une immense croix, ou un chrisme selon les versions, se dessiner dans le ciel et être accompagnée de ces mots : « Par ce signe, tu vaincras. » L'empereur accomplit donc le geste, imité par son armée, et emporte la victoire. La messe est dite, si l'on peut écrire ; l'édit de Milan, promulgué le 13 juin 313, donne la liberté de culte aux chrétiens, les place sous la protection de l'empire et, mieux encore, les dispense de vénérer son souverain. Cet acte constitue une étape essentielle dans l'histoire de l'Église, même s'il ne fait qu'entériner un autre édit de tolérance promulgué par Galère en 311. De minoritaire, représentant un dixième de la population, le christianisme devient peu à peu la religion dominante dans l'empire et, bientôt, la seule autorisée – cette fois sous le règne de l'empereur Théodose !

NAISSANCE DU JOUR

En 1944, Ban Ki-moon, secrétaire général des Nations unies.

FAIT DU JOUR

En 1880, Paul Desmarets prend la première photo aérienne instantanée.

C'est la Saint Élisée

1800
La victoire arrachée de Marengo

Nouvelle victoire, emportée *in extremis*, de Napoléon Bonaparte à Marengo, le 14 juin 1800. Il porte, à l'époque, le titre de premier consul, mais depuis peu de temps puisque son coup d'État du 18 Brumaire s'est déroulé voilà seulement quelques mois. Aussitôt au pouvoir, il tente de faire la paix avec l'Angleterre et l'Autriche, les grands ennemis de la France révolutionnaire. Mais, devant le refus des deux puissances, il lance une seconde campagne d'Italie, afin de contrer les Autrichiens qui s'apprêtent à envahir le Sud de la France…

Or la rapidité de son intervention et la hardiesse de sa traversée des Alpes ne peuvent que forcer l'admiration. Cette nouvelle campagne s'annonce bien ; d'autant mieux que le premier affrontement, à Montebello, se solde par une victoire. Malheureusement, au moment où les Français sont en train de se disperser, le général autrichien Melas attaque Bonaparte avec une armée très supérieure en nombre. Le stratège français se rendant compte, un peu tard, qu'il s'est laissé déborder, est contraint de se replier dans un village piémontais : Marengo. La défaite semble s'inscrire dans l'Histoire. Mais une sorte de miracle opère. Bonaparte rappelle Desaix à la rescousse : « Je croyais attaquer l'ennemi, c'est lui qui me prévient, revenez au nom de Dieu si vous le pouvez encore. » Ce dernier accourt en quelques heures, mais se fait tuer rapidement d'une balle en plein cœur. C'est la cavalerie de Kellermann qui renverse le cours des choses et permet une victoire providentielle des Français. Napoléon Bonaparte va en tirer habilement le plus grand avantage politique ; à son habitude.

NAISSANCE DU JOUR

En 1928, Che Guevara, révolutionnaire argentin.

FAIT DU JOUR

En 1985, le Benelux, l'Allemagne et la France signent la convention de Schengen qui supprime les contrôles aux frontières communes. Les citoyens européens peuvent librement circuler dans cet espace.

15 JUIN

C'est la Sainte Germaine Cousin

1752
Franklin et son paratonnerre

Le 15 juin 1752, Benjamin Franklin invente le paratonnerre, grâce à un cerf-volant !

Or, si l'on connaît son nom, c'est davantage pour le rôle politique qu'il a tenu dans l'histoire des États-Unis, puisqu'il fait partie de ses pères fondateurs et des rédacteurs de sa Constitution. Son portrait ne figure-t-il pas à ce titre, sur les billets de cent dollars ?

Mais l'homme était aussi un scientifique, une sorte de touche-à-tout qui s'intéressait notamment à la foudre. S'il s'était persuadé qu'il s'agissait d'une charge électrique, comme beaucoup de ses contemporains, personne n'était parvenu à le prouver. Franklin eut donc une idée pour le faire. Une idée de génie mais dangereuse.

Le 15 juin 1752, à Philadelphie, le temps se met à l'orage. Benjamin Franklin court chercher son invention – un simple cerf-volant, relié à une corde de chanvre humidifiée. Au bout de celle-ci, il accroche un fil de soie et, au bout de ce fil, une clé. Il envoie le cerf-volant dans les nuages et attend, désirant simplement constater si les nuages d'orage sont chargés d'électricité. Il réussit ! Il observe les brins de chanvre se raidir et, en approchant sa main de la clé, voit une étincelle jaillir. La foudre provient de l'électricité contenue dans les nuages et, par bonheur, ne frappe pas directement le cerf-volant.

Ce que Franklin vient d'inventer, c'est ni plus ni moins le paratonnerre, dont il équipera bientôt divers bâtiments, à commencer par sa propre maison ! En 1782, il en installera même un sur le clocher de l'église Saint-Clément d'Arpajon, en France.

NAISSANCE DU JOUR

En 1936, Claude Brasseur, acteur français ayant notamment joué dans *Un éléphant ça trompe énormément.*

HOMME DU JOUR

En 1969, Georges Pompidou gagne l'élection à la présidence de la République face à Alain Poher, candidat centriste.

C'est la Saint Jean-François Régis

1946
Vers la Ve République

C'est à Bayeux que le général de Gaulle prononce l'un de ses célèbres discours d'après-guerre. Il existe, en fait, deux allocutions de Bayeux. L'une est datée du 14 juin 1944, juste après le Débarquement. La seconde est faite, deux ans plus tard, et revêt une importance politique capitale. À chaque fois, le général choisit cette ville parce qu'elle est devenue symbolique : c'est la première libérée, le 7 juin 1944. Et, le 16 juin 1946, de Gaulle y revient commémorer le deuxième anniversaire du D-Day.

Ayant quitté le pouvoir cinq mois plus tôt, devenu un observateur acerbe de l'actualité, notamment face à la mise en place des institutions nouvelles, il ne garde pas sa langue dans sa poche. S'il s'est retiré, en janvier, de la présidence du gouvernement provisoire, c'est par défiance envers le projet de Constitution que les Français eux-mêmes viennent de rejeter, au mois de mai.

Car le général de Gaulle a sa propre vision de la Constitution souhaitable. Et c'est elle qu'il expose à Bayeux, ébauche du texte fondateur de la Ve République. Il propose en effet d'élire un parlement composé de deux chambres tandis qu'un chef de l'État arbitre se tient au-dessus des partis, en présidant un Conseil des ministres.

Mais, en 1946, sa proposition ne convainc pas. Un autre texte est élaboré par la Constituante et donne naissance à la IVe République. Laquelle se fracassera, en 1958, sur les tensions nées du conflit algérien.

NAISSANCE DU JOUR

En 1925, Jean d'Ormesson, écrivain français, membre de l'Académie française.

HOMME DU JOUR

En 1961, Rudolf Noureev demande l'asile politique à la France pour échapper au KGB qui veut le ramener de force à Moscou.

17 JUIN

C'est la Saint Hervé

1939
Le dernier guillotiné en public

Le 17 juin 1939, la République fait décapiter un certain Eugène Weidmann. Le supplice se passe à l'entrée de la prison de Versailles. Et l'individu, guillotiné, va rester dans l'Histoire comme le dernier homme à placer sa tête sous le couperet… en public.
Naturellement, les curieux qui se sont assemblés l'ignorent ! Comme toujours, ils sont une multitude de badauds à avoir été attirés par l'odeur du sang et par ce spectacle datant quasiment d'un autre âge. Des journalistes filment la scène. Le film, en noir et blanc, reste assez impressionnant. On y voit des femmes amoureuses du condamné ! Et des curieux de styles divers.
Quel était le crime de Weidmann ? Cet Allemand trentenaire au physique avantageux était surnommé le « tueur au regard de velours ». D'où la présence de groupies autour de l'échafaud. Et les demandes en mariage et déclarations d'amour enflammées reçues durant son procès. Pourtant, tueur, il l'était puisqu'il a avoué six assassinats, gratuits pour la plupart, liés à une simple et terrible envie de tuer. Des actes qu'il n'a pas commis seul, ses complices étant aussi jugés. L'un a été condamné à mort, mais a vu sa peine commuée en détention à perpétuité.

Les circonstances qui entourent l'exécution, l'hystérie de la foule si grande, la présence de la presse indécente poussent Édouard Daladier, le président du Conseil, à en finir avec ces spectacles indignes. Il promulgue un décret mettant fin aux exécutions publiques. Désormais, les condamnés à mort seront décapités discrètement, derrière les murs des prisons jusqu'à ce que la peine de mort soit abolie, en 1981.

NAISSANCE DU JOUR

En 1882, Igor Stravinski, compositeur russe.

FAIT DU JOUR

En 1579, Francis Drake, au cours de ce qui sera la deuxième circumnavigation de la Terre, s'empare de la Californie pour le compte de la Couronne anglaise.

18 JUIN

C'est la Saint Léonce de Tripoli

1815
La ruse de Waterloo

Le 18 juin 2015 a été célébré le bicentenaire de la bataille de Waterloo, souvenir d'une fameuse défaite pour les Français… et même un peu plus que cela ! Car, ce même jour, Napoléon n'a pas seulement perdu une bataille, il a aussi perdu la guerre.

Tout s'est joué en cent jours quand l'empereur s'est enfui de l'île d'Elbe, a débarqué en France, a remonté tout le pays, ralliant des hommes enthousiastes sur la route, et a repris le pouvoir à Paris. Il était donc naturel qu'il recommençât ce qu'il savait le mieux faire, la guerre ! Le 18 juin 1815, il se trouve devant Waterloo, au sud de Bruxelles, aux prises avec les forces alliées contre lui : essentiellement des Anglais et des Prussiens. La bataille s'annonce favorablement. Napoléon a même envoyé Grouchy se battre contre les Prussiens déjà en fuite. C'est du moins ce qu'il croit.

Du côté anglais, on voit les choses autrement. Commandée par Wellington, l'artillerie britannique fait des ravages dans les rangs français. Les attaques répétées de la cavalerie du maréchal Ney se heurtent de leur côté à un rempart humain. Les Anglais résistent vaillamment quand on annonce le retour de Grouchy et de ses trente-trois mille hommes ! Un apport de troupes françaises qui devrait permettre à Napoléon d'emporter la mise. Malheureusement, en fait de Français, ce sont les Prussiens de Blücher qui surgissent et mettent nos troupes en déroute. Seuls deux bataillons de grenadiers parviennent à protéger la fuite de l'Empereur qui regagne Paris. Il n'y reste pas longtemps, abdique et se voit exilé sur la lointaine île de Sainte-Hélène.

NAISSANCE DU JOUR

En 1942, Paul McCartney, chanteur et musicien britannique, membre fondateur des Beatles.

FAIT DU JOUR

En 1940, Charles de Gaulle invite les Français à refuser la capitulation et lance un appel à la Résistance depuis Londres, sur les ondes de la BBC.

19 JUIN

C'est la Saint Jude et la Saint Romuald

1953
Exécution des Rosenberg

Le couple Rosenberg, Julius et Ethel, est exécuté le 19 juin 1953. Son crime ? La trahison à l'encontre des États-Unis, et plus précisément pour avoir livré aux Soviétiques des secrets sur la bombe atomique. Est-ce vrai ou faux ? L'opinion internationale s'enflamme.

En fait, le frère d'Ethel, David Greenglass, travaillait pour l'armée américaine. Et avait eu accès à des documents confidentiels qu'il aurait confiés à son beau-frère, Julius Rosenberg, membre du Parti communiste américain, pour qu'il les transmît au régime de Staline. David Greenglass a été découvert, arrêté et interrogé. Et, en échange d'un jugement clément, a tout mis sur le dos des Rosenberg qui ont été condamnés à mort, le 29 mars 1953.

Mais tous deux clament leur innocence ! Une grande campagne de défense est lancée en leur faveur. Qui prend une dimension mondiale. Nombreux sont ceux qui demandent grâce pour les Rosenberg, qu'ils soient coupables ou non. Jean-Paul Sartre, mais aussi François Mauriac ou le pape Pie XII réclament que la sentence ne soit pas exécutée.

Rien n'y fait. Le 19 juin 1953, les Rosenberg meurent sur la chaise électrique, clamant toujours leur innocence. La polémique a alimenté de nombreux débats. Mais, dans les années 1990, l'ouverture des archives soviétiques a permis de conclure à leur culpabilité. Que le châtiment ait ou non été adapté, c'est une considération qui ne relève pas de l'analyse historique. En tout cas, à la même période, commencent le maccarthysme et sa traque paranoïaque des communistes.

NAISSANCE DU JOUR

En 1972, Jean Dujardin, acteur français primé aux Oscars pour son rôle dans *The Artist*.

HOMME DU JOUR

En 1975, Constantin Tsatsos est le premier président élu en Grèce depuis la fin de la monarchie.

20 JUIN

C'est la Saint Sylvère

1789

Le serment du Jeu de paume

Le matin du 20 juin 1789, les trois cents députés du tiers-état se trouvent devant les grilles de l'hôtel des Menus-Plaisirs, à Versailles. Où s'étaient tenues les séances des États généraux. Ils veulent une salle suffisamment grande pour les accueillir tous et jettent leur dévolu sur celle du Jeu de paume, un ancêtre du tennis, située juste à côté. Dans l'effervescence, Bailly grimpe sur une table qu'on a posée là. Il somme les députés de jurer avec lui de ne jamais se séparer et de se réunir « partout où les circonstances l'exigeraient, jusqu'à ce que la Constitution du royaume fût établie et affermie par des fondements solides ».

Le 23 juin, lors de la séance royale, Louis XVI, sentant l'autorité lui échapper, casse les décisions prises par l'Assemblée nationale. Il ordonne la séparation des trois ordres et s'en va. Mais les députés ne bougent pas. Le marquis de Dreux-Brézé s'avance alors pour rappeler les ordres du roi et faire évacuer la salle. Mirabeau se lève et lance : « Allez dire à ceux qui vous envoient que nous sommes ici par la volonté du peuple et que nous ne quitterons nos places que par la force des baïonnettes ! » Louis XVI ne peut que s'incliner : « Ils ne veulent pas s'en aller, eh bien, foutre, qu'ils restent ! », se contente-t-il de répondre. Et, en effet, ils restent.

Le 27 juin, le roi reconnaît malgré lui la légitimité de l'Assemblée nationale. Et, le 7 juillet, les députés se proclament Assemblée nationale constituante. Le 11, le ministre Necker, pourtant très populaire, est renvoyé. Les tensions sont à leur comble. Le 14 juillet, elles prennent corps avec la prise de la Bastille.

NAISSANCE DU JOUR

En 1899, Jean Moulin, homme politique et résistant français.

FAIT DU JOUR

En 1894, Alexandre Yersin, envoyé à Hong Kong lors d'une épidémie de peste, identifie le bacille responsable de la maladie.

21 JUIN

C'est la Saint Louis de Gonzague

1791
Arrestation à Varennes

Dans la nuit du 21 juin 1791, un peu avant 23 heures, une lourde berline verte tirée par six chevaux s'arrête à Varennes, non loin de Verdun. Deux cavaliers dépassent la voiture. Ils savent qui s'y cache. Le temps de prévenir le procureur syndic de la commune, les fugitifs sont arrêtés. Il s'agit du roi Louis XVI, de la reine Marie-Antoinette et de leurs enfants. C'est la fin de leur voyage et l'échec de leur évasion.

La veille au soir, la famille royale avait quitté discrètement Paris pour fuir la Révolution, avec l'intention de gagner Montmédy et de rejoindre l'armée loyaliste du marquis de Bouillé. De son côté, le comte de Provence, frère du roi, et son épouse Marie-Joséphine avaient opportunément décidé de fuir vers le nord, et séparément pour ne pas attirer l'attention.

À Paris, dès 8 heures, le matin du 21 juin, on constatait leur disparition et on donnait l'alerte. La nouvelle se répandit. On devina vite la route choisie et on se lança à la poursuite de la berline royale.

La voiture, trop chargée, avançait lentement, trop lentement. Elle accusa près de trois heures de retard sur le programme ! Ne voyant personne arriver à l'heure dite, le duc de Choiseul et ses hussards, censés escorter le roi, quittèrent le point de rendez-vous. La berline était donc seule lorsqu'elle arriva à Varennes. Après leur arrestation, on installa les « fugitifs » dans l'arrière-boutique de l'épicerie. On y amena le juge Destez, qui avait vécu à Versailles. Il reconnut alors formellement le roi.

Le lendemain, la famille royale regagne Paris. Ce voyage dure trois jours, trois jours de calvaire. La foule insulte le roi et la reine, crache sur le carrosse. Mais l'épreuve ne fait que commencer. Le peuple se sentait trahi. Cet épisode marque un tournant dans la Révolution. L'idée de créer une République commence à gagner les esprits.

NAISSANCE DU JOUR

En 1935, Françoise Quoirez, dite Françoise Sagan.

FAIT DU JOUR

En 2009, le parlement danois, après un référendum, permet au Groenland d'accéder à une autonomie renforcée.

XVIIe SIÈCLE

22 JUIN

SOLEIL LEVANT

C'est la Saint Auban

1636
Le Japon s'isole

Le 22 juin 1636, un édit interdit aux Japonais de quitter leurs îles ou de construire des bateaux. Une mesure fruit d'un long processus.

À la fin du XVIe siècle, les Occidentaux avaient découvert le Japon grâce à un navire lusitanien qui y avait accosté par hasard. Les Portugais, découvrant les richesses des îles japonaises, mirent en place un commerce.

Ensuite, des missionnaires et des jésuites débarquèrent en 1549. Trente ans plus tard, on comptait des milliers de convertis. Parallèlement, on assistait à la fin du Japon féodal, caractérisé par des guerres incessantes entre seigneurs. Tout doucement le pays s'unifiait.

Au début, la cohabitation avec les nouveaux catholiques resta pacifique. Mais les relations s'envenimèrent avec l'arrivée de prêtres franciscains et dominicains, moins respectueux des coutumes locales que ne l'étaient les jésuites. La nouvelle religion fut accusée de former un obstacle à l'unité japonaise. Et le chef de l'époque, Toyotomi Hideyoshi, craignant, à terme, une colonisation occidentale, décida de réagir. On commença à persécuter les chrétiens. En 1597, vingt-six d'entre eux furent crucifiés.

Après quoi, on somma les Japonais de rester chez eux. Un décret interdit aux négociants de quitter leur pays, et il fut défendu aux nobles et aux samouraïs d'acheter quoi que ce soit aux Occidentaux. Le Japon resta fermé, bouclé, jusqu'au XIXe siècle et au début de l'ère Meiji.

NAISSANCE DU JOUR

En 1949, Meryl Streep, actrice américaine ayant notamment joué dans *Out of Africa*.

FAIT DU JOUR

En 1627, Louis XIII refuse de gracier deux cousins qui s'étaient battus en duel et les condamne à l'échafaud, car les duels sont interdits depuis 1599. À partir de ce jour, les duels se firent moins nombreux...

23 JUIN

C'est la Sainte Etheldrede et la Sainte Paule

1988
« Vous avez dit réchauffement climatique ? »

C'est le 23 juin 1988 que, pour la première fois, l'influence des activités humaines sur le changement climatique est évoquée publiquement. Le scientifique américain James E. Hansen, climatologue de la NASA, alerte les autorités sur le fait que l'atmosphère terrestre est en train de se réchauffer. Il décrit le fameux effet de serre. Sa communication intervient après que le Sénat des États-Unis a organisé une commission pour essayer de comprendre les raisons d'une vague de chaleur exceptionnelle qui frappe les États-Unis. Une nouvelle preuve que c'est souvent lorsque l'on se brûle que l'on prend conscience du danger ! En l'occurrence, le parc de Yellowstone est en feu et la sécheresse extrême.

Mais on ne découvre pas ce phénomène dans les années quatre-vingt. De nombreuses études l'ont déjà signalé. C'est en revanche la première fois que les mécanismes à l'œuvre, le rôle de l'homme, sont ouvertement dénoncés. La même année, en novembre 1988, un Groupe d'experts intergouvernemental sur l'évolution du climat (GIEC) est créé par l'ONU. Dont l'objectif est de collecter toutes les données scientifiques sur le réchauffement climatique et, éventuellement, de trouver des solutions pour inverser la tendance. Aujourd'hui, le constat est admis, bien sûr, mais la prise de conscience aura été longue. Et les solutions, loin de faire l'unanimité et d'être mises en place.

NAISSANCE DU JOUR

En 1910, Jean Anouilh, écrivain français.

FAIT DU JOUR

En 1968, suite à la crise de Mai 68 et la dissolution de l'Assemblée nationale par le président de la République Charles de Gaulle, l'UDR, l'Union pour la défense de la République, obtient la majorité au premier tour des législatives.

24 JUIN

C'est la Saint Jean-Baptiste

1940
Le second armistice

Alors que la Seconde Guerre mondiale va entrer dans sa deuxième année, les émissaires du nouveau gouvernement Pétain signent un autre armistice avec l'Italie, le 24 juin 1940. La grande Histoire a tendance à l'oublier, mais il avait été prévu que l'entrée en vigueur de l'armistice du 22 juin avec l'Allemagne était subordonnée à la signature d'un second avec le régime de Mussolini.

L'Italie fasciste combattait aux côtés de l'Allemagne nazie et ses troupes avaient tenté – sans grand succès – de pénétrer en France. L'heure était donc venue, pour le Duce, de tirer des bénéfices de la victoire allemande. Il avait eu d'abord des visées ambitieuses : récupérer une part de l'aviation et de la marine françaises, occuper tout le Sud-Est jusqu'au Rhône, annexer la Savoie, Nice, mais aussi la Corse et plusieurs fleurons de l'empire colonial. Cependant, le 18 juin, il rencontra Hitler à Munich, qui calma singulièrement ses ardeurs. Les Allemands n'avaient pas envie que les prétentions italiennes fissent échouer les accords à venir. Du coup, lorsque le général Huntziger se présenta, le 24, à la villa Incisa, à Olgiata près de Rome, ce fut pour signer un texte assez peu exigeant, avec le maréchal Badoglio et le comte Ciano, gendre du Duce et ministre des Affaires étrangères. Par ce second armistice, la France cédait huit cents kilomètres carrés à l'Italie, pris sur cinq départements, et bordés par une vaste zone démilitarisée. La seule ville à devenir italienne était Menton.

La situation resta inchangée jusqu'à novembre 1942. Mussolini profita alors de l'invasion de la zone libre pour satisfaire, enfin, ses visées sur Nice et la Corse.

NAISSANCE DU JOUR

En 1939, Brigitte Fontaine, chanteuse française.

FAIT DU JOUR

En 1947, Kenneth Arnold voit, depuis son avion, neuf disques volants. C'est le début du mythe des ovnis.

25 JUIN

C'est la Saint Prosper d'Aquitaine

1673
D'Artagnan n'est plus

Le siège de Maastricht, aux Pays-Bas, bat son plein, le 15 juin 1673, lorsque la France perd le mousquetaire d'Artagnan, rendu si populaire, un siècle et demi plus tard, par un roman d'Alexandre Dumas. Un roman qui s'inspira de la vie de Charles Ogier de Batz-Castelmore, né d'Artagnan du côté de sa mère, capitaine lieutenant des mousquetaires sous Louis XIV, pourvu d'un courage exceptionnel, qui causa malheureusement sa perte. Un homme mu par une loyauté sans faille à son roi. Voici ce que Louis XIV écrivit le jour où trépassa son fidèle soldat : « J'ai perdu d'Artagnan en qui j'avais la plus grande confiance et qui m'était bon à tout. »

Le 25 juin 1673, devant Maastricht, la bataille fait rage, les épées s'entrechoquent, les balles de mousquets sifflent de tous côtés. D'Artagnan se lance dans la mêlée pour porter secours à de jeunes officiers pris au piège. Sa mission s'interrompt soudain quand il reçoit une balle en pleine tête. Âgé d'un peu plus de 60 ans, il avait connu des dizaines de batailles, mené au combat des milliers d'hommes, des hommes qui le vénéraient. Et plusieurs de ses mousquetaires n'eurent aucune crainte à risquer leur vie pour ramener son corps à l'abri. D'Artagnan a été enterré à proximité de la zone de combat, mais on ne sait où exactement. La France finit tout de même par emporter le siège. Le 29 juin, Maastricht signa sa reddition. Mais pour prendre la ville, il aura fallu à Louis XIV treize jours de lutte acharnée et la perte de l'un de ses meilleurs éléments. Précisons au passage que ses trois amis, Athos, Porthos et Aramis ont existé, eux aussi.

NAISSANCE DU JOUR

En 1903, George Orwell, écrivain britannique, auteur notamment de *La Ferme des animaux* et *1984*.

FAIT DU JOUR

En 1991, le Sabor, le parlement croate, proclame son indépendance. Ce même jour, la Slovénie se détache également de la Yougoslavie.

26 JUIN

C'est la Saint Anthelme de Chignin

1963
« Ich bin ein Berliner ! »

Le 26 juin 1963, atterrit à Berlin *Air Force One*. L'avion transporte à son bord le président des États-Unis, John Fitzgerald Kennedy. Il y a alors presque deux ans qu'un mur a été bâti par les communistes entre la partie orientale et la partie occidentale de Berlin. Et Kennedy est bien décidé à réagir.

Depuis le balcon de l'hôtel de ville de Schönberg où siège la municipalité de Berlin, Ouest, il fait la déclaration suivante : « Il y a deux mille ans, la plus grande marque d'orgueil était de dire *civis romanus sum* (« je suis citoyen romain »). Aujourd'hui, dans le monde libre, la plus grande marque d'orgueil est de dire *Ich bin ein Berliner.* [...] Tous les hommes libres, où qu'ils vivent, sont des citoyens de Berlin. Par conséquent, en tant qu'homme libre, je suis fier de prononcer ces mots : *Ich bin ein Berliner* ! »

Belle idée que de s'exprimer en allemand. Peut-être est-elle venue aux Américains après qu'ils ont entendu, neuf mois plus tôt, le président français, le général de Gaulle, prononcer avec force une courte allocution dans la langue de Goethe.

Cependant, la formule employée par Kennedy n'était pas tout à fait correcte ; il aurait dû dire : « *Ich bin Berliner* », « je suis berlinois » dans la mesure où « *Ich bin ein Berliner* » signifie plutôt « je suis un Berliner », c'est-à-dire un beignet.

Il n'empêche que l'effet de la déclaration fut énorme et retentit dans le monde entier. Mais elle ne suffit pas à éteindre la Guerre froide.

NAISSANCE DU JOUR

En 1913, Aimé Césaire, poète et homme politique français.

FAIT DU JOUR

En 1925, Charlie Chaplin sort *La Ruée vers l'or,* son troisième film.

27 JUIN

C'est la Saint Cyrille d'Alexandrie

1905
La mutinerie du « Potemkine »

« M'en voudrez-vous beaucoup si la révolte gronde / Dans ce nom que je dis au vent des quatre vents… » Vous avez sans doute reconnu dans ces mots *Potemkine*, la belle chanson de Jean Ferrat. C'était en 1965. L'artiste rendait hommage aux marins du cuirassé *Potemkine*, un des fleurons de l'escadre de la mer Noire, qui s'étaient mutinés soixante ans plus tôt, un 27 juin. Une atmosphère de révolte s'était alors généralisée en Russie où toute l'année 1905 avait été secouée par des troubles politiques et sociaux. Ils avaient commencé le 22 janvier, le « dimanche rouge », lorsque, à Saint-Pétersbourg, l'armée avait tiré sur une foule venue manifester pacifiquement. L'armée d'ailleurs n'échappa pas à ce vent de rébellion, la marine surtout, qui essuya une terrible défaite en mai contre le Japon.

À la fin de juin 1905, les hommes du cuirassé *Potemkine* sont à cran. Le navire se trouve au large d'Odessa pour effectuer une série de manœuvres et d'exercices. La veille, un ravitaillement a été embarqué. Quelques marins s'en sont approché et ont constaté que la viande était avariée. L'odeur était pestilentielle et les carcasses grouillaient d'asticots. Le médecin du bord, Smirnov, fut appelé. On le chargea d'inspecter la marchandise. Elle était parfaitement comestible, selon lui. Il suffisait simplement de la laver au vinaigre pour en faire passer le goût !

Les marins refusent d'y toucher. Le commandant intervient, il fait mettre les hommes en rang et demande que ceux qui acceptent de manger ce qu'on leur offre avancent de deux pas. Seule une poignée s'exécute, les autres restant immobiles. « Eh bien, vous n'aurez rien d'autre ! » Tout dégénère alors. Des coups de feu sont échangés entre les marins et les officiers. Très vite, les mutins prennent le contrôle du navire, hissent le drapeau rouge révolutionnaire et gagnent Odessa avant de devoir fuir vers la Roumanie. Le cuirassé est finalement sabordé par les mutins.

NAISSANCE DU JOUR

En 1955, Isabelle Adjani, actrice française jouant notamment dans *La Reine Margot* et *La Journée de la jupe*.

FAIT DU JOUR

En 1991, Frederik de Klerk signe l'abrogation des trois dernières lois de l'apartheid institué en 1948 en Afrique du Sud.

28 JUIN

C'est la Saint Irénée de Lyon

1914
L'attentat de Sarajevo

Qui l'ignore ? L'attentat de Sarajevo est l'un des plus célèbres de l'Histoire. Le 28 juin 1914, un nationaliste serbe de 19 ans, Gavrilo Princip, tire quasiment à bout portant sur l'héritier de l'empire d'Autriche-Hongrie, l'archiduc François-Ferdinand, et sur son épouse morganatique, la duchesse de Hohenberg. Et les tue tous les deux.

Par la cascade infernale des alliances diplomatiques, l'événement conduit, deux mois plus tard, au basculement de l'Europe, et bientôt du monde entier, dans la guerre. Cet attentat reste comme l'étincelle qui a mis le feu aux poudres, le déclencheur de la Première Guerre mondiale. Gavrilo Princip faisait partie d'une bande de jeunes gens, assez pauvres, ressortissants de cette Bosnie-Herzégovine dont Sarajevo est la capitale. Il s'agit d'une ancienne province de l'Empire ottoman, devenue un protectorat de l'Autriche-Hongrie avant que Vienne ne l'annexe en 1908. Gavrilo et ses amis sont membres d'une mystérieuse organisation, la Main noire, qui prône la réunion à la Serbie de tous les Slaves du Sud, c'est-à-dire les Yougoslaves.

C'est au nom de cette cause que ce groupuscule décide de s'attaquer à un haut fonctionnaire autrichien, avant d'apprendre la visite officielle du prince héritier en personne. Quelle aubaine !

Mais qui a amplifié la résonance de cet assassinat ? Les Autrichiens, les Serbes ? On sait que l'empereur d'Autriche, François-Joseph, aurait volontiers étouffé l'affaire ; mais il a un ministre des Affaires étrangères, le comte Berchtold, qui, non seulement pressé d'en découdre avec les agitateurs serbes, est aussi germanophile, pour ne pas dire au service de l'Allemagne. Aussi va-t-il pousser à l'affrontement.

NAISSANCE DU JOUR

En 1907, Paul-Émile Victor, explorateur polaire français.

FAIT DU JOUR

En 1970, Brenda Howard organise à New York une marche pour commémorer le premier anniversaire des émeutes de Stonewall. C'est la première Gay Pride, ou Marche des fiertés.

29 JUIN

C'est la Saint Paul et la Saint Pierre

1793

La bataille de Nantes

L'un des moments clés de la guerre de Vendée se déroule le 29 juin 1793. Il s'agit d'une défaite des Vendéens, commandés par Cathelineau, face aux troupes de la République. Cette défaite fera dire au terrible Turreau, chef républicain : « Le siège de Nantes est peut-être l'événement le plus important de notre Révolution. »

C'est le 20 juin 1793 que le commandement de l'Armée catholique et royale a envoyé aux républicains, retranchés dans Nantes, un ultimatum. N'ayant pas obtenu satisfaction, il fixe l'assaut de la « cité des ducs de Bretagne » aux toutes premières heures de la journée du 29 juin. Seulement, l'armée de Cathelineau est retardée par un combat qui se déroule à trente kilomètres de Nantes. Et lorsque, comme prévu dans le plan, Charette fait donner le canon contre le sud de la ville, les troupes prévues pour l'assaut ne sont pas en place.

Tout va mal, dès lors, pour les Vendéens qui, à la mi-journée, arrêtent l'assaut contre les républicains. Les troupes vendéennes ne font pourtant pas demi-tour... Les « insurgés », comme on les appelle, tentent une percée meurtrière sous la conduite de Cathelineau, lui-même blessé sur la place Viarme. Les républicains résistent, et l'Armée catholique et royale doit se résigner à battre en retraite.

Pour environ trois cents soldats tués dans les rangs des armées de la République, on relèvera au moins mille cinq cents morts du côté vendéen. Cathelineau, lui, ne décédera des suites de ses blessures que le 14 juillet suivant !

NAISSANCE DU JOUR

En 1609, Pierre-Paul Riquet, le concepteur et réalisateur du canal du Midi reliant la Garonne à la mer Méditerranée.

FAIT DU JOUR

En 1776, deux pères franciscains fondent la ville de San Francisco.

30 JUIN

C'est la Saint Martial de Limoges

1827
La girafe de Charles X

Le 30 juin 1827, arrive à Paris l'une des plus « grandes » figures du XIXe siècle : la girafe offerte au roi Charles X par le vice-roi d'Égypte, Méhémet Ali. Beaucoup plus tard, on donnera à l'animal le nom de « Zarafa », mais à l'époque on l'appelle simplement « la girafe ». C'est le consul Drovetti qui a soufflé à Méhémet Ali l'idée d'offrir l'animal au roi de France. On l'a donc fait monter sur un bateau et débarqué à Marseille. Et ensuite, c'est à pattes qu'il a traversé tranquillement la France, sept mois durant, jusqu'à Paris. La girafe fait une entrée triomphale aux côtés du directeur du Jardin des plantes, Geoffroy Saint-Hilaire, le 30 juin 1827. Rien que pendant l'été, elle reçoit plus de cinq cent mille visiteurs au même Jardin des plantes !

Sa popularité s'explique de manière simple : c'est la première fois que l'on voit une girafe en France. Elle inspire la mode et la décoration de l'époque. S'ouvre même une vraie girafomania. Des livres relatent son histoire. L'un d'eux, intitulé *Le Discours de la girafe au chef des six Indiens,* a même été attribué à Balzac. L'animal vécut presque vingt ans encore et s'éteignit en janvier 1845, ayant attrapé la tuberculose bovine dans le lait qu'on lui donnait tous les jours à boire. Pour autant, on peut encore l'admirer. Il suffit de se rendre à La Rochelle, au Muséum d'histoire naturelle. Il vous y attend, empaillé, presque aussi pimpant qu'il y a deux siècles. Certains doutent cependant que ce soit bien la girafe de 1827.

NAISSANCE DU JOUR

En 1966, Mike Tyson, boxeur poids lourd américain et plus jeune boxeur à avoir remporté un titre mondial.

FAIT DU JOUR

En 1934, Adolf Hitler lance les SS de Himmler contre les SA de son ancien allié, Röhm. C'est la « Nuit des longs couteaux ».

1er JUILLET

C'est la Saint Thierry

1925

Satie, mort d'un marginal

Le 1er juillet 1925, Erik Satie, sans doute le compositeur le plus insaisissable de son temps, est décédé. Il disparut à Arcueil, à l'âge de 59 ans, dans un modeste studio où personne n'était jamais entré de son vivant. C'est là qu'on l'a retrouvé, parmi une collection de costumes gris tous identiques, et une autre, de parapluies et de faux cols, ainsi que tout un ensemble de lettres qu'il n'avait pas pris la peine de décacheter, ce qui ne l'avait pas empêché, du reste, de répondre à certaines.

Erik Satie était un personnage secret et fantasque, plein d'un humour désabusé sur lui-même et les autres. L'exposition permanente qui a été conçue dans sa maison natale d'Honfleur, sur l'estuaire de la Seine, évoque assez joliment son univers un brin loufoque, un brin décalé, peut-être.

Il a connu, jeune, une vie spirituelle agitée, adhérant notamment à l'ordre de la Rose-Croix. Il a aussi fréquenté de nombreux artistes. S'en est-il inspiré autant qu'il les a inspirés ? Sans doute. C'est à Montmartre qu'il avait d'abord rencontré Debussy, mais aussi l'artiste peintre Suzanne Valadon, qui fut le seul amour qu'on lui connaisse. Par la suite, Maurice Ravel, Francis Poulenc, Darius Milhaud, Tristan Tzara, mais aussi Pablo Picasso deviennent ses familiers, sans oublier Jean Cocteau, l'auteur du livret de *Parade,* ballet dont il écrit la musique et qui soulève une grande protestation publique.

Satie, qui échoua deux fois au Conservatoire de musique de Paris et crut bon, sur le tard, de suivre des cours à la Schola Cantorum, ne fut jamais vraiment respecté, de son vivant, par le monde musical. Pour vivre, il dut surtout travailler pour le cabaret, ce qui mortifiait son insondable fierté.

NAISSANCE DU JOUR

En 1872, Louis Blériot, constructeur et pilote français, premier homme à réussir la traversée de la Manche en avion.

FAIT DU JOUR

En 1903, sur une proposition du directeur du journal *L'Auto,* Henri Desgrange, débute le premier Tour de France, avec six étapes reliant les grandes villes françaises.

2 JUILLET

C'est la fête de la Bienheureuse Eugénie Joubert et la Saint Martinien

1886

Les Jeux olympiques de Paris

Le 2 juillet 1900, débutèrent à Paris les IIes Jeux olympiques d'été. Cette date du 2 juillet peut susciter discussion puisque si Pierre de Coubertin, a posteriori, l'a retenue pour marquer l'ouverture officielle de la IIe Olympiade des temps modernes, les épreuves avaient commencé dès le 14 mai ; et certaines se prolongèrent jusqu'au 28 octobre ! Avec un tel étalement dans le temps, comment peut-on créer un événement ? Du reste, ces jeux n'eurent ni cérémonie d'ouverture ni cérémonie de clôture.

Si l'on parle des « IIes Jeux olympiques », c'est parce que notre baron national, qui venait de ressusciter, quatre ans plus tôt, les antiques olympiades à Athènes, avait décidé de les nommer ainsi. Mais les pouvoirs publics ne l'appuyèrent pas du tout : ni les affiches, ni les programmes, ni même les médailles ne comportèrent de référence à un mouvement « olympique », sans doute trop récent.

Quant à l'idée lumineuse de profiter du retentissement de l'Exposition universelle qui, au même moment, faisait florès à Paris, elle tourna vite au fiasco dans la mesure où l'Exposition écrasa complètement le retentissement des Jeux. « S'il y avait un endroit au monde où l'on se montrait indifférent aux Jeux olympiques, c'était avant tout Paris », reconnut plus tard leur fondateur.

Reste-t-il des événements mémorables de ces Jeux olympiques de 1900 ? Il y eut la première apparition des femmes, la suprématie américaine et des champions dignes d'estime dont on a un peu oublié les noms. Mieux vaut évoquer le terrain consacré au lancer du marteau : rempli d'arbres, il ne facilita pas les épreuves. Quant à celles de natation, elles furent en partie invalidées à cause de la quantité d'ordures présentes dans les eaux de la Seine.

NAISSANCE DU JOUR

En 1928, Line Renaud, actrice et chanteuse française.

FEMME DU JOUR

En 2008, Ingrid Betancourt, ancienne candidate à la présidence colombienne, est libérée des Farc après six ans de captivité.

3 JUILLET

C'est la Saint Thomas

1914

L'impôt sur le revenu

Au Sénat s'ouvre, le 3 juillet 1914, le débat sur le projet Caillaux, du nom du ministre qui porte la réforme destinée à mettre en place un impôt sur le revenu !

Le projet occupait les esprits depuis 1906, idée très innovante pour l'époque et d'autant plus polémique. Tandis que la droite se tenait vent debout contre elle, le ministre radical Joseph Caillaux la défendait ardemment. Et si l'Assemblée nationale avait adopté la loi, le Sénat l'avait rejetée. En 1914, le projet revint d'actualité à cause de prochaines élections législatives. On donnait le parti de Caillaux vainqueur.

La perspective de ces élections suscita une campagne très violente de la part de la droite. *Le Figaro* menaçait de publier, pour le discréditer, des correspondances entre le ministre et sa femme à l'époque où, marié, il l'avait prise pour maîtresse. Blessée et hors d'elle, Madame Caillaux assassina le directeur du journal. Elle fut arrêtée et son mari contraint de se retirer de la vie politique en mars 1914.

Mais son idée d'établir un impôt progressif sur le revenu resta au cœur des débats. Les socialistes furent fortement représentés à la Chambre après les élections de mai. Le 3 juillet 1914, le Sénat ouvrit la discussion et vota la réforme le 15. Fin juillet, l'impôt sur le revenu fut voté, juste à temps avant le déclenchement des hostilités. Il permit d'augmenter les recettes de l'État qui allait avoir besoin de beaucoup d'argent pour traverser quatre années terribles.

NAISSANCE DU JOUR

En 1883, Franz Kafka, écrivain tchèque, auteur notamment de *La Métamorphose*.

FAIT DU JOUR

En 987, Hugues Capet est sacré roi des Francs à Noyon.

4 JUILLET

C'est la Sainte Élisabeth du Portugal

1776

« Independence Day »

Le 4 juillet, fête nationale américaine, commémore le jour de la Déclaration d'indépendance des États-Unis, en 1776. Un jour où les treize colonies britanniques d'Amérique du Nord marquèrent par ce texte leur volonté de s'émanciper de la tutelle britannique.

En 1773, les « Américains » avaient manifesté leur hostilité aux taxes, lors de la célèbre « *Boston Tea Party* ». Deux ans plus tard, la guerre d'Indépendance avait commencé. Puis, au début de l'année suivante, Thomas Paine avait publié son pamphlet, *Le Sens commun*, appelant à l'indépendance. Les tensions entre les deux frères ennemis grandissaient de plus en plus.

Le 7 juin 1776, une résolution fut soumise au vote du Congrès par Richard Henry Lee.

Enfin, le 4 juillet, fut adoptée la Déclaration d'indépendance, rédigée par Thomas Jefferson, dont les mots font encore vibrer des millions d'Américains : « Nous tenons ces vérités pour évidentes en elles-mêmes : que tous les hommes sont créés égaux ; que leur Créateur les a dotés de certains droits inaliénables, parmi lesquels la vie, la liberté et la recherche du bonheur. »

Mais l'indépendance n'était pas installée dans les faits. L'Angleterre du roi George III ne voulait en aucune manière renoncer à ses colonies. La guerre fit rage. Elle opposa les insurgés, dits les « Patriotes », aux troupes britanniques, mais aussi aux « Loyalistes », colons qui refusaient la rupture d'avec la tutelle. Grâce notamment au soutien des Français, le marquis de La Fayette entre autres, les États-Unis arrachèrent leur indépendance.

Mais à quel prix ! Plus de vingt-cinq mille Américains périrent sur une population d'à peine trois millions d'habitants.

Après le traité de Paris, signé en 1783, qui mit fin au conflit, il fallut créer de nouvelles institutions ; elles virent le jour en 1787 ainsi que la Constitution des États-Unis.

NAISSANCE DU JOUR

En 1963, Henri Leconte, joueur de tennis français, vainqueur de neuf tournois ATP en simple et dix en double durant sa carrière.

FAIT DU JOUR

En 1862, Lewis Carroll, au cours d'une promenade en bateau sur la Tamise, raconte pour la première fois aux filles du doyen Liddell l'histoire d'*Alice sous terre*, qui deviendra *Alice au pays des merveilles*.

5 JUILLET

C'est la Saint Antoine-Marie Zaccaria

1830

La prise d'Alger

Le chef de la régence d'Alger sous domination ottomane capitule face aux troupes de Charles X, le 5 juillet 1830. Cette défaite ouvre l'Algérie à la colonisation française. Mais elle n'est pas la raison pour laquelle on veut prendre la ville. Il s'agissait d'abord d'une histoire d'honneur et d'argent !

Son origine remontait au 30 avril 1827 : Pierre Deval, le consul de France à Alger, signifia au chef de la ville, avec un brin de condescendance, que la France n'avait pas l'intention de rembourser un prêt contracté trente ans plus tôt. Le dey Hussein gifla alors de son éventail le consul. C'était la France qu'il outrageait ! Ce geste servit d'alibi, trois ans plus tard, pour conquérir la Régence d'Alger. La France de Charles X avait cruellement besoin d'argent et de légitimité. Une victoire militaire redorerait son blason et l'or d'Alger remplirait ses caisses.

Le 14 juin 1830, trente-sept mille soldats et vingt-sept mille marins appareillèrent de Toulon pour débarquer à une trentaine de kilomètres d'Alger, sur la plage de Sidi-Ferruch. Ils étaient emmenés par le général de Bourmont, ministre de la Guerre, assez peu apprécié dans les rangs pour avoir trahi Napoléon trois jours avant Waterloo. Lui aussi avait besoin d'une victoire afin de se racheter. Il lui fallut vingt et un jours pour prendre la ville.

En face de ses soldats, le dey avait formé en hâte une armée composée de détachements venus des cités alentour et des troupes turques. Le 19 juin, les Français remportèrent une première manche à Staoueli. À Sidi-Khalef, les troupes de la Régence freinèrent un peu leur avancée, mais en vain : Bourmont continuait à gagner du terrain. En même temps, la marine bombardait les fortifications d'Alger. Le 4 juillet, débuta le siège du fort de l'Empereur, une forteresse qui couvre le sud de la cité. Il fut de courte durée puisque, le 5 juillet, le dey Hussein rendit les armes. La Régence d'Alger devint alors « Possession française dans le nord de l'Afrique »... La colonisation ne commença véritablement qu'à partir des années 1840.

NAISSANCE DU JOUR

En 1889, Jean Cocteau, écrivain, cinéaste et poète français, membre de l'Académie française.

FAIT DU JOUR

En 1974, sous la présidence de Valéry Giscard d'Estaing, la majorité est abaissée à 18 ans en France.

6 JUILLET

C'est la Sainte Maria Goretti

1495

La « furia francese »

La bataille de Fornoue, conduite sous la Renaissance par Charles VIII, est passablement oubliée aujourd'hui. Et pourtant, les Français firent preuve, le 6 juillet 1495, de tant de courage et de pugnacité que les Italiens se mirent à parler d'une *furia francese,* d'une fureur française.

Le combat n'était pas gagné d'avance ! Il se tint en pleine campagne d'Italie, menée par le jeune roi de France. Ses troupes étaient entrées dans Naples, trois mois plus tôt. Mais leurs ennemis ne comptaient pas les laisser là. Le pape, mais aussi l'Espagne, l'empereur germanique, Milan et Venise étaient fort décidés à les en déloger. Les Napolitains eux-mêmes s'en prirent à leurs occupants, obligés de reculer.

À Fornoue, dans le nord de l'Italie, trente mille soldats se rassemblèrent face à seulement dix mille Français. Le terrain ne leur était en rien favorable, mais la bataille s'engagea. Les coalisés fondirent sur l'armée de Charles VIII, qu'ils attaquèrent de tout côté.

Celle-ci étant accompagnée d'un magnifique butin amassé depuis des semaines, ses ennemis finirent par tomber sur ce trésor. La cupidité prenant le pas sur le devoir, les soldats cessèrent de combattre ! Cette péripétie sauva les Français ; qui ne furent pas sortis d'affaire pour autant. Le roi, encerclé par des Italiens, se battait bien, mais ne pourrait tenir longtemps. Une poignée de chevaliers français tenta alors le tout pour le tout et se rua vers l'ennemi. La violence de leur attaque fut telle que les Italiens, surpris par tant de ténacité, parlèrent de *furia francese.* Les troupes françaises réussirent à gagner Asti, bien que dans un état déplorable. Les guerres d'Italie reprirent rapidement.

NAISSANCE DU JOUR

En 1907, Frida Kahlo, peintre mexicaine.

FAIT DU JOUR

En 1855, les parents de Joseph Meister conduisent leur enfant chez Pasteur après qu'il s'est fait mordre par un chien enragé. C'est la première fois que Pasteur traite un homme avec son vaccin.

7 JUILLET

C'est la Saint Ralph Milner

1995

Le massacre de Srebrenica

Une scène atroce, comme seules les guerres savent les produire, se déroula dans la petite ville de Srebrenica, à l'est de la Bosnie-Herzégovine, le 7 juillet 1995. Les troupes paramilitaires serbes, emmenées par le général Ratko Mladic, la prirent d'assaut. Son occupation conduisit au « massacre de Srebrenica » qui fit un peu plus de huit mille victimes. Ce fut l'une des pires exactions commises depuis la Seconde Guerre mondiale.

Pourtant, la zone était protégée par l'ONU. Quatre cents casques bleus néerlandais étaient présents, censés protéger les civils. Mais ils n'intervinrent pas et assistèrent, impuissants, à la déportation de la population, musulmane en majorité. Plus de dix mille femmes et enfants furent séparés des hommes et conduits vers les territoires bosniaques victimes de ce qu'on a appelé une « purification ethnique ». Les hommes furent parqués à l'écart, le 11 juillet 1995, et Ratko Mladic décida de les tuer tous. Plus de huit mille prisonniers, adolescents compris, furent exécutés un peu partout dans la région. Ceux qui avaient tenté de fuir par la forêt furent interceptés et tués au canon ou à la mitrailleuse. D'autres furent éliminés froidement, les mains liées dans le dos.

Il fallut du temps pour éclaircir cette affaire. Petit à petit, on retrouva des fosses communes jusqu'à dénombrer cinquante charniers. Le monstrueux Ratko Mladic reste poursuivi par le Tribunal pénal international de La Haye pour génocide, crime de guerre et crime contre l'humanité.

NAISSANCE DU JOUR

En 1887, Marc Chagall, peintre franco-russe, auteur notamment des peintures du plafond de la salle de spectacle de l'Opéra Garnier.

FAIT DU JOUR

En 1872, Paul Verlaine s'embarque dans un train depuis Paris avec Arthur Rimbaud. C'est le début d'un voyage vagabond jusqu'à Bruxelles.

8 JUILLET

C'est la Saint Aquila et la Sainte Priscille

1814
Retour à l'ordre

Le 17 octobre 1793 – ou le 25 Vendémiaire de l'an II –, les révolutionnaires demandent à ce que toutes les références à l'Ancien Régime, c'est-à-dire à la royauté, à la religion, toutes les références aux chapelles, aux églises, aux comtes, aux ducs, disparaissent au profit de noms révolutionnaires. Ce qui va conduire parfois à des situations un peu grotesques. Trois mille villes et villages sont touchés par cette mesure absurde !

Saint-Ouen, par exemple, devient Bains-sur-Seine. Château-Thierry se transforme en Égalité-sur-Marne. Bucy-le-Roi cède fatalement la place à Bucy-la-République. Martigny-le-Peuple remplace Martigny-le-Comte. Le château de Saint-Dau est rebaptisé château Ceint d'eau (entouré d'eau !). Et Versailles, la cité des rois par excellence, devient Berceau-de-la-liberté. Les municipalités qui se sont opposées à Robespierre sont punies. C'est le cas de Marseille, appelée officiellement la « Commune-sans-nom ».

Toutes retrouvent, le 8 juillet 1814, leur nom d'origine avec la Restauration et le retour de Louis XVIII. Elles le récupèrent aussi facilement qu'elles l'ont perdu. Mais certaines originales préfèrent conserver leur nouvelle appellation. C'est le cas de Ferney-Voltaire, ou Seine-Port, anciennement Saint-Port.

NAISSANCE DU JOUR

En 1976, Ellen MacArthur, navigatrice britannique, record du monde à la voile en solitaire en 2005.

FAIT DU JOUR

En 1497, Vasco de Gama s'embarque pour son premier voyage au départ du Portugal, direction l'Afrique.

9 JUILLET

C'est la Saints Augustin ZhaoRong et ses compagnons

1816

Indépendance de l'Argentine

L'Argentine a proclamé son indépendance, le 9 juillet 1816. Depuis le XVIe siècle où elle avait été colonisée, elle était restée un territoire aux mains des Espagnols. Mais elle n'a pas acquis son indépendance en un jour ! Six ans plus tôt, les bourgeois de Buenos Aires avaient chassé le vice-roi d'Espagne, Baltasar Hidalgo de Cisneros. L'événement avait pris le nom de révolution de Mai. Il explique la présence d'un soleil au centre du drapeau argentin : le « soleil de Mai ».

À cette époque, en mai 1810, l'Espagne était occupée par les troupes de Napoléon. Mais les Bourbons espagnols, ses rois légitimes, reprirent le pouvoir après sa chute et réengagèrent la lutte contre les insurgés. Une guerre d'indépendance commença, menée du côté argentin par un créole, José de San Martin, qui réussit à chasser les Espagnols pour de bon et qui devint, ainsi, un héros national. S'en suivit un congrès réunissant insurgés et indépendantistes, à Tucuman, au nord de Buenos Aires. Il proclama l'indépendance du pays, le 9 juillet 1816.

L'Argentine devint une République, mais son histoire continua à rester douloureuse. Des années 1830 à 1852, ses habitants durent endurer la dictature de Juan Manuel de Rosas. En 1853, une Constitution fut proclamée. Et tout le monde se souvient qu'en 1943, le populiste Juan Peron prit le pouvoir.

NAISSANCE DU JOUR

En 1956, Tom Hanks, acteur américain jouant notamment dans *Forrest Gump* et *Il faut sauver le soldat Ryan*.

FAIT DU JOUR

En 1877, Henry Jones lance le premier tournoi de Wimbledon. C'est le joueur Spencer Gore qui remporte la coupe.

10 JUILLET

C'est la Saint Ulric

1559
Mort d'Henri II

Le 10 juillet 1559, survint la mort d'un roi, mais il ne s'agissait ni de n'importe quel roi ni de n'importe quelle mort. C'était celle d'Henri II. Si nous écrivons « pas n'importe quel roi », c'est parce qu'il était le fils de François Ier et qu'il fut le père de trois rois : François II, Charles IX et Henri III, tous enfants de Catherine de Médicis. Il fut aussi celui d'une reine de France, d'une reine d'Espagne et d'une duchesse de Lorraine !

Il meurt d'une manière à la fois tragique et un peu stupide. Homme de son temps, il était un grand amateur de tournoi. Des tournois à l'ancienne, comme on les imagine, avec deux chevaliers qui se font face à une dizaine de mètres de distance. Chacun porte une armure, une grande lance et un écu, un bouclier. Au signal, les adversaires éperonnent leur destrier et s'efforcent de désarçonner l'autre. La cour apprécie ce divertissement, pourtant fort dangereux.

Malgré ses 40 ans, ce qui n'est pas jeune pour l'époque, le roi décide, le 30 juin 1559, de rappeler sa valeur de combattant, d'autant qu'est présente, dans les tribunes, sa favorite, Diane de Poitiers. Il joute une première fois, et tout se passe bien. Puis il recommence. En face de lui, se prépare le jeune comte Gabriel de Montgommery. Les deux chevaliers s'élancent. Au moment de la rencontre, la lance de Montgommery s'écrase et éclate contre le casque d'Henri II. Celui-ci tombe de cheval, mais ce n'est pas le plus grave : un morceau de la lance a traversé sa visière puis son œil. Le roi va mettre dix jours à mourir, subissant une agonie atroce malgré les efforts du plus grand chirurgien de l'époque, Ambroise Paré. Ce dernier tente tout, exerçant même les techniques d'extraction qu'il a mises au point sur les têtes décapitées de condamnés à mort. Rien n'y fait.

NAISSANCE DU JOUR

En 1871, Marcel Proust, écrivain français auteur notamment de *Du côté de chez Swann* et *À l'ombre des jeunes filles en fleurs*.

FAIT DU JOUR

En 1975, le Premier ministre Jacques Chirac signe le décret permettant l'existence du Loto en France.

C'est la Saint Benoît

1302

Les éperons d'or

Le roi de France considère que l'heure de sa vengeance a sonné, le 11 juillet 1302. La riche province de Flandres refusant de se soumettre, elle doit regagner le giron français. Quelques mois plus tôt, une centaine de soldats français ont été massacrés pendant leur sommeil lors de ce que l'on a appelé « les matines de Bruges ». En guise de représailles, Philippe le Bel décide d'envoyer son armée à Courtrai pour prendre la ville et châtier les rebelles.

Ses troupes dépassent largement en nombre les milices flamandes. Qui plus est, elles sont commandées par de grands seigneurs caparaçonnés dans leur armure rutilante. Raoul de Nesle, Robert d'Artois ou Jacques de Châtillon, bien droits sur leur destrier, défient du regard la forteresse. Ils se positionnent au sud de la ville, sur la colline. On envoie d'abord à l'assaut l'infanterie, les « piétons », qui sèment la pagaille dans les rangs flamands. La bataille commence bien.

Puis Robert d'Artois éperonne son cheval et emmène avec lui les chevaliers impatients. La noblesse française fond sur l'ennemi dans un vacarme assourdissant. Les Flamands semblent fuir, mais c'est une ruse pour mieux attirer les cavaliers dans un piège. Les Français sont alors arrêtés net dans leur élan car leurs chevaux chutent et s'embourbent dans des fossés creusés par les Flamands ! « On put voir toute la noblesse de France gésir en de profonds fossés, la gueule bée et les grands destriers, les pieds amont et les chevaliers dessous », raconte une chronique du temps.

Plusieurs seigneurs sont tués par les combattants flamands, qui se sont précipités sur leurs ennemis empêtrés et en profitent pour s'emparer des éperons d'or qui ornent les talons de leurs victimes. Ils offriront leur butin à Notre-Dame de Courtrai. Philippe le Bel lavera l'affront deux ans plus tard lors de la bataille de Mons-en-Pévèle.

NAISSANCE DU JOUR

En 1934, Giorgio Armani, styliste italien.

FAIT DU JOUR

En 2009, Barack Obama effectue sa première visite officielle en Afrique en se rendant au Ghana.

12 JUILLET

C'est la Saint Jean Gualbert

1906
Dreyfus réhabilité

Onze ans après le début de l'Affaire, le 12 juillet 1906, la Cour de cassation casse le jugement du conseil de guerre de Rennes : le capitaine Dreyfus est réhabilité.

Il fut accusé de haute trahison pour avoir livré des documents à l'Allemagne et bien qu'il hurlât son innocence, ce fut en vain : Dreyfus fut condamné. Puis dégradé devant quatre mille soldats dans la cour de l'École militaire, ses insignes et galons arrachés et son épée brisée sur le genou d'un adjudant de la garde républicaine. Il fut ensuite déporté sur la terrible île du Diable, au large de la Guyane.

Mais ce n'était que le début de l'Affaire. La France se divisa en deux camps : dreyfusards contre antidreyfusards. Mathieu Dreyfus s'échina à prouver l'innocence de son frère. L'écrivain Émile Zola s'en mêla avec son célèbre *J'accuse !* Pendant ce temps, le malheureux croupissait au bagne. En 1899, nouveau procès et nouvelle condamnation… Mais il bénéficia cette fois de « circonstances atténuantes » – on le voit par ailleurs. Et écopa de dix ans de détention. La tension ne baissant pas pour autant, le président de la République, Émile Loubet, voulut en finir en signant sa grâce. Dreyfus sortit de prison mais sans être innocenté. Cette demi-mesure ne le satisfaisait pas, il voulait être lavé des accusations qui pesaient sur lui. Il reprit donc son combat judiciaire.

En 1904 s'ouvrit enfin son procès en révision. Deux ans plus tard, il obtenait gain de cause et se voyait réhabilité, « attendu en dernière analyse que de l'accusation portée contre Dreyfus rien ne reste debout », selon les termes de la Cour de cassation. Il fut réintégré dans l'armée et, le 22 juillet, à quelques mètres du lieu de sa dégradation, à l'École militaire, reçut la Légion d'honneur. Il servit ensuite pendant la Première Guerre mondiale avec le grade de lieutenant-colonel.

NAISSANCE DU JOUR

En 1937, Lionel Jospin, homme politique français.

FAIT DU JOUR

En 1998, l'équipe de France de football, menée par Zinedine Zidane, remporte le titre de champion du Monde.

ANGLETERRE
LA MANCHE

13 JUILLET

C'est la Saint Henri II

1793

La mort de Marat

Tout le monde connaît le célèbre tableau de Jacques-Louis David où l'on voit Marat inanimé, le bras pendant hors de sa baignoire, tenant encore une plume à la main. « L'Ami du peuple », comme il était surnommé, fut assassiné le 13 juillet 1793 par Charlotte Corday, au début de la Terreur, lors du tournant radical de la Révolution française. Charlotte Corday appartenait, elle, à une frange modérée des révolutionnaires.

Tôt dans la matinée, un coutelier du quartier du Palais royal à Paris avait reçu dans son échoppe une jeune fille, habillée d'une robe brune et d'un chapeau noir, noué sous le menton. Elle s'était fait présenter quelques modèles et en avait choisi un, muni d'un manche d'ébène. Charlotte Corday avait quitté la boutique, caché le couteau dans son corsage, puis elle s'était engouffrée dans un fiacre, disant seulement au cocher : « Chez Marat ! » L'adresse du n° 20, rue des Cordeliers, était connue à l'époque.

Charlotte frappa à la porte à 9 heures, mais la concierge qui lui ouvrit l'éconduit. À 11 heures, elle fit une nouvelle tentative. Elle se trouva à nouveau chassée, mais réussit tout de même à tendre un billet à l'une des femmes qui vivait dans la maison. Il y était inscrit : « Je viens de Caen. Votre amour de la patrie doit vous faire désirer connaître les complots qu'on y médite. » Vers 19 heures, elle se présenta à nouveau. Marat, cette fois, la reçut.

Il travaillait dans sa baignoire qu'il ne quittait pas afin de soulager une sorte d'eczéma. Charlotte Corday et Marat échangèrent quelques mots. Puis, discrètement, elle s'empara de son couteau, fondit sur lui et planta l'arme dans son côté gauche. L'aorte fut touchée, Marat rendit l'âme. Charlotte tenta de s'échapper, mais elle fut arrêtée.

On la guillotina le 17 juillet. Michelet raconte qu'au moment où sa tête tomba un aide du bourreau, maratiste convaincu, la prit, la montra au peuple et la gifla ! Martyre pour les uns, meurtrière pour les autres, son geste n'arrêta pas la Terreur qui alla en s'intensifiant.

NAISSANCE DU JOUR

En 1927, Simone Veil, femme politique, première présidente au Parlement européen, plusieurs fois ministre, et académicienne.

FAIT DU JOUR

En 1967, Jacques Chirac, alors secrétaire d'État aux Affaires sociales, crée l'Agence nationale pour l'emploi (ANPE).

14 JUILLET

C'est la Saint Camille de Lellis

1790
La fête de la Fédération

Un an après la prise de la Bastille, le 14 juillet 1790, la France semble s'apaiser au terme d'une année révolutionnaire. Elle s'achemine doucement vers l'instauration d'une monarchie constitutionnelle. Ce jour-là, plus de trois cent mille personnes se sont rassemblées sur le Champ-de-Mars. Les députés, les gardes nationaux, les prêtres et, bien sûr, Louis XVI et Marie-Antoinette. Le marquis de La Fayette, d'abord, prête serment, il jure, sur l'autel de la patrie, fidélité au roi, certes, mais aussi à la nation et à la loi. Il adresse un message d'union et de concorde. Vient le tour du roi : « Moi, roi des Français, je jure d'employer le pouvoir qui m'est délégué par la loi constitutionnelle de l'État, à maintenir la Constitution décrétée par l'Assemblée nationale et acceptée par moi et à faire exécuter les lois. » Dans la foulée, comme pour associer toute sa famille royale à ce serment, Marie-Antoinette prend le dauphin dans ses bras et le montre à la foule qui applaudit. Certains croient alors à la communion des Français, à l'union nationale retrouvée.

C'est d'ailleurs cette fête de la Fédération que l'on continue à célébrer chaque 14 juillet, et non la prise de la Bastille comme on le croit en général. Le premier bal du 14 juillet eut lieu le soir même. On dansa sur le Champ-de-Mars et un banquet fut organisé dans les jardins du château de la Muette, aujourd'hui disparu.

Mais c'était un jeu de dupes, le calme avant la tempête, le reflux d'une vague qui s'apprêtait à déferler. Si le roi a prêté serment, il l'a fait à contrecœur. Madame de Staël, la fille de Necker, note ce soir-là que « les personnes capables de réflexion étaient loin de se livrer à la joie générale. Je voyais dans la physionomie de mon père une profonde inquiétude ». Elle voyait juste. À partir de cette date, la Révolution ne cessa plus de se radicaliser.

NAISSANCE DU JOUR

En 1919, Lino Ventura, acteur italien ayant joué notamment dans *Les Tontons flingueurs* et *L'Emmerdeur*.

FAIT DU JOUR

En 1880, les Français célèbrent le 14 juillet comme fête nationale pour la première fois.

15 JUILLET

SIGNATURE DU CONCORDAT

C'est la Saint Bonaventure

1801
Comme Dieu en France...

Bonaparte est furieux ! « Turcs, je nous ferai turcs s'il le faut », hurle-t-il à qui veut l'entendre. La raison de son mécontentement profond est la situation de l'Église catholique en France. Certes, le clergé, depuis le déferlement de la Révolution française, est dans un état déplorable. La vénérable institution a dû subir la nationalisation de ses biens et l'obligation pour les prêtres de prêter serment à la Constitution. Certains prêtres l'ont d'ailleurs refusé tout net, au péril de leur vie. Bonaparte, alors premier consul, exige de composer un épiscopat à son bon plaisir et de regrouper sous sa botte le clergé de l'Ancien Régime, souvent en exil, et le clergé constitutionnel. Il doit convaincre le pape de l'absolue nécessité de la démarche. L'abbé Bernier, habile négociateur, assisté de Joseph Bonaparte, est chargé de la besogne. Sans oublier l'indispensable Talleyrand, alors ministre des Relations extérieures, évêque suspendu et excommunié !

Le 26 Messidor de l'an IX, à minuit, – ce 15 juillet – est signé un concordat qui rétablit les relations officielles entre l'État français et la papauté. Il réorganise la hiérarchie catholique en France. Le 15 août 1801, le pape Pie VII adresse deux bulles, stipulant que les évêques réfractaires toujours en exil et ceux qui sont encore en place, car constitutionnels, doivent tous démissionner. Le concordat se compose de trente-neuf articles dont le premier stipule clairement que la religion catholique, apostolique et romaine sera librement exercée en France. Pour les autres confessions, il reste flou. Les diocèses français sont redécoupés, les évêques sont assujettis au pouvoir du gouvernement et leur nomination procède d'une négociation, qui deviendra parfois âpre, entre l'État et Rome. Le catholicisme assure la paix sociale, essentielle aux yeux du Premier consul, mais il n'est pas considéré comme « religion d'État ». Il est simplement la religion de la majorité des citoyens. Juifs et protestants voient ainsi leur situation nettement améliorée. Le concordat est aujourd'hui toujours en vigueur. Sur ce plan, Bonaparte se montra visionnaire.

NAISSANCE DU JOUR

En 1606, Rembrandt, peintre hollandais.

FAIT DU JOUR

En 1889, la loi Freycinet réduit le service militaire à trois ans.

16 JUILLET

C'est la fête de Saint Notre-Dame du Mont-Carmel

1918
Nuit de sang

La Russie tsariste s'écroule sous les coups redoublés de la Révolution. Les bolcheviks infligent au tsar, à la tsarine et à leurs enfants des brimades de plus en plus douloureuses. Les injures et les vexations se succèdent. La peur que les Romanov soient délivrés de leur détention par des Russes blancs, ou exfiltrés de Russie par les Britanniques – Nicolas II étant le cousin de George V – grandit. Il faut à tout prix en finir avec cette situation instable.

Vers minuit, le 16 juillet, Iakov Iourovski exige que Nicolas II, son épouse et leurs cinq enfants soient réveillés par le docteur Evgueni Sergueïevitch afin de mettre au point les préparatifs d'un voyage dont on tait la destination. Ils sont conduits au sous-sol de la demeure. Le tsar tient son fils, le petit Alexis, dans ses bras. Il demande deux chaises, pour lui et la tsarine. Soudain, dans le silence, s'élève une voix : « Nikolaï Alexandrovitch, les vôtres ont essayé de vous sauver, mais ils n'y sont pas parvenus. Et nous sommes obligés de vous fusiller. Votre vie s'arrête là. » Nicolas II semble ne pas comprendre. Alexandra Fiodorovna se signe.

Un bruit d'apocalypse jaillit dans la pièce étroite et peu éclairée. Les tireurs n'en croient pas leurs yeux : leurs balles semblent ricocher sur les corps des princesses. En fait, l'impératrice et ses filles ont simplement cousu dans la doublure de leurs robes ce qu'il leur restait de bijoux : les balles crépitent donc sur des pierres précieuses. Le malheureux Alexis rampe vers la porte. Le commissaire bolchevik Peter Ermakov lui défonce le crâne à coups de baïonnette. À nouveau s'abat le silence, tandis que l'odeur de la poudre emplit l'espace. Ont également été abattus les domestiques dévoués jusqu'au bout à leur empereur. Les corps sont bientôt recouverts de draps blancs et conduits en camion à quelques kilomètres de là, dans une fondrière. Brûlées à la chaux vive et au vitriol, les chairs ne sont pas encore dissoutes lorsque l'aube éclaire la forêt.

NAISSANCE DU JOUR

En 1930, Guy Béart, chanteur français.

FAIT DU JOUR

En 1701, grâce à Jérôme Phélypeaux, secrétaire d'État à la Maison du roi, est créée l'Académie des inscriptions et belles-lettres, initiée par Colbert.

17 JUILLET

C'est la fête de la Bienheureuse Charlotte

1429

Charles VII à Reims

Il n'est pas toujours facile d'être monarque. Charles VII en a fait souvent l'amère expérience. À 15 ans, il échappe à l'invasion de Paris par les Bourguignons, alliés des Anglais, en se réfugiant à Bourges.

Son père est un triste malade mental et le pouvoir est tombé dans les mains du duc de Bourgogne, Jean sans Peur. Charles est devenu roi en titre, en 1422, mais il n'a pas de royaume. La dynastie anglaise des Plantagenêts revendique son trône et souhaite son élimination pure et simple avec la disparition de la dynastie des Valois ! L'action déterminante d'une demoiselle de 19 ans, issue des Marches de Lorraine, Jeanne d'Arc, va bouleverser les cartes.

Avec courage, celle qu'on appelle la Pucelle affronte à la tête de son armée les troupes anglaises et bourguignonnes, rallume la flamme de l'unité nationale, et gagne victoire sur victoire. Le sacre est décidé pour des raisons politiques et stratégiques, le samedi 17 juillet 1429. Or le sacre d'un roi doit toujours être célébré un dimanche. Qu'à cela ne tienne ! Jeanne d'Arc passe outre, inquiète de voir Charles hésiter encore sur la décision à prendre, qui écoute trop ses conseillers trop prudents. Bien vite, les domestiques hissent les tentures, étendent les tapis, fixent les écussons et les bannières, montent les estrades et placent les fauteuils. Jamais l'auguste cathédrale de Reims n'a connu de nuit plus folle. En outre, il faudra se passer des objets régaliens, comme l'épée et la couronne de Charlemagne, le globe et la main de justice, conservés depuis le Moyen Âge par les religieux de l'abbaye de Saint-Denis, alors située en territoire occupé. Il faudra également suppléer à l'absence de certains pairs du royaume, passés à l'ennemi. Mais si on improvise la cérémonie, on ne la bâcle pas. Et les chroniqueurs du temps se réjouiront moultement de l'éclat et du faste de l'événement.

Commencée à 9 heures du matin, la cérémonie se termine à 14 heures. Jeanne, profondément émue, se jette alors aux pieds de ses souverains, tout en larmes, se réjouissant fort que Charles soit enfin « reconnu comme le vrai roi, celui auquel le royaume de France doit appartenir ».

NAISSANCE DU JOUR

En 1797, Paul Delaroche, peintre français.

HOMME DU JOUR

En 1951, Baudouin devient roi des Belges.

18 JUILLET

C'est la Saint Frédéric

1925

Hitler en prison

Adolf Hitler a lamentablement raté son putsch contre le gouvernement fédéral de la Bavière. Il est alors emprisonné. À ses côtés, se tient un fidèle parmi les fidèles, Rudolf Hess. Il lui dicte ce qui lui paraît non pas un testament politique, mais bien un manifeste destiné à frapper l'opinion publique.

Ce document autobiographique, récit de la naissance du parti nazi, reçoit pour premier titre *Viereinhalb Jahe, des Kampfes gegen Lüge, Dummheit und Feigheit*, « Quatre ans et demi de lutte contre les mensonges, la stupidité et la couardise ». Mais Hitler le change et retient pour finir *Mein Kampf, Eine Abrechnung*, « Mon combat, un bilan ». Il y évoque le désir d'assimilation culturelle des juifs au nom des lois raciales et y annonce clairement le programme du parti nazi, fondé sur un axe fort : réunir les territoires à population germanique et assurer en Europe de l'Est un « espace vital » allemand. *Mein Kampf* est aussi un brûlot contre la France et le traité de Versailles qui y est impitoyablement condamné. La nation allemande doit désormais renaître et rien ne saurait entraver sa marche et ses conquêtes futures.

Le livre, vendu au prix élevé de douze Reichsmark, publié le 18 juillet 1925, va connaître un succès de librairie tardif. Après 1930, les tirages suivent la fulgurante ascension de son auteur, devenu chancelier, et en cinq ans, il s'en vendra 1,5 million d'exemplaires. Le livre sera même offert en cadeau aux jeunes couples allemands !

NAISSANCE DU JOUR

En 1917, Henri Salvador, chanteur français.

FAIT DU JOUR

En 1921, le pédiatre Benjamin Weill-Hallé et le professeur Raymond Turpin vaccinent pour la première fois un nouveau-né avec le vaccin antituberculeux (BCG) inventé par Albert Calmette et Camille Guérin.

19 JUILLET

C'est la Sainte Macrine la Jeune

1900
Métro tout beau

L'ouverture de l'Exposition universelle approche à grands pas. Il faut à tout prix que le projet fou du métro parisien voie le jour. On y songe depuis 1845. À l'époque, le gouvernement pensait à étendre un réseau de chemin de fer à Paris, installer un mode de transport qui se situerait entre l'omnibus et le tramway hippomobiles. On hésita, on discuta, on se chamailla. Entre 1856 et 1890, plusieurs projets furent élaborés, mais aucun n'aboutit.

Enfin, le 20 avril 1896, est adopté le projet de Fulgence Bienvenuë et d'Edmond Huet, « le chemin de fer métropolitain ». Une loi du 30 mars 1898 le déclare d'utilité publique. Un cahier des charges précise qu'il sera souterrain, à traction électrique, avec une voie à écartement normal et un gabarit de 2,40 mètres. Il est en effet hors de question que d'autres trains puissent entrer dans la capitale en ayant recours à des voies ferrées. Les raisons d'ordre militaire et stratégique, voire politique, sont évidentes.

La première ligne qui dessert la porte de Vincennes et la porte Maillot est inaugurée de manière fort discrète le 19 juillet 1900 car la compagnie souhaite, sécurité oblige, une montée en charge progressive. Les Parisiens, pourtant si souvent blasés, se montrent néanmoins immédiatement séduits. Ainsi commence la grande histoire, parfois houleuse, des transports publics de la capitale !

NAISSANCE DU JOUR

En 1834, Edgar Degas, peintre français.

FAIT DU JOUR

En 2001, le Tchadien Ahounta découvre dans le désert de Djourab le crâne, dit de Toumaï, d'un préhumain qui vivait il y a sept millions d'années.

20 JUILLET

C'est la Saint Aurèle

1969

« On a marché sur la Lune »

Qu'en aurait pensé Bélise, personnage des *Femmes savantes de Molière*, qui déclare avoir vu des clochers dans la Lune ? Lancé par le président Kennedy en 1961, le programme *Apollo* reçoit une mission claire : faire marcher un homme sur la Lune et damer le pion à l'Union soviétique. Alors que le monde est en pleine Guerre froide, il faut clairement lui prouver la supériorité écrasante de l'Oncle Sam !

La NASA, l'agence spatiale américaine, lance donc plusieurs programmes, d'*Apollo 7* à *Apollo 10*. Ces opérations doivent permettre de parfaire la qualification des vaisseaux. Elles se déroulent sans encombre. Parvenu à terme, *Apollo 11* peut donc réunir son équipage : Neil Armstrong, Edwin Buzz Aldrin, Michael Collins, pilotes de chasse émérites, tous trois sélectionnés avec soin grâce à une batterie de tests. Car les risques sont grands. De fait, le décollage de la Lune et l'utilisation de la combinaison spatiale sur le sol lunaire n'ont jamais encore été testés.

Après un vol sans encombre, Neil Armstrong effectue ses premiers pas sur la Lune le lundi 21 juillet à 3 h 56 minutes et 20 secondes, heure française. Comme Hergé l'avait imaginé quelques années plus tôt… Des millions de spectateurs retiennent leur souffle devant leur petit écran lorsque l'astronaute lance son message demeuré célèbre : « *That's one small step for man, one giant leap for mankind* », « C'est un petit pas pour un homme, mais un pas de géant pour l'humanité ». Le drapeau américain peut flotter fièrement sur le sol lunaire.

Les trois hommes, les trois héros bientôt fêtés par le monde entier, vont rester sur l'astre froid si cher aux poètes pendant vingt et une heures et trente-six minutes. L'exploit demeure incroyable, encore aujourd'hui !

NAISSANCE DU JOUR

En 1921, Francis Blanche, acteur et humoriste français ayant joué notamment dans *Les Tontons flingueurs*.

FAIT DU JOUR

En 19644, un complot contre Adolf Hitler est organisé. Il échoue.

21 JUILLET

C'est la Saint Victor de Marseille

1831

Un roi pour les Belges

Cela fait des mois et des mois qu'un profond courant révolutionnaire secoue l'Europe entière. À Paris, Charles X a été contraint à abdiquer puis à partir en exil. En Belgique, les patriotes souhaitent la fin de la domination hollandaise et l'unité de leur nation. D'abord marié à la princesse de Galles, Charlotte-Augusta, fille du roi George IV de Grande-Bretagne, Léopold, prince de Saxe-Cobourg et Gotha, né le 16 décembre 1790, est destiné à devenir prince consort d'Angleterre. Mais la mort emporte en couches la jeune femme à 21 ans. Inconsolable, le prince traîne sa mélancolie, se voit d'abord proposé, par le jeu des alliances et de la diplomatie, le trône de Grèce. Le projet n'aboutit pas.

Cependant, après la fin de la Révolution au plat pays et la décision du Congrès belge, il reçoit l'offre de monter sur le trône comme premier souverain du royaume nouvellement formé. Le 4 juin 1831, il est élu par cent cinquante-trois voix sur cent quatre-vingt-seize. Et c'est le 21 juillet de la même année qu'il prête serment sur les marches de l'église Saint-Jacques-sur-Coudenberg.

La Constitution, qui garantit et limite les pouvoirs du nouveau monarque, est restée en vigueur jusqu'aux années soixante. Courageux, acharné au travail, sérieux jusqu'à l'austérité, le roi Léopold laisse le souvenir d'une intégrité sans tache, ce qui mérite d'être souligné !

NAISSANCE DU JOUR

En 1971, Charlotte Gainsbourg, fille de Serge Gainsbourg, actrice et chanteuse.

HOMME DU JOUR

En 1985, le Français Bernard Hinault remporte son cinquième Tour de France.

22 JUILLET

C'est la Sainte Marie-Madeleine

1209
Le sac de Béziers

L'hérésie est partout et l'Église fulmine. Comment détruire totalement l'abominable fléau qu'est le catharisme ? La violence fait rage dans les beaux États du très tendre Raymond VI, le puissant et pourtant si fragile comte de Toulouse, tandis que le légat du pape, Pierre de Castelnau, est assassiné. C'en est trop pour Innocent VIII qui lance une croisade sainte contre les albigeois.

Aussitôt, les hommes d'armes décident d'attaquer les vicomtés de Béziers, du Razès, d'Albi et de Carcassonne. À la tête de ces villes riches et florissantes se tient un jeune homme, Raimond-Roger Trencavel. Le vicomte, certain du sort atroce qui attend ses compatriotes, tente désespérément de négocier avec un ennemi qui ne veut rien entendre. L'abbé de Cîteaux, le nouveau légat du pape, exige une totale et définitive soumission. C'est perdre l'honneur. Raimond-Roger retourne à Béziers et place sa bonne ville en état de siège. Il la quitte ensuite, promettant de lui envoyer une armée de secours. Les remparts de la cité semblent inébranlables, autant que ses habitants. Les murs sont si épais que lorsque les croisés en aperçoivent les tours, ils songent que le siège sera fort long.

Le 22 juillet 1209, la chaleur est intense et des ribauds veulent se baigner dans l'Orb. Une poignée d'entre eux tente une sortie, sans doute pour narguer l'armée des assaillants. Leur geste est insensé. Ils se trouvent aussitôt submergés et, dans un désordre indescriptible, ne parviennent pas à empêcher l'armée ennemie de pénétrer dans la ville.

Massacres et pillage commencent. Les chevaliers mettent le feu à la ville. Le vicomte Raimond-Roger Trencavel mourra en prison, certainement assassiné, en décembre 1209, après que Carcassonne fut à son tour tombée. Le légat du pape aurait eu, lors du sac, ces paroles célèbres et glaçantes : « Tuez-les tous, Dieu reconnaîtra les siens. » La tuerie de Béziers suscita la terreur parmi les populations pendant des années…

NAISSANCE DU JOUR

En 1882, Edward Hopper, peintre américain.

FAIT DU JOUR

En 1894, le comte de Dion gagne la première course automobile de l'Histoire en reliant Paris à Rouen en 9 heures 40 !

C'est la Sainte Brigitte de Suède

1952
Farouk contraint à l'exil

C'est un coup d'État, et rien de moins. Celui du Mouvement des officiers libres, dirigé par Mohammed Naguib et un certain Abdel Nasser. Il a pour but de renverser le roi Farouk Ier et, surtout, d'en finir avec l'occupation britannique. Il se fait quasiment sans résistance contre un souverain fort critiqué pour son style de vie et ses amitiés occidentales.

Pourtant, lorsqu'il monte sur le trône, à 16 ans, le 28 avril 1936, le cœur des Égyptiens bat la chamade pour ce jeune homme très pieux, qui est si proche du mouvement Jeune Égypte et des Frères musulmans. Ceux-ci prônent des liens plus étroits entre le monde arabe et leur patrie ainsi que le renforcement de la représentation religieuse islamique au sein du gouvernement. Mais, peu à peu, Farouk, subjugué par le pouvoir royal, la facilité qu'il suppose, exige toujours davantage de luxe, multiplie les palais, la captation des terres agricoles, les voyages incessants. De surcroît, sa position durant la Seconde Guerre mondiale ternit largement sa réputation. Ses opposants, de plus en plus nombreux, dénoncent la corruption.

La poursuite de l'occupation militaire britannique sur le sol égyptien suscite une colère sourde, mais la défaite égyptienne, lors du conflit israélo-arabe, en 1948, met le feu aux poudres. Exaspéré par une situation qui ne cesse de se dégrader, Nasser et une poignée d'hommes parviennent sans peine à renverser Farouk en ce 23 juillet 1952, qui abdique en faveur de son fils, le prince Fouad, alors âgé de 6 mois. À Mohammed Naguib, reviennent les fonctions de Premier ministre. Le 18 juin 1953, la monarchie est abolie. Le roi est contraint à l'exil. Il va mener sur la Riviera, de palace en palace, la vie morne et dorée des monarques exilés, et inspirera toutes sortes d'histoires et légendes.

NAISSANCE DU JOUR

En 1892, Haïlé Sélassié Ier, empereur d'Éthiopie et considéré par les Rastas comme le « dirigeant légitime de la Terre ».

FAIT DU JOUR

En 1983, le commandant Pearson réussit l'exploit de poser son Boeing 767, tombé en panne sèche après une erreur de calcul de l'employé chargé de remplir le réservoir de l'avion.

24 JUILLET

C'est la Sainte Christine

1911
La cité d'or

L'homme n'en croit pas ses yeux. La légende disait-elle vrai ? Il existe bel et bien une cité engloutie par les siècles, une ville sacrée dont les textes anciens parlent comme d'un miracle architectural. Et rien, ni l'imposante végétation qui étouffe l'enchevêtrement des pierres disjointes, ni la pluie qui tombe en rafales ne peut distraire Hiram Bingham, un jeune Américain de 36 ans, archéologue mandaté par l'université de Yale, du spectacle inouï qui s'offre à lui ce 24 juillet 1911. À ses côtés, se tiennent le sergent de la garde civile Carrasco et un jeune paysan, Melchor Arteaga. Hiram, qui servira de modèle au célébrissime explorateur Indiana Jones, se trouve en face de la cité inca, Machu Picchu, « Vieille Montagne » en langue quecha.

Perchée à deux mille mètres d'altitude, la ville a été construite de murs en grosses pierres assemblées sans mortier, selon une technique parfaitement maîtrisée par les Incas. Édifiée vers 1450, donc avant l'arrivée des conquistadores espagnols, elle devait servir de lieu de villégiature et de repos à l'empereur Pachacutec et à sa famille. Environ quelque six cents privilégiés profitaient de la vue grandiose et du calme, loin de l'agitation de la capitale, Cuzco. Le fils du soleil pouvait alors, chaque matin, sacrifier aux rites au lever de l'astre flamboyant et l'on sait aujourd'hui que plusieurs des édifices les plus imposants avaient une signification religieuse. Lorsque l'empire tout entier tomba aux mains des conquistadores, avides d'or et d'argent, la cité fut vite abandonnée. Seule connue des Indiens et de quelques initiés, elle s'endormit, manifestement inviolée. Sa découverte suscita dans le monde entier une considérable émotion.

NAISSANCE DU JOUR

En 1802, Alexandre Dumas, écrivain français auteur notamment des *Trois Mousquetaires* et de *La Reine Margot*.

FAIT DU JOUR

En 1793, Joseph Lakanal fait adopter une loi confirmant le principe de la propriété littéraire dans la limite de dix ans après la mort.

25 JUILLET

C'est la Saint Jacques

1909
Une si belle traversée

Il porte de bien belles moustaches, une solide poignée de main et un franc sourire. Il est ingénieur de l'École centrale, constructeur de lanternes pour automobiles, de motocyclettes et de chars à voile. Il est surtout fou d'aviation et obtient le premier brevet de pilote délivré en France. Son nom est Louis Blériot.

Il veut voler et faire reculer les limites de l'impossible. Il va y réussir. Un projet fou circule en ce début du XXe siècle : être le premier à voler au-dessus de la Manche ! Blériot hésite et finit par s'inscrire, le 19 juillet, dans l'après-midi, pour tenter sa chance. Le 25 juillet 1909, il décolle au lever du soleil, condition exigée par le *Daily Mail,* qui a lancé ce défi fou. Le gagnant emportera la somme astronomique de vingt-cinq mille francs or.

Bien que blessé au pied, Louis Blériot parvient à effectuer la traversée en seulement trente-sept minutes, ralliant Douvres depuis les Baraques, près de Calais, aux commandes du Blériot XI, conçu en collaboration avec son ami Raymond Saulnier. Après sa victoire, il va lancer en série la fabrication de l'avion qui a lui a permis de gagner. Il devient célèbre dans le monde entier et nombreux sont les adolescents qui, le nez vers le ciel, se prennent à rêver…

NAISSANCE DU JOUR

En 1934, Claude Zidi, réalisateur français du film *L'Aile ou la Cuisse*.

FEMME DU JOUR

En 1978, Louise Brown naît en Angleterre. Elle est le premier bébé-éprouvette.

26 JUILLET

C'est la Sainte Anne et la Saint Joachim

1847

Naissance du Liberia

Le fait n'est pas commun. Ce pays d'Afrique de l'Ouest, bordé au sud par l'océan Atlantique, au nord-ouest par la Sierra Leone, a été fondé par une société américaine de colonisation, The National Colonization Society of America, dans le but d'y établir des esclaves noirs libérés. Éclatent alors entre les autochtones et les Américains-Libériens des heurts graves. Le sang coule. Le 26 juillet 1847, le Liberia devient une République indépendante.

La population indigène n'en profite guère : elle connaît le sort épouvantable de ceux qui travaillent dans les pires conditions pour le compte de multinationales spécialisées dans l'industrie florissante du caoutchouc. Le gouvernement, représenté depuis le début par un seul parti, le True Whig, est contraint à la démission lorsque, en 1931, le scandale de cette exploitation éclate. En 1936, le nouveau gouvernement interdit le travail forcé. Mais les autochtones, toujours privés du droit de vote, restent malgré tout des citoyens de second ordre. Une période de prospérité de vingt années accroît encore le profond clivage entre deux clans, deux parties de la population. Le pays bascule alors dans la guerre civile et, le 12 avril 1980, le parti True Whig est renversé par un coup d'État mené par un autochtone, Samuel Kanyon Doe. Le président William Tolbert est assassiné ainsi que plusieurs de ses ministres. Les troubles ne cessent plus, les gouvernements se succèdent, la corruption fait rage.

Entre 1989 et 1997, deux vagues de guerres civiles causent plus de cent cinquante mille morts. La devise nationale – « *The Love of liberty brought us here* », « C'est ici que nous a amené l'amour de la liberté » – retentit bien étrangement dans ce pays. Aujourd'hui, le choix de la démocratie semble avoir mené le Liberia hors du chaos.

NAISSANCE DU JOUR

En 1928, Stanley Kubrick, réalisateur américain des films *Orange mécanique* et *Shining*.

HOMME DU JOUR

En 1908, Charles Bonaparte, petit-neveu de Napoléon Ier, crée le FBI.

C'est la Sainte Nathalie

1214

« Le dimanche de Bouvines »

1202. Rien ne va plus entre le roi de France Philippe Auguste et le roi d'Angleterre Jean sans Terre. Le premier reproche au second de ne pas avoir rendu la justice à l'un de ses vassaux. En réaction, il s'empare de la Normandie, en 1204, et de terres situées au bord de la Loire. Pour se venger, quelques années plus tard, Jean décide de réunir une coalition destinée à récupérer les territoires conquis et, pourquoi pas, à annexer l'ensemble du royaume de France ! Le rejoignent dans ce but le comte de Hollande, Guillaume Ier, Ferrand, comte de Flandre, le duc de Brabant, le duc de Lorraine et surtout Otton IV, l'empereur romain germanique. Philippe sait que le sort de son royaume dépend de cette guerre. Il dépêche son fils, le futur Louis VIII, afin de garder la Loire. Bien lui en prend : le jeune prince s'y montre courageux, zélé et excellent chef de guerre.

De son côté, le roi de France masse ses troupes sur le front nord. Puis mille trois cents chevaliers et près de six mille piétons, les gens d'armes, plantent l'oriflamme de Saint-Denis devant Tournai. Philippe Auguste bout d'impatience. Il veut en finir et attaquer. Prudents, conscients de leur infériorité numérique, ses barons le lui déconseillent. Le roi se replie alors sur Lille. Du côté adverse, l'empereur Otton est persuadé que les Français, des couards, refusent de livrer la bataille. Arrivés à proximité d'un étang, sur la droite, et d'un bois sur la gauche, le 27 juillet 1214, ceux-ci doivent traverser le pont de Bouvines. Face à cet étrange entonnoir, Otton pense avoir déjà gagné. Mais l'armée du roi de France se retourne alors brusquement et surprend la nombreuse troupe de l'empereur. La bataille fait rage. Otton rêve d'occire le roi Philippe. Mais c'est lui, qui, menacé par des chevaliers français, ne doit sa vie qu'à la fuite, sous un déguisement ! Le comte Ferrand se rend. Il passera quinze ans de sa vie emprisonné au château du Louvre. Otton perd sa couronne. Et le roi Jean est dépossédé de la Normandie, du Maine, de l'Anjou, de la Touraine et de la Bretagne. Il repart, penaud, en Angleterre.

NAISSANCE DU JOUR

En 1927, Gisèle Halimi, militante de la cause féministe.

FAIT DU JOUR

En 1979, Bernard Pivot reçoit Valéry Giscard d'Estaing sur le plateau d'*Apostrophes*. C'est la première fois qu'un président en exercice participe à l'émission.

28 JUILLET

C'est la Saint Samson

1794
L'Incorruptible à l'échafaud

La charrette roule lentement vers la place de la Révolution. Le 28 juillet 1794, la foule hurle et ceux qui acclamaient jadis Maximilien de Robespierre, chef incontesté du parti jacobin, lui crachent désormais dessus et l'insultent. À ses côtés, François Hanriot, défiguré par un coup de baïonnette et un cadavre, celui de Philippe-Joseph Le Bas. Tous ont été perdus par le complot du 9 Thermidor qui a mis fin à la tyrannie de l'homme le plus puissant de France.

À 16 h 30, la charrette qui transporte les condamnés parvient sur le quai de Seine. Arrivée devant la maison de Robespierre, elle marque une pause, le temps que la façade soit barbouillée de sang.

Il est 18 h 15. La guillotine dessine dans le ciel son ombre lugubre. Saint-Just, le fidèle ami, embrasse l'infirme Georges Couthon, Montagnard convaincu, passe devant Maximilien et lui murmure simplement « Adieu ».

L'Incorruptible a le visage ensanglanté. Il porte un pansement et lorsque le bourreau le lui arrache, son tour venu, il ne peut s'empêcher de crier de douleur. Il est le dixième des condamnés à se laisser glisser sous la lunette. Sa tête tombe bientôt. Elle est exhibée devant le peuple, sous des applaudissements frénétiques. Les prisons vont bientôt s'ouvrir et la vie reprendre !

NAISSANCE DU JOUR

En 1887, Marcel Duchamp, peintre français naturalisé américain.

FAIT DU JOUR

En 1951, les studios Disney sortent au cinéma l'adaptation du roman de Lewis Carroll, *Alice au pays des merveilles*.

29 JUILLET

C'est la Sainte Marthe

1907
Le scoutisme est né

Leur silhouette est bien connue ainsi que leur geste, lorsqu'ils prêtent serment, la main levée, deux doigts tendus ! « Toujours prêts ! », à bien faire, être solidaires, sains, sportifs et l'on en passe, les scouts suscitent l'admiration ou un sourire amusé selon les opinions des uns et des autres.

Le scoutisme est un mouvement de jeunesse, comptant aujourd'hui trente-huit millions de membres répartis dans le monde et présent dans deux cent dix-sept pays.

Et c'est à Robert Baden-Powell qu'on le doit – comme on le voit par ailleurs dans ce livre. C'est lors du siège de Mafeking, en Afrique du Sud, au cours de la seconde guerre des Boers, que ce militaire a l'idée géniale d'utiliser les jeunes de la ville, les cadets, pour porter des messages à pied ou à vélo et de les recruter comme sentinelles ou éclaireurs.

À la libération de la ville, Baden-Powell est acclamé comme un héros. Il publie ses observations dans un petit livre, *Aids to scouting. Scouting* ou « l'Art des éclaireurs ». Le succès est foudroyant. La jeunesse anglaise est conquise. L'« art d'apprendre aux jeunes à faire la paix » va bientôt naître.

NAISSANCE DU JOUR

En 1805, Alexis de Tocqueville, sociologue et philosophe, grand penseur de la démocratie.

HOMME DU JOUR

En 1996, Marie-José Pérec devient la première athlète française triple championne olympique après sa victoire aux 200 et 400 mètres aux JO d'Atlanta.

C'est la Sainte Juliette

1940

La bataille d'Angleterre

La situation des Alliés paraît désespérée. La France est coupée en deux. Les Allemands ont atteint la Manche. En mai 1940, neuf mois de « Drôle de guerre » ont conduit à la défaite de notre pays. Le maréchal Pétain, devenu président du Conseil, a signé un armistice avec le chancelier Hitler. Le Premier Ministre britannique, Winston Churchill, refuse de suivre cet exemple. Hitler ne voit pas alors d'autre solution que d'envahir l'Angleterre qui, seule, résiste.

Entre le 30 juillet 1940 et mai 1941, la bataille d'Angleterre va devenir une étape décisive pour la poursuite de la Seconde Guerre mondiale. Elle va opposer les armées de l'air britannique, la redoutable et fameuse Royal Air Force, aux appareils de la Luftwaffe allemande, décidée à détruire coûte que coûte les avions, les ports et les infrastructures permettant à l'Angleterre de construire du matériel militaire.

Hitler poursuit un autre objectif : terroriser les populations anglaises et pousser le gouvernement à faire la paix avec l'Allemagne. C'est compter sans l'acharnement de sir Winston, qui, brandissant son cigare comme un sceptre, exige tout et davantage de ses pilotes et de ses compatriotes. Hurricane contre Messerschmitt, duels frénétiques en plein ciel, utilisation systématique des radars, prouesses techniques, bombardements, attaques des aérodromes anglais et terribles pertes humaines des deux côtés d'ailleurs... la bataille d'Angleterre se solde par l'échec allemand grâce à la mobilisation d'une nation tout entière, à l'importance des radars et aux déchiffrages des communications nazies qui ont donné une longueur d'avance aux Britanniques. Winston Churchill va pouvoir encore faire longtemps le V de la victoire.

NAISSANCE DU JOUR

En 1863, Henri Ford, constructeur automobile.

FAIT DU JOUR

En 1974, le gouvernement de Robert Bourassa vote la loi qui fait du français la langue officielle du Québec.

31 JUILLET

C'est la Saint Ignace de Loyola

1451

La chute de Jacques Cœur

Il est à son époque l'homme le plus riche du royaume. Marchand, négociant, banquier, grand argentier de France, familier du roi Charles VII, Jacques Cœur n'en finit plus d'étaler sa gloire et sa fortune. Né à Bourges, vers 1395, fils du marchand pelletier le plus riche de son temps, il a très tôt acquis la réputation d'être un surdoué des affaires. Devenu un spécialiste de la monnaie, mais d'une moralité vite douteuse, il a pour ambition démesurée de rivaliser avec les Vénitiens, les Pisans et les Génois dans le commerce du Levant.

Son succès est fulgurant. Il acquiert une bonne douzaine de navires qui sillonnent la Méditerranée et sa fortune devient immense. Grâce à son habileté, le voici bientôt protégé par le roi et surtout par la favorite du souverain, la délicieuse Agnès Sorel.

Très jalousé pour sa foudroyante réussite, il est bientôt accusé de l'avoir assassinée, ce qui est faux et il est arrêté pour crise de lèse-majesté. Charles VII oublie vite les services inestimables qu'il a rendus à sa couronne, le dépouille de ses biens, et le fait emprisonner le 31 juillet 1451.

Lors de son procès, inique, Jacques Cœur répond de tout, et, simplement, justifie tout. Reconnu coupable, il doit verser une amende de trois cent mille écus, en étant condamné au bannissement.

De Poitiers où il est d'abord emprisonné, il parvient à s'évader, gagne la Provence, puis Rome. Il se met au service du pape, Calixte III, lance une expédition sur l'île génoise de Chio, menacée par les Ottomans, et meurt, vraisemblablement de la dysenterie, le 25 novembre 1456.

NAISSANCE DU JOUR

En 1914, Louis de Funès, acteur comique du cinéma français.

HOMME DU JOUR

En 1964, *Ranger 7*, une sonde spatiale américaine, envoie à la Terre plus de quatre mille photographies de la Lune et permet de découvrir que son sol est composé de cratères.

C'est la Saint Alphonse-Marie de Liguori

1291

Un mythe fondateur pour la Suisse

Rodolphe de Habsbourg, le tout-puissant empereur germanique, vient de mourir. Prévoyant les perpétuels troubles de succession, les hommes libres des cantons suisses d'Ur, Schwytz et Nidwald renouvellent au début du mois d'août – la date exacte est inconnue – un pacte d'alliance juridique et de défense éternelle qui marque la fondation de la Confédération des III cantons.

Le texte, qui n'est pas signé, rédigé de manière très libre, a laissé libre cours à bien des explications fantaisistes. Tombé dans l'oubli, redécouvert au XVIIIe siècle, certains l'estiment forgé à partir de légendes. Toujours est-il que ce pacte, ce fameux serment de Grütli, acte fondateur de la Suisse, est retenu comme fête nationale et commémoré le 1er août, la première fois en 1994.

Aujourd'hui, cortèges, feux de joie, promenades aux lampions, allocutions diverses, brunchs dans les fermes et allocution télévisée du président de la Confédération suisse ponctuent ce jour de liesse éminemment populaire.

NAISSANCE DU JOUR

En 1799, la comtesse de Ségur, femme de lettres française.

FAIT DU JOUR

En 1960, le président de la République française, Charles de Gaulle, proclame l'indépendance du Dahomey, ancien nom de la République du Bénin.

2 AOÛT

C'est la Saint Pierre-Julien Eymard

1589

Vive Henri IV !

Rien n'est simple lorsque l'on naît Henri de Bourbon et que son père et sa mère se sont convertis à la religion protestante. Rien n'est simple non plus lorsqu'on a pour première belle-mère la terrible Catherine de Médicis, pour beaux-frères deux rois, Charles IX et Henri III. Rien n'est simple, enfin, quand on est contemporain de l'une des périodes les plus troubles, les plus sanglantes de l'histoire de France.

Et pourtant, malgré les complots, les guerres, les revirements d'alliances, les compromissions, les trahisons, Henri, prince héritier, puis roi de Navarre, parvient à ceindre la couronne ! Avec un réel talent et du courage à revendre, ce grand amoureux des femmes, à l'accent gascon épouvantable et qui sent l'ail, va devoir renoncer à la religion réformée.

Si Paris vaut bien une messe, il lui faut attendre la mort brutale d'Henri III, assassiné par un moine fanatique, et combattre la Ligue, coalition des princes catholiques qui haïssent le Béarnais. À lui désormais de régner.

Et surtout, il lui faut, patiemment, reconquérir un royaume meurtri, épuisé, calmer les esprits, louvoyer entre protestants et catholiques – acharnés à défendre prérogatives ou suprématie – et se battre contre tous ceux, et ils sont nombreux, qui ne le reconnaissent toujours pas comme légitime souverain. Mais son sacre, à Chartres, sa conversion – la sixième – à la foi catholique, son sens inné du pardon et son désir de gouverner sans esprit de revanche vont finir par lui rallier les Français.

NAISSANCE DU JOUR

En 1932, Peter O'Toole, acteur irlandais ayant notamment joué dans *Lawrence d'Arabie*.

FAIT DU JOUR

En 1870, le métro de Londres, construit par James Henry Greathead, est mis en service.

3 AOÛT

C'est la Sainte Salomé la Myrophore

1492
Christophe Colomb largue les amarres

L'homme regarde calmement la mer. N'est-il pas le protégé de la reine Très Catholique Isabelle ? Ne lui doit-il pas de tenter ce pari fou, découvrir une nouvelle route vers les Indes ? Face à lui, deux caravelles, la *Pinta* et la *Niña* et une caraque, la *Santa Maria*. Pas plus de quatre-vingt-dix membres d'équipage. Christophe Colomb fait un signe. Les bateaux larguent leurs amarres ce 3 août 1492. L'aventure peut commencer.

Première escale aux Canaries pour s'approvisionner en bois, eau et vivres. Puis, direction plein ouest. Entrée dans la mer des Sargasses, région située à mille six cents kilomètres de nos côtes américaines. Les vents faiblissent. Aucune terre en vue. Colomb a alors l'idée d'observer le vol des oiseaux, de les suivre en mettant le cap à l'ouest-sud-ouest. Les vivres et l'eau commencent à manquer. L'impatience gagne l'équipage. Enfin, le 12 octobre, à 2 heures du matin, un cri : « Terre, terre ! »

Christophe Colomb pense avoir atteint les Indes orientales. Il baptise les lieux San Salvador. Lorsqu'il rencontre les premiers indigènes, il les nomme tout naturellement Indiens ! Ces derniers lui apportent du coton, des petits bijoux, des perroquets, se montrent pacifiques. Le 6 décembre, nouvelle découverte, cette fois baptisée Saint-Domingue. La seule escarmouche notable a lieu avec les Arawaks, dénoncés comme cannibales par des tribus rivales. On décide prudemment de battre en retraite.

Enfin, le 16 janvier 1493, Christophe Colomb, pressé par son équipage et ses officiers, met le cap vers l'Espagne. Un homme vient d'entrer dans l'Histoire.

NAISSANCE DU JOUR

En 1811, Elisha Otis, inventeur de l'ascenseur.

FAIT DU JOUR

En 1778, Antonio Salieri inaugure la Scala de Milan en y interprétant l'opéra *Europa riconosciuta*.

C'est la Saint Jean-Marie Vianney

1789
La folle nuit révolutionnaire

Une partie de la France a peur. Affreusement. Dans certaines régions, les paysans pillent les châteaux, mettent le feu aux archives, à ces livres terriers tellement honnis qui servent à établir les droits seigneuriaux. À Paris, l'Assemblée constituante doit donner une réponse à ces insurrections qui éclatent un peu partout sur le sol national. Que faire ? Réaffirmer les valeurs de la propriété sacrée ? Ou oser changer, du tout au tout, des coutumes séculaires, nées de la nuit des temps ?

C'est de la grande noblesse que, dans cette réunion, partent les suggestions que l'on pourrait juger révolutionnaires. Ainsi, le duc d'Aiguillon lance le premier, au Club breton, l'idée d'une abolition des droits seigneuriaux. De même que l'égalité de tous devant l'impôt et le rachat de ces mêmes droits. Dans une ambiance indescriptible de surenchère, on décide de supprimer les banalités, les pensions sans titre, les juridictions seigneuriales, le droit de chasse, les privilèges ecclésiastiques.

Mais il revient à Louis Marc Antoine, vicomte de Noailles, de monter, enthousiaste, à la tribune de l'Assemblée en fin de soirée et de demander la suppression définitive des privilèges afin de ramener le calme dans les provinces. Détail savoureux : le fils de la duchesse de Noailles, que Marie-Antoinette nommait avec humour *Madame Étiquette,* simple cadet de famille, n'avait aucune terre, aucun domaine... Et ne percevait donc d'aucune façon le moindre liard provenant de droits féodaux.

En une nuit, celle du 4 août, le fondement millénaire du système des Ordres s'effondre. Louis XVI est furieux et impuissant. « Je ne consentirai jamais à dépouiller mon clergé, ma noblesse. Je ne donnerai pas ma sanction à des décrets qui les dépouilleraient. C'est alors que le peuple français pourrait m'accuser d'injustice et de faiblesse », écrit-il à l'archevêque d'Arles. Lally-Tollendal le proclamera, ironie du sort, le « restaurateur des libertés françaises ».

NAISSANCE DU JOUR

En 1821, Louis Vuitton, créateur de la marque de maroquinerie de luxe.

FAIT DU JOUR

En 1698, ce jour-là, Dom Pérignon découvre le procédé de fabrication du champagne.

5 AOÛT

C'est la Saint Abel de Lobbes

1492
Charles VI perd la tête

Forêt du Mans, le 4 août 1492. Accompagné de la fine fleur de ses chevaliers, le roi de France chevauche péniblement entre les arbres à cause de la chaleur. Il s'est décidé à rendre sa justice dans une affaire bien délicate. En effet, Pierre de Caron a tenté d'assassiner Olivier V de Clisson et les oncles du monarque, ainsi que ses barons, exigent vengeance. Le roi doit donc trancher.

Charles prend la tête de l'armée et quitte Le Mans. Vêtu d'un surcot de drap noir et épais, de chausses noires, d'un bonnet rouge, il chevauche sous un soleil de plomb. Soudain, devant la monture qui se cabre, se précipite un homme habillé de guenilles, qui hurle à pleins poumons : « Arrête, noble roi, ne passe pas outre, tu es trahi ! » Les princes, les seigneurs, se précipitent, font lâcher à l'énergumène la bride du cheval.

Plus tard, tandis que le soleil cogne encore plus fort, un page qui tenait une lance s'endort. L'arme heurte le casque d'un autre page. Le bruit fait sortir brutalement Charles de sa torpeur. Qui, d'un coup, se rue sur ses hommes, hurlant à son tour : « Sus, sus aux traîtres. Ils veulent me livrer ! » Épée en main, le roi se précipite sur son frère, le prince Louis, qui parvient à parer ses coups. Quatre hommes auront moins de chance. Tués par le roi, ils gisent, ensanglantés sur la plaine sablonneuse. Les princes attendent que leur souverain reprenne ses esprits. On l'étend sur l'herbe, on lui retire ses armes. Il ne semble plus reconnaître ses compagnons ; pas même son frère. Hagard, il bredouille des mots sans suite. Enfin, il devient muet.

Lorsqu'il recouvre ses esprits, le malheureux pleure amèrement la mort de ces innocents. Un vieux médecin appelé à son chevet voit dans cette maladie une folie héritée de sa mère. Les crises, de plus en plus violentes, ne vont plus quitter le jeune souverain. Qu'on se le dise, le roi de France est fou !

NAISSANCE DU JOUR

En 1910, Bruno Coquatrix, directeur de l'Olympia entre 1954 et 1979.

FAIT DU JOUR

En 1972, grâce à Michel Debré, ministre de la Défense de Georges Pompidou, l'École polytechnique est accessible aux femmes. Anne Chopinet-Duthilleul sort major du premier concours qui leur est ouvert.

6 AOÛT

C'est le jour de la Transfiguration

1945

La bombe

Harry S. Truman va prendre la décision : lancer deux bombes atomiques, à l'uranium et au plutonium, deux engins de mort abominables, sur le Japon. Pour plusieurs raisons : satisfaire l'opinion publique en vengeant les soldats tués sur le front du Pacifique ; réduire la durée de la guerre ; contrer stratégiquement l'Union soviétique en prouvant radicalement que les États-Unis maîtrisent cette arme redoutable entre toutes. Le choix des cibles se fait entre plusieurs sites, mais Kyoto, la cité des temples, en est retirée. Deux villes sont visées finalement : Hiroshima, base du siège impérial durant la guerre sino-japonaise ; Nagasaki, célèbre pour son rôle de modernisation, tenu lors de l'ère Meiji.

Le temps est clair au-dessus d'Hiroshima ce 6 août. Paul Tibbets pilote *Enola Gay* avec la bombe à son bord, baptisée *Little Boy.* Il est 8 heures 15 minutes. L'altitude est de neuf mille quatre cent cinquante mètres. Après quarante-trois secondes de chute libre, elle explose au-dessus de l'hôpital Shima, libérant une énergie équivalente à quinze mille tonnes de TNT…

Se forme aussitôt une bulle de gaz incandescent de quatre cents mètres de diamètre. La température monte à quatre mille degrés. Des vents parviennent jusqu'à huit cents kilomètres/heure, balaient les rues, soufflent les maisons. Le champignon atomique détruit tout : soixante-dix mille personnes vont mourir. Les membres de l'équipage d'*Enola Gay* assistent à l'effroyable spectacle. Le copilote, bouleversé, s'écrie : « Mon Dieu, qu'avons-nous fait ? Même si je vis cent ans, je garderai à jamais ces quelques minutes à l'esprit. »

Le président Truman lance un ultimatum au gouvernement japonais. Pas de réponse. Le matin du 9 août 1945, un avion, le *Bockscar,* quitte la base de Tinian. À son bord, une nouvelle bombe, *Fat Man.* À 11 heures 2, elle est larguée. Plus de soixante mille personnes vont mourir.

NAISSANCE DU JOUR

En 1846, Louis Lépine, avocat et homme politique français, inventeur de la brigade criminelle et du concours Lépine.

HOMME DU JOUR

En 1991, Tim Berners-Lee invente le World Wide Web, la toile mondiale.

7 AOÛT

C'est la Saint Gaétan de Thiene

1786
Le Mont-Blanc atteint

C'est un solide gaillard, doté d'un franc sourire et âgé de 24 printemps. Il s'appelle Jacques Balmat. Il est savoyard, donc sujet de Sa Majesté le roi de Sardaigne. Il a acquis au fil des ans une connaissance parfaite de la montagne. Or il n'ignore pas que Horace-Bénédict de Saussure a promis une forte récompense à qui, le premier, atteindrait les neiges quasi-éternelles du mont Blanc.

Né à Chamonix, le jeune homme est bien décidé à relever le défi. Au début du mois de juillet 1786, il entreprend une tentative solitaire, apprenant que cinq guides veulent le coiffer au poteau ! Il rattrape les hommes à la hauteur des Grands Mulets et poursuit seul l'ascension, alors que ses concurrents renoncent. Après un bivouac improvisé sans couverture – sans rien qui lui garantisse une véritable sécurité –, il redescend dans la vallée, convaincu que le prix tant convoité est désormais à sa portée. Son but : vite chercher et trouver un compagnon de route, capable de témoigner de son succès. Il va demander l'aide du docteur Paccard, médecin installé à Chamonix et qui, lui aussi, avait tenté l'aventure à plusieurs reprises.

Les deux hommes se mettent en route le 7 août. Ils ne possèdent ni cordes, ni piolets, ni crampons. Mais ils réussissent et c'est la gloire. Balmat se précipite à Genève afin d'avertir M. de Saussure de son succès. Le roi de Sardaigne autorise le jeune homme à porter le nom de Jacques Balmat-dit-le-Mont-Blanc.

Il répète son exploit une fois encore avec deux autres guides, puis en compagnie de Bénédict de Saussure. La cordée comporte cette fois dix-sept autres guides et un domestique. Saussure peut mesurer le mont et le verdict tombe : deux mille quatre cent cinquante toises, soit quatre mille sept cent soixante-quinze mètres, au lieu des quatre mille huit cent dix, infime erreur de l'époque.

En 1834, alors que âgé de 72 ans, il cherche un filon d'or, Jacques Balmat sera englouti dans une crevasse. Jamais la montagne ne rendra son corps.

NAISSANCE DU JOUR

En 1911, Nicholas Ray, réalisateur, scénariste et acteur américain.

FAIT DU JOUR

En 1990, les États-Unis lancent l'opération militaire *Bouclier du désert* après l'invasion du Koweït par l'Irak.

C'est la Saint Dominique de Guzman

1588

L'Armada en déroute

Grande y Felicisma Armada ! La « grande et très heureuse flotte ». Tel est le nom glorieux des nombreux navires destinés à envahir l'Angleterre et armés par le très puissant roi d'Espagne, Philippe II. La mission de ces fiers bâtiments : chasser la reine impie Elizabeth Ire et rétablir sur le trône de ses ancêtres la pieuse et catholique reine Marie Stuart. Cent trente navires. Trente mille hommes. Vingt mille soldats. Du jamais-vu. En face, la flotte anglaise. Des bateaux plus rapides, dessinés par Matthew Baker, selon des principes révolutionnaires pour l'époque. Des canons, de type « couleuvrine », dont la portée et la force de pénétration sont nettement supérieures à ceux utilisés par les Espagnols. Une récente étude a ainsi démontré que les boulets britanniques, une fois tirés, atteignaient la vitesse du son ! Et puis un homme, le favori très protégé de Sa Gracieuse Majesté, sir Francis Drake, dont l'habileté va vite devenir légendaire.

L'Invincible Armada a-t-elle été anéantie, comme l'assure traditionnellement Albion ? Il faut assurément nuancer le propos. Certes, des vents contraires ont balayé les vaisseaux espagnols alors qu'ils remontent la Manche. Lors de la bataille de Gravelines, dans la nuit du 7 au 8 août, ils sont incendiés par une attaque en force des Anglais. Leur chef, le duc de Medina, est alors contraint, afin de retourner en Espagne, de contourner les îles Britanniques par la mer du Nord, l'Écosse et l'Irlande, périple périlleux qui durera un bon mois. Un violent ouragan va semer la panique dans les rangs espagnols au large de l'Irlande. L'amirauté anglaise et la reine Elizabeth suivent de près les piteux déboires de la trop fière armada. Ainsi, entre cinq et six mille marins périront. La fine fleur de l'aristocratie espagnole meurent misérablement sur les côtes britanniques, guerriers noyés ou massacrés par les populations autochtones. Vingt-quatre bateaux sombrent corps et biens. En Europe, le retentissement de ce qui passe pour une écrasante victoire anglaise est considérable. Dieu n'a pas voulu punir une reine jugée impie, mais de quel côté le Ciel est-il donc ?

NAISSANCE DU JOUR

En 1879, le médecin Bob Smith, cofondateur des Alcooliques anonymes.

FAIT DU JOUR

En 1942, *Bambi* apparaît pour la première fois sur les écrans de cinéma londoniens.

9 AOÛT

C'est la Sainte Thérèse-Bénédicte de la Croix

1982
L'enfer dans la rue

Le restaurant Goldenberg, rue des Rosiers. Il est 13 h 15, le service bat son plein. Soudain, descendu d'une voiture blanche, un groupe d'environ quatre hommes – le nombre exact est encore sujet à caution – fait irruption dans l'établissement, fréquenté par la communauté juive. Armés de pistolets mitrailleurs, ils ouvrent le feu sur la cinquantaine de clients qui déjeunent tranquillement. Les hommes lancent également deux grenades et s'élancent dans le quartier, le *Pletzl,* en continuant de tirer sur la foule.

Témoin du drame qui se noue sous ses yeux, Marc Goldenberg, le fils de Joe, propriétaire du restaurant, monte au premier l'étage, se précipite dans l'appartement familial, se saisit d'un fusil à pompe, redescend. Sur le trottoir, un homme, armé d'un pistolet, lui fait face. Le prenant pour un terroriste, Marc ouvre le feu et l'abat.

Hélas, il s'agissait d'un inspecteur de police, venu en civil du commissariat du quartier, s'assurer que les tueurs avaient disparu. Emmené par les policiers, Marc Goldenberg sera relâché quelques heures plus tard, sans être inquiété, l'enquête prouvant qu'il avait agi en état de légitime défense.

L'attentat de la rue des Rosiers fait six morts et vingt-deux blessés. Après bien des rebondissements et de nombreuses erreurs, l'enquête sera conclue à la responsabilité d'anciens membres du Fatah, le Conseil révolutionnaire d'Abou Nidal, un groupe dissident de l'OLP. En France, comme d'ailleurs en Europe, le retentissement de l'attentat sera considérable.

NAISSANCE DU JOUR

En 1950, Anne Bourguignon, dite Anémone, actrice française jouant notamment dans les films *Le Père Noël est une ordure* et *Le Grand Chemin.*

FAIT DU JOUR

En 1930, Betty Boop fait sa première apparition dans le dessin animé *Dizzy Dishes.*

10 AOÛT

C'est la Saint Laurent

1792
Les Tuileries investies

C'est la guerre, déclarée en avril 1792 par la France contre le roi de Bohême et de Hongrie. Mais l'armée, désorganisée depuis le départ en immigration de ses officiers nobles, est totalement incapable de faire face au conflit. Voilà qui déclenche chez les patriotes un lourd ressentiment contre la cour, accusée de complots et de trahison. Le 12 juin, Louis XVI renvoie les ministres, met son *veto* aux décrets sur les prêtres réfractaires, doit subir l'humiliation de porter le bonnet phrygien devant les sans-culottes qui ont investi les Tuileries, mais il ne cède sur rien. Suggéré par la reine, inspiré par le roi, le manifeste du duc de Brunswick va mettre le feu aux poudres. Le texte promet la mort aux Parisiens, s'il est fait le moindre mal à la famille royale. D'une rare maladresse, il enflamme la capitale !

Les sections parisiennes viennent de trouver le prétexte pour relancer la Révolution et accélérer la chute de la monarchie. La journée du 10 août, méthodiquement préparée, va laminer l'ancien pouvoir royal. Les insurgés prennent d'assaut le château des Tuileries et, malgré la résistance des gardes suisses, contraignent le roi, la reine et leur famille à se réfugier à l'Assemblée. Celle-ci reçoit Louis avec respect, mais le suspend de ses fonctions. Dans le même temps, l'élection d'une Convention nationale est décrétée comme seule capable de décider la complète déchéance du souverain et de rédiger une nouvelle Constitution. Un gouvernement millénaire va bientôt s'écrouler et c'est la mort qui attend l'héritier de Saint Louis.

NAISSANCE DU JOUR

En 1960, Antonio Banderas, réalisateur et acteur espagnol connu pour avoir interprété le rôle de Zorro au cinéma.

FAIT DU JOUR

En 1981, Jack Lang fait voter la loi sur le prix unique du livre, dans le but de protéger le secteur du livre et de développer la lecture.

11 AOÛT

C'est la Sainte Claire

1863
Le Cambodge sous protectorat

Norodom Ier, roi du Cambodge, fait la grimace. Comment sortir de cet étau composé de deux puissances ennemies, le Siam, qui l'a amputé de ses provinces occidentales, et l'empire d'Annam qui menace son pays de dépècement ? Il faut agir.

Pourquoi ne pas se tourner vers la France ? Pour des raisons pratiques, économiques, militaires et même religieuses, Paris a tout intérêt à développer son influence dans cette zone encore turbulente. Pierre-Paul de La Grandière, vice-amiral et gouverneur de la Cochinchine, délègue à Phnom Penh le capitaine Ernest Doudart de Lagrée, qui expose au roi Norodom les avantages certains de passer sous protectorat français.

Le souverain signe ce 11 août un traité fixant les conditions : le Cambodge s'interdit désormais toute relation avec un autre État sans l'accord de la France ; les Français bénéficient de la libre circulation dans le royaume et ont le droit d'y posséder des terres.

Mais ce protectorat, parfois trop brutal et faisant fi des anciennes coutumes, va devenir source de frictions et de révoltes. Au fil des décennies, et surtout au cœur des années 1930, se dessinera un puissant mouvement indépendantiste, issu de l'ethnie khmère. Jusqu'à la chute du protectorat français...

NAISSANCE DU JOUR

En 1837, Sadi Carnot, président de la République française entre 1887 et 1894.

HOMME DU JOUR

En 1297, Louis IX est canonisé par Boniface VIII et devient Saint Louis.

12 AOÛT

C'est la Sainte Jeanne-Françoise de Chantal

1961
Le « mur » est construit

Il en faut en finir une fois pour toutes ! Depuis sa création, en 1949, la RDA subit un flux d'émigration croissante vers sa rivale, la RFA. Près de quatre millions d'Allemands ont ainsi quitté ce pays nouvellement constitué par le jeu de la politique. Exode intolérable aux yeux des dirigeants communistes car il prive aussi le pays d'une main-d'œuvre autant qualifiée que nécessaire. La RDA, comme tous les autres pays satellites de l'URSS, subit en outre un plan économique imposé par Moscou. Plan donnant de bien maigres résultats car la production industrielle, toujours pour une question de main-d'œuvre, augmente moins vite que prévu. Une seule solution : arrêter le flux migratoire.

Dans la nuit du 12 au 13 août 1961, commence un sinistre manège : la pose de barbelés et de grillages autour de Berlin-Ouest. Sous la protection de soldats et de policiers, un ballet de maçons entre en scène. Stupéfaits, indignés, les Alliés découvrent l'ampleur du projet et sa rapidité d'exécution. Près de quinze mille membres des forces armées bloquent les rues et les voies ferrées menant à Berlin-Ouest. Les troupes soviétiques sont là pour leur prêter main-forte en cas de conflit. Et, durant trois jours, dix chars américains et dix chars soviétiques se font face, à proximité de Checkpoint Charlie, sans qu'aucun d'entre eux n'ose déclencher une escalade fatale... Dans les semaines à venir, un mur de briques et de béton sera construit : le « mur de la honte » vient de naître.

NAISSANCE DU JOUR

En 1945, Jean Nouvel, architecte français, auteur notamment de l'Institut du monde arabe à Paris.

FAIT DU JOUR

En 1978, Huang Hua et Sunao Sonoda signent le Traité de paix et d'amitié entre le Japon et la République populaire de Chine.

13 AOÛT

C'est la Saint Hippolyte

1521

L'empereur aztèque en otage

Une nuit entière, Moctezuma a prié devant les autels sacrés. L'empereur en est désormais convaincu : ces étrangers à peau claire, barbus, montés sur d'étranges créatures, habillés de métal martelé, sont des Teules, des messagers envoyés par les dieux et qui, selon la légende, devaient arriver par l'est !

Devant Hernan Cortès, ce grand d'Espagne, né vers 1485, Moctezuma se prosternerait presque. Prévenu par ses éclaireurs de la venue de l'Espagnol et de ses troupes armées, l'empereur n'a pas hésité à lui ouvrir toutes grandes les portes de la florissante capitale de son immense empire, Tenochtitlan. Il lui a même fait préparer le palais de son père, Axayacatl. Cortès, charmeur, ambitieux à mourir, hautain, arrogant, implacable, a tôt fait de comprendre combien Moctezuma, faible et superstitieux, peut être manipulé. Aussi demande-t-il toujours plus d'or pour lui et son maître, le roi d'Espagne. Il va même jusqu'à exiger qu'une statue du dieu local soit retirée afin qu'à sa place il puisse prier la Vierge. Tout ce qu'il demande est accepté.

Et puis, un jour, un soldat, ancien charpentier, remarque une porte dérobée. On découvre que les Indiens ont essayé de cacher une partie du trésor royal. Avide, Cortès s'en empare aussitôt. Quand il apprend qu'à Vera Cruz plusieurs de ses compatriotes ont été massacrés par les autochtones, il prend peur. Le sang coulé ayant prouvé que ces étrangers sont de chair et d'os, donc pas des dieux, tout peut basculer. Le 13 août 1521, Cortès prend l'empereur en otage. Va suivre une série de massacres et de rébellions, dirigées contre le malheureux empereur, accusé par les siens de lâcheté et de collusion avec l'ennemi détesté. Seul le génie militaire de Cortès lui permettra de mater les révoltes désespérées des Indiens.

NAISSANCE DU JOUR

En 1899, Alfred Hitchcock, réalisateur britannique, auteur notamment des films *Psychose* et *Les Oiseaux*.

HOMME DU JOUR

En 1936, Jean Zay, alors ministre des Beaux-Arts du Front populaire, dépose à l'Assemblée nationale un projet de loi sur le droit d'auteur, faisant de l'auteur un « travailleur intellectuel ».

14 AOÛT

C'est la Saint Maximilien Kolbe

1040
« Tu seras roi, Macbeth »

Macbeth, en gaélique ; Mac Bethad mac Findlaich, fils de Findlaech mac Ruaidri, *nepos*, c'est-à-dire neveu de Malcolm II, roi des Scots, baptisé Forranach, soit *Le Destructeur*... Quel que soit son nom précis, la réputation du personnage est épouvantable.

Le cher homme devient roi de Moray lorsque son cousin, Gilles Comgain mac Mail Bridte, est brûlé vif avec cinquante de ses compagnons, dans l'incendie, à l'évidence volontaire, de sa résidence. La raison de cette abomination ? Gilles aurait tué son père, en 1020. Macbeth peut dès lors épouser la veuve de son cousin, Gruoch. Personnalité complexe, il règne à partir du 14 août 1040 avec un souci de connaissance du monde extérieur, n'hésitant pas à recruter deux chevaliers normands – ce qui est rarissime à l'époque. Il part pour Rome et sa prodigalité envers les pauvres, qu'il couvre d'or « comme des semences », impressionne les contemporains.

Macbeth doit compter également sur les perpétuelles rivalités de clans. Surtout, il lutte contre son rival, Malcolm Canmore, « Grosse Tête » en écossais, le fils du roi Duncan Ier que MacBeth a fait assassiner. À la tête d'une puissante armée, fort de ce qu'il juge être son bon droit, Malcolm envahit l'Écosse. Macbeth se porte à sa rencontre. La bataille s'engage et, selon les textes, Malcolm tue Macbeth de sa main.

Évidemment c'est à Shakespeare que revient la gloire du malheureux roi. Sa tragédie fait le portrait d'un homme obsédé par le pouvoir, terrorisé à l'idée de le perdre et tenaillé par le remords de ses crimes, ne parvenant pas à oublier le meurtre de Duncan. Détail savoureux : on dit que prononcer le nom de *Macbeth* dans un théâtre porterait malheur. Les comédiens préfèrent employer une périphrase et dire « La pièce écossaise » !

NAISSANCE DU JOUR

En 1742, Pie VII, pape de 1800 à 1823.

FAIT DU JOUR

En 1893, le service des Mines, sur ordonnance de la préfecture de Paris, distribue les premières plaques d'immatriculation. La France fait figure de précurseur dans ce domaine.

15 AOÛT

C'est l'Assomption de la Vierge

30 avant Jésus-Christ

Naissance de la divine

Comment ne pas se souvenir d'elle, belle entre les belles, intelligente, cultivée, ambitieuse, femme jusqu'au bout de ses ongles peints ? Cléopâtre VII, *Théa Philopator* en grec, reine d'Égypte, est issue de la famille des Ptolémées, aux origines grecques, dont l'ancêtre fut le compagnon d'Alexandre de Macédoine… La jolie reine a tant fait parler.

N'a-t-elle pas séduit le puissant César, se faisant porter, selon la légende, roulée dans un tapis, et dévoilant ses charmes devant un général médusé et bientôt conquis ? C'est lui qui voudra épouser celle qui le rend fou d'amour et de désir – au mépris total des lois romaines puisqu'il est déjà marié. Or Cléopâtre est en conflit avec son frère, Ptolémée XII, jeune homme faible dont la mort dans le Nil permet à la jeune reine de gouverner seule. Si bien que lorsque César retourne à Rome, il l'installe à ses côtés. Nouveau scandale. « Cléopâtre est la prostituée de César », dit-on. Pline la surnomme même *regina meretrix*, la « reine putain ».

À la mort de César, Cléopâtre fuit en Égypte avec son fils, le petit Césarion. Les années suivant sont difficiles : mauvaises récoltes, disettes, rebellions… Mais elle va bientôt rencontrer un autre Romain, Marc-Antoine, et entamer avec lui une torride liaison de dix années. Leur soif de conquêtes, leurs rêves chimériques semblent sans limites. C'était compter sans le redoutable Octave. La fin est bien connue : ses troupes défaites à la bataille d'Actium, Marc-Antoine s'enfonce un glaive dans le ventre. Contrainte à la mort, Cléopâtre pose sur son sein un petit serpent du désert qui lui a été apporté dans un panier de figues. La reine des reines entre alors dans l'immortalité.

NAISSANCE DU JOUR

En 1893, Pierre Dac, humoriste français.

FAIT DU JOUR

En 1725, Louis XV épouse par procuration Marie Leszczynska en la cathédrale de Strasbourg. Ils se rencontreront deux semaines plus tard, le 4 septembre, pour célébrer leur mariage à Fontainebleau.

16 AOÛT

C'est la Saint Armel

1946
Un État vient de naître

Son nom, parfait néologisme, signifie le « pays des purs ». Il est formé avec celui des provinces du pays : Punjab, Afghania, Kashmir, Indus-Sind et Baloutchistan.

Le Pakistan naît de la partition des Indes britanniques en 1947. Avec, à l'origine de sa création, un homme : Mohammed Ali Jinnah, président de la Ligue musulmane, issu d'une famille de la haute bourgeoisie, de tendance libérale et né dans la province du Sind. Un leader élégant, amateur de whisky, de cigares et de costumes anglais, qui a étudié le droit en Grande-Bretagne.

Dès sa fondation, ce 16 août, le jeune pays apparaît comme le premier État musulman avec quatre-vingts millions d'habitants, mais le caractère artificiel de sa création rend bientôt sa survie aléatoire, divisé entre Indis et habitants du nord du pays, oscillant sans cesse entre dictature militaire et soutien au terrorisme islamique.

Aujourd'hui, le Pakistan compte plus de cent quatre-vingt-huit millions d'habitants, ce qui en fait le sixième pays le plus peuplé de la planète. Membre de l'Organisation des Nations unies et du Commonwealth, il peine à développer son économie, paralysé par les conflits en Afghanistan et ses multiples différends politiques.

NAISSANCE DU JOUR

En 1645, Jean de La Bruyère, auteur des *Caractères*.

FAIT DU JOUR

En 1965, Yves Saint Laurent provoque un choc en présentant sa robe de jersey reproduisant un tableau de Mondrian.

1661

Vaux-le-Vicomte en fête !

Devant la somptueuse demeure qui brille comme une châsse, un homme s'incline, jusqu'à terre. Et murmure : « Sire, je n'aurai pas trop de toute ma vie pour remercier Votre Majesté de l'honneur qu'elle me fait aujourd'hui. »

Nicolas Fouquet peut être fier de sa réussite. Surintendant des Finances royales, il doit sa carrière au cardinal de Richelieu et vient de faire construire le fabuleux château de Vaux-le-Vicomte, engageant les meilleurs artistes, les artisans les plus doués. Au sommet de sa gloire, Nicolas a imaginé une fête grandiose où il invite Louis XIV et sa cour.

Le 17 août 1661, trois mille personnes se pressent dans les jardins dessinés par Le Nôtre et dégustent les buffets magnifiques ordonnés par François Vatel, le précieux intendant de Fouquet. Rien n'est trop beau pour le roi. À l'instant de la première collation, Louis XIV caresse une aiguière et murmure : « quel beau vermeil ». Fouquet sourit et lance : « Permettez, Sire, c'est de l'or. » Mieux encore, il a fait peindre, dans le secret, un portrait de Louis XIV. Mais le sien, dans un salon, le surpasse en magnificence… Molière et Lully, au service du surintendant, donnent une comédie-ballet, première du genre, *Les Fâcheux*. Un feu d'artifice éclaire la nuit chaude et les grandes eaux font entendre leur bruit cascadant.

Rien ne semble pouvoir dérider le souverain de 23 ans. Dès le lendemain, il songe au départ. Avec son ministre Colbert, il a juré la perte de l'homme trop puissant, trop riche, qui ose le narguer avec une fortune nécessairement mal acquise. Et pourquoi pas ne pas l'arrêter sur-le-champ ? C'est la reine mère Anne d'Autriche qui dissuade son fils de faire subir un tel affront à leur hôte. Nicolas Fouquet, destitué de toutes ses charges, condamné lors d'un procès inique, finira sa vie dans la lugubre forteresse de Pignerol en 1680.

NAISSANCE DU JOUR

En 1926, Jean Poiret, acteur français.

FAIT DU JOUR

En 1960, le président Léon Mba proclame l'indépendance du Gabon.

18 AOÛT

C'est la Saint Hélène

1966
La « révolution culturelle »

La Chine connaît l'horreur, par la volonté d'un homme, Mao Zedong. Le chef suprême de tout un peuple décide en effet seul de lancer une révolution culturelle. Son but : purger le parti communiste des éléments qu'il juge « révisionnistes ».

Se fondant sur les Gardes rouges, de jeunes Chinois fanatisés par la lecture et les principes du *Petit Livre rouge*, Mao condamne tout ce qui peut lui déplaire. Et avant tout, les intellectuels. Publiquement humiliés, professeurs d'université, écrivains, artistes sont emprisonnés sans procès au nom du combat contre « les quatre vieilleries ». La grande révolution vise à « liquider l'idéologie bourgeoise, à implanter l'idéologie prolétarienne, à transformer l'homme dans ce qu'il a de plus profond, à réaliser sa révolution idéologique, à extirper les racines du révisionnisme, à consolider et à développer le système socialiste. Nous devons abattre les responsables du Parti engagés dans la voie capitaliste. Nous devons abattre les sommités académiques réactionnaires de la bourgeoisie et tous les monarchistes bourgeois. Nous devons liquider tous les génies malfaisants », scande le texte.

Tout ce qui respire le passé, a trait à l'histoire immémoriale de la Chine, doit disparaître. Des milliers de sculptures provenant des temples bouddhistes sont impitoyablement détruites. Sur des affichettes, les redoutables dazibaos, les jeunes Chinois révolutionnaires chauffés à blanc dénoncent et dénoncent encore. La Chine est au bord de la guerre civile. La Révolution culturelle sera à l'origine, selon les sources les plus récentes, de la mort de plusieurs millions d'innocents.

NAISSANCE DU JOUR

En 1936, Robert Redford, acteur américain jouant notamment dans *Out of Africa* et *L'Homme qui murmurait à l'oreille des chevaux*.

FAIT DU JOUR

En 1572, Henri IV épouse Marguerite de Valois, qu'on connaît sous le nom de Reine Margot. Ce mariage a pour but de réconcilier les catholiques et les protestants.

C'est la Saint Jean Eudes

1953
Mossadegh renversé

D'où vient-il, ce dirigeant renversé en Iran ce 19 août 1953 ? Mohammad Mossadegh inspecteur des Finances de la province de Khorasan à l'âge de 15 ans, y fait tant merveille que le shah lui décerne le titre de Mossadegh os-Saltaneh, littéralement « Celui dont l'honnêteté a été constatée ». Reprenant ensuite ses études, venu en France, en 1920 il devient gouverneur de la province du Fars. Quand, en 1941, Reza shah – avec lequel il est en désaccord – perd le pouvoir au profit de son fils Mohammad Reza Shah, Mossadegh devient le ministre des Finances de ce dernier. Avant d'enchaîner de nombreux postes et ministères au fil des années.

Profondément nationaliste, Mossadegh n'aura de cesse de lutter contre les puissances étrangères, notamment le Royaume-Uni et les États-Unis, au sujet du contrôle des puits de pétrole. Progressiste, chef influent du parti Jebhe-ye Melli, le Front national, grâce aux élections d'avril 1951, il est nommé Premier ministre de l'Iran. Sous son gouvernement sont prises de réelles mesures : mise en place d'une sécurité sociale, contrôle des loyers, réformes agraires... Et, surtout, nationalisation de l'industrie pétrolière, sous contrôle britannique depuis 1913, face au refus de l'Anglo-Iranian Oil Company de renégocier les termes du contrat d'exploitation des gisements.

Une lutte sourde va cependant l'opposer au shah d'Iran. Le souverain refuse en effet de lui accorder le contrôle de l'armée. Quand il destitue son Premier ministre, la pression de la rue l'oblige très vite à céder. Mossadegh fait alors dissoudre le Parlement. C'en est trop : le shah exige le renvoi de ce Premier ministre bien indépendant... qui fait arrêter aussitôt le commandant de la garde impériale lui portant le décret de destitution ! Le souverain iranien s'enfuit à l'étranger.

Mais c'est sans compter avec Londres et Washington. Via l'opération Ajax, Mossadegh, destitué, est condamné à trois ans de prison puis à la résidence surveillée dans son village d'Ahmadabad. Il y demeure jusqu'à sa mort, en mars 1967. À 84 ans.

NAISSANCE DU JOUR

En 1883, Coco Chanel, styliste française.

FAIT DU JOUR

En 1979, le paquebot *France* quitte Le Havre pour le port de Brême où il rejoint les commandants Kérignard et Tobjorn Hauge et prend le nom de *Norway*.

20 AOÛT

C'est la Saint Bernard de Clairvaux

1953
Mohammed V déposé

Le fait, en politique, n'est pas commun. Mohammed V a été choisi par les Français, en 1927, un an après la guerre du Rif, pour succéder à son père comme sultan du Maroc. Ce choix imposé, dicté par le protectorat français, n'empêche nullement le jeune souverain d'être vite populaire au sein de la population autochtone. Il faut dire qu'avec son fils Hassan, futur Hassan II, il a très tôt soutenu les mouvements nationalistes marocains qui réclament à cor et à cri l'indépendance du pays.

Accueilli en France, décoré par le général de Gaulle de l'ordre des Compagnons de la Libération, il prononce, de retour dans sa patrie, le fameux discours de Tanger où il réclame officiellement l'indépendance, l'union des Arabes et l'adhésion du Maroc à la Ligue arabe dont il fait l'apologie. Une attitude impensable pour le nouveau résident général, le général Alphonse Juin, qui fait aussitôt pression sur le sultan afin qu'il retire ses propos. Refus ! Son successeur, le général Guillaume, manœuvre par la suite avec d'autres élites marocaines, plus dévouées à la cause française, comme El Glaoui, et parvient à faire déposer Mohammed V, le remplaçant par son oncle Mohammed Ibn Arafa. Le sultan est alors déporté en Corse puis à Madagascar en 1954. Mais la population n'est pas d'accord. Des troubles sérieux éclatent et les nationalistes marocains, bénéficiant du soutien de l'Égyptien Nasser, forcent la France à rappeler l'ancien sultan.

Ce sont les accords de La Celle-Saint-Cloud, signés par Antoine Pinay, alors ministre des Affaires étrangères, qui vont mettre en place le processus de transition vers l'indépendance marocaine. La mort de Mohammed V en 1961, entraînée par une banale intervention chirurgicale, plongera le Maroc dans une intense émotion.

NAISSANCE DU JOUR

En 1860, Raymond Poincaré, président de la République française de 1913 à 1920.

FAIT DU JOUR

En 1882, Ippolit Altani dirige *L'Ouverture 1812* de Piotr Ilitch Tchaïkovski, à Moscou. C'est la première présentation de cette pièce.

21 AOÛT

C'est la Saint Pie X

1911

On a volé la Joconde !

Interminable, la file d'attente serpente entre les salles du musée du Louvre. On attend. On attend encore.

Lorsque l'on parvient, enfin, à son tour, que voit-on ? Un clou. Oui, mais pas n'importe quel clou. Le clou qui tenait fixé au mur le portrait le plus célèbre de la planète, la *Joconde,* de Maître Léonard de Vinci. Car le tableau a disparu. Volé !

Le 22 août 1911, le peintre Louis Béroud se rend au musée afin de faire un croquis pour sa prochaine œuvre, *Mona Lisa au Louvre.* Catastrophe ! À la place du tableau, le vide. La toile ne serait-elle pas à l'atelier photographique de maison Braun ? Non. La Joconde a bel et bien été dérobée. La police est sur les dents et l'on soupçonnera même un certain Pablo Picasso d'avoir été dans l'affaire !

Qui est le voleur ? Un pauvre garçon, un vitrier italien qui, ayant participé aux travaux de mise sous verre des tableaux les plus importants du Louvre, a décidé de s'emparer du chef-d'œuvre et de le cacher sous son lit. Durant deux ans. De retour en Italie, Vincenzo Perrugia essaie de vendre *Mona Lisa* à un antiquaire florentin, Alfredo Geri, qui, n'en croyant pas ses yeux, prévient aussitôt la police. Peruggia est arrêté à son hôtel (rebaptisé depuis Hôtel Gioconda) et condamné seulement à dix-huit mois de prison, la presse italienne allant jusqu'à saluer son « patriotisme ». Elle ignore sans doute que le tableau a été payé rubis sur l'ongle à son auteur par le munificent François Ier… Le 4 janvier 1914, le chef-d'œuvre revient solennellement au Louvre. Et est placé aussitôt sous surveillance nettement renforcée !

NAISSANCE DU JOUR

En 1936, François Pinault, homme d'affaires français.

FAIT DU JOUR

En 1990, le ministre de la Culture classe les toits de la Pagode, à Paris, monument historique afin de rappeler le goût des Français pour l'orientalisme au XIXe siècle.

22 AOÛT

C'est la Saint Fabrice

1962

De Gaulle en point de mire

19 h 30. Deux Citroën DS 19 banalisées et escortées par deux motards quittent le palais de l'Élysée. Le général de Gaulle et son épouse doivent se rendre à la base aérienne de Villacoublay afin de gagner par avion leur résidence de Colombey-les-Deux-Églises. Assis au côté du chauffeur se trouve le gendre du général, le colonel Alain de Boissieu. Sorti de Paris par la porte de Châtillon, le cortège emprunte la route nationale 306. Alors que les véhicules parviennent à hauteur des rues Charles-Debry et des Bois, douze hommes, organisés en commando de type militaire, équipés d'armes automatiques, d'explosifs, dissimulés, attendent, dans le silence.

Soudain, les coups de feu crépitent en rafale et les pneumatiques de la voiture sont crevés. La glace arrière, à côté du général, vole en éclats. Le colonel de Boissieu a le réflexe immédiat de crier au couple présidentiel de se baisser. « À terre, père ! », hurle-t-il. Puis, il ordonne au chauffeur d'accélérer. Sur les cent quatre-vingt-sept balles tirées par le commando, seulement quatorze sont relevées sur la DS dont plusieurs sur le siège du colonel de Boissieu et d'autres à hauteur du visage de la générale.

Une chasse à l'homme est aussitôt lancée dans le pays. L'émotion est à son comble. Quinze jours plus tard, les auteurs de l'attentat piteusement raté sont interpellés. Le chef du complot se nomme Jean-Marie Bastien-Thiry, polytechnicien, lieutenant-colonel de l'armée de l'air, issu d'une famille de militaires lorraine et pluriséculaire. Lors de son procès, il déclare, dans un discours fleuve, avoir voulu faire arrêter le massacre des harkis demeurés fidèles à la France, « cet effroyable drame humain et national ». De Gaulle ayant refusé sa grâce, Bastien-Thiry sera fusillé au fort d'Ivry, le 11 mars 1963.

NAISSANCE DU JOUR

En 1908, Henri Cartier-Bresson, photographe français.

FAIT DU JOUR

En 1812, Jean-Louis Burckhardt fait la découverte du site de Pétra, en Jordanie, la capitale du royaume des Nabatéens.

C'est la Sainte Rose de Lima

1939
Le pacte des diables

« Pacte germano-soviétique ou traité de non-agression entre l'Allemagne et l'Union soviétique », tel est le nom très officiel d'un accord qui semble toujours aussi extravagant, pour ne pas dire antinomique… Car deux monstres sont en présence, Staline et Hitler, deux conceptions de la dictature… Deux êtres pour qui la vie ou la mort d'un homme ne valent pas grand-chose.

Et, pourtant, le 23 août 1939 est signé au Kremlin, à Moscou, ce pacte entre Viatcheslav Molotov, le ministre des Affaires étrangères russe et Joachim von Ribbentrop, son homologue allemand. En présence de Staline.

Il va sans dire que cet accord presque contre-nature suscitera une considérable crise interne au sein des partis communistes d'Europe ainsi que des mesures d'interdiction à l'encontre du PCF sous la IIIe République.

Que se serait-il passé si on avait su que le pacte germano-soviétique prévoyait un protocole secret répartissant les pays et les territoires à annexer bientôt par l'Allemagne et l'Union soviétique, comme la Finlande, la Pologne, les Pays baltes et la Bessarabie ?

Les historiens modernes s'accordent à penser que Staline, conscient de son retournement imminent, a avant tout cherché à gagner du temps avant d'attaquer le Reich allemand. Mais d'autres, plus pragmatiques, sont convaincus que l'ogre russe avait une faim dévorante dès qu'il s'agissait d'annexer les débris de l'ancien Empire tsariste !

NAISSANCE DU JOUR

En 1754, Louis XVI, roi de France de 1774 à 1792.

FAIT DU JOUR

En 1979, Alexandre Godounov, danseur étoile du théâtre du Bolchoï, obtient l'asile politique à New York et passe ainsi l'Ouest.

24 AOÛT

C'est la Saint Barthélemy

1572
Le massacre de la Saint-Barthélemy

C'est l'une des nuits les plus sanglantes de l'histoire de France. Tout a commencé une semaine plus tôt, le 18 août 1572, lorsque Margot, fille de Catherine de Médicis et sœur du roi catholique Charles IX, épouse le chef de file des réformés français, Henri de Bourbon, roi de Navarre. À cette occasion, Paris, la capitale – connue pour son rejet du protestantisme – a vu affluer des huguenots des quatre coins du royaume ; à partir de ce moment, la tension est perceptible, attisée par les grands seigneurs catholiques. Le 22 août, un attentat vise Coligny, le bras armé des protestants. Ceux-ci crient justice, et le roi leur promet une enquête ; seulement, Charles IX est entouré de conseillers qui, lors d'un conseil terrible, lui arrachent la « proscription » – autant dire l'ordre de mise à mort des huguenots. La reine mère Catherine ne fait rien pour calmer le jeu. Les portes de Paris sont fermées, les milices, armées. Et dans la nuit du 24 au 25, sur le signal du tocsin de Saint-Germain-l'Auxerrois, le carnage commence, bientôt relayé par le peuple lui-même.

Effrayant déferlement de violence que ce massacre qui va coûter la vie à trente mille réformés. On a longtemps fait porter le chapeau à Catherine de Médicis ; sans l'exonérer de cet épisode, il convient de restituer au roi lui-même ses responsabilités – d'autant plus que Charles IX, plutôt que d'afficher sa faiblesse, a fait le choix d'assumer l'« inassumable ».

NAISSANCE DU JOUR

En 1916, Léo Ferré, poète et musicien franco-monégasque.

FAIT DU JOUR

En 2006, Pluton n'est plus considérée comme une planète du système solaire, mais est reclassée en planète naine.

1270
Saint Louis s'en va...

Nous voici au chevet de Saint Louis, en train de rendre son dernier souffle, couché sur son lit de cendres, entre les murs de Tunis.

Mais pourquoi Tunis ? Parce que le roi était alors, pour la seconde fois de son règne, en route pour la croisade quand il a été rattrapé par l'épidémie de typhus qui s'est répandue dans le camp français.

Celui qui deviendra Saint Louis, est alors Louis IX – il sera canonisé très vite, sous la pression de sa famille et notamment de son petit-fils, le grand Philippe le Bel. Mais Louis IX était-il vraiment un saint ? Voilà qui n'est pas évident : même s'il poursuivait un idéal de justice, de rigueur et de piété, il le faisait avec une certaine intransigeance, ce qui à nos yeux pose parfois problème.

Revenons à Tunis. Le roi a poussé son dernier soupir et une question surgit : que faire de sa dépouille ? Impossible de la laisser sur place, il faut la ramener en France. Or un long voyage, par temps chaud, la dégradera. Une solution est trouvée : faire bouillir le corps, détacher la chair des os qui seront entreposés, bien propres, dans un grand sac de cuir...

NAISSANCE DU JOUR

En 1930, Sean Connery, acteur britannique interprétant notamment le personnage de James Bond entre 1962 et 1983.

HOMME DU JOUR

En 1944, c'est le dernier jour de la bataille pour la Libération de Paris.

26 AOÛT

C'est la Saint Césaire d'Arles

1789

La Déclaration

En ce jour, les députés de la nouvelle Assemblée constituante, qui siègent à Versailles dans la fameuse salle des Menus-Plaisirs, votent les derniers articles d'un texte fondateur : la Déclaration des droits de l'homme et du citoyen !

S'il faudra attendre quelques semaines avant que le roi Louis XVI en accepte toutes les clauses – notamment celles qui portent sur le prêt à intérêt ; il le fera sous la pression de l'émeute populaire du 5 octobre –, un grand pas vient d'être franchi.

De fait, le texte inspirera bien des pays au fil des siècles. En 1948, la plupart de ses articles ne seront-ils pas repris dans la Déclaration universelle, signée par l'Assemblée générale de l'ONU à Paris, au palais de Chaillot ?

Une question surgit : la France a-t-elle, dans cette affaire, copié ou non les États-Unis ? Depuis plus d'un siècle, les historiens français et anglo-saxons se disputent pour savoir ce que cette Déclaration a emprunté au célèbre préambule de celle d'indépendance des États-Unis, rédigé treize ans plus tôt. Or, il faut être de mauvaise foi pour ne pas reconnaître que des phrases entières sont inspirées du document de 1776. Pour oublier aussi que plusieurs des députés siégeant à Versailles ont participé à la guerre d'Indépendance américaine, baptisés d'ailleurs par leurs collègues « les Américains »... Mais, *a contrario,* on peut aussi soutenir que les Américains, en 1776, s'étaient inspirés de nos Lumières. La philosophie qui ressort ici, c'est celle de Voltaire, de Montesquieu, de Rousseau, celle aussi de la franc-maçonnerie, alors en plein essor.

NAISSANCE DU JOUR

En 1880, Guillaume Apollinaire, poète et écrivain français.

FAIT DU JOUR

En 1944, Charles de Gaulle, à la suite de la libération de Paris, est accueilli en triomphe par les Parisiens.

27 AOÛT

C'est la Sainte Monique

1664
La Compagnie française des Indes orientales

M. de Colbert est heureux : il vient de persuader le roi Louis XIV de créer une compagnie des Indes à la française, sur le modèle de celles des Britanniques et des Néerlandais. Elle s'appellera la *Compagnie française pour le commerce des Indes orientales*. Une société puissante, exonérée de taxes, autorisée par l'État à conclure des traités et même, sous certaines conditions, à déclarer la guerre ! De quoi doper le commerce extérieur du royaume, non ?

Ne nous y trompons pas ! Cette mesure commerciale d'envergure est aussi une décision politique et culturelle, l'objectif étant de voir rayonner la France jusqu'en Asie. La devise – en latin, *Florebo quocumque ferar* – de la nouvelle entité le traduit bien : « Je fleurirai partout où je serai portée. »

Mais quel genre de produits négocie-t-on dans les pays d'Orient ? Des denrées auxquelles les Français finiront par s'habituer : de la soie, du thé, des épices, autant de belles et bonnes choses qui, au XVIIe siècle, sont des signes de grande aisance. Toutes ces marchandises débarquent au siège de la Compagnie, installé à Port-Louis dans le Morbihan, en 1666. Un emplacement idéal puisque, juste en face, un chantier naval construit un énorme navire baptisé le *Soleil d'Orient*, vite surnommé « Lorient » – ce qui donnera le nom de cette ville pourtant tout ce qu'il y a d'occidentale !

Lorient va prospérer grâce à la Compagnie des Indes. Et c'est par ce port, entre autres, que transitera, au XVIIIe siècle, le « bois d'ébène » tristement célèbre, c'est-à-dire les esclaves du commerce triangulaire.

NAISSANCE DU JOUR

En 1941, Cesária Evora, chanteuse capverdienne.

FAIT DU JOUR

En 1966, le général de Gaulle est accueilli en Éthiopie par l'empereur Haïlé Sélassié.

28 AOÛT

C'est la Saint Augustin

1963
« I have a dream »

Nous sommes aux États-Unis, devant le Lincoln Memorial de Washington. Il fait chaud, l'atmosphère est lourde en cette fin d'après-midi du 28 août 1963. La foule est venue, nombreuse, faire valoir les droits de la population noire. Martin Luther King, qui n'est qu'un des orateurs prévus à la tribune, doit intervenir durant cinq minutes. Il s'exprimera finalement durant dix-sept minutes.

Comment expliquer que son discours ait à ce point marqué les esprits ? Par la magie du verbe, quand il est pleinement incarné ! Il y a dans l'intervention, en partie improvisée, ce qu'il faut de rhétorique et la présence d'une anaphore devenue célèbre : « I have a dream », répétée huit fois – une idée venue à la dernière minute, comme souvent lorsqu'elles sont géniales. Et, enfin, parce que le combat mené au nom de millions, de dizaines de millions de gens – Martin Luther King avait Gandhi pour modèle ; sa façon de procéder est un peu la même – procure une légitimité et une force décuplées à son propos.

Peut-on dire que cette intervention a fait basculer l'Histoire ? Impossible de répondre de manière certaine, mais ce qui est sûr, c'est que King marque tellement les esprits que *Time* en fit peu après son homme de l'année et que le Prix Nobel lui fut attribué en 1964.

NAISSANCE DU JOUR

En 1749, Johann Wolfgang von Goethe, auteur notamment des *Souffrances du jeune Werther* et de *Faust*.

FAIT DU JOUR

En 1994, Luc Leblanc devient champion du monde de cyclisme sur route. Il est le premier Français depuis Bernard Hinault en 1980 à conquérir ce titre.

29 AOÛT

C'est le martyre de Saint Jean-Baptiste et la Sainte Sabine

1914
Communiqué du front

Dans la presse du 29 août 1914, un communiqué officiel rédigé par le général Joffre indique : « La situation de notre front, de la Somme aux Vosges, est restée aujourd'hui ce qu'elle était hier. Les forces allemandes paraissent avoir ralenti leur marche. » Voilà une bonne nouvelle : les ennemis progressent moins vite que la veille. Seul problème, jusqu'à ce matin-là les Français ignoraient que la fameuse « situation » était aussi dramatique !

« De la Somme aux Vosges », cela signifie que les ennemis ont déjà pris position dans tout le nord du pays. Un réveil brutal pour l'opinion, jusqu'alors ménagée afin d'entretenir son optimisme. Un coup de massue même. La France est envahie. Les ennemis sont aux portes de Paris ! La panique gagne, vite renforcée par les témoignages des réfugiés qui affluent vers la capitale.

Que faire ? D'abord se résoudre à un « repli stratégique ». Les Alliés, inférieurs en nombre, reculent jusqu'à la Seine et tentent de redéployer leurs forces en vue de défendre la ville lumière. Ensuite, remonter à l'assaut. Le 4 septembre, Joffre ordonne la contre-offensive en clamant : « On se fera tuer sur place plutôt que de reculer ! »

La première bataille de la Marne commence, marquée par différents épisodes dont celui des six cents taxis réquisitionnés par Gallieni pour conduire les troupes de Paris au front.

Le 10 septembre, les Allemands sont forcés de battre en retraite. Cette victoire donne un peu d'air, certes, mais on compte déjà des dizaines de milliers de morts, quatre-vingt mille côté français !

NAISSANCE DU JOUR

En 1619, Jean-Baptiste Colbert, ministre de Louis XIV.

HOMME DU JOUR

En 1831, Michael Faraday invente le principe de la dynamo.

30 AOÛT

C'est la Saint Fiacre

1483
Charles est roi, Anne, régente

Peut-on imaginer enfant de plus faible constitution ? Pourtant, ce petit garçon chétif est le seul survivant des cinq fils de son père, le roi Louis XI. Aussi le souverain ne se soucie-t-il pas trop de son éducation, mais plutôt de sa santé. Et confie le petit dauphin à Jean Martin, vraisemblablement le meilleur médecin de son temps, ce qui lui sauve la vie.

Comme Charles ne meurt toujours pas, Louis XI décide de le fiancer pour asseoir sa politique. Alors le garçon voit se succéder devant lui, ou sur des miniatures qu'on lui présente, bien des jeunes filles, anglaises ou bourguignonnes, sans en épouser encore aucune. Lorsque la santé de son père chancelle – il s'enfonce dans une paranoïa aiguë –, on l'associe peu à peu aux affaires du royaume, mais comme Charles n'a que 13 ans, Louis lui conseille de conserver la majorité des conseillers royaux et de choisir sa propre sœur, Anne de Beaujeu, en tant que régente. Louis XI meurt, ce 30 août 1483. Le jeune prince devient le roi Charles VIII. Mineur, ne connaissant quasiment rien de la vie ni de la politique, il laisse sa sœur gouverner à sa place. Et le choix s'avère excellent.

Anne et son mari, Pierre de Bourbon, sire de Beaujeu, doivent affronter la rébellion des grands féodaux du royaume. Louis II d'Orléans essaie même de s'emparer du pouvoir en tentant d'enlever le jeune roi. La Guerre folle vient de débuter. Prévenue du complot, la régente fait irruption dans la chambre de son frère, arrête quelques seigneurs de la garde royale et expédie le duc d'Orléans en résidence surveillée à Gien. Mais le félon s'échappe, tente de soulever Paris. En vain.

Plus tard, le rebelle croit avoir trouvé la solution en cherchant à s'allier avec le duc de Bretagne, dont il veut épouser la fille, Anne. La régente, habile, poursuit le même but : marier la jeune princesse, seule héritière du duché, à son frère Charles. Nouvelle guerre. Nouveaux sièges. Nouvelles défaites des conjurés. Le triomphe de la régente est absolu : Charles VIII épouse Anne de Bretagne le 6 décembre 1491. Et mourra à 27 ans, le 7 avril 1498.

NAISSANCE DU JOUR

En 1811, Théophile Gautier, homme de lettres et critique d'art.

FEMME DU JOUR

En 1979, l'actrice américaine Jean Seberg, vue dans *Jeanne d'Arc* d'Otto Preminger, disparaît.

31 AOÛT

C'est la Saint Aristide

1997

Lady Di disparaît

Dimanche 31 août 1997. La planète est en émoi : durant la nuit, dans le tunnel de l'Alma à Paris, celle que le monde entier appelle Lady Di est décédée dans un accident de voiture.
L'ancienne princesse de Galles, âgée de 36 ans et divorcée depuis un an du prince Charles, vient de périr aux côtés de son compagnon, Dodi, le fils du magnat saoudien Mohamed Al-Fayed.
Ce n'est pas seulement l'une des femmes les plus célèbres du monde que beaucoup pleurent, mais un idéal populaire de beauté et d'humanité, engagé dans la lutte contre le sida et le combat contre l'usage des mines antipersonnel.
Des années plus tard, les circonstances de sa mort demeurent encore l'objet de controverses. Et sans doute en sera-t-il à jamais ainsi, tant la princesse est devenue un mythe aussi fort que Marilyn Monroe ou JFK. Or les mythes, dans l'esprit de certains, ne peuvent mourir « simplement », « banalement » si l'on peut écrire. Nombre de thèses parlent d'assassinat, certaines mettant en avant les menaces qui pesaient sur la princesse Diana, d'autres laissant entendre que ce n'est pas Lady Di qui était visée, mais Dodi Al-Fayed… Peut-être l'avenir permettra-t-il d'éclaircir ces événements encore nébuleux.

NAISSANCE DU JOUR

En 1952, Edwy Plenel, journaliste français co-fondateur de Mediapart.

HOMME DU JOUR

En 1980, Arnaud de Rosnay traverse le détroit de Béring en planche à voile.

C'est la Saint Gilles

1902
Déjà des hommes sur la Lune ?

Nous voici au cinéma (un événement rare en cette année 1902) afin d'assister à une première : la présentation du *Voyage dans la Lune* de Georges Méliès, probablement le tout premier film de science-fiction jamais tourné. Quinze minutes durant lesquelles les yeux des spectateurs ne vont pas croire ce qu'ils découvrent, tellement c'est audacieux, nouveau, féerique et un peu effrayant sans doute. Imaginez la surprise de nos arrière-grands-parents, en voyant la Lune prendre un obus dans l'œil, vaisseau lancé par un canon de trois cents mètres de long qui abrite des voyageurs ! Imaginez leur émerveillement en pensant que ces spationautes avant la lettre observent un « clair de Terre », sont capturés par les habitants – les Sélénites –, s'échappent et redescendent sur Terre, un extraterrestre accroché à leur obus. Imaginez combien, déjà bercés et fascinés par Jules Verne et H. G. Wells, ils ont dû être éberlués par la force des apparitions, disparitions, trucages, jeux avec l'image conçus par le cinéaste.

Un Georges Méliès parvenu, dans ce court-métrage d'anticipation poétique, à marier ses deux passions : le cinématographe et son métier d'illusionniste. Cherchant à alimenter ses spectacles de magie, il voit d'emblée le potentiel du cinéma. Et ce, avant même les frères Lumière, puisque, lorsqu'il a voulu acheter leur invention, ces derniers lui ont répondu qu'elle « n'était qu'une curiosité scientifique, sans aucun avenir commercial »... Il crée même le premier studio de cinéma en France, à Montreuil, et monte sa société.

Hélas, la magie n'opère pas auprès des banquiers. En 1913, les ennuis financiers s'accumulent et des huissiers viennent frapper à sa porte. Plutôt que de voir ses films saisis, il brûle de multiples négatifs – ce qui a dû faire disparaître nombre des chefs-d'œuvre. Plus tard, il ouvrira un stand de sucreries gare Montparnasse... C'est là qu'il finira sa vie, en 1938.

NAISSANCE DU JOUR

En 1930, Michel Serres, philosophe français membre de l'Académie française depuis 1990.

FAIT DU JOUR

En 338 avant notre ère, Philippe II de Macédoine, père d'Alexandre le Grand, remporte la bataille de Chéronée.

2 SEPTEMBRE

C'est la Sainte Ingrid de Skänninge

1715

Le régent

Hier, Louis XIV est décédé, après soixante-douze ans de règne. Le fils du monarque et ses deux petits-fils étant morts, reste seulement un arrière-petit-fils pour assurer la succession : le futur Louis XV. Hélas, l'enfant est âgé de 5 ans. Trop jeune pour régner, il faut choisir celui qui gouvernera jusqu'à sa majorité.

Inutile de tergiverser : le défunt souverain a laissé des consignes précises à ce propos avant de disparaître. N'a-t-il pas, sous la pression de son épouse Madame de Maintenon, favorisé un de ses enfants naturels, légitimé ? Sans doute, mais, dès le lendemain du décès, le testament est cassé par le parlement de Paris. Et pour cause ; en échange de sa désignation, Philippe d'Orléans a promis aux parlementaires de leur rendre le « droit de remontrance » dont ils étaient privés depuis plus de quarante ans. Le 2 septembre 1715, contre les dernières volontés du plus grand des monarques, c'est donc Philippe d'Orléans qui devient régent du royaume.

Pendant sept ans, ce personnage décrié en raison de son comportement – on soupçonne ses « petits soupers » de cacher des orgies, on l'accuse d'entretenir une relation incestueuse avec sa fille – modernise le système politique, tente de sauver les finances en mettant en circulation, pour la première fois en France, du papier-monnaie… Et tient l'État avec fermeté jusqu'au sacre de Louis XV, le 25 octobre 1722, qu'il protège en toute loyauté.

NAISSANCE DU JOUR

En 1939, Jack Lang, homme politique français.

FAIT DU JOUR

En 1930, les aviateurs Dieudonné Costes et Maurice Bellonte traversent l'Atlantique d'est en ouest.

C'est la Saint Grégoire Le Grand

1928
La découverte de la pénicilline

À Londres, Alexander Fleming rentre à l'instant de ses grandes vacances. Or le bactériologiste anglais, grand étourdi, était parti fin juillet en oubliant une boîte de Petri pleine de staphylocoques dans son laboratoire. En poussant la porte de la pièce, ce 3 septembre, il se rend compte de l'oubli, mais constate aussi que des moisissures ont envahi le récipient. Plus étonnant : une partie des staphylocoques a disparu. Comme si les bactéries avaient été détruites. Malgré lui, grâce à la chance, Alexander Fleming vient de découvrir la pénicilline !

Car de la chance, il en fallait pour que le processus fonctionne. Il convenait que le chercheur oublie cette boîte de Petri, que la spore de moisissure aille s'y déposer et que la température – fluctuant cet été-là entre 16 et 20 °C – permette à la mutation de se produire. Il est vrai que, sans le génie et l'expérience de Fleming, la boîte de Petri aurait été jetée à la poubelle et on n'aurait rien découvert…

Le plus surprenant reste que cette avancée incroyable n'a pas fait si grand bruit. Pas tout de suite en tout cas. D'abord, il a fallu identifier la moisissure, puis trouver le moyen d'en produire chimiquement. Au final, c'est seulement en 1940 que deux autres scientifiques, Howard Florey et Ernst Chain, réalisent l'expérience décisive en testant une forme de pénicilline purifiée sur des souris. Infectés par des streptocoques, les rongeurs survivent grâce à l'antibiotique. La Seconde Guerre mondiale accélérera les recherches et l'utilisation du médicament.

NAISSANCE DU JOUR

En 1859, Jean Jaurès, homme politique français, premier directeur du journal *L'Humanité*, et premier président du Parti socialiste français.

FAIT DU JOUR

En 1971, Alec Douglas-Home (Grande-Bretagne), Andrei Gromyko (URSS), Maurice Schumann (France) et William P. Rogers (États-Unis) signent l'accord quadripartite de Berlin qui garantit aux Allemands de l'Ouest l'accès à leur ancienne capitale.

4 SEPTEMBRE

C'est la Sainte Rosalie

1870

Le plus célèbre des 4 septembre

Des 4 septembre, il y en a évidemment de toutes sortes. Mais celui qui a donné son nom aux places et aux avenues du 4-Septembre vaut que l'on s'y attarde.

Qu'on pense à la folie de ces journées historiques : Napoléon III a capitulé à Sedan, s'est livré aux Prussiens ; la France n'a plus de chef ; partout, on crie « Déchéance ! » Et personne ne semble là pour remplacer l'empereur... Il y a bien sa femme, l'impératrice Eugénie, mais sous la pression de la rue, elle doit prendre la fuite et gagner en secret l'Angleterre.

La foule, de son côté, a envahi le Palais-Bourbon, où les élus tergiversent, hésitent sur l'attitude à adopter. Les députés républicains, eux, sont déterminés : le vent leur est favorable. Jules Ferry, Jules Grévy, Jules Simon, Jules Favre, Léon Gambetta sentent le pouvoir à portée de main. Alors on proclame la République, et aussitôt on marche vers l'hôtel de ville (comme vingt-deux ans plus tôt, lors de la révolution de 1848) pour former un gouvernement de « défense nationale ». La déclaration faite à cette occasion fait basculer les institutions : « Français ! Le peuple a devancé la Chambre qui hésitait ; pour sauver la patrie en danger, il a demandé la République ! » Ça y est, le mot est prononcé.

D'une certaine manière, la guerre de 1870 a rendu service aux républicains. Cependant, il faudra encore cinq ans d'hésitation avant que la République soit officiellement votée – et ce, à une voix de majorité ! Née presque par hasard, elle durera jusqu'en 1940.

NAISSANCE DU JOUR

En 1768, François-René de Chateaubriand, écrivain et homme politique français, auteur notamment des *Mémoires d'outre-tombe*.

FAIT DU JOUR

En 1987, sous la présidence du Premier ministre du Canada, Brian Mulroney, environ quarante pays, réunis pour le Sommet de la francophonie à Québec, signent la Déclaration de solidarité francophone.

5 SEPTEMBRE

C'est la Sainte Raïssa

1638

Louis-Dieudonné

Au château de Saint-Germain-en-Laye, le futur Louis XIV – Louis-Dieudonné – vient de pousser son premier cri. Il était temps qu'il naisse, cet enfant, après vingt-trois ans d'union stérile entre Louis XIII et Anne d'Autriche. Il est vrai que le père n'était pas vraiment porté sur la chose, les femmes l'intéressant assez peu. Ne l'appelait-on pas « Louis le juste » mais aussi : « Louis le chaste » ? En tout cas, ce 5 septembre le mot « miracle » court sur toutes les lèvres !

Si l'on sait que Louis XIII partageait rarement le lit d'Anne d'Autriche, on sait aussi que les rois d'alors n'avaient pas de vie privée. On connaît donc l'histoire de la conception de cet héritier par le menu. Neuf mois plus tôt donc, le 5 décembre 1637, le roi rentre de la chasse et traverse Paris pour aller rendre visite à sa confidente, Louise de La Fayette, dans son couvent. Quand il sort, éclate un orage violent. On lui propose de gagner le Louvre pour y passer la nuit. Pourquoi pas, mais la reine s'y trouve. Louis XIII hésite. Et puis il accepte : quel autre choix a-t-il ? C'est ce soir-là, dit-on, que Louis XIV fut conçu.

Pourquoi écrire « dit-on » ? Parce que ce récit ressemble plutôt à une belle histoire qu'on se transmet, Louis-Dieudonné ayant été conçu une ou deux semaines avant le 5 décembre d'après le médecin du roi.

Quoi qu'il en soit, ce 5 septembre 1638, le royaume de France tient son héritier, le fils de Louis XIII. À moins que l'enfant ne soit celui d'un autre – certains parlent de Mazarin –, comme nombre de légendes le laissent croire.

NAISSANCE DU JOUR

En 1946, Freddie Mercury, chanteur britannique membre du groupe Queen.

FEMME DU JOUR

En 1791, Olympe de Gouges, militant pour la libération de la femme, rédige le premier texte féministe de l'histoire : *La Déclaration des droits de la femme et de la citoyenneté.*

6 SEPTEMBRE

C'est la fête du Bienheureux Bertrand de Guarrigues

1914

Le jour des taxis

5 septembre 1914. Le gouvernement français peine à cacher son inquiétude. L'avantage militaire semble bel et bien être du côté des Allemands. Leurs victoires, notamment en Lorraine ou en Belgique, sont éclatantes. Les forces ennemies sont plus importantes et les armées franco-britanniques peinent à tenir leurs positions. Le général Joffre, commandant en chef français, est persuadé que nos armées peuvent encore lancer une contre-attaque victorieuse. Et pourtant, les Allemands sont parvenus au nord-est de la capitale et les détachements d'uhlans campent à quelques dizaines de kilomètres de Paris. Il faut coûte que coûte les arrêter.

Comment envoyer des troupes fraîches ? Utiliser le train, impensable tant les réseaux ferroviaires sont désorganisés. C'est le général Gallieni qui, le premier, a l'idée géniale. Pourquoi ne pas réquisitionner les taxis parisiens et donner l'ordre qu'ils conduisent nos soldats sur le front ? Quelque six cents taxis et des cars vont faire monter à leurs bords l'équivalent d'une seule brigade, ce qui, d'un point de vue strictement militaire, s'avère de très faible envergure. Certes. Mais sur le plan humain, moral, c'est tout autre chose ! L'épopée devient vite un symbole d'unité et de fierté nationale, de solidarité entre tous les Français. La longueur de la distance parcourue, environ cent vingt kilomètres, devrait être payée aux chauffeurs cent trente francs. Ils ne toucheront – et sans une plainte – que vingt-sept pour cent de la somme. Mais quel geste ! Les combats vont pouvoir se dérouler à travers la Brie, la Champagne et l'Argonne. Batailles de l'Ourcq, batailles des marais de Saint-Cloud et de Vitry, bataille de Revigny. Avec courage et acharnement, les troupes franco-britanniques repoussent les Allemands. Paris est sauvé. La guerre va s'enliser dès lors dans les tranchées.

NAISSANCE DU JOUR

En 1757, Gilbert du Motier de La Fayette, dit La Fayette, homme politique et militaire français, célèbre notamment pour sa participation à la guerre d'Indépendance des États-Unis.

FAIT DU JOUR

En 1954, Federico Fellini présente à la Mostra de Venise son film *La Strada*, avec Anthony Quinn et Giulietta Masina.

7 SEPTEMBRE

C'est la Sainte Reine

1940

Le Blitz

Blitz et déjà le nom fait frémir. *Blitz,* éclair en langue allemande. Entre le 7 septembre et le 21 mai 1941, les populations anglaises vont vivre un cauchemar. « Du sang et des larmes », prophétisait sir Winston Churchill et c'est bien cela dont il s'agit en ces premiers jours de septembre lorsque trois cent vingt bombardiers barrent le ciel paisible de la capitale britannique. Le bruit assourdissant des bombes sème autant la panique que les morts et les destructions : on dénombre cinq cents victimes et près de douze mille blessés graves. Le 10 octobre, c'est la cathédrale Saint-Paul de Londres qui est touchée. Et puis Coventry, la Chambre des communes, Manchester, Clydeside, près de Glasgow et ses cinq cent vingt-huit morts.

À Londres, la reine Elizabeth, épouse du roi George VI, vient en personne soutenir les sans-abri et déclarer, tout sourire, devant les décombres : « Désormais, je suis assez contente, je vais pouvoir regarder les gens de l'East End en face. » Et lorsqu'on lui conseille de quitter l'Angleterre pour se réfugier au Canada, elle articule, avec le même flegme inébranlable : « Les enfants ne partiront pas sans moi. Il m'est impossible de laisser le roi. Et le roi ne partira jamais. »

Ni les sirènes hurlantes, ni la peur poisseuse, ni les cinquante mille morts n'auront raison du moral britannique. Adolf Hitler va devoir reconnaître son échec. L'Angleterre a résisté.

NAISSANCE DU JOUR

En 1930, Baudouin, roi des Belges de 1951 à 1993.

FAIT DU JOUR

En 1998, Sergey Brin et Larry Page créent la société Google Inc et le moteur de recherche Google.

8 SEPTEMBRE

C'est la Saint Adrien

70

Le sac de Jérusalem

Nous voici presque deux mille ans en arrière, en l'an 70. La Judée est occupée depuis l'an 4 par les Romains, qui contrôlent et gèrent le territoire. Certains Juifs acceptent cette situation ; d'autres, comme la secte des zélotes, mènent une résistance acharnée à l'envahisseur. Et, en 66, ils sont parvenus à reprendre Jérusalem…
Mais les Romains ne se laissent pas faire. Le futur empereur Vespasien (qui, à l'époque, est légat de Judée), puis son fils, le futur empereur Titus, conduisent le siège de la ville. Un siège terrible, qui dure plus de deux ans. À la fin, les Romains finissent par ouvrir des brèches dans les remparts et Jérusalem se voit bientôt reprise.

Les troupes entrées, c'est le bain de sang. La ville est pillée, incendiée. Et, le 8 septembre 70, son célèbre temple rasé ! Il en restera des ruines : le mur occidental va tenir debout. Il l'est toujours : c'est le fameux « mur des Lamentations ».

Pour tout dire, le temple de Jérusalem avait déjà été détruit. Un premier édifice, bâti par le roi Salomon au Xe siècle av. J.-C., avait été abattu cinq cents ans plus tard, puis reconstruit. Dans le « saint des saints » de ce Temple, autrement dit son cœur, s'était aussi trouvée, autrefois, la fameuse arche d'alliance contenant les Tables de la loi.

NAISSANCE DU JOUR

En 1873, Alfred Jarry, l'auteur d'*Ubu roi*.

HOMME DU JOUR

En 1636, grâce à une donation de John Harvard, une des plus prestigieuses universités américaines voit le jour. Au départ, il s'agit juste d'un collège.

9 SEPTEMBRE

C'est la fête du Bienheureux Alain de la Roche

1899

Une révision au goût d'inachevé

L'affaire agite les familles, les partis, divise le pays ; les péripéties ne manquent pas, les rebondissements non plus ; il est évident que le capitaine Alfred Dreyfus est innocent, mais, en ce 9 septembre 1899, la révision de son procès ne donne pas les résultats que ses partisans sont en droit d'attendre. Celui qui avait été injustement condamné au bagne à perpétuité dégradé, en public – et déporté en Guyane – pour soupçon d'avoir livré aux Allemands des documents confidentiels vient d'être rejugé à Rennes et de nouveau reconnu coupable de trahison. Mais cette fois avec des « circonstances atténuantes » !

Comment comprendre les « circonstances atténuantes » quand il s'agit de trahison ? Cela signifie que les juges sont embêtés ! Qu'ils savent Dreyfus innocent, mais n'osent pas le dire aussi clairement. Parce qu'il ne faut pas déjuger l'armée, la vérité des faits est passée au second plan, derrière les préjugés et l'idéologie.

Dans les jours qui suivent, Alfred Dreyfus va être libéré – non par acquittement, mais par l'effet d'une grâce présidentielle – tant l'exécutif tient à calmer le jeu. Son innocence sera officialisée seulement en 1906 – comme on l'a vu plus haut –, lorsque le pauvre capitaine, après tant d'années de calvaire, verra enfin sa réhabilitation devenir réalité.

Mais si Dreyfus est innocent, y a-t-il un coupable ? Bien évidemment, et depuis des années on le connaît : il s'appelle Esterhazy et s'est réfugié en Angleterre. Lui ne sera jamais condamné et mourra de sa belle mort en 1923.

NAISSANCE DU JOUR

En 1828, Léon Tolstoï, écrivain russe auteur notamment de *Guerre et paix* et d'*Anna Karénine*.

FAIT DU JOUR

En 1944, Charles de Gaulle, président du Gouvernement provisoire de la République française, forme un gouvernement d'« unité nationale ».

XIXe SIÈCLE

10 SEPTEMBRE

ATTENTAT CONTRE L'IMPÉRATRICE

C'est le jour de la Bienheureuse Iñes !

1898

Pauvre Sissi !

À Genève, deux femmes en noir marchent à vive allure sur le quai du Mont-Blanc, au bord du lac Léman. La cloche qui annonce le départ du bateau à vapeur vient de retentir. Il est une heure trente de l'après-midi. Soudain, un homme se rue en sens inverse et porte un coup violent à l'une d'elles. Songeant qu'un maladroit vient de la bousculer, elle continue à avancer, monte en titubant sur le pont du bateau et s'effondre. L'autre dame se précipite, dégrafe le corsage, pousse un faible cri. Sur la soie blanche apparaissent deux points rouge. L'impératrice d'Autriche vient d'être assassinée.

Sur le quai, des passants se précipitent : une rapide chasse à l'homme s'organise. On arrête le coupable qui s'enfuyait. La police découvre alors l'identité du régicide. Et apprend que l'assassin, un certain Luigi Luccheni, est un pauvre type de 22 ans, né à Paris le 22 avril 1873, d'une mère italienne et de père inconnu. Il clame à tout-va qu'il est anarchiste. Son but ultime : assassiner un prince ou un roi. Il songea d'abord à tuer le duc d'Orléans, chef de la Maison royale de France, dont on savait, par voie de presse, qu'il allait bientôt séjourner à Lausanne. Mais le prince écourta son voyage. Par l'indiscrétion d'un journal, Luccheni apprit que l'impératrice d'Autriche aussi est en Suisse.

Afin de tromper sa mélancolie, celle que tous nomment Sissi voyage en effet sans cesse. Elle vient d'accepter de déjeuner chez son amie la baronne de Rothschild, dans sa propriété de Prégny. La baronne voulait lui envoyer son propre yacht, mais l'impératrice a refusé. Une raison à cela : Madame de Rothschild interdit à ses domestiques de recevoir le moindre pourboire dont Sissi, follement généreuse, n'est pas avare ! Qu'à cela ne tienne, on prendra le vapeur de la compagnie de navigation... Et on connaît la suite.

Condamné à la prison à perpétuité, ne regrettant rien de son geste, se réjouissant même à l'annonce du décès de l'impératrice, Luccheni rédige en prison ses Mémoires. Découvrant qu'ils lui sont volés par les gardiens, il se pendra dans sa cellule, le 19 octobre 1910.

NAISSANCE DU JOUR

En 1933, Karl Lagerfeld, grand couturier allemand et notamment directeur artistique de la maison Chanel depuis 1980.

FAIT DU JOUR

En 1981, l'œuvre de Picasso, *Guernica*, arrive au musée du Prado à Madrid.

11 SEPTEMBRE

C'est la Sainte Théodora

1789
La droite, la gauche

En ces débuts de Révolution, les notions de droite et de gauche ne veulent pas dire grand-chose au commun des mortels, mais commencent à prendre consistance. Les députés de l'Assemblée constituante débattent du veto royal. Spontanément, deux groupes se sont formés. À droite du président (côté dit du Palais royal), les partisans du veto, c'est-à-dire ceux qui voudraient contenir la Révolution ; à gauche (côté dit de la reine), ceux qui veulent laisser libre cours à la Révolution. Donc : à droite, les députés plutôt conservateurs ; à gauche, les élus plutôt progressistes…

Évidemment, tout cela va se préciser avec le temps. On n'a pas décidé, du jour au lendemain, de parler de la droite et de la gauche. Mais dès octobre 1789, quand l'Assemblée s'installe à Paris, cette dichotomie entre dans le langage politique. Les rédacteurs des premières feuilles, des premiers journaux révolutionnaires ont compris que c'était fort pratique.

En termes politiques, l'affaire est autrement plus complexe. À la Convention nationale, les appartenances sont bien plus nuancées. À droite, on pourra bientôt distinguer les *girondins* ; à gauche, les *montagnards* – qui, comme leur nom l'indique, siègent sur les plus hauts gradins. C'est le camp de Danton, Marat, Robespierre… On trouve aussi *la plaine* ou *le marais,* plus modérés. Et plus tard, à l'extrême gauche, les *enragés* ou les *hébertistes* (qu'on appelle aussi les *exagérés*).

Peu importe : le clivage droite-gauche, créé par la Révolution française, va se maintenir à travers tous les régimes ; mieux il fera école partout à travers le monde !

NAISSANCE DU JOUR

En 1524, Pierre de Ronsard, poète français, figure majeure de la littérature poétique de la Renaissance.

FAIT DU JOUR

En 1955, l'Argentin Juan Manuel Fangio est champion du monde des pilotes automobiles pour la troisième fois.

12 SEPTEMBRE

C'est le Saint Nom de Marie

1494

Naissance de François

Cognac, en Charentes. 1494. Sous un grand orme, l'un des plus célèbres de nos rois s'apprête à venir au monde. Un nouveau-né prénommé François qui n'est pas destiné, a priori, à monter sur le trône. Son père, Charles d'Angoulême, n'ést qu'un cadet de la famille de Valois ! Seulement voilà : ce père meurt très vite ; le roi Charles VIII va en faire autant, sans héritier. Quant au successeur, le roi Louis XII, il n'aura que des filles. Si bien qu'en définitive c'est le jeune cousin François qui deviendra roi de France, à 20 ans, le 1er janvier 1515.
François Ier fait partie de ces souverains au physique reconnaissable. Très grand, il porte beau et affiche une sacrée barbe – à cause d'un jeu de potaches, figurez-vous. Le 6 janvier 1521, jour des Rois (cela ne s'invente pas), le jeune souverain participe, c'est de son âge, à une bataille de boules de neige qui dégénère : et il reçoit à la tête un tison ardent ! La blessure est grave. Pour masquer sa brûlure au visage, François Ier se laisse pousser la barbe – et toute l'Europe en fera bientôt autant.

Irai-je jusqu'à avouer de guère porter François Ier dans mon cœur ? J'ai écrit un livre pour rétablir la vérité à son sujet et démontrer qu'il n'a pas été le bon roi, le grand roi, qu'on nous dépeint si complaisamment dans les manuels scolaires et dans nombre de biographies.

NAISSANCE DU JOUR

En 1913, Jesse Owens, athlète noir américain ayant remporté quatre médailles aux JO d'été de Berlin en 1936 sous les yeux d'Adolf Hitler.

HOMME DU JOUR

En 1940, Marcel Ravidat, Georges Agniel, Simon Coencas et Jacques Marsal se glissent dans un trou de la colline Lascaux et découvrent des peintures de Cro-Magnons.

13 SEPTEMBRE

C'est la Saint Jean Chrysostome

1515

La plus célèbre bataille de France

Même les pires des cancres connaissent cette date : 1515 ! À laquelle il faut associer le nom du roi François Ier ainsi qu'un rêve : l'Italie et les territoires que, par le jeu des alliances, la France y possède.

Charles VIII, déjà, y a porté le fer. Louis XII, le successeur de ce roi mort à 27 ans, a pris Milan et Gênes avant de faiblir face à César Borgia. Retournant les alliances des princes italiens contre la France, le pape Jules II a contraint le roi de France à quitter l'Italie en 1512. Le pays respire, mais c'est mal connaître leur successeur François, qui trépigne d'impatience et veut reprendre ce qu'il considère comme son légitime héritage. François Ier réunit au plus vite une armée considérable, armée de soixante-dix canons, ce qui est très important pour l'époque.

La traversée des Alpes vire au cauchemar, mais la troupe parvient enfin aux abords de Milan, à Marignan. Si l'avant-garde a été confiée au connétable de Bourbon, le roi commande en personne le gros de l'armée. En face, trois carrés de Suisses de sept mille hommes chacun. Il est 16 heures. Premier choc. Les Français sont en grand péril. Retournement : leurs alliés vénitiens prennent les Suisses à revers au cri de « San Marco ! » Contre-attaque française. L'armée ennemie se retrouve en déroute totale.

On dénombre plus de quinze mille morts sur le champ de bataille, dont la moitié sont des Français. La route de Milan s'ouvre toute grande au roi, qui, bon prince, négocie la reddition du duc Maximilien Sforza. François Ier, le « roi chevalier », vient d'asseoir définitivement sa réputation.

NAISSANCE DU JOUR

En 1924, Maurice Jarre, compositeur français auteur notamment des musiques des films *Lawrence d'Arabie* et du *Docteur Jivago*.

HOMME DU JOUR

En 1993, Yitzhak Rabin, Premier ministre israélien, et Yasser Arafat, chef de l'OLP, échangent une poignée de main lors de la signature des accords d'Oslo.

14 SEPTEMBRE

C'est la Sainte Croix

1927
Mort d'une étoile

Née à San Francisco, en mai 1877, fille d'un banquier ruiné, d'un caractère farouchement indépendant, délaissant bien vite un système scolaire trop répressif à son goût, la jeune Isadora commence par donner des leçons de danse aux enfants du quartier. En 1899, la jeune femme quitte les États-Unis. Direction l'Europe, Londres d'abord, puis Paris. La vie de bohème à Montparnasse ne convenant pas à cette âme solidement trempée, elle loue deux grands appartements haussmanniens, le premier lui servant de domicile et l'autre d'école de danse. Pieds nus, ce qui est révolutionnaire pour l'époque, son corps largement dénudé – nouveau scandale –, elle laisse libre cours dans son art à la fantaisie, à l'improvisation, à la sensibilité, jugeant les formes académiques du ballet classique « laides et contre-nature ». Le succès est vite au rendez-vous. Miss Duncan, volontiers bohème, ne voit les contrats de ses chorégraphies que comme autant de distractions vaines qui l'empêchent de réfléchir pleinement à sa mission : transmettre un art sacré à la jeunesse.

Et sa vie privée ? Isadora Duncan épouse un jour un poète de dix-huit ans son cadet, Serguei Essenine. Mais les scènes succèdent aux scènes, de plus en plus violentes jusqu'au suicide du jeune homme, à 30 ans. Nouveau drame : ses deux enfants, nés tous deux hors mariage, meurent accidentellement noyés. Isadora, dévastée par le chagrin, part pour la Côte d'Azur. Où la mort la guette.

Quelques jours avant son décès, apercevant lors d'un dîner la longue écharpe qu'elle portait, son ami Jean Cocteau lui murmure : « Chère Isadora, cette écharpe ne vous aime pas… » De fait, alors qu'elle roule à vive allure, le long lé de soie se prend dans l'essieu de son Amilcar GZ. La danseuse est violemment projetée hors du véhicule et meurt dans sa chute contre la chaussée. L'insoumise repose au cimetière du Père-Lachaise, près de ses enfants.

NAISSANCE DU JOUR

En 1849, Ivan Pavlov, médecin, Prix Nobel de médecine, célèbre pour ses travaux sur les réflexes conditionnés.

HOMME DU JOUR

En 1901, Theodore Roosevelt devient président des États-Unis.

15 SEPTEMBRE

C'est la fête de Notre-Dame des sept Douleurs

2008

Le krach de 2008

Ce jour-là – qui ne s'en souvient ? –, la crise bancaire et financière s'abat sur le monde. Après le krach de 1929, il y aura désormais celui de 2008.

À l'époque, plusieurs grandes banques américaines entrent en cessation de paiement. Une double crise des liquidités et des remboursements plonge les marchés boursiers du monde entier dans les affres. La Finance est au bord du gouffre.

Lehman Brothers est le symbole de cet effondrement. Bien qu'existant depuis 1850, bien que possédant nombre de filiales sur la planète, bien que constituant un acteur majeur du marché des emprunts d'État américains, la banque va disparaître en quelques jours à peine. Parce qu'aux États-Unis, à l'époque, on pratique les prêts hypothécaires à risque – les très, trop célèbres subprimes –, parce que les ménages américains ont été incités à consommer, emprunter jusqu'à plus soif, d'un coup tout s'écroule. Minée par trop d'actifs jugés douteux, la banque fait faillite. C'est un coup de semonce extraordinaire. Une catastrophe si alarmante qu'elle amène les différents gouvernements – à commencer par ceux des États-Unis et de grands pays européens – à renflouer les établissements bancaires les plus fragilisés. Dans la « zone euro », on verra par exemple la Banque centrale européenne intervenir massivement.

Ce deuxième grand krach – après celui de 1929 – inaugure une période de récession économique mondiale.

NAISSANCE DU JOUR

En 1254, Marco Polo, marchand et explorateur italien.

FAIT DU JOUR

En 1935, Howard Hughes atteint la vitesse de 567 km/h en avion aux États-Unis, un record pour l'époque.

16 SEPTEMBRE

C'est la Saint Corneille, la Saint Cyprien et la Sainte Edith de Barking

1792

Le « casse du millénaire »

Le plus grand cambriolage jamais répertorié eut lieu le 16 septembre 1792. En quatre nuits, plusieurs dizaines de voleurs ont dévalisé l'hôtel du garde-meuble, sur l'actuelle place de la Concorde, où se trouvaient les joyaux de la Couronne, dont le grand Diamant bleu, mais aussi le Régent, le plus gros diamant du monde. En tout, près de neuf mille bijoux représentant l'équivalent de sept tonnes d'or !

N'y avait-il personne pour garder le bâtiment ? Si, quelques gardes nationaux. Qui n'ont rien entendu car leur loge était loin de la salle du trésor. La première nuit, les malfrats ont escaladé la façade jusqu'au balcon, puis cassé une fenêtre et percé les volets intérieurs. Une intrusion aisée puisque aucune barre de protection n'avait été installée. Et une intrusion répétée quatre jours durant, en toute impunité ! Certains voleurs sont même allés jusqu'à faire la fête sur place !

Quand les gardes ont réagi, le 16 septembre, il était trop tard : s'ils ont découvert les grands salons jonchés de pierreries, il s'agissait des miettes du festin...

Comment expliquer un tel laxisme ? Par le contexte. La France est alors au pire moment de la Révolution. La monarchie vient d'être abolie ; partout, dans les prisons, on exécute les prisonniers politiques. Dans l'anarchie ambiante, il n'était pas difficile d'organiser le forfait – surtout si, comme le pensent certains historiens, les auteurs de ce « casse du millénaire » ont bénéficié de complicités en haut lieu.

Plus tard, beaucoup plus tard, quelques malfaiteurs seront arrêtés et punis, et certains grands joyaux comme le Régent retrouvés. Mais pas tous. Le Diamant bleu, par exemple, a été vendu et revendu après avoir été retaillé pour devenir le fameux Hope, exposé à Washington. Ce que l'on sait uniquement depuis... 2007.

NAISSANCE DU JOUR

En 1901, Louis Joxe, homme politique français ayant notamment participé à la négociation des accords d'Évian qui menèrent à l'indépendance de l'Algérie en 1962.

FAIT DU JOUR

En 1974, Casimir, le dinosaure orange de l'émission « L'île aux enfants », fait sa première apparition à la télévision.

17 SEPTEMBRE

C'est la Sainte Hildegarde de Bingen et la Saint Robert Bellarmin

1717
Bobbing John

En Écosse, John Erskine, sixième comte de Mar, trouve la sanction injuste. Lui qui a servi le roi d'Angleterre George Ier, un Hanovre, en tant que secrétaire d'État pour l'Écosse, s'est vu retirer sa charge il y a tout juste un mois. Du coup, rentré chez lui, il a décidé d'embrasser la cause des ennemis de l'Angleterre, les jacobites, ainsi appelés parce qu'ils soutiennent Jacques Stuart, un Écossais exilé sur le continent, à Bar-le-Duc.

À la tête de dix mille Highlanders qui veulent « secouer le joug étranger et rétablir l'Écosse dans son ancienne indépendance », dans un premier temps il marque des points. Les cités d'Aberdeen, Perth, Dundee sont prises et on y proclame Jacques VIII, roi d'Écosse. Prochaine étape : Édimbourg, la capitale qui résiste !

Erskine se replie à Perth en attendant le fameux Stuart. Mais le prétendant tarde à arriver. Fin novembre, les indépendantistes essuient des défaites et la moitié des Highlanders, démotivés, s'en retournent dans leurs hautes terres. Quand, trois jours avant Noël, Stuart débarque il est trop tard : ses partisans ont baissé pavillon ; il devra regagner la France deux mois après. L'insurrection a échoué.

Que va devenir John Erskine, avant d'être un symbole pour les indépendantistes du XXIe siècle ? Un fugitif d'abord, exilé en France. Mais aussi, plus tard, un pensionné de George Ier – d'où son surnom de « Bobbing John », qui signifie « John la Girouette ».

NAISSANCE DU JOUR

En 1873, Cécile Sorel, actrice et membre de la Comédie-Française de 1901 à 1933.

FAIT DU JOUR

En 1978, le président égyptien Anouar El Sadate et le Premier ministre israélien Menahem Begin signent les accords de Camp David.

18 SEPTEMBRE

C'est la Saint Joseph de Cupertino

1981

L'abolition

« Demain, grâce à vous, la justice française ne sera plus une justice qui tue. Demain, grâce à vous, il n'y aura plus, pour notre honte commune des exécutions furtives, à l'aube, sous le dais noir, dans les prisons françaises. Demain, les pages sanglantes de notre justice seront tournées. »

Le grand pénaliste Robert Badinter, garde des Sceaux, a des accents dramatiques lorsque l'abolition de la peine de mort est sur le point de devenir réalité au Palais-Bourbon. Ce 18 septembre 1981, à l'issue des débats, trois cent soixante-neuf députés, sur les quatre cent quatre-vingt-deux que contient l'hémicycle, votent en faveur du texte. Une écrasante majorité. Cent treize élus se prononcent contre. La peine de mort est donc supprimée, et la loi, promulguée officiellement le 9 octobre suivant.

Une intense émotion gagne l'hémicycle. Il faut dire que, sous la Ve République, il y a eu dix-neuf exécutions capitales.

Que le dernier condamné à avoir été décapité s'appelait Hamida Djandoubi, en 1977 – et non Christian Ranucci, comme on le lit souvent.

Et que le débat sur cette suppression agite les partis politiques et l'opinion depuis des années, la France ayant été le dernier pays d'Europe à maintenir cette sentence ultime.

NAISSANCE DU JOUR

En 1986, Renaud Lavillenie, détenteur d'un record du monde de saut à la perche obtenu en 2014.

FAIT DU JOUR

En 1851, Henry Jarvis Raymond et George Jones font paraître le premier numéro du *New York Daily Times*, qui deviendra le *New York Times*.

19 SEPTEMBRE

C'est la Saint Janvier de Naples et la Sainte Marie-Émilie de Rodat

1783

Un cop, un chien et un mouton

Un jeune homme est tranquillement assis devant sa cheminée. Soudain, son attention est attirée par une feuille de papier, qui, sous l'influence de l'air chaud, monte et monte encore dans le conduit. Euréka ! Selon la légende, Joseph Montgolfier vient de comprendre le processus de l'utilisation de l'air chaud.

Ce fils d'une famille de seize enfants – son père est papetier – a un frère, Étienne, plus studieux que lui, meilleur élève et tout autant passionné par les sciences. C'est en Avignon, où il réside pour les affaires familiales, que Joseph tente sa première expérience : « Là, rapporte la gazette locale, il ne vit pas sans une profonde joie qu'un petit parallélépipède de taffetas de soie ayant été chauffé préalablement monta rapidement au plafond. »

En décembre 1782, la même expérience est reproduite dans leur ville natale d'Annonay. Les deux frères poursuivent leurs recherches et parviennent à faire s'élever une sphère de trois mètres carrés, puis une autre d'une douzaine de mètres carrés. Qui grimpa à une hauteur estimée à quatre cents mètres ! Nouvelle tentative avec le même ballon, qui s'envole, lui, à plus de mille mètres.

Pourquoi ne pas renouveler l'exploit à Versailles et obtenir des subsides ? Ayant vu plus grand, ils construisent un ballon de mille mètres cubes et pesant environ quatre cent cinquante kilos. Las, la toile se déchire. Mais la commission d'experts désignée ne juge pas qu'il s'agit d'un échec et fixe une nouvelle tentative, devant le roi Louis XVI, au 19 septembre 1783. Dans la nacelle, un coq, un chien et un mouton. L'étonnant équipage se pose sans encombre à trois kilomètres cinq cents de distance…

NAISSANCE DU JOUR

En 1922, Emil Zàtopek, athlète tchécoslovaque spécialiste des courses de fond, détenteur de quatre titres olympiques.

FAIT DU JOUR

En 1985, un violent tremblement de terre secoue Mexico. Il fait au moins dix mille morts.

20 SEPTEMBRE

C'est la Saint André Kim Taegon

1792

Valmy, la victoire inespérée

Le grand Goethe a écrit que, de la bataille de Valmy, « date une époque nouvelle de l'histoire universelle ». C'est un peu excessif, mais cette bataille a quand même renversé le cours de l'histoire de France en permettant à la Révolution française de poursuivre son cours.

En 1792, la France est seule, entourée d'ennemis. Les monarchies européennes voient la Révolution d'un très mauvais œil et souhaitent rétablir leur cousin Louis XVI dans ses prérogatives. Les armées françaises, ayant vu leurs généraux et officiers expérimentés émigrer, essuient revers sur revers ; si bien que la route de Paris s'ouvre désormais aux troupes des puissances adverses. Quand s'engage une bataille, le 20 septembre, à Valmy, bourgade de la Marne, c'est donc le sort du régime qui est en jeu.

Ce jour-là s'affrontent les armées révolutionnaires, dirigées par Dumouriez et Kellermann, et l'armée prussienne et autrichienne, conduite par le duc de Brunswick. Vingt-quatre mille hommes face à cent mille ; les jeux semblent faits. Mais les soldats français résistent, attaquent, tirent jusqu'à vingt mille coups de canons. Une opposition imprévue qui impressionne les troupes prussiennes, lesquelles battent en retraite. Au final, on releva seulement deux cents morts du côté français et trois cents de l'autre, mais Valmy sonna comme un coup de tonnerre et redonna le moral aux Français. Le lendemain, forte de cette victoire, la Convention proclama l'abolition de la royauté et l'instauration de la République.

NAISSANCE DU JOUR

En 1947, Patrick Poivre d'Arvor, journaliste et présentateur du journal télévisé de 20 Heures sur TF1 pendant plus de vingt ans.

FAIT DU JOUR

En 1928, Mickey Mouse, le célèbre personnage de dessin animé créé par Walt Disney, fait son apparition à l'écran.

2001

L'explosion de l'usine AZF

21 septembre 2001. 10 h 17. Entre trois cents et quatre cents tonnes de « nitrate d'ammonium déclassé », destinées à la production d'engrais et stockées dans un hangar de l'usine AZF, au sud de Toulouse, explosent, provoquant une déflagration équivalant à un choc sismique de 3,4 sur l'échelle de Richter. Le drame fait trente et un morts, et deux mille deux cent quarante-deux blessés – sans compter trente mille logements endommagés.

Un procès-fleuve de quatre mois, tenu du 23 février au 28 juin 2009, va permettre de mettre à plat le fonctionnement de l'usine, mais pas de répondre clairement à la question posée par les mille huit cents parties civiles : celle de la cause de l'explosion. « Il n'y a pas eu de surprise, le plan a été tenu et l'on a passé beaucoup de temps à parler de rien », devait résumer le chef de file de la défense, maître Soulez-Larivière, à l'issue des débats.

Officiellement, le drame est né d'un accident, dû à l'entrée en contact du nitrate d'ammonium avec cinq cents kilogrammes de produit chloré. Mais certains experts, relayés par des journalistes, réfutent la version officielle, estimant qu'elle relèverait du mensonge – peut-être du mensonge d'État. Pour les uns, dix jours après les attentats contre les tours jumelles de Manhattan, l'usine AZF aurait, en vérité, été victime d'un acte terroriste ; pour d'autres, il y aurait eu, en fait, deux explosions. Qui plus est, l'enquête a été menée de manière controversée, et aucune des hypothèses dissidentes, pourtant souvent argumentées, n'a été sérieusement étudiée lors des audiences. De quoi alimenter les rumeurs.

NAISSANCE DU JOUR

En 1866, H.G. Wells, écrivain britannique connu pour ses romans de science-fiction, auteur notamment de *La Machine à explorer le temps* et *La Guerre des mondes*.

FAIT DU JOUR

En 1777, le comte d'Artois lance la construction du parc de Bagatelle, dans le bois de Boulogne, après un pari avec Marie-Antoinette.

22 SEPTEMBRE

C'est la Saint Maurice et la Saint Silvain

2890 du troisième âge

La naissance de Bilbon Sacquet

Disons que nous sommes le 22 septembre 1290, selon le calendrier de la Comté. Soit le jour de la naissance de Bilbon Sacquet (ou Bilbo Bessac) si l'on en croit les calendriers inventés par Tolkien.

Doué d'une imagination prolixe et fascinante, l'auteur du *Seigneur des anneaux* et des aventures de *Bilbon le Hobbit* avait inventé un monde fabuleux, « la Terre du Milieu », et créé de toutes pièces les peuples et civilisations qui y évoluent. Et c'est ce qui est fantastique dans l'œuvre de l'écrivain anglais : il allait jusqu'à mettre au point non pas un, mais plusieurs calendriers, chaque peuple ayant le sien : celui des elfes, des hommes, des nains... Et des hobbits bien sûr, lequel permet de savoir quand est venu au monde Bilbon Sacquet, son héros. Un 22 septembre, donc. De l'année 2890. Du troisième âge !

Revenons à notre calendrier : quand Tolkien a-t-il écrit ses livres et inventé ses mondes ? En fait, la rédaction du *Hobbit,* entamée pour amuser ses enfants, l'a occupé dans les années 1920-1930. Un peu par hasard, le roman est tombé entre les mains d'un éditeur, qui l'a publié en 1937. Le succès fut tel qu'on demanda à Tolkien une suite. Ce fut *Le Seigneur des anneaux,* son œuvre la plus connue. Et figurez-vous que, dans cette suite, le jeune cousin de Bilbon, Frodon Sacquet, est lui aussi né un 22 septembre ! Soixante-dix-huit ans plus tard, selon les calendriers imaginaires. Est-ce qu'il faut y voir une coïncidence ?

NAISSANCE DU JOUR

En 1940, Anna Karina, actrice française principalement connue pour ses rôles dans les films de Jean-Luc Godard entre 1960 et 1967.

FAIT DU JOUR

En 1984, François Mitterrand et Helmut Kohl se recueillent à Douaumont en hommage aux combattants de la Grande Guerre.

23 SEPTEMBRE

C'est la Saint Constant

1939

Le père de la psychanalyse

Alors que le monde bascule dans la Seconde Guerre mondiale, une grande figure de la médecine meurt d'un cancer à l'âge de 83 ans. Sigmund Freud, le père de la psychanalyse, s'éteint le 23 septembre 1939 à Londres, entouré de sa femme et de sa fille.

Né en mai 1856, en Moravie, dans une famille de modestes négociants juifs, installé avec les siens dans l'ancien ghetto de Vienne, le jeune Sigmund se révèle un brillant élève qui, devenu médecin en 1881, se passionne pour la psychiatrie en général et, plus particulièrement, le traitement de l'hystérie. Il suit les cours de Charcot, à Paris, puis de Bernheim, pratique l'hypnose avec Josef Breuer. Et puis, en écoutant ses malades lui raconter leurs rêves, lui révéler leurs lapsus et actes manqués – bref, dévoiler leur *inconscient* –, il met sur pied un système de cure par la parole. Qu'il baptise « psychanalyse ».

Progressivement, le thérapeute institutionnalise la discipline, affine dans différents écrits les concepts de Conscient et d'Inconscient, de Pulsion, de Refoulement, de Transfert, de Complexe d'Œdipe…

Il en tirera une gloire mondiale, mais n'en doit pas moins fuir le régime hitlérien imposé par l'*Anschluss* en 1938. C'est avec l'aide d'une de ses patientes, la princesse Marie Bonaparte, qu'il est venu s'installer à Londres. Dans la maison de Maresfield Gardens, située au nord de la capitale britannique, et que l'on peut visiter aujourd'hui encore.

NAISSANCE DU JOUR

En 1930, Ray Charles, chanteur et pianiste de jazz américain, grande figure de la musique afro-américaine.

FAIT DU JOUR

En 1998, le professeur Jean-Michel Dubernard réalise la première greffe de la main sur Clint Hallam, après treize heures d'opération.

24 SEPTEMBRE

C'est la Saint Silouane

1452

Le bûcher des vanités

Ferrare, en Italie. Un futur intégriste voit le jour en ce 24 septembre 1452 : Jérôme Savonarole. Ce nouveau-né, plus tard, deviendra frère dominicain et prêchera la fin du luxe et de la dépravation dans la Florence des Médicis, promettra l'enfer à tous ceux qui ne se repentent pas au plus vite. Or, à l'époque, la capitale des Arts vit dans l'opulence et la décadence, la débauche et les fêtes orgiaques. Aussi, quand Savonarole prend les rênes de la ville, en 1494, et installe sa dictature, il bouleverse les habitudes.

Une terreur s'abat sur la cité, entretenue par les pauvres qui le vénèrent parce qu'il leur distribue l'argent des riches, et par des cohortes d'enfants habillés en blanc – une « armée d'anges », dit-il – qui jouent à la milice en surveillant tout et tout le monde. Le jeu est interdit, les divertissements aussi. Les femmes sont sommées de se voiler. En février 1497, le maître dresse un « bûcher des vanités », grand feu dans lequel on jette tout ce qui est considéré comme symbole du Mal, autrement dit du plaisir et de l'art. Se consument les œuvres de Boccace ou de Pétrarque. Botticelli lui-même apporte certaines de ses toiles jugées impies…

C'est sur un bûcher aussi que va finir Savonarole. N'épargnant pas l'Église dans ses prêches, le dictateur finit par être excommunié. Ce qui pousse les Florentins, lassés de ses excès, à le rejeter. En 1498, le prédicateur est arrêté à l'instigation du pape, torturé, puis pendu. Son corps sera brûlé sur la piazza della Signoria, à l'endroit même où s'était dressé le « bûcher des vanités ».

NAISSANCE DU JOUR

En 1896, F. Scott Fitzgerald, écrivain américain auteur notamment de *L'Étrange histoire de Benjamin Button* et *Gatsby le magnifique*.

FAIT DU JOUR

En 1941, le général de Gaulle prend la tête de la France libre en créant le Comité national français depuis Londres.

25 SEPTEMBRE

C'est la Saint Firmin

1921

La première autoroute du monde

1921 à Berlin. Ce jour-là, un nouveau concept de chaussée est inauguré par l'AVUS, l'Automobil-Verkehrs und Übungs Strasse, société spécialisée dans les travaux publics. Dix kilomètres de long, avec deux voies séparées par un terre-plein, prévus pour faciliter la vitesse. La construction a commencé en 1909, mais la Première Guerre mondiale a freiné les travaux, qui ne s'achèvent que cette année-là. La première « autoroute » devient réalité.

Pour être honnête, il faudrait parler plutôt d'« ancêtre de l'autoroute ». Car, au départ, le tronçon est conçu pour des courses automobiles, donc en rien ouvert au public.

Quant à la quatre-voies telle que nous l'entendons, elle naît un an plus tard en Italie. En 1922, donc, l'ingénieur milanais Piero Puricelli conçoit l'*autostrada dei Laghi* (l'autoroute des Lacs), une ligne droite de quatre-vingt-cinq kilomètres de long, large d'une douzaine de mètres, entre Milan et Varèse, tout au nord du pays. La route, dédiée uniquement aux véhicules motorisés (c'est nouveau), est payante afin d'amortir les coûts de construction. Surtout, il n'y a pas de croisement, les voies perpendiculaires passant au-dessus ou au-dessous.

En France, il faudra attendre le 12 juillet 1926 et l'inauguration de la route touristique du Puy-de-Dôme, fondée sur le même modèle que celle de Puricelli, pour dater l'apparition de ce type de voies. Une route aujourd'hui fermée au public, alors que l'AVUS, à Berlin, se trouve intégrée au réseau autoroutier local.

NAISSANCE DU JOUR

En 1683, Jean-Philippe Rameau, compositeur français, notamment auteur des *Indes galantes*.

FAIT DU JOUR

En 1987, Jacques Chirac, alors Premier ministre, et Hosni Moubarak inaugurent ensemble la première ligne de métro du Caire.

26 SEPTEMBRE

C'est la Saint Côme et la Saint Damien

1854

« J'y suis, j'y reste ! »

À Sébastopol, dans le sud de la Crimée, un terrible siège dure depuis presque un an. Un épisode dramatique de plus dans la guerre opposant la Russie à la France et au Royaume-Uni (alliés pour une fois), mais aussi à la Turquie (l'Empire ottoman) et au Piémont-Sardaigne.

Tout a commencé en juillet 1853, lorsque Saint-Pétersbourg voulut s'emparer de la Moldavie et de la Valachie appartenant aux Turcs. Ceux-ci ont contre-attaqué ; ils sont parvenus à se débarrasser de l'envahisseur lorsque les Alliés arrivent. N'ayant pas fait ce chemin pour rien, ces derniers décident de prendre Sébastopol. Le 20 septembre 1854, les combats font rage sur les bords du fleuve, l'Alma. L'armée russe étant forcée de reculer, les Alliés assiègent la ville. Très vite, les Britanniques réussissent à ouvrir une brèche dans les défenses russes, mais, inexplicablement, tardent à s'y engouffrer. Bientôt il sera trop tard : les Russes se sont réorganisés. L'occasion est manquée.

Alors commencent onze mois de guerre dans des conditions terribles ! L'hiver étant venu, on manque de tout. Le choléra et le scorbut s'installent. Enfin, le 8 septembre 1855, les Français, emmenés par le général Mac-Mahon, prennent la tour Malakoff, l'un des principaux bastions de défense russe. À partir de là, la victoire est assurée. Au moment de l'assaut, le futur président de la République se serait exclamé : « J'y suis, j'y reste ! » Le 30 mars 1856, finalement, la paix est signée. Mais les pertes sont effroyables : cent vingt mille hommes sont morts côté Alliés, cent cinquante mille côté Russes.

NAISSANCE DU JOUR

En 1898, George Gershwin, compositeur américain, auteur notamment de *Summertime* et *An American in Paris*.

FAIT DU JOUR

En 1969, les Beatles sortent leur onzième album, *Abbey Road*. Sur la pochette, les quatre garçons traversent un passage piéton.

27 SEPTEMBRE

C'est la Saint Vincent de Paul

52 avant Jésus-Christ

Vercingétorix se rend à César

Son nom signifie « grand roi des soldats ». Où est-il né, quand est-il né, ce Vercingétorix ? Double mystère. L'historiographie moderne penche pour Clermont-Ferrand, vers 80 av. J.-C. de notre ère. Il n'est pas moustachu comme Astérix, et les monnaies de l'époque le représentent jeune avec des cheveux courts et bouclés. Âgé de 20 ans environ lorsque Jules César envahit la Gaule, il prend la tête de la rébellion. Mais son oncle, Gobannitio, chef de l'oligarchie arverne, le chasse du clan ; toute tentative qui permettrait une instauration du principe monarchique est punie de mort chez les Gaulois. Il revient pourtant en force, parvient à s'imposer, se fait proclamer chef suprême.

Sa stratégie : éviter l'affrontement direct avec les légions, épuiser les Romains par la technique de la terre brûlée. Non sans résultats. En juin 52, c'est la formidable victoire de Gergovie. À Bitracte, le jeune chef de guerre est parvenu à unifier une grande partie des peuples gaulois, pour la première fois de son histoire.

César, convaincu du danger, décide de regrouper ses troupes, qui forment douze nouvelles légions. Comme il veut gagner l'Italie du Nord, Vercingétorix souhaite l'en empêcher. À Alésia, où sont rassemblées les forces gauloises. César met en place un formidable dispositif de siège, avec double fortification : les Gaulois ne peuvent ni sortir de leur camp retranché, ni se ravitailler. Malgré l'aide des tribus lémovices ou éduennes, il va falloir se rendre le 27 septembre selon certains auteurs. Sans un mot, mâchoire serrée, Vercingétorix jette ses armes, épée, javelot et casque, aux pieds de Jules César. Tout est fini. Selon la légende, il offre sa liberté en échange de la vie des cinquante-trois mille survivants.

Jules César, de retour en Italie, peut sacrifier au fameux triomphe romain : exhiber Vercingétorix comme un trophée. Le jeune chef gaulois est alors enfermé dans les geôles du Tullianum où il aurait été finalement exécuté.

NAISSANCE DU JOUR

En 1627, Jacques-Bénigne Bossuet, célèbre pour ses talents d'orateur, ses sermons et ses panégyriques.

FAIT DU JOUR

En 1540, le pape Paul III, par une lettre apostolique, reconnaît la Compagnie de Jésus – dont les membres sont communément appelés les jésuites – fondée par Ignace de Loyola.

28 SEPTEMBRE

C'est la Saint Laurent Ruiz

1958
Le début d'une ère nouvelle

C'est fait ! Les Français ont dit « oui » à la Constitution de la Ve République. Enfin, pour être précis ce 28 septembre-là, ils ont d'abord dit « oui » au retour du général de Gaulle au pouvoir et « vivement » répondu « oui » aux efforts annoncés par l'équipe entrante de mettre un terme au problème algérien.

Car la nouvelle Constitution, dans cette affaire, est passée un peu au second plan – même si, dans l'esprit du général de Gaulle, il s'agissait d'un préalable nécessaire, mûri de longue date.

À l'époque, voilà près de treize ans que Charles de Gaulle a claqué la porte et entamé sa « traversée du désert », par refus du parlementarisme tout-puissant, tel qu'il s'est exprimé sous la IVe République. Or, dès juin 1946, dans le célèbre discours de Bayeux, le Général avait posé les principes de ce qui, à ses yeux, devait permettre la bonne marche de l'État – à savoir, un exécutif fort.

Cette fois, l'exécutif a vraiment la main et va la garder. La présidentialisation du régime est en marche.

NAISSANCE DU JOUR

En 1841, Georges Clemenceau, homme politique français, grande figure de la IIIe République ayant notamment mené la France à la victoire en 1918.

FAIT DU JOUR

En 1864, Karl Marx rédige le manifeste et les premiers statuts de la fondation de l'Association internationale des travailleurs.

C'est la Saint Gabriel, la Saint Michel et la Saint Raphaël

1513

La « mer du Sud »

En ce 29 septembre 1513, le conquistador Vasco Nuñez de Balboa prend possession, au nom de la couronne d'Espagne, de la « mer du Sud », que l'on n'appelle pas encore « océan Pacifique ». Il s'est avancé dans les flots avec sa cuirasse, son épée dans la main droite, une bannière dans l'autre, et a baptisé les lieux « baie San Miguel » – puisque c'est le jour de la Saint-Michel.

Le conquistador se trouve donc... au Panama ! Quatre jours plus tôt, le 25 septembre 1513, il sortait de la jungle, accompagné d'une troupe d'environ deux cents personnes – des soldats espagnols bien entendu, mais aussi des guides locaux. En s'extrayant de l'enfer vert, il avisa une petite colline, y grimpa et découvrit une immense étendue d'eau. Pour la première fois, un Européen rencontrait le Pacifique depuis cette côte !

Bien sûr, il n'avait aucune idée de ce qu'il trouverait de l'autre côté du Panama – à savoir les limites du Nouveau Monde et un nouvel horizon, le plus gigantesque jamais découvert... Le pauvre homme en sera du reste mal récompensé, puisqu'il se verra, quelques années plus tard, accusé de trahison et décapité par les autorités espagnoles. Quant à l'épithète « Pacifique », c'est en 1520, soit sept ans plus tard, que Magellan l'utilisera, marqué par les eaux calmes de l'océan nouveau.

NAISSANCE DU JOUR

En 1571, Michelangelo Merisi da Caravaggio, dit Le Caravage, peintre italien considéré comme l'un des pères de la peinture moderne.

FAIT DU JOUR

En 1789, Jacques-Guillaume Thouret présente un rapport sur la division de la France en quatre-vingt-un départements à l'Assemblée constituante, tenant compte de l'histoire et de la géographie de chaque zone.

30 SEPTEMBRE

C'est la Saint Jérôme

1955
Un mythe s'éteint

Le tournage de son dernier film, *Géant,* est à peine achevé que James Dean roule, au volant de sa Porsche 550 Spyder, sur la route 466, en Californie. Il se rend à Salinas participer à une compétition automobile. Dans son roadster l'accompagne son mécanicien, Rolf Wutherich. Aucun doute : ce jour-là l'acteur est heureux ; il peut enfin vivre sa passion.

Pourquoi « enfin » ? Parce que, jusque-là, la star était bloquée par un contrat de production – sachant qu'il a le pied assez lourd – lui interdisant toute course automobile. Les studios ne voulaient pas courir le risque de le voir se blesser durant un tournage. D'ailleurs, en ce 30 septembre, il roule depuis quatre heures et a déjà écopé d'une amende pour excès de vitesse.

Vers 17 h 45, le roadster approche d'un croisement près de Cholame. En face, James aperçoit un autre véhicule, une Ford noire et blanche. Au moment où la Porsche atteint l'intersection, la Ford tourne à gauche, coupant la route. James Dean ne peut éviter le choc ! Le pilote de la Ford, un étudiant de 23 ans, Donald Turnedspeed, en sort presque indemne ; Rolf, le mécanicien, est éjecté et subit quelques fractures. Mais James, lui, est mort sur le coup. À 24 ans.

Autant dire qu'il entre aussitôt dans la légende. Avec trois grands films à son actif : *À l'est d'Éden, Géant* donc, et *La Fureur de vivre* où il prenait part à une course de voitures tragique... Il venait par ailleurs de tourner un spot... pour la sécurité routière !

NAISSANCE DU JOUR

En 1928, Elie Wiesel, écrivain et Prix Nobel de la paix en 1986, auteur notamment de *La Nuit* qui retrace son expérience au camp de Buchenwald.

FAIT DU JOUR

En 2005, Tim O'Reilly utilise pour la première fois le terme « Web 2.0 », qui formalise le début d'une nouvelle ère d'Internet.

1946

Verdict à Nuremberg

Avant tout, statuer. Se demander comment juger et si l'on doit juger les criminels de guerre. Question essentielle à laquelle un oui massif est répondu par les Alliés, Winston Churchill en tête. Il faut « le châtiment des crimes commis dans les pays occupés par l'Allemagne », assène le Premier ministre britannique. Le 15 décembre 1942, déjà, une déclaration interalliée condamnait le dessein d'Hitler d'exterminer les juifs. Et les gouvernements de pays occupés affirmaient leur volonté « de châtier les coupables à la mesure de leurs forfaits ».

À la fin de la guerre, c'est la conférence de Potsdam qui fixe le sort des ennemis tant sur le front européen que sur le front asiatique. Harry S. Truman, le président américain, charge Robert Jackson de la préparation du procès. Arrivé à Londres, il entame une série de discussions : faut-il un seul grand procès ou plusieurs ? Faut-il axer la procédure sur les crimes de guerre ou sur le complot nazi pour dominer l'Europe ? Ce sont les accords de Londres, signés le 8 août 1945, qui définissent l'ensemble des règles du tribunal : crimes contre la paix et complot ; crimes de guerre ; crimes contre l'humanité ; responsabilité et impartialité ; choix des accusés et élaboration de leur liste. En l'occurrence trente et un dignitaires allemands vont se retrouver dans le box.

Où les juger ? Britanniques et Américains proposent la ville de Nuremberg, avant tout parce qu'elle dispose des infrastructures indispensables à un procès d'une telle envergure. On rétablit bien vite le téléphone, l'eau courante, la circulation des tramways, et les délégations étrangères sont logées sur place ou dans un village voisin. Les verdicts vont tomber : exécution capitale par pendaison pour Göring, Ribbentrop, Kaltenbrunner, Keitel, Sauckel et Jodl, condamnation à la prison pour Speer, Schirach, Funk, Hess, Neurath...

NAISSANCE DU JOUR

En 1881, William Edward Boeing, aviateur et pionnier américain de l'industrie aéronautique.

FAIT DU JOUR

En 1928, Eugène Freyssinet, ingénieur des Écoles polytechnique et des ponts et chaussées, dépose le brevet du béton précontraint.

2 OCTOBRE

C'est la fête des anges gardiens

1869
La naissance de Gandhi

La question pourrait se trouver dans un Trivial Pursuit : que fête l'Inde, tous les 2 octobre ? À quoi correspond cette date mettant le pays en liesse ? Il s'agit de la célébration de l'anniversaire de naissance du Mahatma Gandhi. Un événement majeur pour les Indiens, on s'en doute.

Mohandas Karamchand Gandhi est donc né un 2 octobre, en 1869, au Gujarat, au sein d'une famille aisée. Marié très tôt – à 14 ans –, il est parti étudier le droit à Londres, découvrant là-bas et les duretés du monde occidental, et la splendeur de sa propre culture, jusqu'ici négligée.

Après un retour décevant en Inde, il devient avocat en Afrique du Sud, où naît sa vocation de défense des opprimés : en l'occurrence, ses compatriotes indiens.

La Première Guerre mondiale le voit rentrer en Inde, portant déjà le pagne qui le rendra célèbre. Dès lors, avec la guerre de l'Indigo puis à la suite du massacre d'Amritsar, il défie la puissance coloniale et parviendra à la faire vaciller sur ses bases grâce à une arme aussi géniale que redoutable, la non-violence gandhienne ou satyagraha.

Artisan de l'indépendance indienne, tout au long des années vingt et trente, de discours publics en séjours en prison, de marches pacifiques en voyages officiels, le « fakir à demi nu », comme disait Churchill, réussit à faire plier les Anglais. Et finira par obtenir, en 1947, l'indépendance de cet ancien pilier de l'Empire.

Malheureusement, il n'atteindra pas son deuxième objectif : voir coexister hindous et musulmans au sein d'une même nation. C'est du reste le fanatisme qui armera le bras de ses assassins, à Delhi, le 30 janvier 1948.

NAISSANCE DU JOUR

En 1851, Ferdinand Foch, futur maréchal de France et commandant des forces alliées durant la Première Guerre mondiale.

FAIT DU JOUR

En 1535, Jacques Cartier, explorateur français, pose le pied sur une île qu'il baptise le Mons realis, sur laquelle sera fondée la ville de Montréal.

3 OCTOBRE

C'est la Saint Gérard de Brogne

1990
La réunification allemande

Souvenez-vous : c'était le jour de la réunification de l'Allemagne, après cinquante ans de partition entre l'Allemagne de l'Est, la RDA (DDR), et celle de l'Ouest, la RFA (BRD). Mais cette date du 3 octobre 1990 n'est que l'aboutissement, l'officialisation d'un long processus ayant permis cette réunification.

Pour rappeler le processus, il faut remonter quarante-cinq ans en arrière, après la capitulation, le 8 mai 1945, et le partage en quatre zones d'occupation, à l'est, par l'Union soviétique et, à l'ouest, par les Américains, les Britanniques et les Français. Ces quatre territoires n'en forment bientôt plus que deux : d'un côté, les Alliés, les Occidentaux si vous voulez – on disait « le monde libre » – et de l'autre les Soviétiques. Désormais, il y aurait deux Allemagnes. Et bientôt un mur…

Le mur s'édifie un petit peu plus tard, bâti en 1961 par le bloc de l'Est pour stopper l'exode de la population est-allemande. Il mesurait trois mètres soixante de haut, était hérissé de barbelés et protégé par trois cents miradors. Cette fois, la frontière n'était plus une simple ligne imaginaire.

En novembre 1989, le mur de la honte s'effondre ! Dans la nuit du 9 au 10, le passé vole en éclats. Les soldats ouvrent les postes frontières. Les scènes de liesse et de réconciliation entre Allemands des deux bords se multiplient. Presque un an plus tard, dans la nuit du 22 au 23 août, le Volkskammer (le parlement de la RDA) vote la réunification qui prend effet le 3 octobre 1990 ; une date devenue depuis la fête nationale en Allemagne, baptisée « le jour de l'unité allemande ».

NAISSANCE DU JOUR

En 1886, Alain Fournier, auteur du *Grand Meaulnes*.

HOMME DU JOUR

En 1967, William Joseph Knight établit un record de vitesse avec son avion X-15 en atteignant Mach 6,72 (7 272 km/h).

4 OCTOBRE

C'est la Saint François d'Assise

1957
« Spoutnik » sur orbite

Il mesure cinquante-huit centimètres de diamètre, pèse quatre-vingt-trois kilos et six cents grammes. Et son papa, Sergueï Pavlovitch Korolev, peut être fier de lui. Mais pour en arriver là, il lui a fallu passer sous bien des fourches caudines ! D'abord convaincre les membres du Pari, puis les militaires, bien sûr sceptiques, insister sur les avantages stratégiques, la force de tir, la capacité de surveillance de grande portée et la valeur ajoutée en termes d'image pour l'URSS, à la pointe du progrès scientifique...

Après plusieurs échecs – fuites de carburant, allumages déréglés ou tardifs ou prématurés, erreurs de calcul de trajectoire, vibrations trop importantes de la fusée de lancement du petit engin –, l'ingénieur Korolev parvient enfin au succès. Il obtient du programme spatial soviétique l'autorisation d'effectuer un autre lancement et de mettre sur orbite un satellite. Il s'agit de prendre les Américains de vitesse.

Enfin, le 5 octobre 1957, une fusée R-7 lance le premier satellite artificiel dans l'espace – *Spoutnik I* – dont la forme sphérique a été expressément voulue par Korolev. C'est un succès et un retentissement mondial considérable. Ravi, l'ingénieur accorde des jours de congé à ses collaboratrices qui n'étaient pas parties en vacances depuis des années. Nikita Khrouchtchev décide aussitôt de faire de *Spoutnik* le fer de lance de la propagande soviétique. De leur côté, les Américains vont se lancer aussi à la conquête de l'espace.

NAISSANCE DU JOUR

En 1816, Eugène Pottier, poète et révolutionnaire français, auteur des paroles de *L'Internationale*.

FAIT DU JOUR

En 1945, une ordonnance crée, en France, la Sécurité sociale.

5 OCTOBRE

C'est la Sainte Faustine

1789

À Versailles !

À Paris, le pain manque. Les boulangeries sont prises d'assaut et la disette s'installe. Maladroit, Louis XVI a appelé le régiment de Flandres, cinq mille hommes massés en renfort près de la ville. Le 1er octobre a été organisé un banquet par les gardes du corps du roi en l'honneur de ce régiment... Les femmes, exaspérées, décident de se réunir sur la place de Grève, face à l'hôtel de ville. De plus en plus nombreuses et menaçantes, elles demandent à voir Bailly, maire de la cité, et La Fayette, tous deux absents. Un arsenal est forcé. Six cents armes dérobées. Mais que faire de plus ? Marcher sur Versailles.

Il est 10 heures du matin et il pleut. Cinq heures de route, faites à pied en tirant à mains nues plusieurs canons. Vers 16 heures, après être passées par Auteuil et Sèvres, elles arrivent épuisées au château. Elles s'installent sur la place d'Armes. Un certain Maillard, notaire, s'improvise porte-parole et demande à Mounier, alors président de l'Assemblée, de faire signer par le roi un décret de subsistances et de faire livrer immédiatement des vivres à Paris. Enfin, une députation constituée par Maillard, Mounier et une douzaine de femmes sont reçues par Louis XVI.

À la vue du roi, une jeune fille de 17 ans s'évanouit ! Le monarque promet tout. À leur sortie, les autres femmes ne les croient pas, les insultent, parlent de les pendre... Elles retournent voir le roi, obtiennent du souverain une trace écrite de ses promesses. Le Conseil propose à Louis XVI de fuir à Metz. Refus. Le lendemain, à 2 heures passées du matin, panique : les émeutiers envahissent le château. « Sauvez la reine, hurle un garde, on vient pour l'assassiner. » Marie-Antoinette n'a que le temps de courir se réfugier chez le roi. Madame de Tourzel, gouvernante des enfants de France, l'y a rejointe avec les petits princes. Massées sous les fenêtres, la foule hurle : « La reine au balcon, la reine au balcon ! » Elle s'y rend, avec ses enfants. Quelques heures plus tard, la famille royale quitte Versailles pour Paris.

NAISSANCE DU JOUR

En 1713, Denis Diderot, écrivain et philosophe français, notamment maître d'œuvre de *L'Encyclopédie*.

FAIT DU JOUR

En 1995, le ministre Guy Drut lance l'expérimentation d'un nouveau rythme scolaire libérant trois après-midi par semaine pour le sport et la culture.

6 OCTOBRE

C'est la Saint Bruno et la Saint Thomas

1927

Le vitaphone

Pourquoi la sortie de *Jazz Singer,* « Le chanteur de jazz », réalisé par Alan Crosland, a-t-elle marqué l'Histoire ? Ce film évoquant le parcours d'un certain Jack Robin est-il superbement filmé, interprété, avec des effets mémorables ? À vrai dire, ce long-métrage sert surtout de jalon dans la longue vie du cinéma car il fut le premier film parlant. Parlant et chantant, même.

Il offre en effet de la musique – jusque-là, rien que de normal puisque les salles de cinéma accompagnaient les diffusions de morceaux joués par des pianistes – mais aussi, innovation technique, des dialogues synchronisés avec l'image.

Une prouesse rendue possible grâce au vitaphone, un système mis au point par les frères Warner qui synchronise la bobine de film avec un disque. Pendant le tournage, le moteur de la caméra est couplé à celui du phonographe qui grave le disque…

Avec ce procédé, les spectateurs de *Jazz Singer* ont donc pu voir Al Jolson – grimé de noir pour jouer les Afro-Américains – parler à l'écran : ovation de la salle ! En tout, le public n'entend prononcer que deux cent quatre-vingt-un mots, mais quelle révolution…

Pourquoi n'y avait-on pas pensé plus tôt ? Par crainte de ne plus pouvoir exporter les films – on n'avait pas encore imaginé le doublage.

En fait, les frères Warner ont pris un gros risque en produisant ce film qui va complètement transformer leur industrie : certaines stars comme Buster Keaton ne survivront pas au cinéma parlant.

NAISSANCE DU JOUR

En 1888, Roland Garros, militaire et aviateur français, ayant effectué la première traversée de la Méditerranée dans les airs.

HOMME DU JOUR

En 1979, Jean-Paul II est le premier pape à être reçu à la Maison-Blanche.

7 OCTOBRE

C'est la Saint Auguste et la fête de Notre-Dame du Rosaire

1571
L'Empire ottoman contre les forces chrétiennes

Grèce, golfe de Patras, au large de la ville de Naupacte, qu'on appelait alors Lépante. Un choc naval titanesque s'annonce, en ce 7 octobre 1571. Qui va opposer les puissances chrétiennes et ottomane.

Parce que le sultan de l'Empire ottoman étend de plus en plus son territoire au détriment, notamment, des Vénitiens, parce que l'année précédente les Turcs ont menacé Chypre, le pape Pie V a réuni les États chrétiens – l'Espagne, Venise, la République de Gênes… – dans la Sainte-Ligue. N'ayons pas peur des mots : une nouvelle croisade se prépare. Mais une croisade maritime cette fois. La flotte chrétienne s'assemble en Italie, sous les ordres d'un chef magnifique : don Juan d'Autriche – un fils naturel de Charles Quint ! Trois cents voiles, trente mille soldats, cinquante mille marins et rameurs pour les galères.

L'armada quitte Messine, en Sicile, le 7 octobre 1571 et rencontre bientôt l'immense flotte turque. Un peu avant midi, on hisse la bannière blanche en haut du mât de *La Reale,* le navire amiral. C'est le signal : la bataille commence, les navires s'entrechoquent, les hommes passent par-dessus bord. Les boulets de canon sifflent et arrachent les mâtures, déchirant les voiles. L'affrontement ne dure qu'une journée, mais avec quel terrible bilan : sept mille cinq cents chrétiens sont morts, vingt mille blessés. Parmi eux, un certain… Cervantès, qui plus tard écrira *Don Quichotte,* et qui perd l'usage d'une main. Côté Ottomans, trente mille hommes ont été tués.

La bataille, gagnée par les chrétiens, signe un coup d'arrêt – provisoire – à l'expansion turque ; l'Empire ottoman amorce le début de son déclin.

NAISSANCE DU JOUR

En 1931, Desmond Tutu, prélat sud-africain qui obtiendra le Prix Nobel de la paix en 1981.

FAIT DU JOUR

En 1933, suite à la décision de Pierre Cot, ministre de l'Air, de faire fusionner quatre compagnies aériennes françaises, Air France voit le jour.

8 OCTOBRE

C'est la sainte Pélagie la Pénitente

1967

Le « Che »

Mille huit cents hommes pour arrêter un symbole. Et un redoutable adversaire. Le 8 octobre 1967, en Bolivie, le « Che » est interpellé. Avec les grands moyens. Revenu clandestinement et sous un faux nom dans le pays depuis un an avec un petit groupe de guérilleros, Ernesto Guevara n'a pas baissé les armes ni remisé ses idéaux. Le révolutionnaire veut fédérer les paysans pour créer un mouvement insurrectionnel. Mais ces derniers ne suivent pas. Traqués par l'armée bolivienne, Guevara et ses hommes se sont donc repliés dans le village de La Higuera, au sud, afin d'échapper à leurs poursuivants.

Hélas pour eux, un « informateur » – qui demeure mystérieux – a renseigné les forces spéciales. Mille huit cents hommes, donc, encerclent les guérilleros. Le combat est perdu d'avance, mais le groupe résiste pendant trois heures. Une balle touche la jambe de Guevara, une autre fracasse son fusil. Contraint de se rendre, il est enfermé dans l'ancienne école du village – où l'on ne sait pas trop quoi faire de lui. Faut-il l'abattre sur place ? Ou le juger ? On attend les ordres.

Le lendemain arrive un message en provenance directe de la présidence bolivienne. Qui écrit simplement : « 500-600 ». 500 désigne le prisonnier : « Che Guevara ». 600 signifie « exécution »... Le sergent Mario Teran se charge de l'infâme besogne. À 13 h 20, le 9 octobre 1967, le « Che » est abattu. Il avait 39 ans.

Comme il ne faut pas offrir un lieu de culte à de quelconques « fidèles », on enterre sa dépouille dans un lieu tenu secret, tout en lui coupant les mains afin de garder une preuve de sa mort. En 1997, le « comandante » aurait été retrouvé, identifié et ramené à Cuba, où il repose dans le mausolée de Santa Clara. Cela dit, de gros doutes subsistent quant à l'authenticité de cette dépouille.

NAISSANCE DU JOUR

En 1949, Sigourney Weaver, actrice américaine ayant notamment joué dans la saga *Alien* et *SOS Fantômes*.

HOMME DU JOUR

En 2010, Liu Xiaobo, dissident chinois, reçoit le Prix Nobel de la paix pour sa lutte non violente en faveur des droits de l'homme en Chine. Il fait partie des trois personnes qui ont reçu leur récompense depuis une prison.

9 OCTOBRE

C'est la Saint Denis de Paris

1890
Le premier envol

Prenons un peu d'altitude avec le premier avion à avoir décollé. Pendant cinquante mètres seulement et à quelques centimètres du sol, certes, mais tout de même ! L'auteur de l'exploit s'appelle Clément Ader et sa machine, inspirée des chauves-souris, *Éole,* en hommage au dieu du Vent… Le 9 octobre 1890, l'homme a donc réussi à s'envoler autrement qu'en ballon.

On connaissait déjà, en effet, depuis le XVIIIe siècle et les frères Montgolfier, le moyen de prendre de la hauteur, mais l'exploit, cette fois, consiste à faire décoller un appareil volant, motorisé et surtout plus lourd que l'air ! Ce défi, Clément Ader en rêve depuis sa jeunesse, mais toujours il lui a manqué de l'argent. Jusqu'à sa rencontre avec le baron Pereire. L'*Éole* est financé avec son soutien, qui permet de concevoir une aile de chauve-souris, mais aussi un moteur ultraléger à vapeur capable d'actionner une hélice à quatre pales en bambou de deux mètres soixante d'envergure.

Le 9 octobre 1890, dans le parc du château de Gretz-Armainvilliers, en Seine-et-Marne, Clément Ader prend place à bord d'*Éole*. Et c'est là qu'il « aurait » volé sur une distance de quelques dizaines de mètres. Pourquoi « aurait » ? Parce que les seuls témoins de la scène sont ses employés. Et parce que l'avion a si peu décollé qu'il était difficile de dire s'il avait bel et bien réussi à s'extraire du « plancher des vaches ».

Quoi qu'il en soit, Ader améliore par la suite son prototype avec le *Zéphir,* puis l'*Aquilon*, financés par l'armée jusqu'à ce qu'un accident survienne. Ce dernier appareil, testé le 14 octobre 1897 devant les représentants militaires, se renverse à cause d'un coup de vent au moment du décollage. L'armée cessa de soutenir le projet. Et, finalement, ce sont les frères Wright qui, en 1903, aux États-Unis, effectuèrent le premier vol motorisé et contrôlé.

NAISSANCE DU JOUR

En 1757, Charles X, roi de France entre 1824 et 1830.

FAIT DU JOUR

En 1945, une nouvelle école voit le jour : l'ENA.

10 OCTOBRE

C'est la Saints Daniel et ses compagnons

1913
Atlantique et Pacifique se rejoignent

En ce jour, aussi incroyable que cela puisse paraître, l'Atlantique et le Pacifique mêlent leurs eaux. Par quel miracle est-ce possible ? Grâce à l'achèvement du percement du canal de Panama ! À 9 heures, ce 10 octobre 1913, une explosion a retenti et un passage s'est ouvert entre les deux océans en Amérique centrale. Et voilà qui change tout. Imaginez que pour rallier New York à San Francisco, il fallait descendre jusqu'au cap Horn et remonter toute la côte ouest des États-Unis ; désormais un temps incroyable sera gagné. Et beaucoup d'argent aussi.
Ces travaux gigantesques, on en rêvait depuis des siècles. Même Charles Quint avait émis l'idée, en 1534. Mais percer le continent sur soixante-dix-sept kilomètres semblait impossible. L'ouverture du canal de Suez, en 1869, prouva le contraire et relança le projet. En 1879, c'est d'ailleurs le Français Ferdinand de Lesseps, celui-là même qui avait mené à bien les travaux de Suez, qui entama ceux du Panama. Des difficultés sur le terrain, des maladies – malaria, fièvre jaune – faisant de nombreux morts parmi les ouvriers, puis un tremblement de terre transformèrent le chantier en cauchemar. Humain et financier. En 1888, faute d'argent, Ferdinand de Lesseps dut jeter l'éponge. Quatorze ans plus tard, les États-Unis relancent les travaux. Avec plus de succès.

Et finalement, ce 10 octobre 1913, seule une petite digue sépare encore les deux océans. Pour l'occasion, on a soigné la mise en scène : la Maison-Blanche est reliée au chantier grâce à un fil électrique de trois mille kilomètres. Et le président Wilson, depuis sa résidence, appuie sur un bouton qui déclenche la charge de dynamite… Le dernier obstacle saute. Le canal de Panama sera inauguré presque un an plus tard, le 15 août 1914. Sous administration américaine, il faudra attendre le 31 décembre 1999 pour qu'il soit restitué au Panama.

NAISSANCE DU JOUR

En 1813, Giuseppe Verdi, compositeur italien, auteur notamment de *La Traviata* et *Otello*.

HOMME DU JOUR

En 1794, l'abbé Henri Grégoire fonde le Conservatoire national des arts et métiers (CNAM) dans le but d'exposer les machines et les outils des arts et métiers et, ainsi, de moderniser l'industrie française.

11 OCTOBRE

C'est la Saint Théophane d'Hymnographe

1962

« Aggiornamento »

Venus de cent seize pays, deux mille huit cent cinquante évêques, prêtres, patriarches d'ordre supérieur divers se retrouvent à Rome, ce 11 octobre 1962. Pour un événement qui va devenir majeur dans l'histoire de l'Église, le concile Vatican II initié par le pape Jean XXIII. Majeur parce que la variété des sujets abordés, traités dans quatre cessions entre cette année-là et 1965, bousculent le clergé comme le monde.

Source de la foi, liturgie, liberté religieuse, relations avec les autres religions, thème de la Révélation, collégialité, rédaction de textes sur l'œcuménisme, rapports avec les juifs... chacun de ces thèmes est étudié, analysé, rudement débattu souvent. Autant de questions qui, à l'issue de ces conversations parfois houleuses, donnent naissance à quatre constitutions, neuf décrets et trois déclarations promulgués par le souverain pontife. Coût de l'opération, environ quarante millions d'euros. Retentissement du concile, énorme.

Les conséquences de Vatican II suscitent, dès sa clôture, et susciteront par la suite bien des débats. Seront vertement reprochés au concile par les conservateurs le tutoiement de Dieu, la communion dans la main, l'autel tourné vers les fidèles, l'abandon de la messe en latin, de la soutane, de tout vêtement ecclésiastique, la mise à l'écart du tabernacle, les concélébrations, la réduction du jeûne... Autant de révolutions que les modernistes, eux, jugèrent essentielles et propres à faire entrer l'Église dans la modernité.

NAISSANCE DU JOUR

En 1885, François Mauriac, écrivain français, auteur notamment de *Thérèse Desqueyroux* et du *Nœud de vipères*.

HOMME DU JOUR

En 1920, Octave Léry, ancien joueur de rugby au Stade toulousain, devient le premier président de la toute nouvelle Fédération française de rugby.

IIIe SIÈCLE AV. J.-C. — RÉVOLTE CHINOISE

12 OCTOBRE

C'est la Saint Wilfried

207 avant Jésus-Christ

L'empereur de Chine se suicide

Abominations et profanations à la face du Ciel : Qin Er Shi Huangdi, l'empereur de Chine, le « fils du dragon céleste », se sent bien seul dans son palais déserté de Xianyang. Ses conseillers, pourtant comblés d'honneurs et de présents, l'ont tous abandonné.

En ce 12 octobre 207 avant Jésus-Christ, il entend les hurlements des mourants, le choc des armes, la pluie de flèches enflammées qui se déverse sur les murailles. Tomber vivant entre les mains de ces barbares, jamais ! L'empereur saisit un couteau, en éprouve du doigt le tranchant effilé. Sans hésiter, il se la plonge en plein cœur. C'est un cadavre que vont découvrir ses ennemis.

C'est âgé de seulement 13 ans que l'empereur s'etait révélé être un redoutable chef de guerre. Dans ces périodes fort troublées dites des Royaumes combattants, il s'agisait de prouver sa force ou de périr. Or, fort d'une armée de plusieurs centaines de milliers d'hommes, le jeune souverain est parvenu à se défaire de tous ses rivaux. Au début de son règne, il laisse volontiers le pouvoir à Lü Buwei, un vieux et sage conseiller. Mais lorsqu'il atteint sa vingt-et-unième année, il l'exerce seul. Ou presque. Son Premier ministre, Li Si, l'encourage à s'adjoindre d'autres royaumes ; ainsi, ceux de Zhou, Han, Zhao, Chu, Han et Qi tombent les uns après les autres. En une dizaine d'années, l'empire est fondé, unifié. Jusqu'à la révolte implacable des ennemis du nouveau régime…

Le fils du fondateur ne parviendra pas à maintenir le rêve de gloire de son père. Après son suicide, c'est l'eunuque Zhao Gao qui offre la couronne à l'un de ses neveux, le prince Zi Ying dont le règne ne dépassera pas les cinquante jours.

NAISSANCE DU JOUR

En 1935, Luciano Pavarotti, artiste lyrique italien.

FAIT DU JOUR

En 1968, Lee Evans monte sur le podium des JO de Mexico après avoir battu le record du 400 mètres. Lui et deux de ses compatriotes américains portent le béret des Black Panthers et lèvent le poing.

13 OCTOBRE

C'est la Saint Édouard le Confesseur et la Saint Géraud d'Aurillac

1307

« Maudits ! »

Un ordre s'écroule. Sur ordre du roi. Philippe IV le Bel, le 13 octobre 1307, décide d'en finir avec la puissance des Templiers, ces moines chevaliers portant de longs manteaux blancs ornés d'une grande croix rouge. Bien que cet ordre ait été fondé près de deux cents ans plus tôt, bien qu'il assurât la sécurité des chemins de croisades et faire plus ou moins office de banquiers, le roi de France n'en peut plus de son pouvoir. Mais pour éliminer une confrérie aussi implantée, il convient de trouver un argument fort. Les accusations d'obscénité, de sacrilèges, de reniement du Christ vont être les armes utilisées.

Ce vendredi 13, tous les Templiers de France sont arrêtés au même moment, une opération de police d'envergure orchestrée par Nogaret, le principal ministre du roi. En vue d'un procès, on interroge, on torture… N'en pouvant plus, certains avouent. Cinquante-quatre chevaliers sont, d'abord, envoyés au bûcher.

En 1314, c'est au tour de Jacques de Molay, le maître de l'ordre, d'être condamné à la peine capitale. Alors qu'il s'apprête à mourir, la légende veut qu'il ait lancé une malédiction à ses bourreaux et donc au roi. « Avant un an, je vous cite à paraître au tribunal de Dieu pour y recevoir votre juste jugement ! Maudits ! Maudits ! Maudits ! Tous maudits jusqu'à la treizième génération », lui fait clamer Maurice Druon dans son roman-fleuve, *Les Rois maudits*.

Philippe le Bel voulait-il s'arroger le trésor des Templiers ? Certains l'avancent. D'autres pensent que son véritable dessein était de se débarrasser d'une puissance qui n'obéissait pas à la Couronne et pouvait constituer une menace. Autant de motivations bien… temporelles.

NAISSANCE DU JOUR

En 1921, Yves Montand, acteur et chanteur français.

FAIT DU JOUR

En 1999, le gouvernement de Lionel Jospin fait adopter définitivement le PACS (Pacte civil de solidarité).

14 OCTOBRE

C'est la Saint Calixte Ier

1066

Hastings

Bientôt mille ans. Mille ans que la bataille d'Hastings a eu lieu. Parce que le duc de Normandie, Guillaume le Bâtard comme on l'appelle alors, a déclenché les hostilités en débarquant sur les côtes anglaises avec son armée. Objectif : ni plus ni moins s'emparer de la couronne d'Angleterre.

Au début de cette année 1066, le roi d'Angleterre, Édouard le Confesseur, meurt. Sans descendant, mais en ayant fait quelques promesses durant son règne afin de s'assurer différents soutiens. Dont celle de donner le royaume à Guillaume, son petit-cousin, à sa disparition. L'ennui, c'est qu'il a fait miroiter la même couronne à Harold, son beau-frère. Comme après son décès, ce dernier monte sur le trône, Guillaume le Bâtard ne l'entend pas de cette oreille. Et, le 14 octobre, il débarque en Angleterre.

À Hastings, dans le Sussex, plus précisément. Avec infanterie, archers et cavalerie. Côté anglais, pour défendre Harold, on voit seulement des fantassins, qui forment un véritable mur humain ! Une nuée de flèches s'abat sur les Saxons ; rien ne bouge. On envoie la cavalerie ; elle se heurte à l'impénétrable défense saxonne. Le combat semble perdu pour les troupes de Guillaume et vite survient la débandade, amplifiée lorsque le bruit court dans les rangs que le duc de Normandie a été tué. Et puis, retournement de situation : selon la légende, Guillaume retire alors son casque et galope sur le champ de bataille pour montrer à ses hommes combien il est vivant. Rassurés, ses soldats se rassemblent et lancent une contre-attaque. Fatale aux Saxons. Harold est tué. Le jour de Noël de la même année, Guillaume est couronné roi d'Angleterre.

Une épopée magnifiquement racontée, brodée même – sans que le mot soit ici péjoratif – sur les soixante-dix mètres de long de la célèbre tapisserie de Bayeux confectionnée par la reine Mathilde, la femme de Guillaume, avec ses dames de compagnie ! Une légende sans doute encore.

NAISSANCE DU JOUR

En 1936, Guy Cotten, homme d'affaires français, fondateur de la marque du même nom, et célèbre pour son ciré jaune.

FAIT DU JOUR

En 1952, la Cité radieuse, à Marseille, conçue par l'architecte Le Corbusier, est inaugurée.

15 OCTOBRE

C'est la Sainte Thérèse d'Avila

1582
Dix jours perdus

Ce 15 octobre aurait dû être un 5 octobre… Et pour cause, voici le jour choisi pour passer du calendrier julien au grégorien.

En 1582, le pape Grégoire XIII – qui donne son nom au nouveau calendrier – décide que le lendemain du 4 octobre ne sera pas le 5, mais le 15 ! Et ce, à cause du décalage, lié au fait que le calendrier julien – instauré par Jules César, on l'a vu dans une autre chronique – ne tient pas compte des onze minutes et quatorze secondes qui restent, chaque année, pour accomplir une révolution solaire complète. Soit, au bout de quinze siècles, un écart de dix jours ! Qui, désagrément supplémentaire, commençait à poser un problème pour fixer le jour de Pâques.

Voilà donc pourquoi le pape s'empare de l'affaire et décide que le 5 octobre 1582 sera en fait le 15 octobre. Dès lors, les années séculaires (1700, 1800, 1900, par exemple) ne sont plus bissextiles. Sauf ! Sauf celles multiples de 400 : 2000, 2400, 2800, etc. qui garderont 365 jours. Au final, le calendrier grégorien est plus précis que le précédent, ne génère plus que vingt-cinq secondes de décalage par an.

Si la France l'adopte dès le 9 décembre 1582, la Grande-Bretagne attendra le XVIIIe siècle. Comme disait l'astronome Kepler : les Anglais préfèrent « être en désaccord avec le soleil que d'accord avec le pape » !

NAISSANCE DU JOUR

En 1844, Friedrich Nietzsche, philosophe allemand.

FAIT DU JOUR

En 1984, plusieurs personnalités de gauche, dont Harlem Désir, Julien Dray et Serge Malik, fondent l'association SOS Racisme.

16 OCTOBRE

C'est la Sainte Hedwige et la Sainte Marguerite-Marie Alacoque

1793
Marie-Antoinette martyre

Il est des petits matins de terreur. Et de mort. Une femme va mourir. Une mère va être guillotinée. Une reine va disparaître. Le 16 octobre 1793, Marie-Antoinette s'apprête à monter sur l'échafaud.

Enfermée depuis presqu'un an à la tour du Temple, séparée de son mari, Louis XVI, décapité en janvier, séparée aussi de son fils, le petit Louis XVII placé entre les mains malveillantes de Simon, cordonnier reconverti en geôlier cruel pour l'occasion, depuis le 2 août elle a été éloignée de sa fille, Madame Royale, et de sa belle-sœur, Madame Élisabeth puisqu'envoyée à la Conciergerie. Et son procès ne lui a laissé aucun espoir.

De quoi accusait-on la « veuve Capet », pour reprendre la terminologie de l'époque ? De coopération avec l'ennemi, de haute trahison. Durant les audiences, la reine déchue se défend comme elle peut, mais on l'accuse aussi d'inceste. À cela, effarée, elle ne dit mot. Et lorsque le tribunal ose citer son fils, elle lance à ses juges : « J'en appelle à toutes les mères qui sont ici… » C'est un moment crucial du procès, le public est ému, mais ça ne suffira pas à sauver sa tête.

A-t-elle trahi la France ? Elle a, en tout cas, oui, entretenu une correspondance avec son frère, l'empereur d'Autriche. À 1 heure du matin, ce 16 octobre, le verdict tombe : coupable. On ramène Marie-Antoinette dans sa cellule à la conciergerie. Elle écrit une dernière lettre – sublime – pour sa belle-sœur. Puis elle est conduite en tombereau, vers la place de la Révolution (l'actuelle place de la Concorde). Sur le chemin, la foule la hue, conspue. On dit que, sur l'échafaud, elle aurait marché sur le pied du bourreau, Sanson, et se serait excusée : « Je vous demande pardon, Monsieur, je ne l'ai pas fait exprès. » À 12 h 15, on installe Marie-Antoinette sur la planche, le couperet tombe. Sa dépouille sera inhumée au cimetière de La Madeleine avant que ses restes et ceux de Louis XVI ne soient transférés à la basilique Saint-Denis, beaucoup plus tard, en 1815.

NAISSANCE DU JOUR

En 1854, Oscar Wilde, écrivain irlandais auteur notamment de *L'Importance d'être constant* et *Le Portrait de Dorian Gray*.

FAIT DU JOUR

En 1957, Albert Camus reçoit le Prix Nobel de littérature.

17 OCTOBRE

C'est la Saint Ignace d'Antioche

1931
« Al » sous les verrous

Le roi du crime, né à Brooklyn, le 17 janvier 1899, a bâti sa formidable fortune dans le trafic d'alcool lors de la fameuse Prohibition et bénéficie de revenus qui se montent à la somme vertigineuse de six millions de dollars par semaine. Al Capone contrôle des centaines de bars, de restaurants, tout en soignant son image, offrant cinq mille repas à des ouvriers laminés par la récession. Le gangster semble donc inattaquable, tant ses réseaux d'influence sont structurés. Batterie d'avocats, témoins achetés, tueurs à gages, rackets, il fait régner la terreur. Rien ne peut-il le faire tomber ?

Le gouvernement fédéral a, alors, une idée. Non pas l'attraper pour ses affaires délictueuses – il a tout verrouillé – mais l'accuser de fraude fiscale. Une longue et minutieuse enquête débute. Les policiers décortiquent le prix de ses meubles, de sa vaisselle et même de ses sous-vêtements. Et découvrent que les revenus déclarés n'ont strictement rien à voir avec ses revenus réels. Le fisc demande donc à Al Capone de payer, immédiatement, la totalité de l'impôt. Refus. Le 5 juin 1931, le truand des truands se voit inculpé pour fraude fiscale. L'acte d'accusation, trois mille six cent quatre-vingts pages dactylographiées, comporte vingt et un points.

Le 17 octobre 1931, le verdict tombe. Al Capone est condamné sur trois chefs d'accusation à dix-sept années de prison dont onze ferme, à cinquante mille dollars d'amende et à trente mille dollars de frais de justice. De la prison d'Atlanta, où il continuait à gérer ses affaires, le gangster est transféré à celle d'Alcatraz. Mis au cachot et à l'isolement pour avoir tenté de soudoyer un gardien, il va perdre rapidement le contrôle de son empire, qui s'effondre. Malade, il est même poignardé dans le dos par un codétenu ; la déchéance, dans ce milieu, arrive très vite. Libéré sous caution en 1939, Capone gagne sa propriété de Miami Beach. Victime d'une attaque d'apoplexie puis d'une pneumonie, il tombe dans le coma, le 21 janvier 1947, et meurt quatre jours plus tard.

NAISSANCE DU JOUR

En 1914, Jerry Siegel, cofondateur avec Joe Shuster du personnage de Superman.

FAIT DU JOUR

En 2000, Pierre Mauroy remet au Premier ministre Lionel Jospin un rapport contenant cent cinquante-quatre propositions sur la décentralisation, dans le but de « refonder l'action publique locale ».

18 OCTOBRE

C'est la Saint Luc

1685

Révocation de l'édit de Nantes

Madame de Sévigné ne tarit pas d'éloges. « Vous avez vu sans doute l'édit par lequel le roi révoque l'édit de Nantes. Rien n'est si beau que tout ce qu'il contient et jamais roi n'a fait ou ne fera rien de plus mémorable. » Le 28 octobre 1685, la marquise de Sévigné écrit, à son cousin Bussy-Rabutin, tout le bonheur et la joie que lui inspire pareille décision. On peut donc être la première épistolière de son temps et se tromper plus que lourdement lorsque l'on traite de politique.

Sur les conseils de ses proches et du clergé catholique, le Roi-Soleil a voulu frapper un grand coup : extirper l'hérésie huguenote de son royaume, châtier leur sympathie pour l'Angleterre et les Provinces-Unies, c'est-à-dire la Hollande. Louis XIV, comme bon nombre de ses compatriotes, s'est persuadé que le nombre des protestants était infime tant les persécutions, vexations, humiliations diverses, avaient dû porter leurs fruits.

Signé à Fontainebleau le 18 octobre, le nouvel édit va bien vite s'avérer catastrophique. Nombreux, très nombreux sont les protestants qui, avec courage, veulent rester fidèles à la Réforme. Et décident de quitter la France. C'est un pour cent de l'élite intellectuelle, financière, culturelle, technique qui prend alors la direction de l'Angleterre, de la Hollande, de l'Allemagne et même du Cap.

Si La Fontaine applaudit également, Vauban, avec lucidité, est l'un des rares à déplorer cette grave erreur. Ces exilés volontaires feront la fortune de leurs pays d'adoption en privant la France de leurs talents. Ils vont aussi nourrir, à l'égard du Roi-Soleil, une tenace détestation inspirant bon nombre de décisions fâcheuses pour la France.

NAISSANCE DU JOUR

En 1859, Henri Bergson, philosophe français et Prix Nobel de littérature en 1927.

HOMME DU JOUR

En 1909, le comte de Lambert survole Paris et la tour Eiffel en aéroplane à bord d'un avion Wright. C'est une première !

19 OCTOBRE

C'est la Saint René Goupil

1935

La marche des Vingt-cinq mille

Ce jour-là, un seul objectif : fuir l'Armée nationale révolutionnaire du Kuomitang, dirigée par le général Tchang Kaï-chek. Car la guerre civile, en Chine, fait rage. Une série de blockhaus entoure les territoires communistes et chaque région va subir un bombardement en règle faisant subir aux populations famines et désolation. Afin d'éviter d'être anéantie, l'Armée rouge décide donc une retraite que l'on espère stratégique et quitte la région du Jiangxi, direction l'Ouest.

Rapidement, il faut se rendre à l'évidence ; après plusieurs mois de marche, les hommes, talonnés par les soldats de Tchang Kaï-chek, sont épuisés. Mao Zedong, l'un des chefs communistes, bien décidé à prendre le pouvoir au sein du Parti, a conscience qu'il importe de frapper un grand coup, l'effectif de l'Armée rouge étant tombé à trente mille hommes. Mais des querelles intestines, des offensives contre les seigneurs de la guerre qui coûtent cher en vies humaines minent plus encore le moral des troupes. D'urgence, il convient de réagir. Mao, enfin, se décide à gagner le Shaanxi. Les hommes traversent des rivières, des montagnes, une région particulièrement hostile, tout en continuant la lutte. Entre le mois de juillet et celui d'octobre, douze mille kilomètres seront parcourus. Et seuls un peu plus de vingt-cinq mille hommes survivront.

Mais l'impact de la « longue marche » est formidable. Mao parvient à métamorphoser une défaite en victoire. Un coup de bluff formidable, un sujet maintes fois traité par l'iconographie officielle et par la propagande.

NAISSANCE DU JOUR

En 1862, Auguste Lumière, coinventeur, avec son frère Louis, du cinématographe.

FAIT DU JOUR

En 2003, Mère Teresa est béatifiée par le pape Jean-Paul II.

20 OCTOBRE

C'est la Sainte Adeline

1854
L'homme aux semelles de vent

À Charleville, un génie naît en ce 20 octobre 1854. Du bien ? Oui, du beau même. Mais aussi, un peu, du mal. Son nom ? Arthur Rimbaud.

Le père, Frédéric, est capitaine d'infanterie. La mère, Vitalie Cuif, d'origine paysanne. Le couple a cinq enfants. Mais, en 1860, le premier quitte la maison pour n'y jamais revenir. Et la seconde doit se charger seule de l'éducation de sa progéniture. Dans ce contexte dur, Arthur connaît des années un peu difficiles. Vitalie, qui a déménagé dans le quartier ouvrier de Charleville, est une femme plutôt autoritaire. Au moins, le jeune Rimbaud est un très bon élève. Le principal de son collège aurait même dit de lui : « Rien d'ordinaire ne germe en cette tête. Ce sera le génie du Mal ou celui du Bien. » De fait, le génie du garçon se révèle très vite. Surdoué, élève brillant, il compose ses premiers poèmes fort jeune. Revers de la médaille, il est rétif à toute forme d'autorité. À 16 ans, première fugue. Il est arrêté à Paris par la police et renvoyé dans ses pénates. Mais, un an plus tard, en 1871, il repart pour la capitale, cette fois à l'invitation de Verlaine. Rimbaud n'a que 17 ans, mais il est déjà l'auteur du *Bateau ivre*, du *Dormeur du Val*, du *Cœur volé* ou du *Cabaret vert !*

C'est alors que commence la relation amoureuse entre les deux hommes, une relation passionnée, tumultueuse. Qui verra le second tirer sur le premier et être condamné. Seul à nouveau, à partir de 1873, Rimbaud devient « l'homme aux semelles de vent », comme l'appelait Verlaine. Il voyage, abandonne les rêves de la poésie pour la réalité brute, part pour Londres, puis l'Allemagne, Jakarta, Vienne et le Danemark. En 1880, il est au Yémen, à Aden, où il se fera trafiquant d'armes. Et, en 1891 – à seulement 37 ans –, atteint d'une tumeur à la jambe, il doit rentrer en France, à Marseille, pour y mourir. Le 10 novembre, au moment même où son œuvre commence à être connue. « L'horloge de la vie s'est arrêtée tout à l'heure. Je ne suis plus au monde » écrivait-il dans *Une saison en enfer*, après sa séparation d'avec Verlaine.

NAISSANCE DU JOUR

En 1854, l'écrivain et humoriste Alphonse Allais, reconnu pour ses calembours.

HOMME DU JOUR

En 1952, le médecin Alain Bombard traverse l'Atlantique à l'aide d'un canot pneumatique, prouvant ainsi qu'il est possible à un naufragé de survivre avec les produits de la mer.

21 OCTOBRE

C'est la Sainte Céline

1680

Chez Molière

Les trois coups du brigadier pourraient s'entendre, en ce 21 octobre 1680, puisque voici le jour de création de la Comédie-Française. Plus précisément de la signature d'une ordonnance de Louis XIV officialisant, à cette date, la fondation de cette première troupe de théâtre permanente.

Mais quel est l'intérêt de créer une telle institution ? Il est double. D'abord, il s'agit de mettre fin à la sempiternelle rivalité des deux troupes, celle de l'hôtel de Bourgogne et celle de l'hôtel de Guénégaud, qui jouent parfois les mêmes pièces au même moment ou qui se piquent des comédiens. La fusion des deux règle le problème. D'ailleurs, la devise de la Comédie-Française n'est-elle pas : « *Simul et Singulis* », « Être ensemble et soi-même. » Mais surtout, c'est un moyen pour Louis XIV de servir son propre prestige en donnant à la culture française, au théâtre en particulier, l'éclat qui lui manquait. Car, revers de la médaille, c'est Louis XIV qui décide de ce qui s'y joue.

L'ordonnance accorde aux comédiens du Français le monopole pour jouer à Paris, payés par l'État, privilège extraordinaire. En revanche, rien ne se monte sans l'accord du roi. On y donne donc les pièces de Molière, de Racine, de Corneille et de quelques autres auteurs triés sur le volet.

La Comédie-Française ne se trouvait pas, à l'époque, située à côté des jardins du Palais-Royal. La salle a même eu sacrément la bougeotte. La troupe officie à l'hôtel de Guénégaud jusqu'en 1687, puis obtient la salle des fossés Saint-Germain, avant d'aller aux Tuileries et à l'Odéon. Ce n'est qu'en 1799 que les comédiens du Français – après avoir vu leur troupe interdite de scène parce que le Comité de salut public jugeait leurs idées et répertoire trop monarchistes – s'installent salle Richelieu, où ils résident encore. Plus tard, Napoléon édictera le statut actuel. Depuis Moscou !

NAISSANCE DU JOUR

En 1833, Alfred Nobel, chimiste et industriel suédois, inventeur de la dynamite et fondateur du Prix Nobel.

FAIT DU JOUR

En 1994, John Major, Premier ministre du Royaume-Uni, effectue une visite historique à Belfast.

22 OCTOBRE

C'est la Sainte Élodie et la Sainte Nunilon

1941
Le petit fusillé

On est toujours trop jeune pour mourir. Mais mourir à 17 ans ; qui plus est fusillé ; qui plus est pour avoir eu le courage de coller des affichettes, de distribuer des tracts… n'est-ce pas une injustice totale ? On est trop jeune pour mourir à 17 ans ; mais c'était l'âge de Guy Môquet lorsqu'il a été passé par les armes le 22 octobre 1941.

En représailles à la mort du lieutenant-colonel Hotz, abattu par des résistants, les occupants fusillent, ce jour-là, quarante-huit otages à Nantes, Paris et Châteaubriant. Dont ce garçon, choisi parce qu'il est estampillé « militant communiste ». Le jeune Guy s'est fait arrêter en train de coller des « papillons » dans la rue – ancêtres de nos autocollants – sur dénonciation, lui qui avait déjà distribué des tracts dans le XVIIe arrondissement de Paris, réclamant, entre autres, la libération de son père, Prosper Môquet, mis sous les verrous au tout début de la guerre du fait de son engagement politique.

Mais comment se retrouve-t-on, à 17 ans, sur une liste d'otages à exécuter ? Le processus d'élaboration de la sinistre liste est désormais connu. Les noms des futurs fusillés ont été choisis par Pierre Pucheu, le secrétaire d'État à l'Intérieur du gouvernement de Vichy, parce que les occupants ont exigé cinquante vies pour marquer les esprits et venger leur homme. Vichy fournit ceux de soixante et une personnes – libre aux Allemands d'en gracier onze –, tous syndicalistes et communistes « pour éviter de laisser fusiller cinquante bons Français ». Guy Môquet, a été ajouté au dernier moment.

Le 22 octobre 1941, avant d'être exécuté, Guy a le temps d'écrire à ses parents sa lettre si poignante, qui commence par : « Ma petite maman chérie, mon tout petit frère adoré… » En début d'après-midi, avec Charles Michels, Jean-Pierre Timbaud et les autres, il est fusillé.

NAISSANCE DU JOUR

En 1921, Georges Brassens, auteur, compositeur et interprète.

HOMME DU JOUR

En 1797, l'aérostier français André-Jacques Garnerin réalise le premier saut en parachute de l'Histoire.

23 OCTOBRE

C'est la Saint Jean de Capistran

1956

Ici, Budapest (première partie)

Fréquemment, les insurrections naissent au sein des universités, dans le bouillonnement des esprits et des mouvements étudiants. Il en alla de même dans certaines des révoltes ayant agité l'ex-bloc soviétique en pleine Guerre froide.

Budapest, en 1956, n'échappa pas à la règle. Or il en fallait de l'audace, du courage, de la colère aussi pour se révolter en République populaire de Hongrie, pays alors placé sous le joug de l'Union soviétique. L'étincelle s'allume donc, dans les facultés, en ce mois d'octobre. Des étudiants se soulèvent, marchent vers le Parlement, tandis que d'autres investissent la radio nationale pour diffuser leur message. Immédiatement les forces de l'ordre interviennent et les révoltés sont arrêtés. Le feu s'éteint-il pour autant ? Non, car la seule réponse du gouvernement à la foule qui les réclame, ce sont des coups de feu ! La manifestation, jusque-là pacifique, se transforme en émeute. Et l'incendie gagne le pays.

Car, la révolte ne s'est pas cantonnée à Budapest. Très vite, elle enflamme l'ensemble du territoire. On arrache les emblèmes communistes, on chante de vieilles chansons patriotiques hongroises interdites, une statue de Staline est renversée. Les soldats envoyés pour écraser l'insurrection arrachent leurs insignes et rejoignent les manifestants !

Dépassé, le pouvoir n'a plus la main. Une situation que Moscou, « appelé à l'aide » le 23 octobre au soir, ne peut supporter. Les chars soviétiques entrent dans Budapest cette nuit-là.

Mais la pression révolutionnaire, la soif de liberté sont trop fortes. Un nouveau gouvernement, plus proche des aspirations des émeutiers, est mis en place. C'est le statu quo. Jusqu'au 4 novembre…

NAISSANCE DU JOUR

En 1817, Pierre Larousse, lexicographe et éditeur français.

FAIT DU JOUR

En 1958, les Schtroumpfs font leur première apparition dans *Le Journal de Spirou*.

24 OCTOBRE

C'est la Saint Florentin

2004
Les premiers imitateurs

Posons-nous une question ludique, en ce jour où arriva Nicolas Canteloup sur les ondes d'Europe 1 : dans l'Histoire, depuis quand existe-t-il des imitateurs ?

En vérité, depuis toujours ou… très peu de temps, selon ce qu'on met sous le terme « imitateur ». Dans l'Antiquité déjà, et plus tard les cours princières, il y a toujours eu des amuseurs, des fantaisistes, dont certains ont fait rire les invités en singeant les personnages présents. Mais pour qu'un imitateur déride un large public en contrefaisant la voix ou les attitudes d'une célébrité, il fallait que la voix de celle-ci puisse être reconnue – et cela, avant le disque, avant la radio surtout, n'existait évidemment pas. On peut donc dire que les premiers imitateurs arrivent avec la TSF !

Dans les années soixante, sur Europe n°1, Jean Valton imitait Darry Cowl ou Georges Brassens. André Aubert aussi. Le comédien Henri Tisot s'était spécialisé dans l'imitation de Charles de Gaulle, ayant même un spectacle complet sur le Général intitulé : « Qui vous savez »…

Des noms dont on se souvient peu bien qu'ils aient été les précurseurs de la première star de l'imitation : Thierry Le Luron. Dont la particularité était de savoir copier les voix de multiples personnalités, prouesses ayant donné ensuite les vocations d'autres stars du genre appelées Yves Lecoq, Patrick Sébastien, Laurent Gerra… et, bien sûr – Europe 1 oblige –, notre Nicolas Canteloup national cité plus haut !

NAISSANCE DU JOUR

En 1927, Gilbert Bécaud, chanteur français surnommé Monsieur 100 000 Volts.

FAIT DU JOUR

En 1945, cinquante pays font officiellement naître les Nations unies en signant la Charte des Nations Unies.

25 OCTOBRE

ARCHERS CONTRE CHEVALIERS

C'est la Saint Crépin

1415
La boue d'Azincourt

Dix-huit mille hommes côté français. Six mille côté anglais. Et malgré cela, on vit une défaite française terrible. Pourtant, le but de la manœuvre était clair : barrer la route à l'armée du roi d'Angleterre, Henri V, qui tentait de gagner Calais, alors en territoire britannique. L'éternelle guerre de Cent Ans jette décidément dans la mêlée des hommes toujours prêts en découdre.

Cette fois, les deux armées ennemies vont s'affronter dans une clairière entre les bois d'Azincourt et de Tramecourt, l'actuel Pas-de-Calais. Au nord, dans des champs fraîchement labourés (lourde erreur stratégique), se trouvent les hommes de Charles Ier d'Albret, connétable de France qui commande l'ost de Charles VI. Et ce qu'on aurait dû craindre arrive : une forte pluie a détrempé totalement les sols, les rendant boueux. De son côté, Henri V dispose sa petite armée, composée de cinq mille archers surentraînés, postés sur les flancs des hommes d'armes massés au centre.

Il est 10 heures en ce 25 octobre 1415. Le terrain, détrempé donc, freine considérablement la charge des cavaliers français. La première ligne d'offensive reçoit en pleine face une première salve de flèches anglaises. Les chevaux blessés cherchent à fuir et se heurtent violemment à l'avant-garde française à pied. « Alors, dit le chroniqueur, commencèrent à choir des hommes sans nombre. » Les flèches britanniques sont si nombreuses qu'elles en obscurcissent le ciel ! Douze à quatorze sont ainsi tirées dans la minute... Contre deux carreaux d'arbalète. La confusion est totale. Les cadavres empêchent toute tentative de progression. C'est la fin. Azincourt est une défaite cruelle.

Il y a pire. Henri V, contre toutes les règles de la chevalerie, ordonne que l'on massacre les prisonniers français. Ainsi que les blessés. Ceux-ci seront égorgés, fracassés à coups de masse d'armes. Six mille chevaliers du royaume sont tués dans la bataille. La paix de Troyes, désastreuse pour la France, est signée cinq plus tard.

NAISSANCE DU JOUR

En 1881, Pablo Picasso, peintre espagnol.

HOMME DU JOUR

En 1906, René Viviani est nommé ministre du Travail et de la Prévoyance sociale. C'est le premier de l'Histoire.

26 OCTOBRE

C'est la Saint Démétrius

1759

Danton, âme damnée de Mirabeau

Voici que le petit Georges Danton, né à Arcis-sur-Aube, d'une mère qui sera bientôt veuve, vient au monde. Après une enfance maussade – placé chez une nourrice, il est blessé par un taureau, ce qui le défigure à vie –, il devient un temps séminariste à Troyes, puis juriste et, plus tard, avocat à Paris. Ce qu'il est encore quand la Révolution surgit et le sort de l'anonymat.

Âme damnée de Mirabeau, il fréquente alors le duc d'Orléans, fonde le club des Cordeliers et joue de sa popularité et de son art oratoire pour attiser, avec Fabre d'Églantine et Camille Desmoulins, l'agitation républicaine.

Pour autant, sur le choix du régime, l'attitude de Danton est ambiguë ; on sait qu'il a été approché par la Cour, qu'il a empoché de l'argent pour modérer certains de ses confrères ; du reste, son discours d'installation au poste de substitut du procureur de la Commune, en janvier 1792, plaide dans le sens d'une monarchie constitutionnelle... D'autres exemples attestent de son ambivalence : Danton, grand patriote au moment de l'invasion prussienne – il dirige alors le gouvernement –, multiplie par la suite les négociations secrètes avec l'ennemi ; plus ou moins complice des massacres de Septembre, il prendra plus tard la tête des Indulgents contre la Terreur.

Finalement, les partisans de Robespierre vont mettre à profit le scandale de la liquidation de la Compagnie des Indes pour l'abattre, ainsi que ses amis. Ultime effet oratoire du tribun, la phrase qu'il prononça à son bourreau avant de mourir : « Tu montreras ma tête au peuple, elle en vaut la peine. »

NAISSANCE DU JOUR

En 1916, François Mitterrand, homme politique français, président de la République entre 1981 et 1995.

HOMME DU JOUR

En 1795, la place de la Concorde reçoit son nom.

27 OCTOBRE

C'est la fête de la Bienheureuse Émeline

1728
Naissance de Cook

Selon les Anglais – car sur le continent on était passé au calendrier grégorien – ce 27 octobre était un 7 novembre ! Peu importe : ce jour-là naît, dans le Middlesbrough, le fils d'un valet de ferme qui deviendra, un jour, l'un des plus grands explorateurs de tous les temps, James Cook. Or ce petit paysan n'était en rien destiné à prendre la mer ; c'est un attrait irrésistible qui l'y a conduit, à l'âge de 17 ans, alors qu'il se trouve en apprentissage chez un mercier de Saithes, un village de pêcheurs. Il y a, comme cela, des vocations auxquelles rien ne résiste !

Sa vocation va le conduire fort loin. Jusqu'en Australie, par exemple, où il fut le premier Européen à mettre les pieds le 20 avril 1770 (donc à l'âge de 41 ans). Et ce après un mémorable premier voyage, car, en tout, il y en aura trois, de 1768 à 1779. Mais Cook fut aussi le premier navigateur d'Europe à débarquer en Nouvelle-Calédonie, aux îles Sandwich, à Hawaii ; à faire le tour de Terre-Neuve, de la Nouvelle-Zélande et en dresser les cartes. Pour résumer, on peut écrire qu'il a été le découvreur de toute la partie du globe encore inexplorée par l'Occident au XVIIIe siècle !

Cook fut donc un marin de génie – humain avec ses équipages –, un cartographe d'une exigence folle, un explorateur à la fois très audacieux, très libre d'esprit, et en même temps raisonnable qui méritait bien que les navettes spatiales *Endeavour* et *Discovery* reprennent les noms de ses navires. Quant à sa disparition, pour le moins dramatique, la chronique du 14 février n'en dissimule rien.

NAISSANCE DU JOUR

En 1939, John Cleese, fameux acteur anglais, membre des Monty Python.

HOMME DU JOUR

En 1978, Anouar El-Sadate et Menahem Begin reçoivent le Prix Nobel de la paix.

28 OCTOBRE

C'est la Saint Jude et la Saint Simon le Cananéen

1886
L'inauguration de la statue de la Liberté

New York. En ce 28 octobre 1886, une grande dame va officiellement voir le jour et rayonner sur la ville, la mer, le monde. Le président Cleveland inaugure la statue de la Liberté, sur l'île de Bedloe, aujourd'hui Liberty Island. Et les Français ne peuvent que se sentir, eux aussi, émus.

Car la sculpture, conçue par Frédéric Bartholdi sur une armature de Gustave Eiffel, est un cadeau de la France aux États-Unis. Dix ans plus tôt, en 1876, les républicains français ont en effet voulu célébrer la République américaine, ravivant un vieux projet dans la perspective du centenaire de la célèbre Déclaration d'indépendance du 4 juillet 1776, désireux de célébrer l'acte de naissance de la démocratie occidentale... Un présent aux nombreux détails et symboles maçonniques qui a été appelé en toute modestie *La Liberté éclairant le monde*.

L'œuvre a été construite en plein Paris, dans le quartier de la plaine Monceau, géante de tôles assemblées que les Parisiens ont vue s'élever par-delà les toitures et qui fut ensuite démontée pour être transportée jusqu'à la Seine, puis jusqu'à l'océan, enfin jusqu'en Amérique où elle est inaugurée ce 28 octobre 1886.

Le symbole d'une seconde chance pour tous les émigrants du XIXe siècle et du début du XXe a frappé les esprits à un point tel que ses réductions ne manquent pas. Pour la petite histoire, les premières miniatures la reproduisant vendues comme souvenirs ont été distribuées par la société Gaget-Gauthier – Gaget que les Américains prononçaient « Gadget ». Quant aux répliques, on en voit en France et dans le monde, la plus célèbre étant celle de l'île aux Cygnes, à Paris, qui regarde en direction de sa lointaine grande sœur.

NAISSANCE DU JOUR

En 1909, Francis Bacon, peintre britannique.

HOMME DU JOUR

En 1954, Ernest Hemingway reçoit le Prix Nobel de littérature.

29 OCTOBRE

C'est la Saint Narcisse

1787

« Don Giovanni »

Prague. Première représentation de l'un des chefs-d'œuvre de l'art lyrique : *Don Giovanni*. Et, malgré les appréhensions, les doutes qui assaillent tout créateur, Mozart – qui dirige la représentation donnée au théâtre des États – peut se réjouir : c'est un triomphe. Mieux encore, son œuvre va devenir l'un des grands classiques de l'opéra.

Pour autant, si la musique est composée par le génie qu'est Wolfgang Amadeus, il ne faut pas oublier la force du livret écrit par le poète Lorenzo Da Ponte, lequel s'est inspiré du mythe de Don Juan créé par le dramaturge Tirso de Molina, en 1630, dans sa pièce *Le Trompeur de Séville*. Un livret où l'on voit un jeune séducteur espagnol, débauché, aller contre toutes les règles morales et oser défier Dieu lui-même, Don Juan n'ayant qu'une religion : le plaisir. Où, lors d'un duel, il tue le commandeur, le père d'une jeune fille (Donna Anna) qu'il essayait de violer... Où, à la fin, il brûle dans les flammes de l'enfer, mais sans se repentir, malgré la voix sépulcrale et terrifiante du commandeur revenu d'entre les morts.

Mais si Prague ovationne l'œuvre en ce 29 octobre 1787, l'année suivante, à Vienne, ville bien plus conservatrice, le succès sera moins évident. Fait étonnant à noter : Casanova se trouvait dans la salle ce jour-là. Un homme qui ressemble tellement au personnage de Don Juan que l'on finit par les confondre.

NAISSANCE DU JOUR

En 1919, Niki de Saint Phalle, peintre, sculpteur, plasticienne française.

HOMME DU JOUR

En 1959, Astérix, le héros des bandes dessinées de René Goscinny et Albert Uderzo, apparaît pour la première fois dans le n° 1 du journal *Pilote*.

30 OCTOBRE

C'est la fête de la Bienheureuse Bienvenue-Bojani

1922
Ils marchent sur Rome

Résumons la situation : Benito Mussolini a créé, en 1919, les Faisceaux italiens de combat, devenus le Parti national fasciste. Comme le pays est en crise, que la Grande Guerre a laissé des traces, petit à petit, le fascisme conquiert l'opinion italienne. Et finit par prendre une importance considérable : de vingt mille en 1919, ses adhérents sont devenus sept cent mille en 1922. Une année où apparaît la milice : les squadristes, avec leurs célèbres chemises noires, les *Camicie Nere*.

En mai 1921, trente-cinq députés fascistes font leur entrée à la Chambre. Les socialistes, eux, sont divisés, le parti de gouvernement se délite. Des émeutes éclatent dans toute la péninsule, avec des grèves, des revendications. Bref, de quoi favoriser la prise de pouvoir du Duce.

Les fascistes s'étant déployés dans toute l'Italie, plusieurs villes sont acquises par la force : Bolzano, Civitavecchia, Trente, notamment. À Naples, le 24 octobre, le Duce prononce devant quarante mille chemises noires un discours pendant lequel il proclame : « Ou ils nous donnent le gouvernement, ou nous le prenons en allant à Rome ! » Et, le 27 octobre, quelque vingt-six mille de ses partisans marchent vers la capitale.

Pourquoi ne les arrête-t-on pas ? Parce qu'il ne s'agit pas d'une attaque de la ville, mais d'une démonstration de force, d'une manière de faire pression. Efficace du reste puisque le roi demande aux fascistes de former le nouveau gouvernement. Le 30 octobre, Mussolini arrive donc à Rome – en wagon-lit : lui, n'a pas cru bon de marcher ! Il a réussi un coup d'État « en douceur » si l'on peut dire. Qui va transfigurer l'Italie et instaurer la dictature fasciste.

NAISSANCE DU JOUR

En 1823, Gabriel Davioud, architecte ayant notamment construit le théâtre du Châtelet à Paris.

FAIT DU JOUR

En 1980, Coluche, humoriste, officialise sa candidature à la présidentielle de 1981.

31 OCTOBRE

C'est la Saint Quentin

1756
Lorsque Casanova s'évade

Venise. Dans les combles du palais des Doges, la prison des Plombs garde au chaud (comme au froid) – son toit est fait de plaques de ce métal qui accentuent la rigueur des températures – un homme dont le nom va traverser les siècles. Giacomo Casanova y est emprisonné pour libertinage (on n'est guère surpris), mais aussi escroquerie et peut-être appartenance maçonnique. Et il a décidé de s'échapper.

Comment s'y prend-il pour s'évader ? Eh bien, après des tentatives qui ont patiemment duré des mois, il est parvenu à percer la paroi séparant sa geôle de la cellule voisine à l'aide de son « esponton », une demi-pique que portent les officiers. Et, en ce 31 octobre, un peu avant minuit, il réussit à passer à côté, chez un certain Balbi, et à ouvrir le plafond de sa cellule…

Les deux hommes soulèvent l'une des plaques de plomb et grimpent sur le toit, très pentu. Le père Balbi, dans la manœuvre, perd un sac qui va finir dans le canal en contrebas.

Les compères se cramponnent ensuite à l'arête du toit mais, cette fois, Balbi perd son chapeau ! Enfin, ils parviennent à se glisser dans un grenier, hors de la prison.

Il suffit ensuite d'ouvrir une porte, une seconde, de prendre un grand escalier et les voilà dans un salon. Ils réussissent alors à forcer le volet d'une des fenêtres et, à eux la place Saint-Marc, la liberté.

Les nouvelles aventures de Casanova commencent.

NAISSANCE DU JOUR

En 1632, Jan Vermeer, peintre de *La Jeune Fille à la perle.*

FAIT DU JOUR

En 1512, le pape Jules II inaugure le plafond de la chapelle Sixtine peint par Michel-Ange au Vatican.

XVIIe SIÈCLE

1er NOVEMBRE

VICTOIRE DE RICHELIEU

C'est le jour de la Toussaint

1628
La Rochelle est tombée

Grâce à l'édit de Nantes, certaines villes sont devenues de véritables bastions du protestantisme. Comme La Rochelle, port doté d'une position stratégique de premier plan, qui reçoit l'aide matérielle et spirituelle de l'Angleterre et où la Réforme prospère.

Une situation impensable pour le très redouté cardinal de Richelieu, ministre de Louis XIII. Le jour où George Villiers, duc de Buckingham, quitte Portsmouth avec cent dix vaisseaux et huit mille hommes, le cardinal réagit immédiatement en débutant le siège de la ville. Vingt mille hommes sont déployés aux alentours : plus de ravitaillement, commerce bloqué et bientôt famine...

Le roi d'Angleterre, à trois reprises, va tout faire pour aider les Rochelais. En vain.

Jean Guiton, armateur protestant élu maire de la ville en 1628, décide alors de faire sortir de sa cité toutes les bouches inutiles : femmes, vieillards, enfants, bientôt expulsés. Les habitants seront contraints de manger, chats, chiens, chevaux et sur les vingt-huit mille d'entre eux, seuls cinq mille survivront.

La Rochelle se rendra finalement et Louis XIII lui accordera son pardon. Les murailles de la cité seront par la suite rasées et chaque habitant, devant se convertir au plus vite, devra le prouver en fournissant un certificat de baptême.

NAISSANCE DU JOUR

En 1943, Jacques Attali, économiste, écrivain et haut fonctionnaire français.

HOMME DU JOUR

En 1179, Philippe Auguste est sacré roi de France à Rome.

2 NOVEMBRE

C'est la fête des Défunts

1917
Les mots de Balfour

Dans une lettre ouverte datée du 2 novembre 1917, lord Balfour, le Foreign Secretary britannique – l'équivalent de notre ministre des Affaires étrangères – écrit à lord Lionel Walter Rothschild, l'une des figures incontournables de la communauté juive britannique, financier du mouvement sioniste, ceci :

« Cher lord Rothschild,
J'ai le plaisir de vous adresser, au nom du gouvernement de Sa Majesté, la déclaration ci-dessous de sympathie à l'adresse des aspirations juives et sionistes, déclaration soumise au Parlement et approuvée par lui.
Le gouvernement de Sa Majesté envisage favorablement l'établissement en Palestine d'un foyer national pour le peuple juif et emploiera tous ses efforts pour faciliter la réalisation de cet objectif, étant clairement entendu que rien ne sera fait qui puisse porter atteinte ni aux droits civils et religieux des collectivités non-juives existantes en Palestine, ni aux droits et au statut politique dont les Juifs jouissent dans tout autre pays.
Je vous serais reconnaissant de bien vouloir porter cette déclaration à la connaissance de la Fédération sioniste.
Arthur James Balfour. »

Publiée dans le *Times* le 9 novembre, la fameuse déclaration Balfour ouvrait une première étape significative dans la création de l'État d'Israël, mais s'inscrivait en contradiction totale avec les engagements pris auprès des nationalistes arabes qui revendiquaient de leur côté un grand État indépendant lors des accords conclus entre le roi Hussein ben Ali et le haut-commissaire d'Égypte sir Henry McMahon, en 1915. Les conséquences de ces actes seront considérables.

NAISSANCE DU JOUR

En 1699, Jean Siméon Chardin, peintre français, célèbre pour ses natures mortes, spécialement pour son tableau *La Raie*.

FAIT DU JOUR

En 2000, le Russe Vladimir Kramnik devient champion du monde d'échecs en battant Garry Kasparov, détenteur du titre depuis quinze ans.

3 NOVEMBRE

C'est la Saint Hubert et la Saint Martin de Porres

1957

Laïka

C'était une petite bâtarde d'environ 3 ans, ramassée dans les rues de Moscou. Un animal très calme, gentil, baptisé « Koudryavka ». Le fait d'arme de cette chienne mascotte de la base russe où son destin allait changer ? Devenir – sous le nom de Laïka parce que c'était plus aisé à prononcer dans toutes les langues, vive la propagande – le premier être vivant à voyager dans l'espace. À bord de *Spoutnik 2* et en 1957.

Laïka, donc, est installée dans sa fusée, un cône tout petit de deux mètres de diamètre sur quatre de hauteur avec une cabine mesurant seulement quatre-vingts centimètres de large. Attachée, bardée de capteurs en tout genre pour mesurer sa température, son rythme cardiaque, etc. De quoi connaître dans le moindre détail la manière dont elle vivra le décollage.

La fusée décolle, atteint bientôt les 28 000 km/h. Une accélération incroyable. Laïka est plaquée à la paroi, son rythme cardiaque s'affole. Le bruit assourdissant la stresse affreusement. Tout de même, au bout de trois heures, son rythme cardiaque redescend à la normale... *Spoutnik 2* se place en orbite. Tout va-t-il mieux ? Non, car les réacteurs ne se détachent pas comme prévu, et la température à l'intérieur augmente : 35 °C puis 41 °C. Sans parler des radiations solaires... Au bout de cinq heures, Laïka s'effondre, victime, sans doute, de déshydratation.

Aurait-on pu la sauver ? Non. *Primo* car Laïka disposait de nourriture et d'oxygène pour dix jours seulement. *Secundo* parce que... aucun retour n'était envisagé. Mais l'animal aura appris aux scientifiques qu'un être vivant pouvait résister à une mise en orbite et survivre en impesanteur.

NAISSANCE DU JOUR

En 1901, André Malraux, homme politique et écrivain français, auteur notamment des *Conquérants* et de *La Condition humaine*.

FAIT DU JOUR

En 1892, en partie grâce au soutien de Jean Jaurès, la grève des mineurs de Carmaux prend fin.

4 NOVEMBRE

C'est la Saint Charles Borromée

1956

Les chars à Budapest (deuxième partie)

L'événement vaut bien deux récits : celui de l'insurrection, courageuse – on l'a vu plus haut –, spontanée, un peu folle. Et celui, ici, de l'entrée en scène de la répression. L'histoire commença par une révolte d'étudiants, qui rassemble des milliers de personnes, exaspérées par le gouvernement de Matyas Rakosi, totalement inféodé à Moscou. Par la faute de cet homme, la Hongrie s'est enlisée dans un état effroyable où des milliers d'individus sont déplacés de force, et la répression totale. En outre, la situation économique est catastrophique. Après le départ de Rakosi, les étudiants relèvent la tête. Vingt mille protestataires se rassemblent près de la statue de Józef Bem, héros national hongrois et polonais. Les armoiries communistes du drapeau national sont alors découpées.

La révolte s'étend rapidement. Les prisonniers politiques sont libérés. Un vent différent souffle sur le pays. Le nouveau gouvernement parle même de son intention de se retirer du pacte de Varsovie. C'est sans compter la riposte foudroyante de l'URSS : le politburo décide d'écraser la révolution. Après une première intrusion, le 4 novembre, les chars russes reviennent dans Budapest en longeant le Danube et envahissent les autres régions du pays. Deux mille cinq cents Hongrois seront massacrés et, en janvier 1957, le nouveau gouvernement, prosoviétique, supprimera toute forme d'opposition publique.

En France, certains communistes déchirent leur carte du Parti. Albert Camus écrit une lettre ouverte, « Le Sang des Hongrois », et Jean-Paul Sartre critique les Soviétiques dans le « Fantôme de Staline ». Un peu tard peut-être. Il faudra attendre 1992 pour que le président russe Boris Eltsine présente ses excuses au nom de la Russie devant le Parlement hongrois.

NAISSANCE DU JOUR

En 1884, Harry Ferguson, qui a largement contribué aux avancées dans le domaine de l'agriculture en développant le tracteur moderne.

HOMME DU JOUR

En 2008, Barack Obama, candidat démocrate, est élu président des États-Unis. Il est le premier Afro-Américain à accéder à ce poste.

5 NOVEMBRE

C'est la Sainte Bertille

1605
Le visage des « Anonymous »

Dans la nuit du 4 au 5 novembre 1605, les catholiques anglais – persécutés par Jacques Ier – ont décidé de tuer ce roi et de faire sauter le Parlement. Le complot est mené par quelques acharnés, dont un soldat de 32 ans, Guy Fawkes, chargé des explosifs.

Mais le Parlement n'a pas explosé. Le complot a été éventé. À la toute première heure, en ce 5 novembre, le malheureux Guy Fawkes a été découvert en train de monter la garde devant ses trente-six barils de poudre – il y avait de quoi raser la Chambre des lords ! Les conjurés sont arrêtés, torturés, écartelés... Pour les catholiques, la déception est terrible ; elle va donner naissance à des célébrations clandestines. Qui, peu à peu, deviendront folkloriques.

Car, chez nos voisins britanniques, la nuit de Guy Fawkes – la *Guy Fawkes Night* – continue d'être célébrée plus de quatre cents ans plus tard ! Les enfants, dans les écoles, fabriquent des effigies de Guy, ensuite brûlées en hommage au meneur de la conspiration des Poudres. Durant cette soirée de la *Bonfire Night*, les gamins des quartiers demandent même aux passants un peu d'argent : « *A penny for the Guy...* » Le bonhomme est donc encore présent dans les mémoires.

Il l'est d'autant plus que, parfois sans le savoir, tout le monde connaît son visage. Depuis quelques années, les membres du mouvement Anonymous, lors de leurs manifestations physiques – notamment en faveur de la liberté d'expression –, arborent un masque avec barbiche et moustaches qui reproduise les traits de Guy Fawkes. Une icône adoptée en référence au film et à la BD *V pour Vendetta* dont le héros, V, arborait lui aussi ce masque.

NAISSANCE DU JOUR

En 1917, Jacqueline Auriol, première femme à avoir été brevetée pilote d'essai.

HOMME DU JOUR

En 1968, Richard Nixon, républicain, est élu président des États-Unis.

6 NOVEMBRE

C'est la Saint Léonard de Noblat

1494

Le Magnifique

Par quelle magie un nom traverse-t-il les siècles et résonne-t-il avec toujours autant de prestige dans la mémoire collective, plus de cinq cents ans après sa naissance ? Par la prestance de celui qui le porte autant que la puissance et la pérennité des actes qu'il a réalisés. Parce que celui qui l'incarne avait une vision qui a marqué l'Histoire. Soliman le Magnifique appartient à cette catégorie de souverains qui resteront à jamais ancrés dans le grand livre du monde. Et le jour de sa naissance doit être pris en compte.

Si le « Magnifique » est son appellation occidentale, pour les Turcs il est surtout le « Législateur », qualificatif plus exact puisque c'est lui qui a refondé le système juridique ottoman. Une réforme qui a frappé les esprits comme son apparence – Titien a peint de lui un portrait où on le découvre reconnaissable entre tous, grâce à son énorme turban blanc – ainsi que son aptitude à bouleverser les conventions. Soliman n'a-t-il pas épousé l'une des femmes de son harem, la célèbre Roxelane, une ancienne esclave, acte impensable avant lui ? Chef redoutable, n'a-t-il pas fait et gagné la guerre bien des fois, matant de multiples rébellions dans son Empire, les Mamelouks, Le Caire, l'Iran, l'Azerbaïdjan, Bagdad lui donnant du fil à retordre ? N'est-il pas parvenu à affirmer et affermir la puissance d'un État gigantesque s'étendant sur tout le pourtour de la Méditerranée, Afrique du Nord incluse (sauf le Maroc), et sur une partie de la péninsule Arabique jusqu'à Aden, ne s'arrêtant au nord qu'à Vienne ? Ne fut-il pas un diplomate hors pair, lorsqu'il osa nouer une alliance avec le très chrétien roi de France François Ier, contre Charles Quint et son Empire ?

Sous son règne, la puissance ottomane est purement prodigieuse. C'est même son âge d'or. Cinq ans après sa disparition, en 1566, rien ne sera plus pareil. Et la bataille de Lépante entamera le début du déclin.

NAISSANCE DU JOUR

En 1908, Françoise Dolto, médecin et psychanalyste française.

HOMME DU JOUR

En 1984, Ronald Reagan est réélu à la présidence des États-Unis.

7 NOVEMBRE

C'est la Sainte Karine, la Saint Mélassippe et la Saint Antoine Willibrord

1659
L'île des Faisans

Voici une date très importante dans notre histoire : celle où se signe le traité des Pyrénées qui met fin à presque vingt-cinq ans de guerre entre la France et l'Espagne.

De quelle manière en est-on arrivé à un accord ? Par un mariage, comme souvent. Manigancé par Mazarin en personne, qui veut unir le jeune Louis XIV à l'infante Marie-Thérèse d'Autriche – ou Marie-Thérèse d'Espagne, si vous préférez ! Une Espagne de l'époque, celle des Habsbourg, infiniment plus puissante et étendue que l'actuelle, puisqu'elle a des possessions en Italie, en Flandres… et aux Amériques. Quoi de mieux pour sceller une réconciliation que de recourir à la diplomatie des alcôves. Louis XIV est donc promis à l'infante qui, en guise de dot, apporte au royaume de France le Roussillon, l'Artois, une partie du duché de Lorraine et plusieurs places fortes. Mazarin a bien négocié.

Le traité est signé sur l'île des Faisans, un territoire tout à fait neutre entre les deux pays, petit morceau de terre de quelques dizaines de mètres carrés situé au milieu du fleuve côtier Bidassoa, sur la frontière franco-espagnole. Or cet îlot – curiosité administrative – depuis 1856 est toujours géré alternativement par les deux pays ! Il s'agissait vraiment du lieu idéal pour parapher un traité de paix.

Une paix toute relative hélas… Si l'année d'après, le 9 juin 1660, Louis XIV et Marie-Thérèse se marient comme prévu, l'une des clauses du traité prévoyait que l'infante renonçait à ses droits sur la couronne d'Espagne, en échange de cinq cent mille écus payés par Madrid. Or l'Espagne, n'en ayant pas les moyens, ne versa jamais la somme. Louis XIV, devenu roi, en profita pour ranimer le conflit sept ans plus tard avec la guerre dite de Dévolution.

NAISSANCE DU JOUR

En 1867, Marie Curie, physicienne et chimiste française, Prix Nobel de physique en 1903 et de chimie en 1911.

FAIT DU JOUR

En 1968, Beate Klarsfeld gifle le chancelier allemand Kiesinger.

8 NOVEMBRE

C'est la Saint Geoffroy d'Amiens

1942
Opération Torch

Un nom de code, donné par les Alliés. Un nom chargé d'espoir : le débarquement en Afrique du Nord (protectorat du Maroc et départements français d'Algérie) de troupes américano-anglo-françaises. Partis de leurs bases de Gibraltar, les soldats débarquent à Alger, Oran, Casablanca, villes alors tenues par Vichy. Voilà donc que s'ouvre, au sud de la machine de guerre nazie, un autre front. Qui va contribuer au succès de l'offensive engagée contre le maréchal Rommel en Égypte et préparer les débarquements en Sicile de juillet 1943 et en Corse de septembre de la même année. De quoi prouver à la face du monde qu'Hitler n'est pas invincible.

Certes, les troupes vichystes résistent : près de mille cinq cents morts sont à déplorer. Mais, à Alger, quelque quatre cents jeunes résistants vont permettre aux Alliés de gagner du temps et aux Américains de poser le pied dans la ville. Il faut remarquer que le débarquement s'effectua sans l'intervention des Français libres : la participation du général de Gaulle à l'opération aurait braqué les généraux vichystes opposés à la victoire de l'Allemagne.

NAISSANCE DU JOUR

En 1935, Alain Delon, acteur français.

FAIT DU JOUR

En 1994, le Tribunal pénal international pour le Rwanda est chargé de poursuivre les personnes responsables d'actes génocidaires.

DDR

9 NOVEMBRE

C'est la Saint Théodore

1989
Le « mur » est tombé

Pour nous, Français, la plupart des souvenirs conservés de cet événement datent du 10 novembre et non du 9. Or la conférence de presse l'officialisant a bien eu lieu dans la soirée du jeudi 9 (à 18 h 53 très précisément). Pour autant, même si la nouvelle s'est répandue comme une traînée de poudre, les véritables effets de l'ouverture inespérée du mur de Berlin ne se sont fait sentir que le lendemain, vendredi 10 donc. Ou, en tout cas, à partir de la nuit du jeudi au vendredi.

Les personnes l'ayant vécu ne peuvent oublier la foule en liesse prenant le mur d'assaut et le découpant en petits morceaux, se faisant photographier, ivre de joie, devant la porte de Brandebourg, s'engouffrant dans le passage de la Potsdamer Platz..., ni les files de Trabant brinquebalantes faisant la queue pour franchir Checkpoint Charlie au milieu d'une masse compacte de migrants, sidérés par la portée d'un événement à ce point inespéré... Personne n'a oublié non plus le concert improvisé de Mstislav Rostropovitch au pied du Mur, dès le matin du 10 novembre (le grand patron et mécène Antoine Riboud lui avait prêté son jet pour l'occasion). Une liesse, une fête qui va se prolonger des semaines durant, avec l'arrivée de visiteurs affluant de partout...

La suite a été marquée par le sentiment commun que l'Histoire s'est accélérée. Une impression qui tient à la réactivité d'un homme d'État : Helmut Kohl. Le fameux discours du chancelier au Bundestag, présentant en dix points son plan pour une confédération allemande, date seulement du 28 novembre (soit moins de trois semaines après la brèche) et marqua la rapidité d'intégration possible entre deux pays redevenus un.

NAISSANCE DU JOUR

En 1922, Raymond Devos, humoriste français.

HOMME DU JOUR

En 1985, Garry Kasparov devient, à 22 ans, le plus jeune champion du monde d'échecs.

10 NOVEMBRE

C'est la Saint Léon le Grand

1657
Drôle de souveraine

Dans la galerie des Cerfs de Fontainebleau, la reine Christine de Suède – qui a abdiqué – accuse de trahison son favori Monaldeschi. Lui, plaide sa cause, tente de s'expliquer, implore son pardon – rien n'y fait. Après deux heures de palabres, Christine s'en va et lâche à ses gardes : « Exécutez-le ! » Monaldeschi, en ce 10 novembre 1657, se défend comme il peut ; pendant la passe d'armes, en saisissant l'une des lames avec la main, il perd trois doigts ; puis il reçoit plusieurs coups d'épée. Finalement, le nombre a raison de sa vigueur. L'un des gardes lui transperce la gorge et il tombe, mort. On va l'enterrer discrètement dans l'église d'Avon, proche du château.

Pourquoi « discrètement » ? Eh bien, parce qu'elle est tout de même embarrassante, cette affaire. Christine de Suède n'est pas chez elle, mais l'invitée du roi Louis XIV ; elle n'a donc aucun droit de justice en France. Ce n'est pas à elle de condamner et encore moins de faire exécuter un homme, tout traître soit-il, qui plus est dans une résidence de la Couronne. Bien embarrassés, le jeune roi et Mazarin vont préférer la ménager. L'affaire en reste là – mais elle défraiera la chronique.

Or de quoi accusait-elle son écuyer ? Christine, ancienne reine de Suède, convoitait le trône de Naples, qui appartenait au roi d'Espagne. Mazarin avait l'intention, justement, de lui donner cette Couronne. Or elle venait d'apprendre que le fameux Monaldeschi avait prévenu les Espagnols de ces intentions. En exerçant sa justice, la reine de fer a montré, de cette façon, qu'elle restait souveraine, même sans couronne. Mais, du coup, elle va devoir renoncer à Naples, quitter la France, puis se réfugier au Vatican.

NAISSANCE DU JOUR

En 1928, Ennio Morricone, compositeur italien de nombreuses musiques de films.

FAIT DU JOUR

En 1775, les Marines américains voient le jour.

11 NOVEMBRE

C'est la Saint Martin de Tours

1918
Enfin, l'armistice…

L'armistice a été signé, à 5 h 10, ce 11 novembre 1918, en pleine forêt de Compiègne, à Rethondes, dans le wagon de chemin de fer du maréchal Foch. Sont présents, côté vainqueurs : ledit Foch, bien entendu, qui commande l'ensemble du camp allié sur le front de l'Ouest ; son chef d'état-major, le général Weygand ; mais aussi l'amiral britannique Wemyss. Côté Allemands, il y a Matthias Erzberger, qui représente le gouvernement, le comte Alfred von Oberndorff, au nom du ministère des Affaires étrangères et différents militaires : les généraux von Winterfeld et von Gruennel, notamment. En somme une grosse dizaine de hauts responsables un peu à l'étroit dans cette voiture-restaurant aménagée à la hâte.

Comme les combats ne sont pas encore arrêtés, l'article Ier est ainsi rédigé : « Cessation des hostilités, sur terre et les airs, six heures après la signature de l'armistice. » Le cessez-le-feu ne sera donc effectif qu'à 11 heures, ce onzième jour du onzième mois de l'année 1918. Pour quelques moments encore, les engagements continuent. Et les morts tombent. Le dernier soldat français tué au feu s'appelle Augustin Trébuchon. Le pauvre homme est touché à 10 h 55 à côté du village de Vrigne-Meuse. Cinq minutes plus tard, les cloches sonneront dans chaque village, les clairons raisonneront sur toutes les zones de combat.

Comment imaginer, aujourd'hui, l'immense, l'ineffable soulagement qui explose dans des milliers de poitrines – un soulagement dans l'épuisement : la Grande Guerre a fait près de dix millions de morts militaires ! Mais il faudra attendre le traité de Versailles, signé en juin suivant, pour que la hache de guerre soit enterrée. Et encore, la paix durera seulement vingt et un ans, jusqu'à la Seconde Guerre mondiale.

NAISSANCE DU JOUR

En 1821, Fiodor Dostoïevski, notamment auteur de *Crimes et Châtiments*, de *L'Idiot* et des *Frères Karamazov*.

FAIT DU JOUR

En 1944, Winston Churchill assiste au défilé sur les Champs-Élysées au côté du général de Gaulle.

12 NOVEMBRE

C'est la Saint Josaphat Kuntsevych

1890
Le toast d'Alger

Le 12 novembre 1890, l'archevêque d'Alger, le cardinal Lavigerie, porte un toast au gouvernement français… Un toast fait à l'occasion de la visite d'officiers de la Marine française, qui, comme tout marin d'alors qui se respecte, sont royalistes. En quoi cette libation entre gens de même compagnie est-il un événement digne de marquer l'Histoire, se demanderont certains ? Eh bien, par ce verre levé au gouvernement en place, par ce simple geste, le cardinal Lavigerie – sans prononcer le mot « République » – réconcilie l'Église de France avec le nouveau régime.

Évidemment, le toast n'a rien d'une gaffe. Il a été préparé minutieusement et fait pour obéir au pape Léon XIII, soucieux de reprendre langue avec cette IIIe République désormais installée dans la durée même si les tensions demeurent fortes entre certains catholiques et le récent régime. Lavigerie rappelle donc, en substance, que la République n'est pas contraire aux principes catholiques. Discrètement, le message est passé. Et il va résonner bien au-delà d'Alger.

Car le cardinal Lavigerie n'est pas n'importe qui. Figure de l'Église, issu d'un milieu royaliste légitimiste, fondateur de la société des Pères blancs – les fameux missionnaires d'Afrique –, l'homme est respecté à la fois par les catholiques et par les autorités républicaines. Grâce à lui, ce toast devient donc le symbole du ralliement de l'Église de Rome. « Ce serait folie, dit-il, que d'espérer soutenir les colonnes d'un édifice sans entrer dans l'édifice lui-même. » Deux ans plus tard, une encyclique du pape, *Inter Sollicitudines*, enfoncera le clou et demandera officiellement aux fidèles français de se rallier.

NAISSANCE DU JOUR

En 1729, Louis Antoine Bougainville, explorateur et navigateur français, qui a fait progresser la connaissance de la géographie de l'Océanie.

HOMME DU JOUR

En 1951, le général américain Matthew Ridgway donne l'ordre de cesser toute offensive en Corée.

C'est la Saint Brice

1872
Les débuts de l'impressionnisme

On sait – depuis peu de temps – que c'est le 13 novembre 1872 que le peintre Claude Monet a peint sa célèbre toile *Impression, Soleil levant,* tableau devenu mythique puisqu'il a donné son nom à l'impressionnisme. Il s'agit d'une vue du port du Havre. Où l'on distingue, dans la brume, un petit esquif sur une mer bleu vert avec, au second plan, un soleil rouge orangé qui se reflète dans les flots et tranche avec force sur la pâleur de l'aube. De nombreuses questions entourent ce tableau. On a prétendu que le soleil levant était peut-être, au contraire, un soleil couchant. Des études menées pour préparer une exposition au musée Marmottan ont révélé qu'en vérité l'œuvre avait bien été réalisée au matin du 13 novembre 1872 – autour de 7 h 30 pour être tout à fait précis.

Afin d'être aussi affirmatifs, les experts ont pris en compte un grand nombre de paramètres. Ils ont croisé les données topographiques, météorologiques, mais aussi biographiques sur Monet ; ils ont étudié la position du soleil sur le tableau, l'état de la marée, le regard de l'artiste aussi. Et ont pu établir que la toile avait été peinte depuis la chambre de l'hôtel qu'occupait Claude Monet. Tout a été passé au crible : les reflets du soleil, la présence de bateaux au loin… Même le panache de fumée que l'on distingue sur le côté gauche : comme il est orienté vers l'ouest, c'est donc qu'un vent d'est soufflait. Bref, les éléments concordent : cette création majeure a été peinte le 13 novembre 1872, avant 8 heures du matin.

NAISSANCE DU JOUR

En 1850, Robert Louis Stevenson, écrivain britannique, auteur notamment de *L'Île au trésor* et de *Dr. Jekyll and M. Hyde.*

FAIT DU JOUR

En 1907, Paul Cornu décolle de 1,50 m à bord de son invention, l'hélicoptère. C'est le premier vol libre d'un hélicoptère avec son pilote.

14 NOVEMBRE

C'est la Saint Laurent de Dublin

1913
À la recherche d'un éditeur…

Novembre 1913. Les lecteurs français lisent pour la première fois la toute première phrase – on appelle cela l'incipit – d'un des plus grands livres de la littérature. Il vient de paraître. Cette première phrase, la voici : « Longtemps, je me suis couché de bonne heure. » Il s'agit de Proust et d'*À la recherche du temps perdu*, évidemment ! Et cela continue ainsi : « Parfois, à peine ma bougie éteinte, mes yeux se fermaient si vite que je n'avais pas le temps de me dire : Je m'endors. » Voilà donc l'ouverture du premier ouvrage d'une série. Il y en aura sept en tout, publiés entre 1913 et 1927, après la mort de l'écrivain.

Si bizarre que cela puisse paraître, ce texte phénoménal a été d'abord refusé par les éditeurs. Marcel Proust dépose, en 1912, son manuscrit à la NRF, la maison d'édition de Gaston Gallimard. André Gide, chargé d'en juger, n'est pas convaincu et retourne poliment le manuscrit. Même réaction chez Ollendorff. Le directeur de cette maison écrit : « Je suis peut-être bouché à l'émeri, mais je ne puis comprendre qu'un monsieur puisse employer trente pages à décrire comment il se tourne et se retourne dans son lit avant de trouver le sommeil. »

C'est donc à son compte que Proust fait éditer son œuvre. Chez Grasset. En ce 14 novembre 1913, paraît donc *À la recherche du temps perdu*. Tome 1er *: Du côté de chez Swann*. Le livre étant bien accueilli, Gallimard comprend qu'il a commis une erreur. Gide va devoir se fendre d'une lettre d'excuses ; et Proust se laisse convaincre… Le deuxième volume sort en 1919, *À l'ombre des jeunes filles en fleurs*. Il obtiendra le prix Goncourt, en attendant de devenir un monument de la littérature mondiale.

NAISSANCE DU JOUR

En 1771, Marie François Xavier Bichat, médecin français considéré comme l'initiateur de l'anatomie générale.

FAIT DU JOUR

En 1908, Jacques Edwin Brandenberger dépose le brevet du papier cellophane.

1793

Naissance de la baguette

La Révolution a pris le pouvoir en France. La Convention siège. Et légifère sur tout ! En ce 26 brumaire an II, elle décide de s'attaquer au redoutable problème des subsistances, cause de tant de révoltes et d'instabilité sociale. Le pain, qui a si souvent manqué, demeure l'aliment de base du pays. Son prix, lorsqu'il est trop élevé, sa qualité, si elle est mauvaise, mettent souvent le feu aux poudres. Un décret stipule donc que tous les Français doivent manger le même pain. La richesse et la pauvreté devant toutes deux disparaître, dans ce régime de l'égalité à tous crins, celui-ci ne sera plus composé de fleur de farine pour les riches et être un pain de son pour les pauvres : tous les boulangers seront tenus, sous peine d'incarcération, de faire une seule sorte de pain. Dont le nom résume l'état d'esprit de l'époque : le pain Égalité.

En digne héritier de la Révolution française, Napoléon Bonaparte se penche également sur la question. Rond ou long, le pain ? Quelle forme permet la meilleure conservation et surtout le meilleur transport ? Son dévolu se porte sur la baguette, parce que l'on peut la glisser toute droite dans les basques des uniformes.

Et si certaines mauvaises langues osent affirmer que celle-ci aurait été inventée à Vienne, importée à Paris par un certain August Zang et vendue dans sa boulangerie viennoise... peu importe : on la transforme en mets national. Un emblème gourmand consommé chaque année, en France, à dix milliards d'unités !

NAISSANCE DU JOUR

En 1850, Victor Laloux, architecte français, auteur notamment de la gare d'Orsay.

FAIT DU JOUR

En 1965, Craig Breedlove, pilote automobile américain, roule en voiture à près de 1 000 km/h à bord du *Spirit of America*.

16 NOVEMBRE

C'est la Sainte Marguerite

1532
Pauvre Inca

Athahulpa avait coutume de dire : « Dans ce royaume, aucun oiseau ne vole, aucune feuille ne bouge si telle n'est pas ma volonté. » C'était compter sans Francisco Pizarro. Né le 16 mars 1478, cousin du célèbre Cortez, l'homme a de l'ambition à revendre. Lui aussi veut se tailler un royaume à sa démesure. Après la découverte du Nouveau Monde par Christophe Colomb, Francesco rêve de s'embarquer à son tour. Il s'associe à un conquistador de la même sinistre espèce, Diego de Almagro, et jette son dévolu sur les Andes. Ensemble, ils envisagent d'explorer la côte occidentale de l'Amérique du Sud. Mais Pizarro veut à tout prix rencontrer le puissant empereur Charles Quint afin d'obtenir son soutien. Lorsqu'il y parvient, il obtient d'importants privilèges, damant le pion au malheureux Almagro. Un adversaire de moins sur sa route.

En 1531, une vaste expédition part pour le Pérou. Elle compte cent quatre-vingt-trois aventuriers et trente-sept chevaux. La troupe part à l'assaut de la cordillère des Andes. Son but : rencontrer l'Inca. Or, depuis la mort de leur père Huyna Capac, ses deux fils Athahulpa et Huascar se déchirent pour le pouvoir suprême. Pizarro profite de la situation et propose sa médiation. Athahulpa, parvenu grâce à de récentes victoires sur son frère à ceindre la couronne, accepte une entrevue avec cet étranger qui le fascine. Lorsque l'empereur arrive à Cajamarca, sur sa litière d'or, entouré de trente mille hommes et femmes, membres de sa Cour et soldats, au lieu du rendez-vous le chapelain lui tend une bible, disant d'une voix forte : « Voici la parole de Dieu. » L'Inca porte l'ouvrage saint à son oreille et le jette au sol ajoutant : « Je n'entends rien ! » C'est le prétexte tout trouvé par les Espagnols : le piège se referme. Des maisons voisines sortent les soldats dissimulés qui massacrent les Indiens par centaines. L'Inca est fait prisonnier. Vingt mille Péruviens, élite de la noblesse et de l'armée, tous venus en paix, sont pourchassés durant la nuit et massacrés. De tout l'Empire parviennent des masses d'or impressionnantes, destinées à faire libérer l'Inca. Mais, la rançon versée, celui-ci est exécuté. L'Empire n'est plus qu'un songe.

NAISSANCE DU JOUR

En 1908, Madeleine Cinquin, dite Sœur Emmanuelle, enseignante, religieuse et écrivain surnommée « la petite sœur des pauvres ».

HOMME DU JOUR

En 1997, Boutros Boutros-Ghali, ex-secrétaire général de l'ONU, est élu premier secrétaire général de l'Organisation internationale de la Francophonie.

17 NOVEMBRE

C'est la Sainte Elisabeth de Thuringe

1936
Une sale affaire...

Roger Salengro a été tué par la calomnie, même si c'est lui qui s'est donné la mort. Tout a commencé lorsque cet homme politique des années vingt et trente, maire de Lille en 1925, député socialiste, devient ministre de l'Intérieur du gouvernement de Léon Blum, c'est-à-dire du Front populaire.

Le 18 juin 1936, parce qu'il s'attaque aux ligues d'extrême droite, la réplique de ses adversaires ne se fait pas attendre. À partir du 14 juillet, *L'Action française* amorce une campagne de presse visant à mettre en cause le comportement du ministre durant la Grande Guerre. Le 21 août, le journal *Gringoire* renchérit en titrant : « Roger Salengro a-t-il déserté le 7 octobre 1915 ? » À quoi l'organe extrémiste fait-il référence ? À une vieille affaire : Salengro avait été fait prisonnier par les Allemands et, dans un premier temps, condamné pour désertion avant d'être disculpé, à la fin du conflit. Un malentendu qu'exploitent les journaux proches des ligues pour déshonorer le ministre. Il faut vous dire que lui-même a été fragilisé par la mort de sa femme, un an plus tôt, et qu'il prend ces mensonges de plein fouet. Calomniez, calomniez...

Un soir, en rentrant chez lui à Lille, le ministre écrit deux lettres. L'une est pour Blum, l'autre pour son frère. Il ouvre le robinet de gaz et se donne la mort. À côté de son corps, on va retrouver deux exemplaires du journal *Gringoire*. Lors des obsèques, qui rassemblent un million de personnes, le 22 novembre, Léon Blum va prononcer l'un de ses plus beaux discours. « Il n'y a pas d'antidote contre le poison de la calomnie, dira-t-il. Une fois versé, il continue d'agir. » L'affaire Salengro deviendra le symbole des abus d'une certaine presse. « Je ne suis pas Salengro », dira par exemple Pompidou, lors de l'affaire Markovic.

NAISSANCE DU JOUR

En 1902, Eugene Wigner, Prix Nobel de physique pour ses travaux sur la structure du noyau atomique.

HOMME DU JOUR

En 1975, Romain Gary, sous le pseudonyme d'Émile Ajar, reçoit pour la deuxième fois le prix Goncourt, pour son roman *La Vie devant soi*.

C'est la Sainte Aude et la Sainte Rose-Philippine Duchesne

1307
Guillaume Tell

C'est un 18 novembre, en 1307, que Guillaume Tell, le héros suisse au chapeau long surmonté d'une plume, est censé avoir visé une pomme avec son arbalète, une pomme… posée sur la tête de son fils !

Mais comment en est-il arrivé à cette situation ? Eh bien, à l'époque, la Suisse subit la domination du Saint Empire romain germanique. Et dans la ville d'Altdorf, canton d'Uri, le bailli autrichien, un certain Gessler, fait régner sa loi en tant que représentant du Saint Empire. Vaniteux, autoritaire, il décide un jour d'accrocher son chapeau à une hampe sur la place centrale d'Altdorf et d'obliger les habitants à se prosterner chaque fois qu'ils passent devant lui.

Un jour, Guillaume Tell se trouve avec son fils Walter, et soit par oubli, soit par geste politique, ne salue pas le couvre-chef. Dénoncé, il est amené devant Gessler chez qui germe une idée terrible : faire adosser le jeune garçon à un arbre, placer une pomme en équilibre sur sa tête et mettre le père récalcitrant au défi. Guillaume doit tirer dans le fruit. S'il le manque, il sera exécuté (et son fils aussi !). S'il réussit, il est libre.

Le 18 novembre, la foule se masse, Guillaume Tell se concentre, vise et tire. Le carreau d'arbalète file dans un bruit sec. Et transperce la pomme ! On applaudit. On croit le brave Guillaume sauvé. Mais comme notre homme dissimulé dans sa manche un second carreau pour se défendre et s'enfuir avec son fils en cas d'échec, Gessler s'en sert comme prétexte pour le faire arrêter. Le rebelle finit par s'évader, après maintes péripéties.

Voici une bien belle aventure. Mais est-elle authentique ? À vrai dire, on ne sait pas. Si Tell est devenu un symbole de l'indépendance suisse, l'épisode est à la frontière entre la légende et l'Histoire.

NAISSANCE DU JOUR

En 1787, Louis Daguerre, peintre et photographe inventeur du daguerréotype.

FEMME DU JOUR

En 1990, Florence Arthaud remporte la Route du rhum, course transocéanique à la voile.

19 NOVEMBRE

C'est la Saint Tanguy

1863
Le discours de Gettysburg

États-Unis, guerre de Sécession. En Pennsylvanie (au nord de Washington), entre le 1er et le 3 juillet 1863, la ville de Gettysburg a été le théâtre d'une violente bataille entre les Confédérés (sudistes, en gris) et l'armée de l'Union (nordistes, en bleu). En trois jours, les deux camps confondus, on a relevé cinquante et un mille victimes. La victoire est acquise au Nord, mais toute l'Amérique est meurtrie.

Quelques semaines plus tard, le 19 novembre, le président Abraham Lincoln, venu sur place, rappelle le sens du combat qu'il est en train de mener : la lutte pour la liberté et l'égalité entre les hommes. « C'est à nous de faire en sorte que ces morts ne soient pas morts en vain, dit-il ; à nous de vouloir qu'avec l'aide de Dieu notre pays renaisse dans la liberté ; à nous de décider que le gouvernement du peuple, par le peuple et pour le peuple, ne disparaîtra jamais de la surface de la terre. »

En un discours de dix lignes durant à peine deux minutes, à Gettysburg, Abraham Lincoln tente de rassembler son pays et change le monde. Car sa dernière phrase fait entrer le moment dans la légende...

Nous autres, Français, l'avons même trouvée si belle que nous l'avons reprise dans la Constitution de la Ve République. Le discours du président américain marque indéniablement un tournant dans la guerre de Sécession. Il faudra quand même encore deux ans de combats sanglants, jusqu'en avril 1865 et la difficile bataille d'Appomattox, pour que ce conflit fratricide prenne fin.

NAISSANCE DU JOUR

En 1805, Ferdinand de Lesseps, créateur du Canal de Suez.

FAIT DU JOUR

En 1964, Claude Perdriel, Jean Daniel et André Gorz sortent le magazine *Le Nouvel Observateur.*

20 NOVEMBRE

C'est la Saint Edmond le Martyr

1947
Un couple royal heureux

À Londres, en l'abbaye de Westminster, la jeune princesse Elizabeth se marie au lieutenant de la Navy Philip Mountbatten, prince de Grèce et de Danemark. Dans six ans, celui-ci deviendra le prince consort Philip ; quant à son épouse, elle sera la reine Elizabeth II. Le jeune homme, pour convoler en justes noces avec la future chef de l'Église anglicane, a naturellement dû renoncer à sa confession orthodoxe.

Les mariés ont déjà eu l'occasion de se croiser avant la cérémonie. Cousins au deuxième degré, la rencontre déterminante a eu lieu huit ans plus tôt. Elizabeth visite alors, avec son père, le roi George VI, et sa sœur, le collège naval de Dartmouth. Philip, âgé de 18 ans tout rond, a été désigné pour servir de guide aux deux jeunes princesses Elizabeth et Margaret. L'aînée n'a guère plus de 13 ans, mais tombe immédiatement amoureuse de lui – un véritable coup de foudre !

Les jeunes gens correspondront, plus tard, puis, hardiment, Philip va demander au roi la main de sa fille – ce qui ne va pas de soi. Mais Elizabeth a du caractère ; elle tient bon, envers et contre tous, et obtient gain de cause. Fiancés en juillet 1947, ils se marient le 20 novembre, devant cinq rois, cinq reines et tout un parterre de sommités.

Philip est fait duc d'Édimbourg, comte de Merioneth et baron de Greenwich. Les deux jeunes mariés s'installent à Clarence House, à Londres. Ils auront quatre enfants, à commencer par Charles, en 1948. Le 6 février 1952, le roi George VI meurt, Elizabeth devient Elizabeth II et Philip, prince du Royaume-Uni. Ils élisent domicile à Buckingham Palace, comme il se doit. Et n'en bougeront plus.

NAISSANCE DU JOUR

En 1926, Édouard Leclerc, homme d'affaires français, fondateur de l'enseigne de grande distribution du même nom.

FAIT DU JOUR

En 1952, le maréchal Juin est élu à l'Académie française.

21 NOVEMBRE

DES ÉPOUX DE 14 ANS

C'est la Présentation de la Vierge Marie

1615
Anne d'Autriche se marie

Le 21 novembre 1615, l'infante Anne d'Autriche – qui, comme son nom l'indique, est une princesse espagnole – arrive à Bordeaux pour rencontrer son futur époux. Tous deux viennent de passer l'âge de 14 ans, ne se connaissent pas – c'est habituel dans les familles royales d'être marié aussi jeune – mais vont recevoir la bénédiction nuptiale le 25 à l'église Saint-André, avant d'entrer solennellement, officiellement unis, dans la ville, le 29. Les fêtes sont grandioses, avec combats de géants, tournois, représentation, le 5 décembre, de la pièce *L'Avènement à la couronne du roy Salomon,* feu d'artifice le 8 donné sur la Grand-Place des Chartreux, et même une bataille navale ! Les enjeux politiques étant énormes, les cérémonies sont à l'unisson. Il est vrai que ces doubles noces – le mariage d'Élisabeth, la sœur du roi, avec l'infant Don Philippe, se déroule en même temps – sont censées mettre fin à la longue rivalité qui oppose l'Espagne et la France.

Mais si ces journées sont mémorables, la suite de l'union entre Anne d'Autriche et Louis XIII ne sera pas aussi réjouissante. Louis a été marié par sa mère, Marie de Médicis, sans avoir son mot à dire et considère longtemps son épouse comme une Espagnole, donc une ennemie. Leurs relations intimes ne sont pas vraiment épanouies – le roi est peu porté sur les dames –, même si, au bout de quelques années, elles s'améliorent. La reine, après différentes fausses couches, mettra au monde son premier fils, le futur Louis XIV, en 1638, soit vingt-trois ans après son mariage.

Au final, on pourrait écrire que le roi et la reine sont chacun entrés dans l'Histoire par des portes séparées. Louis XIII, pour avoir eu la sagesse de régner en s'appuyant sur les cardinaux de Richelieu puis Mazarin, qui posèrent les fondations d'une France puissante. Et Anne d'Autriche, d'abord, parce que, devenue régente du royaume après la mort prématurée de son époux, se révéla une authentique femme d'État auprès de Mazarin ; ensuite parce qu'elle inspira à Alexandre Dumas, dans *Les Trois Mousquetaires,* l'un de ses plus touchants visages féminins !

NAISSANCE DU JOUR

En 1898, René Magritte, peintre belge, auteur notamment de *La Condition humaine* et *La Trahison des images.*

FAIT DU JOUR

En 1958, l'équipe du Dr Georges Mathé réussit, à Paris, la première greffe de la moelle osseuse sur des scientifiques yougoslaves irradiés accidentellement.

C'est la sainte Cécile de Rome

2005

La Chancelière

Parce que la CDU remporte les élections législatives en Allemagne, une femme, pour la première fois, va entrer à la chancellerie fédérale. Son nom, tout le monde le connaît : c'est Angela Merkel.

Quel parcours inouï que celui d'Angela Kasner – Merkel étant le nom de son premier mari –, femme divorcée, remariée et sans enfants, modeste chercheuse en physique à l'institut central de Berlin-Est à peine vingt ans plus tôt. « Ossie », c'est-à-dire Allemande de l'Est, la jeune Angela est née à Hambourg, mais son père (qui était pasteur) a été envoyé en RDA dès 1957 – alors qu'elle n'avait que 3 ans. Elle a donc connu les Jeunesses communistes et les « Olympiades russes »...

La jeune fille, libérale dans l'âme – et donc fichée par la Stasi – n'a pas été une pionnière de l'émancipation. Elle a même attendu 1989 pour adhérer au mouvement dissident Renouveau démocratique – première marche d'une ascension qui devait passer, dès la réunification, par les arcanes du parti conservateur fédéral.

Lors de son arrivée à la chancellerie, elle est non seulement la première femme dans ce poste, mais aussi la plus jeune... Si on a glosé, à l'époque, sur la fragilité de la coalition qui l'avait portée vers ces sommets, plus personne aujourd'hui ne regarde cette dame de caractère avec condescendance. Celle qui a laissé tomber ses deux protecteurs, Helmut Kohl puis Wolfgang Schäuble, pratique le pouvoir avec délectation et sans faiblesse ; ses homologues européens l'ont parfois appris à leurs dépens.

NAISSANCE DU JOUR

En 1969, Marjane Satrapi, dessinatrice de bandes dessinées et réalisatrice d'origine iranienne.

FAIT DU JOUR

En 1943, en pleine Seconde Guerre mondiale, le Liban accède à l'indépendance.

23 NOVEMBRE

C'est la Saint Clément Ier

1718
La fin de Barbe Noire

Il s'appelait Edward Teach, mais la postérité se souvient de lui sous le nom unique de Barbe Noire. C'est un pirate. Un de ceux dont il ne fallait pas croiser la route. Sa jeunesse est mal connue et ce natif de Bristol, venu au monde vers 1680, rejoint très vite les Caraïbes. Il sait lire et écrire, ce qui prouve qu'il serait peut-être issu d'une honorable famille. Le voici à bord du bateau du capitaine Benjamin Hornigold, pirate notoire, mais qui n'attaque jamais les riches galions britanniques. Impensable aux yeux de Barbe Noire, qui, dans des circonstances relativement obscures, reprend seul le flambeau. Il commande dès lors – et toujours seul – deux navires armés de huit canons embarquant deux cent cinquante hommes. Sans oublier la prise d'un autre vaisseau, *La Concorde*, frégate négrière de trois cents tonnes armée de quarante canons.

Durant des années, son pavillon va semer la terreur : un diable tenant dans une main une lance qui transperce un cœur et, dans l'autre, selon les versions, un sablier pour signifier la fuite du temps ou un verre pour trinquer avec le diable. Car l'homme n'a guère de doute sur son avenir. Sa tête n'est-elle pas mise à prix pour quatre cents livres ?

Exaspéré, le gouverneur de la Virginie, Alexander Spotswood, charge un jour le lieutenant Maynard, commandant de *La Pearl*, de tuer le pirate. Après plusieurs jours de recherche, il parvient à le localiser dans la baie d'Ocrahoke. Le 22 novembre : abordage, combat féroce, duel d'homme à homme, d'abord au pistolet à silex puis à l'épée. Touché, Barbe Noire s'élance sur le lieutenant pour lui porter le coup fatal quand un matelot, par-derrière, frappe sa nuque avec un couteau. Malgré le sang qui lui brouille la vue, Barbe Noire s'acharne, mais il est criblé de coups par un autre matelot et finalement achevé au pistolet par le lieutenant Maynard… Sa tête tranchée sera fixée le 23 novembre sur le beaupré du navire.

NAISSANCE DU JOUR

En 1953, Francis Cabrel, chanteur français.

FAIT DU JOUR

En 1671, Charles Perrault prononce un discours de remerciements si brillant, lorsqu'il est reçu à l'Académie française que l'assemblée décide de rendre publiques les séances de réception.

XIXe SIÈCLE

24 NOVEMBRE

HYGIÈNE PUBLIQUE

C'est la sainte Flora et la Sainte Marie de Cordoue

1883

Merci Monsieur Poubelle !

Le 24 novembre 1883 est une journée historique pour la capitale française puisque, dorénavant, les Parisiens vont enfin pouvoir respirer sainement.

Les thèses hygiénistes ayant fait leur chemin, le préfet Eugène René Poubelle impose, en effet, le ramassage des ordures dans des récipients idoines. Au départ, on a même prévu un tri sélectif : les déchets organiques d'un côté, le verre d'un autre, et un récipient pour les coquilles d'huîtres ! Comme c'était aller un peu loin pour un début, le tri est abandonné. Mais pas le ramassage des ordures.

Il est vrai que avant 1883, l'environnement n'a rien de sain ; Paris est même connu pour ses odeurs et sa crasse... Si des taxes et amendes sanctionnent les indélicats, de manière générale les détritus sont laissés à même la rue, les chiffonniers récupérant les déchets et les recyclant de manière aléatoire.

Le préfet a donc décidé de tout réorganiser et de mettre en place un ramassage quotidien ; une charrette à cheval passera désormais tous les matins récolter les ordures.

En bois, doublées de métal, avec une contenance de cent vingt litres au plus, les premières boîtes à ordures exaspèrent vite les concierges, qui n'ont aucune envie de les sortir et de les rentrer chaque matin comme elles indisposent les propriétaires, censés les payer. Un journaliste ayant surnommé « boîtes Poubelle » ces réceptacles, le mot fait florès. Le préfet va donc laisser son nom à l'objet.

NAISSANCE DU JOUR

En 1868, Scott Joplin, pianiste et compositeur de ragtime, célèbre pour son morceau *The Entertainer.*

HOMME DU JOUR

En 1859, Charles Darwin publie *De l'origine des espèces*, ouvrage considéré comme fondateur de la théorie de l'évolution moderne.

25 NOVEMBRE

C'est la Sainte Catherine d'Alexandrie

1959
L'idole d'une génération

Dans tous les cinémas du monde apparaissent à un moment des idoles fauchées trop tôt, comédiens d'une beauté époustouflante et d'un jeu unique que la mort emporte alors qu'ils auraient pu offrir aux spectateurs beaucoup plus. En France, dans le ciel des étoiles filantes qui scintillent encore, un nom surgit : celui de Gérard Philipe, mort à 37 ans le 25 novembre 1959, à la suite d'une crise cardiaque imputable à son cancer du foie.

Gérard Philipe portait la joie de vivre d'une génération dont les plus belles années avaient été volées par la guerre ; lui-même était né à Cannes en 1922, et n'avait que 22 ans quand il prit part, à la libération de Paris au sein des FFI, alors que son père était un collaborateur invétéré.

Du reste, c'est l'afflux en zone libre, sur la Côte d'Azur, des vedettes parisiennes du théâtre et du cinéma qui lui donna l'envie, la vocation, de monter sur les planches, ce qu'il fait d'abord au casino de Nice, en compagnie de Claude Dauphin.

En pleine Occupation, il joue dans *La Boîte aux rêves*, devant la caméra des frères Allégret, puis interprète l'ange dans *Sodome et Gomorrhe*, de Giraudoux. À la Libération, ce sera *Caligula*... Après la guerre, avec sa compagne Nicole Fourcade – qu'il rebaptise Anne –, il sera compagnon de route du Parti communiste ; ils auront deux enfants, Anne-Marie et Olivier Philipe. Le comédien, généreux, engagé, sera aussi le président du Syndicat des acteurs. Mais c'est Jean Vilar qui va donner toute sa dimension à Gérard Philipe : le patron du TNP lui confie en effet de grands rôles dans ses mises en scène mythiques du *Prince de Hombourg*, de Kleist, de *Richard II* de Shakespeare et, bien sûr, du *Cid* de Corneille – il sera du reste enterré dans le costume de Rodrigue.

Au cinéma, ensuite, Gérard Philipe est *Fanfan la Tulipe*, en 1952, aux côtés de Gina Lollobrigida ; le rôle qui lui conférera le statut de héros populaire... Il a joué dans trente films en tout, dont *Le Diable au corps* et les *Liaisons dangereuses*.

NAISSANCE DU JOUR

En 1914, Léon Zitrone, journaliste français et présentateur des journaux télévisés et de nombreuses cérémonies.

FAIT DU JOUR

En 1864, Jules Verne sort en librairie le deuxième roman de sa série *Voyages extraordinaires : Voyage au centre de la Terre.*

XVIIIe SIÈCLE

26 NOVEMBRE

UN ÉDIT DE LOUIS XV

C'est la Saint Innocent d'Irkoutsk

1764
Expulsion des jésuites

Voici que les jésuites, par un arrêt du Conseil du roi, sont expulsés, purement et simplement, du royaume de France. Mais qui sont-ils ? Les membres d'un ordre religieux (la Compagnie de Jésus) fondé en 1539 par Ignace de Loyola ; des prêtres pour la plupart, exclusivement des hommes, qui répondent à trois vœux : chasteté, pauvreté et obéissance. L'ordre existe encore aujourd'hui – l'actuel pape en a fait partie – et a toujours suscité maints fantasmes, assimilé à une société secrète. Chez Alexandre Dumas, le mousquetaire Aramis n'était-il pas un général de ces jésuites complotant contre Louis XIV !

De fait, véritables politiques, très impliqués dans les milieux de pouvoir – jusqu'à être confesseurs des rois –, assumant une part essentielle de l'enseignement – les « Bons Pères », vous connaissez ? – sous Louis XV ils sont près de vingt-cinq mille en France. Mais, en 1765, rien ne va plus. À cause de leur trop grande proximité avec le pape, le roi les considère comme des agents directs du Vatican. Ordre est donc donné de les expulser. Les parlements et le souverain commencent par fermer leurs collèges, bannir les membres de la Compagnie. Attention : pas physiquement. Comprenez bien que seule l'institution est dissoute. Les personnes, elles, peuvent rester à condition de vivre sans se revendiquer jésuites. Neuf ans plus tard, ce sera carrément le pape, Clément XIV, qui supprimera la Compagnie. Laquelle sera réhabilitée par Pie VII, en 1814.

NAISSANCE DU JOUR

En 1909, Eugène Ionesco, écrivain membre de l'Académie française, et auteur notamment de *La Cantatrice chauve* et du *Roi se meurt*.

FAIT DU JOUR

En 1974, Simone Veil, la ministre de la Santé, défend son projet de loi sur l'interruption volontaire de grossesse. La loi sera promulguée le 17 janvier 1975.

27 NOVEMBRE

C'est la Saint Séverin

1942
Le sabordage de la flotte

Les Allemands, ripostant au débarquement anglo-américain en Afrique du Nord, ont franchi la ligne de démarcation et envahi la zone libre. Et s'apprêtent à s'emparer de la flotte française, en rade de Toulon. Il est 5 h 37 quand l'amiral de Laborde lance le scénario prévu en pareille circonstance. À savoir : le sabordage de la flotte ! Les feux du *Strasbourg* clignotent, c'est le signal.

Quatre-vingt-dix bâtiments – croiseurs, cuirassés, torpilleurs, remorqueurs et contre-torpilleurs – sont sabordés par leur propre équipage, qui ouvre les sabords (les vannes situées sous la ligne de flottaison) et met le feu aux explosifs.

Précisons les choses : le but de ce sabordage est d'empêcher les Allemands de s'emparer des navires... Même si, dans l'esprit du régime de Vichy et de l'amiral de Laborde, il s'agit aussi de ne pas mettre cette flotte à disposition éventuelle des Alliés – notamment des Anglais, ennemis héréditaires de la « Royale ». Seuls cinq sous-marins vont ignorer les ordres et réussir à rejoindre les Alliés en Afrique du Nord. À Londres, le général de Gaulle fulmine ; selon lui, tous ces bateaux auraient dû quitter la rade.

Certes, c'est une perte pour les Allemands : il ne leur reste que trente-neuf petits bâtiments et, encore, la plupart désarmés... Mais, pour Hitler et l'amiral Dönitz, le sabordage est un moindre mal, conscients que ce sont autant de navires qui ne rejoindront pas les Alliés. À l'époque, les journaux anglo-saxons n'en saluent pas moins cet acte de patriotisme français ; Vichy a préféré saborder sa flotte que de la laisser tomber aux mains des nazis... À l'issue de la guerre, l'amiral Jean de Laborde sera condamné à mort pour avoir empêché le ralliement de la flotte, mais sa peine sera commuée ; puis il sera gracié en juin 1947.

NAISSANCE DU JOUR

En 1942, Jimi Hendrix, musicien américain considéré comme le plus grand joueur de guitare électrique.

FAIT DU JOUR

En 1978, le Prix Médicis est attribué à Georges Perec pour *La Vie mode d'emploi*.

XVIIIe SIÈCLE

28 NOVEMBRE

ROBIN DES BOIS MODERNE

C'est la Sainte Catherine Labouré et la Saint Jacques de la Marche

1721
Ce brigand nommé Cartouche

Le bourreau et ses aides attachent le condamné sur une croix de Saint-André. Ils lui brisent les membres et les côtes, puis le fixent, désarticulé, à une roue de carrosse, jusqu'à ce que mort s'ensuive... Qui est ce supplicié célèbre ? Cartouche, jeune bandit insolent, plein d'audace, la terreur du régent Philippe d'Orléans qui assure, en quelque sorte, l'intérim entre Louis XIV et Louis XV.

Cartouche, interprété au cinéma par Jean-Paul Belmondo, est souvent présenté comme une sorte de Robin des Bois moderne. En vérité, il était le chef d'une vraie bande de malfrats, à l'origine de vols, de cambriolages et aussi de meurtres. Une vérité bien éloignée du gentil garçon présenté ici ou là, même si les anecdotes fleurissant sur son compte ne manquent pas de panache parfois. Ainsi, le jour où il dérobe une épée que le régent lui-même comptait offrir et s'aperçoit que l'arme est factice, il repose l'arme avec ce mot : « Au premier voleur du royaume, qui a tenté de faire tort à Cartouche, son confrère » !

De son vrai nom Louis-Dominique Garthausen, Cartouche s'est fait arrêter dans un cabaret, le 14 octobre 1721. Interrogé sous la torture le 26 novembre, il ne dit rien. Mais le lendemain, quand on le conduit devant la roue, voyant, au pied de l'échafaud, que personne de sa bande ne semble avoir prévu de le délivrer, il perd contenance et déclare vouloir faire des aveux. Il livre alors des dizaines de noms. Une délation qui ne l'empêchera pas d'être supplicié, le 28 novembre.

NAISSANCE DU JOUR

En 1931, Tomi Ungerer, auteur et dessinateur, notamment de livres pour enfants.

FAIT DU JOUR

En 1912, Ismaël Quemal Bey proclame l'indépendance de l'Albanie.

29 NOVEMBRE

C'est la Saint Sernin

1791
Un décret contre les prêtres

L'Assemblée législative en a assez ! En France, malgré le progrès des Lumières, malgré la Révolution, des prêtres, sources de troubles perpétuels, continuent de s'opposer aux idées nouvelles et font de la résistance ecclésiastique. Aux yeux des révolutionnaires, ces hommes ne peuvent être que des factieux, des fauteurs de troubles, des agents royalistes. Gallois et Gensonné, deux commissaires envoyés en Vendée durant l'été, n'indiquent-ils pas dans leurs rapports que les troubles permanents sont causés par des prêtres insermentés auxquels la population locale demeure vivement attachée ?

Robespierre exige une politique beaucoup plus ferme de répression et de sanction. Son ami Couthon, à la tribune de l'Assemblée législative, demande que tout prêtre réfractaire soit traité en suspect et soumis à une surveillance policière. Il faut donc en finir au plus vite.

Le décret du 29 novembre 1791 vise directement tous ceux qui refusent de prêter serment à la Constitution civile du clergé. Main sur le cœur, ils doivent répéter à haute et intelligible voix : « Je jure de veiller avec soin sur les fidèles de la paroisse ou du diocèse qui m'est confié, d'être fidèle à la Nation, à la loi et au roi, et de maintenir de tout mon pouvoir la Constitution décrétée par l'Assemblée nationale et acceptée par le roi. » En cas de refus, le prêtre est aussitôt destitué.

Fidèle à sa foi, Louis XVI met son veto. Et la tension monte d'un cran. À Marseille, Limoges ou Bordeaux, des prêtres sont massacrés. En août 1792, un nouveau décret bannit les réfractaires et tous les prêtres qui n'ont pas voulu prêter serment peuvent être arrêtés sur simple dénonciation. Le député Isnard hurlera : « Il faut renvoyer ces pestiférés dans les lazarets de Rome et d'Italie ! »

NAISSANCE DU JOUR

En 1932, Jacques Chirac, homme politique français, notamment président de la République française de 1995 à 2007.

FAIT DU JOUR

En 1922, l'archéologue Howard Carter et son mécène Lord Carnarvon ouvrent le tombeau de Toutankhamon.

30 NOVEMBRE

C'est la Saint André

1874

Winston

En pleine nuit du 29 au 30 novembre 1874, au palais de Blenheim, dans le comté d'Oxford, fief de l'illustre famille de Marlborough, l'Américaine Jennie Jerome, parce qu'elle n'a pas voulu renoncer à la fête donnée ce soir-là, accouche dans le vestiaire des dames. D'un petit garçon prénommé Winston. Son nom : Churchill.

L'enfance de Winston est complexe, ballottée, mais marquée par une admiration sans borne pour son père, le bouillant Randolph, grand orateur qui, sans le vouloir, inocule à son fils le virus de la politique.

Devenu officier de cavalerie, correspondant de guerre – il se rend célèbre lors de la guerre des Boers –, Churchill fils est élu député en 1900, devient premier lord de l'Amirauté en 1911 – c'est lui qui entraîne la Marine britannique dans la désastreuse opération des Dardanelles – puis chancelier de l'Échiquier en 1925.

Sa gloire ? Elle fut bien tardive. Et date de 1940, lorsque, face à Hitler, il annonce aux Britanniques qu'il n'a à leur offrir « que du sang, de la peine, des larmes et de la sueur ». Or, cette année-là, l'homme au cigare a déjà 66 ans. Cette guerre, il va la mener comme « le champion d'une grande entreprise et le grand artiste d'une grande histoire », selon l'hommage du général de Gaulle.

Il faut savoir que, au-delà de son sens de la formule et d'un humour légendaire, sir Winston – qui meurt à son domicile londonien en janvier 1965 – possédait un petit talent pour la peinture et un grand pour l'écriture. Si on sait qu'il a obtenu le Prix Nobel de littérature en 1953, on ignore généralement qu'il est l'auteur secret d'un beau roman que l'on vous recommande : *Madame Solario.*

NAISSANCE DU JOUR

En 1835, à Florida, dans le Missouri, vient au monde Marc Twain, l'auteur des *Aventures de Tom Sawyer* et les *Aventures de Huckleberry Finn.*

FAIT DU JOUR

En 1974, Yves Coppens, Donald Johanson et Maurice Taïeb découvrent un australopithèque à Hadar, en Éthiopie, auquel ils donnent le nom de Lucy, comme dans la chanson des Beatles...

1er DÉCEMBRE

C'est la Saint Éloi et la Sainte Florence

1789
L'idée du docteur Guillotin

Le 1er décembre 1789, le député Guillotin, un médecin, fait une étrange proposition à l'Assemblée. Que l'on pourrait résumer par la formule : « Tuer tout le monde de la même manière ».

« Les délits du même genre, écrit-il, seront punis par le même genre de peine, quels que soient le rang et l'état du coupable. » Estimant injuste que les condamnés ne meurent pas de la même façon – les nobles étaient décapités à l'épée, les roturiers, eux, le plus souvent pendus, voire roués ou écartelés en cas de régicide – sa proposition revendique l'égalité de tous devant le supplice et le bourreau. « Dans tous les cas où la loi prononcera la peine de mort contre un accusé, le supplice sera le même, le criminel sera décapité ; il le sera par l'effet d'un simple mécanisme. »

Le docteur Guillotin, s'il n'est pas l'inventeur de la guillotine et ne fut pas exécuté sous la Révolution, comme on l'a vu, est bien à l'origine du recours à cette machine de mort. Laquelle, rappelons-le, passe à l'époque pour une invention humaniste, un moyen de tuer sans douleur. L'usage systématique et les milliers de victimes en ont fait le symbole des excès de la Révolution, mais « la Veuve » ou « le grand rasoir national », comme on surnomme l'engin, représente aux yeux de tous un immense progrès.

Un peu plus tard, le 3 juin 1791, les députés de l'Assemblée constituante adopteront l'article 3 du Code civil : « Tout condamné à mort aura la tête tranchée. »

NAISSANCE DU JOUR

En 1920, Pierre Poujade, fondateur du poujadisme, mouvement de défense des commerçants et des artisans dans les années cinquante et soixante.

FAIT DU JOUR

En 1991, Guy Forget et Henri Leconte, menés par leur capitaine Yannick Noah, remportent la Coupe Davis, une première depuis 1932 !

2 DÉCEMBRE

C'est la Sainte Bibiane et la Saint Silvère

1804
Le sacre de Napoléon Ier

2 décembre 1804. Une date majeure de l'histoire de France. Un jour unique qui voit le sacre de Napoléon Ier, en présence du pape Pie VII. Une cérémonie incroyablement fastueuse, presque anachronique, que le peintre David a immortalisée dans un tableau célèbre. Imaginez : dans Notre-Dame de Paris, archibondée, le pape donne l'onction à Napoléon et Joséphine. Mais, ensuite, c'est l'empereur lui-même qui se couronne, face à l'assemblée, puis couronne son épouse, afin de montrer que le souverain pontife n'est pas au-dessus de lui !

Or ce n'est pas le seul 2 décembre de l'épopée napoléonienne. Un an plus tard, le 2 décembre 1805 cette fois, un nouveau sacre, avec l'onction du sang celui-là, voit Napoléon gagner la bataille d'Austerlitz. Dans cette « bataille des trois empereurs », Napoléon fait face aux souverains d'Autriche et de Russie, François II et Alexandre Ier. Bijou de stratégie militaire, le combat se déroule en Moravie, à l'est de l'actuelle République tchèque. Napoléon, pour l'anniversaire de son couronnement, parvient à manipuler ses ennemis afin de les amener exactement là où il le veut. Aujourd'hui encore, la tactique est étudiée dans les écoles militaires.

Mais on n'en a pas encore fini avec les 2 décembre napoléoniens. Deux autres sont d'importance. Presque cinquante ans plus tard, le 2 décembre 1851, le neveu du grand Napoléon, le prince Louis-Napoléon Bonaparte, choisit cette date pour mener son coup d'État, entériné, quelques semaines plus tard, par un plébiscite. Depuis 1848 président de la République, un an plus tard, un 2 décembre à nouveau, en 1852 donc, il devient Napoléon III, empereur des Français.

NAISSANCE DU JOUR

En 1846, Pierre Waldeck-Rousseau, homme d'État français et notamment instigateur des lois sur la liberté syndicale et la liberté des associations.

HOMME DU JOUR

En 1908, Pu Yi devient empereur de la Chine. Il a à peine 3 ans !

C'est la Saint François-Xavier

1967
L'exploit de Barnard

Afrique du Sud, Le Cap, 1967. À l'hôpital de Groote Schuur, sous la houlette du professeur Chris Barnard, en ce 3 décembre on greffe le cœur d'une jeune femme à Louis Washkansky. Miracle, la greffe prend. Hélas, le traitement antirejet, qui affaiblit le système immunitaire pour éviter que l'organisme n'attaque l'organe étranger nouvellement implanté, entraîne la mort du patient par infection pulmonaire. Il aura tenu dix-huit jours seulement.

Mais le professeur Barnard ne s'arrête pas là. Il retente l'opération presque immédiatement. Et, cette fois, le patient va survivre un an et demi ! On peut donc considérer que l'expérience est une réussite, même s'il ne manque pas de progrès à faire. Une anecdote : le professeur Fabiani, qui assistait le ponte africain, révéla bien plus tard durant l'une de mes émissions que, techniquement, l'opération avait été réalisée par le jardinier de l'hôpital. En fait, un très brillant assistant qui, au temps de l'apartheid, n'avait pas le droit de postuler à autre chose que ce genre de poste.

La tentative de Barnard va faire des émules : aux États-Unis, d'abord. Un chirurgien américain, Norman Shumway, réalise une greffe dans la foulée. Puis vient le tour d'un Français, le professeur Christian Cabrol : le 27 avril 1968, il opère un patient qui ne survivra que deux jours. La technique et les traitements feront des progrès rapides… Aujourd'hui, autre avancée française, on greffe des cœurs entièrement artificiels. L'histoire continue.

NAISSANCE DU JOUR

En 1930, Jean-Luc Godard, cinéaste franco-suisse.

FAIT DU JOUR

En 1947, Tennessee Williams crée la pièce *Un tramway nommé Désir* à Broadway.

4 DÉCEMBRE

C'est la sainte Barbe et la Saint Jean Damascène

1370
Victoire pour Du Guesclin

En pleine guerre de Cent Ans, les Français, le 4 décembre 1370, mettent une bonne rouste aux Anglais. À Pontvallain. En quoi cette bataille nous intéresse-t-elle ? Parce qu'un grand personnage de l'histoire de France s'y est révélé : Bertrand du Guesclin. Du Guesclin, l'incarnation, le symbole même du guerrier médiéval.

À l'époque, le roi s'appelle Charles V. Et Du Guesclin est son connétable, autrement dit le chef de ses armées. Un homme né en Bretagne, près de Dinan, et qui s'est tôt passionné pour l'art militaire – courageux, intelligent, admiré. En 1356, il reprend Rennes aux Anglais. Fait chevalier, il se met au service direct du roi de France et mène une guerre d'usure pour épuiser l'Anglais. Ce qui lui vaut le surnom de « Dogue noir de Brocéliande ».

Que se passe-t-il à Pontvallain, en ce 4 décembre ? À l'époque, on multiplie les destructions pour harasser l'ennemi. Et les Anglais sont experts en la matière. Après avoir pillé le nord de la France, ils ont pris possession du comté du Maine. Alors, à la tête des troupes françaises, Du Guesclin leur livre bataille à Pontvallain, non loin du Mans. Avec une étonnante adresse, il parvient à chasser les Anglais, qui fuient vers le château de Vaas, au sud, en laissant bien des morts derrière eux.

Du Guesclin fait, de son côté, enterrer ses soldats sur place et dispose une croix de bois sur chacune de leurs tombes. Des croix pieusement entretenues par les habitants jusqu'en 1828, date à laquelle on les remplacera par un obélisque.

NAISSANCE DU JOUR

En 1866, Vassily Kandinsky, peintre russe qui a fait partie des fondateurs de l'art abstrait.

FAIT DU JOUR

En 1991, Terry Anderson, journaliste américain, est libéré après avoir été retenu comme otage du Jihad islamique au Liban pendant presque sept ans.

5 DÉCEMBRE

C'est la Saint Gérald

1870
La fin du grand Dumas

Les trois mousquetaires sont tristes. Le comte de Monte-Cristo et La reine Margot aussi. Alexandre Dumas vient de mourir.

En 1869, déjà, cet ogre, ce titan bon vivant commence à sentir la fatigue, et à craindre la maladie et la mort. À son fils Alexandre, qui s'inquiète de voir la main de son père atteinte de soubresauts, il répond, avec le sens de l'à-propos qu'on lui connaît : « Que veux-tu ? Elle est tellement habituée à travailler que, quand elle m'a vu lui faire l'injustice de dicter au lieu d'écrire moi-même, elle s'est mise à trembler de colère ! »

Mais de quoi souffre l'auteur du *Comte de Monte-Cristo ?* D'un accident vasculaire. Il a 68 ans et, le moins que l'on puisse dire, c'est qu'il ne s'est jamais épargné. Vin et gastronomie ont été ses péchés mignons, ses compagnons de plaisir. D'ailleurs, n'est-il pas en train de rédiger un *Grand Dictionnaire de cuisine*, qui restera inachevé ? L'écrivain est donc au plus mal, paralysé en partie, très affaibli, et ruiné. Alors Dumas quitte Paris, cerné par les Prussiens. Il part pour Puys, à côté de Dieppe, rejoindre son fils. Et, en arrivant, il a ces mots lucides : « Je viens mourir chez toi. » On l'installe dans la plus belle chambre de la maison. Tous les jours, ses petites-filles, Colette et Jeannine, jouent aux dominos avec grand-papa.

Il meurt le 5 décembre, entouré de sa famille. Il sera enterré à Villers-Cotterêts, sa ville natale – avant, en 2002, malgré les protestations des habitants, de voir sa dépouille transférée au Panthéon. Son cercueil, porté par quatre mousquetaires, est frappé de la célèbre devise : « Tous pour un, un pour tous ! » La veille de son décès, Alexandre fils avait trouvé son père le visage fermé. « À quoi songes-tu, papa ? » « Alexandre, crois-tu qu'il restera quelque chose de moi ? » « Ça, papa, je te le jure ! » Nous aussi, monsieur !

NAISSANCE DU JOUR

En 1901, Walter Elias Disney, dit Walt Disney, fondateur de la société de films qui porte son nom.

FAIT DU JOUR

En 1360, Jean le Bon signe l'ordonnance royale qui donne naissance à la monnaie appelée franc.

6 DÉCEMBRE

C'est la Saint Nicolas

2008
La jeunesse grecque proteste

Il y a des haut-parleurs posés sur des tables. Des banderoles. Au dernier étage de la faculté de droit, à Athènes, l'amphithéâtre est comble en ce 6 décembre 2008.

Cela fait plusieurs jours déjà que la jeunesse grecque grogne de mécontentement : chômage, corruption, faillites en tout genre, crise économique, endettement national, rien ne va plus au pays d'Homère. La mort d'Alexandros Grigoropoulos, jeune adolescent de 15 ans tué par balles par un policier, suscite une immense émotion dans le pays qui fait, bientôt, place à une formidable colère. Utilisant Internet, les réseaux sociaux, les étudiants, vite relayés par leurs professeurs et les syndicats, votent la grève des facs. Toute une génération désenchantée, de 20 à 35 ans, la génération 600 euros comme on l'appelle en Grèce, clame son dégoût face à un système archaïque, incapable d'assurer une insertion professionnelle véritable. L'immigration des élites intellectuelles est un véritable problème qui saigne le pays à blanc.

Nombreux seront par la suite les affrontements avec la police, les manifestants bloquant les réseaux ferroviaires, décidant l'occupation de bâtiments publics, des principales voies d'accès à la capitale.

Le pays est au bord du gouffre, mais le pire n'est pas encore là.

NAISSANCE DU JOUR

En 1778, Louis-Joseph Gay-Lussac, chimiste et physicien français ayant contribué à renforcer nos connaissances en chimie atomique.

FAIT DU JOUR

En 1954, Simone de Beauvoir reçoit le prix Goncourt pour *Les Mandarins*.

7 DÉCEMBRE

C'est la Saint Ambroise de Milan

1941

« Tora, tora, tora ! »

7 décembre 1941. Attaque massive des Japonais sur Pearl Harbour, base de la marine américaine dans les îles Hawaii. Ce matin-là, les États-Unis basculent dans la Seconde Guerre mondiale.

Jusqu'alors, l'Amérique de Roosevelt était restée en marge du conflit, même si ses industries coopéraient avec l'Angleterre et ses alliés. Désormais, comprenant qu'elle est aussi une cible, que les forces de l'Axe visent toutes ses possessions, la nouvelle puissance mondiale jette tout son poids dans la balance. La guerre va pouvoir prendre un autre cours.

C'est l'amiral Yamamoto qui a préparé cette attaque préventive contre la flotte américaine. Il a fait converger sur la rade quatre cent vingt-trois avions, six porte-avions, vingt-sept sous-marins ; et, à 7 h 40, fait lancer le mot d'ordre : « Tora, tora, tora ! » – en nippon « Tigre, tigre, tigre ! » : c'est le code fatidique.

La cible ? Quatre-vingt-dix navires de guerre américains, qui vont être pris par surprise. Huit cuirassés, trois croiseurs, trois destroyers et quatre navires auxiliaires seront mis hors d'état de combattre, ainsi que cent soixante-huit avions ; en tout, quelque deux mille quatre cents marins américains périssent. Un véritable carnage.

Mais, en même temps, les États-Unis ont plus de peur que de mal : après tout, aucun des trois porte-avions de la flotte du Pacifique n'était présent ; et six des huit cuirassés endommagés pourront être réparés.

On a beaucoup dit que l'attaque de Pearl Harbour avait été un coup monté. En tout cas, ce qui est sûr, c'est que l'état-major américain était en partie prévenu des plans japonais, que rien n'a été fait pour protéger le port, qu'aucun des fleurons de l'US Navy ne s'y trouvait ce jour-là et que l'événement, parce qu'il disposait l'opinion à une entrée en guerre des États-Unis, a rendu service à l'administration Roosevelt.

NAISSANCE DU JOUR

En 1598, Gian Lorenzo Bernini, dit le Bernin, artiste italien de l'époque baroque, notamment sculpteur du baldaquin de la basilique Saint-Pierre de Rome.

FAIT DU JOUR

En 1732, John Rich ouvre le théâtre Covent Garden à Londres.

8 DÉCEMBRE

C'est l'Immaculée Conception

1980
L'assassinat d'une idole

Dakota Building, New York. Il est 22 h 52 quand John Lennon, des Beatles, rentre chez lui, ce 8 décembre 1980, pour embrasser son fils de 5 ans, Sean, avant qu'il ne s'endorme.

Mais, au moment de grimper les quelques marches qui le séparent de l'entrée, un fan – au sens de fanatique – l'appelle doucement, presque en chuchotant : « Monsieur Lennon… »

John se retourne ; l'homme est en position de tir, bien campé sur ses jambes, tenant fermement un calibre 38 dans ses deux mains. John n'a pas le temps de réagir que Mark David Chapman – c'est son nom – vide son barillet. Cinq balles.

L'artiste vacille, réussit quand même à gagner le vestibule. Le portier se précipite, mais il est trop tard : Lennon mourra à l'hôpital quelques minutes plus tard.

Pourquoi Mark David Chapman a-t-il tué Lennon ? Si certains ont parlé d'un acte de folie pure et simple, l'assassin a expliqué son geste. Il accusait John Lennon d'avoir trahi ses idéaux de fraternité, d'être devenu trop riche, de s'être embourgeoisé. Le paradoxe, c'est que ce Texan était un vrai fan ! Quelques heures plus tôt, alors que la star sortait de chez elle, Chapman lui avait tendu à dédicacer son exemplaire de *Double Fantasy !*

Arrêté immédiatement après le meurtre, Chapman attendait tranquillement la police sur place, appuyé contre un mur en lisant un exemplaire du roman culte de l'écrivain J. D. Salinger, *L'Attrape-Cœurs* – un livre qui l'obsédait. Il est toujours en prison à l'heure où nous écrivons. Il a écopé de la perpétuité assortie d'une période de sûreté de vingt ans. Depuis 2000, il demande, en vain, sa mise en liberté conditionnelle.

NAISSANCE DU JOUR

En 1947, Francis Huster, acteur et metteur en scène français.

FAIT DU JOUR

En 1944, Charles de Gaulle crée les Compagnies républicaines de sécurité (CRS).

9 DÉCEMBRE

FIN D'UN LONG PROCESSUS

C'est la Sainte Léocadie et la Saint Pierre Fourier

1905

La Séparation

Il est des dates plus ou moins anecdotiques dans l'Histoire. Mais celle de ce jour est fondamentale parce qu'elle a marqué son siècle et la France : le 9 décembre 1905 voit promulguée la loi de séparation des Églises et de l'État. C'est un bouleversement, même si une première séparation s'était déjà fait jour, au temps de la Révolution, et que Bonaparte, en 1801, avait signé un concordat avec le Saint-Siège. Un siècle plus tard, la loi portée par Aristide Briand met un terme à cet état de fait. Son article 1er donne le ton : « La République assure la liberté de conscience. Elle garantit le libre exercice des cultes. »

Mais, concrètement, qu'est-ce que cela change au quotidien ? L'Église, les Églises devrait-on dire – après tout, la loi ne concerne pas uniquement les catholiques – sont à présent indépendantes de l'État. À partir de 1905, ce dernier devient propriétaire des lieux de culte ; il ne paie plus les salaires des prêtres. Et eux, par voie de conséquence, n'ont plus de comptes à rendre au pouvoir.

Ce n'est pas une loi antireligieuse, mais disons qu'elle est anticléricale, le régime républicain s'étant radicalisé sous l'influence d'une classe politique largement maçonnique, et, à la faveur de l'affaire Dreyfus. La preuve ? En 1901, Waldeck-Rousseau a fait voter la loi sur les associations. En 1902, le président du Conseil Émile Combes a décrété la fermeture de bien des écoles religieuses. Enfin, on prépare dans un grand climat de tension la loi de 1905.

À l'époque, cette loi a profondément secoué la société ; les inventaires des biens religieux ont créé nombre de tensions. Un peu plus d'un siècle plus tard, ce que l'on en retient, c'est la victoire de la laïcité.

NAISSANCE DU JOUR

En 1916, Kirk Douglas, acteur et cinéaste américain.

FAIT DU JOUR

En 1959, Maurice Béjart crée à Bruxelles sa chorégraphie du *Sacre du printemps*, sur la musique d'Igor Stravinsky.

10 DÉCEMBRE

C'est la Sainte Eulalie

1936
Édouard choisit Wallis

Coup de tonnerre royal chez les Britanniques. Le 10 décembre 1936, leur roi, Édouard VIII, décide d'abdiquer.

Officiellement pour épouser sa maîtresse, Wallis Simpson. Parce qu'on lui a mis le marché en main – c'est la Couronne ou sa compagne –, il renonce. Impossible d'avoir les deux. D'autant moins possible que la dite Wallis est une femme à la réputation incompatible avec ce qu'on attend d'une reine. Imaginez : déjà, elle est américaine – *shocking* ! –, mais, surtout, elle a été mariée deux fois, et divorcée.

Par ailleurs – et c'est le plus embarrassant – Madame Simpson entretient une relation privilégiée avec les hauts responsables de l'Allemagne nazie, ce qui ne déplaît nullement à Édouard VIII, mais pose un problème insurmontable au gouvernement britannique. Le Premier Ministre Baldwin dit donc très clairement au roi que son mariage avec Wallis Simpson ne saurait être envisagé. Si le souverain venait à s'entêter, ce serait l'une des plus graves crises de régime de toute l'histoire d'Angleterre. Mais Édouard VIII n'ayant pas l'intention d'insister, il abandonne la Couronne.

Combien de temps aura-t-il régné ? À peine un an, depuis janvier 1936. Trois cent vingt-six jours exactement. Ce 10 décembre, donc, il abdique et c'est son frère qui reprend le flambeau sous le nom de George VI – le fameux roi bègue du film *Le Discours d'un roi*. Édouard, lui, portant désormais le titre de duc de Windsor, vient s'installer en France où il épouse sa Wallis, sitôt le second divorce prononcé. Or, dès octobre, les nouveaux mariés se rendent en Allemagne et y rencontrent Hitler, ce qui ne fait que confirmer ce que l'on disait tout bas. Ces accointances avec le nazisme restent tellement gênantes pour la Couronne que le couple est envoyé – presque de force – en mission officielle aux Bahamas.

Après la guerre, les Windsor s'installeront à Neuilly-sur-Seine où ils vivront jusqu'à leurs décès respectifs, en 1972 et 1986. Ils ont joué un rôle mondain important dans la France des Trente Glorieuses.

NAISSANCE DU JOUR

En 1923, Jorge Semprun, écrivain espagnol exilé en France, ayant rédigé l'essentiel de son œuvre littéraire en français.

FAIT DU JOUR

En 1935, Irène et Frédéric Joliot-Curie reçoivent le Prix Nobel de chimie pour leur découverte de la radioactivité artificielle.

11 DÉCEMBRE

C'est la Saint Damase Ier et la Saint Daniel le Stylite

1944
Le « Monde » vient au monde

Au sortir de la guerre, le paysage d'information français est, lui aussi, à reconstruire. Alors que les organes nés dans la Résistance se publient désormais au grand jour, les quotidiens et hebdomadaires ayant collaboré sont, évidemment, bannis. Reste le cas épineux du plus prestigieux journal du pays, *Le Temps*. Si cette institution, à la suite de l'invasion de la zone libre, s'est sabordée le 29 novembre 1942, le général de Gaulle refuse que la moindre feuille ayant continué de paraître après le 26 novembre de cette année-là sorte des rotatives. Sans avoir vraiment collaboré, *Le Temps* est donc condamné. Soit, mais par quoi et avec qui le remplacer ?

Le Général demande à Hubert Beuve-Méry de reprendre les locaux et l'équipe du *Temps* pour fonder un nouveau quotidien. Originaire d'un milieu modeste, cet homme de caractère qui commença à travailler tôt en tant que brocanteur, puis commis aux écritures avant de faire son droit, connaît la maison de l'intérieur puisqu'il a été correspondant du quotidien à Prague. Beuve-Méry pense appeler le nouveau journal *L'Univers*, ou *Le Continent* ! Finalement, ce sera *Le Monde*. L'autorisation de paraître est accordée le 30 novembre 1944 ; la SARL *Le Monde* fondée le 11 décembre.

Très vite, sous son autorité – il instaure la conférence de rédaction debout, dans son bureau, exige beaucoup de ses journalistes dont une rigueur exemplaire – le quotidien du soir (re)devient une institution.

Si la SARL est fondée le 11, le premier numéro est daté du 19 décembre. Qui consiste en une unique feuille, recto-verso, avec – déjà – le nom du journal en lettres gothiques. Ce numéro titre sur le traité conclu entre la France et l'Union soviétique. Ce sont les premières pages, si l'on peut dire, d'une longue histoire !

NAISSANCE DU JOUR

En 1810, Alfred de Musset, poète français.

FAIT DU JOUR

En 1946, les Nations unies créent l'UNICEF.

12 DÉCEMBRE

C'est la Saint Corentin et la fête de Notre-Dame de Guadalupe

1901

Les premiers signaux

Par trois petits clics qui veulent dire « S », en morse, le 12 décembre 1901 le physicien italien Marconi réalise une prouesse technique : depuis l'Angleterre jusqu'à Terre-Neuve, donc par-dessus l'océan Atlantique, il réalise la première transmission radio sans fil.

Marconi se trouve à Terre-Neuve quand il reçoit le message envoyé depuis son laboratoire des Cornouailles. Lisez sa joie et combien il triomphe : « Les ondes électromagnétiques émises depuis Poldhu avaient traversé l'Atlantique, ignorant sereinement la courbure de la Terre, que tant de sceptiques considéraient comme un obstacle fatal et, maintenant, elles actionnaient mon récepteur à Terre-Neuve. Je savais que le jour où je serais capable d'envoyer des messages complets sans fil, sans câble à travers l'Atlantique, était proche. »

Certes, les progrès à faire sont encore innombrables avant d'arriver aux voix qui traversent les océans, mais quelle première étape. Due au génie de ce passionné. Deux ans plus tôt, il avait déjà réussi à envoyer un message entre Wimereux, dans le Pas-de-Calais, et Douvres en Angleterre, donc par-dessus la Manche. C'était la première liaison par « TSF » (télégraphie sans fil). Mais ce 12 décembre 1901, le signal de Marconi parcourt une distance incomparable… Quant à l'émission de la voix, on la doit à l'avancée de l'Américain Reginald Fessenden, le 24 décembre 1906. Ce jour-là, des navires situés à plus de huit cents kilomètres de l'émetteur ont eu la surprise d'entendre un petit discours suivi de quelques notes de Haendel.

NAISSANCE DU JOUR

En 1821, Gustave Flaubert, écrivain français auteur notamment de *Madame Bovary* et *L'Éducation sentimentale*.

FAIT DU JOUR

En 1998, Dominique Voynet, alors ministre de l'Écologie, fait entrer en vigueur la pastille verte, qui estampille les véhicules polluant peu et leur permet de circuler pendant les pics de pollution.

13 DÉCEMBRE

C'est la Sainte Lucie

1545 Contre la Réforme

Il faut répondre ; l'avenir de l'Église est ce prix. Le pape Paul III doit réagir aux demandes formulées par Martin Luther, dans la difficile question de la Réforme protestante. Le concile de Trente, du nom de la petite ville du Tyrol italien où il se déroule entre le 13 décembre 1545 et le 4 décembre 1563, va, par sa durée, s'étendre sur cinq pontificats, Paul III, Jules III, Marcel II, Paul IV et Pie IV. Il est de toute évidence l'un des conciles les plus essentiels du catholicisme et l'historienne Régine Pernoud, spécialiste du Moyen Âge, assurait qu'il était « la coupure entre l'Église médiévale et l'Église des Temps classiques. »

Certes, Charles-Quint piaffe d'impatience : les questions religieuses commencent à faire imploser son Empire et il annonce à la diète d'Augsbourg la réunion prochaine d'un concile. De son côté, Paul III souhaite une profonde réforme de l'Église catholique afin de répondre aux exigences, remarques, suggestions et thèses de Martin Luther, un moine révolté par les excès de Rome et le commerce des Indulgences.

Bien des années plus tard, les conséquences du concile de Trente seront considérables : Église renouvelée, révision de ses institutions, meilleure formation des prêtres, guerre aux abus, meilleure instruction religieuse pour les fidèles, analyse et redéfinition rigoureuse des sacrements, étude précise de l'eucharistie...

Dans le même temps, le retour des protestants dans le giron de l'Église s'avère un échec absolu.

NAISSANCE DU JOUR

En 1553, Henri IV, roi de France de 1589 à 1610.

FAIT DU JOUR

En 1990, Claude Évin fait adopter en France la loi relative à la lutte contre le tabagisme et l'alcoolisme qui interdit de fumer dans les lieux publics, ainsi que la publicité en faveur du tabac.

14 DÉCEMBRE

C'est la Saint Jean de la Croix et la Sainte Odile

1989
La disparition d'Andreï Sakharov

Le physicien nucléaire Andreï Sakharov disparaît en ce 14 décembre 1989. Il est Prix Nobel de la paix, mais c'est pour son action en faveur de la liberté et de la justice sociale qu'il a obtenu cette distinction, tant cela faisait plusieurs années qu'il avait fondé – en pleine époque brejnévienne – un « Comité pour la promotion des droits de l'homme et la défense des victimes politiques » en compagnie de plusieurs esprits indépendants. Il avait même épousé, en 1972, une militante des droits de l'homme, Elena Bonner, qu'il avait envoyée prononcer son discours, n'ayant pu obtenir le droit de sortir d'URSS pour aller chercher son prix à Stockholm.

Autant dire qu'en Sakharov, le dissident, le contempteur du régime avait fini par éclipser le grand chercheur. Or Andreï Sakharov a été un physicien majeur. Né d'un père, Dmitri Sakharov, qui écrivait des ouvrages de vulgarisation scientifique, élève du Prix Nobel de physique Igor Tamm, sous la direction duquel il travailla à la mise au point de l'armement nucléaire soviétique, très tôt – à l'instar d'autres savants de l'époque comme Oppenheimer –, cette activité hautement mortifère lui posa un problème moral. Et c'est de là, sans aucun doute, que naquit sa conscience politique. Enfant chéri du régime, il en profita pour critiquer Brejnev dès 1966, et publia – plus ou moins clandestinement – des pamphlets à partir de 1968…

Nous avons le souvenir, en France, d'un Sakharov assigné à résidence dans la première moitié des années 1980 ; il faut savoir tout de même que Gorbatchev, sur la fin, avait orchestré sa réhabilitation. Et quand il meurt, le 14 décembre 1989, cela fait plusieurs mois qu'il siège, malade, au nouveau Congrès des députés du peuple.

NAISSANCE DU JOUR

En 1503, Michel de Notredame, dit Nostradamus, astrologue.

FAIT DU JOUR

En 1995, le Serbe Milosevic, le Croate Franjo Tudjman et le Bosniaque Alija Izetbegovic signent les accords de Dayton à Paris, mettant fin au conflit en Bosnie-Herzégovine.

15 DÉCEMBRE

C'est la Sainte Nino et la Sainte Suzanne

1964
Le drapeau canadien

Le 15 décembre 1964, une feuille pousse sur un étendard. Car, ce jour-là, naît l'idée d'installer une belle feuille d'érable au centre du drapeau canadien. Une feuille qui remplace le *Red Ensign*, l'emblème de la marine britannique dont la présence agaçait les Québécois francophones. Le Premier ministre libéral, Leaster B. Pearson, décide donc d'apposer un nouveau symbole sur la bannière du pays.

L'arbre national a été choisi parce qu'il rassemble les Canadiens. Reproduisant une feuille d'érable à sucre à onze pointes, rouge, encadrée de deux bandes de même couleur, le drapeau a subi de nombreux tests en soufflerie pour s'assurer que l'on voyait bien ladite feuille en cas de coup de vent.

Après de multiples étapes, il est adopté par la Chambre des communes d'Ottawa le 15 février 1965. Ce qui n'empêche pas les Québécois d'avoir un second drapeau, sur lequel figurent des fleurs de lys en référence à la Nouvelle-France.

NAISSANCE DU JOUR

En 1832, Gustave Eiffel, ingénieur et industriel français, ayant notamment participé à la construction de la tour Eiffel et de la statue de la Liberté.

FAIT DU JOUR

En 2000, le président ukrainien Leonid Koutchma ordonne d'arrêter le troisième réacteur de la centrale de Tchernobyl, signant ainsi sa fermeture définitive.

16 DÉCEMBRE

C'est la Sainte Adélaïde

1773

La « Tea Party »

Nous sommes à Boston, dans ces colonies n'étant pas encore les États-Unis d'Amérique et dont treize sont soumises à la Grande-Bretagne. Ce jour-là, une soixantaine de colons, emmenés par Samuel Adams et déguisés en Indiens, grimpent discrètement à bord de trois navires à l'ancre dans le port de Boston : le *Dartmouth*, le *Beaver* et l'*Eleanor*. Ils s'emparent de trois cent quarante-deux caisses de thé, soit quarante-cinq tonnes, et se mettent à jeter à l'eau la cargaison. Pourquoi ? Afin de protester contre les taxes !

Les colons d'Amérique paient, en effet, à la Couronne britannique de lourds impôts, et ce, alors même qu'aucun de leurs représentants ne siège au parlement de Londres. Pis : la Compagnie anglaise des Indes orientales, elle, est exemptée de taxes pour le commerce du thé. Cette « Tea Party » est donc un appel au boycott, une manière forte de se rebeller contre la métropole et sa fiscalité.

Sauf que ce thé mis à l'eau représente beaucoup d'argent, beaucoup trop même aux yeux du roi George III qui, au lieu de prendre en considération les demandes des contestataires, serre un peu plus la vis. On ferme le port de Boston, on retire un peu plus de pouvoir aux instances locales… Londres accentue la pression. Et, bien entendu, ces mesures ne font que renforcer la fibre indépendantiste des colons d'Amérique.

Un an plus tard, la guerre d'Indépendance éclate. Et, le 4 juillet 1776, la Déclaration d'indépendance marquera la naissance des États-Unis d'Amérique. Ce qui permet de comprendre pourquoi cette « Tea Party » est devenue fondatrice de la fierté américaine, et pourquoi des mouvements politiques conservateurs en reprennent volontiers le nom.

NAISSANCE DU JOUR

En 1883, Gabriel Leuvielle, dit Max Linder, acteur et réalisateur français qui fut l'une des plus grandes vedettes comiques du cinéma muet.

FAIT DU JOUR

En 1977, le film *La Fièvre du samedi soir* sort au cinéma et marque le début de la carrière de John Travolta.

17 DÉCEMBRE

C'est la Saint Judicaël et la sainte Yolande

1837
L'incendie du palais d'Hiver

Nous sommes à Saint-Pétersbourg. Il fait très froid, bien entendu, à cette époque et à cette latitude, et, pourtant, une chaleur intense embrase l'atmosphère : le palais d'Hiver brûle !

Est-il possible d'imaginer ce que donne un incendie se propageant dans un bâtiment d'une telle dimension ? Le palais d'Hiver s'étend sur les bords de la Neva, le fleuve qui traverse la ville. Construit à la demande de l'impératrice Élisabeth, en 1754, il est tellement gigantesque qu'il faut se placer sur l'autre rive pour l'embrasser du regard. Mille pièces, une centaine d'escaliers, deux mille fenêtres. Tout cela dans un faste, une splendeur, une majesté sans équivalent : il est le cœur de la puissance du gigantesque Empire russe.

Mais, en ce 17 décembre 1837, le palais flambe en un immense brasier, une torche démesurée qui éclaire la Neva et se reflète dans ses flots. Le vent violent qui souffle n'arrange rien. On tente de puiser de l'eau du fleuve, six mille pompiers et grenadiers sont mobilisés. Rien n'y fait. Il faudra trente heures pour en venir à bout.

D'où est parti l'incendie ? Sans doute des poêles de l'une des grandes salles du palais, la salle Pierre-Ier, qui chauffaient trop fort et ont enflammé les boiseries. Ensuite, l'incendie s'est propagé. Et les œuvres d'art dont regorgent les lieux ? Par chance, peu d'entre elles seront abîmées. On en retrouvera même dans la neige, jetées là dans la précipitation.

Le tsar Nicolas Ier lance pratiquement tout de suite la reconstruction. Et, en seulement dix-huit mois, le palais d'Hiver sera debout à nouveau, chef-d'œuvre impérissable de l'art baroque – tel que nous le connaissons aujourd'hui.

NAISSANCE DU JOUR

En 1770, Ludwig van Beethoven, compositeur qui deviendra sourd à l'âge de 27 ans.

FAIT DU JOUR

En 1972, Georges Marchais est nommé secrétaire général du PCF lors de son vingtième congrès.

18 DÉCEMBRE

C'est la Saint Gatien de Tours

1737
Stradivarius, un nom, un son

Un son à fendre l'âme, un corps aux volumes sensuels, une rareté qui fascine, les Stradivarius ne sont pas des violons comme les autres. Mythiques, dotés pour chacun de ceux qui subsistent d'une histoire hors normes, ils ont eu la chance de naître entre les mains d'un luthier de génie. En ce 18 décembre 1737 où décède Antonio Stradivari, dit Stradivarius, à l'âge de 93 ans, dans sa ville natale de Crémone, en Italie, c'est bien une page de l'histoire de la musique qui se tourne.

Alors que la partition de sa vie se referme, le nombre de violons réalisés par Stradivarius est connu : un millier. Dont il reste six cent quatre-vingt-seize exemplaires aujourd'hui. Le dernier qui ait définitivement disparu est celui de Ginette Neveu, la grande violoniste décédée dans le crash d'un avion Constellation, en 1949, aux Açores (l'appareil transportait aussi Marcel Cerdan). L'anecdote vaut d'être contée, tant elle résume les destins exceptionnels de ces instruments de légende : sur place, les secours entendent grincer un violon dans une petite maison proche des lieux du drame. Entrés, ils voient l'occupant gratter un instrument bas de gamme – le sien – avec un archet en or et en écailles. « Mais… Et le violon ? », ont-ils demandé. « Oh vous savez, il avait l'air si vieux… » Le Stradivarius avait été abandonné. On ne l'a jamais retrouvé.

Une mésaventure (moins grave) est arrivée à Alexandre Dubach. En Suisse, lors d'un voyage en train il pose avec ses bagages un Stradivarius qu'on lui a prêté pour une série de concerts. Arrivé à destination, il descend du wagon et… oublie l'étui. Quand il s'en rend compte, le train est reparti. Finalement, le violon est découvert aux objets trouvés de la gare de Bern.

Pourquoi ces violons sont-ils si convoités ? Parce que leur sonorité, fruit d'une multitude de détails et du génie de leur concepteur, est admirable. Cela ne signifie pas que des violons conçus par d'autres grands luthiers ne soient pas capables de les égaler ; simplement, aux Stradivarius s'attachent, en supplément, la force de la légende et l'épaisseur de l'Histoire.

NAISSANCE DU JOUR

En 1974, Mazarine Pingeot, fille naturelle de François Mitterrand, écrivain français.

FAIT DU JOUR

En 1892, le ballet *Casse-Noisette* est présenté pour la première fois au théâtre Marinsky de Saint-Pétersbourg. Il est, depuis, devenu l'une des œuvres de Tchaïkovki les plus appréciées.

19 DÉCEMBRE

C'est la fête du Bienheureux Urbain V

1965
de Gaulle en ballottage

Le général de Gaulle vient d'être réélu ! Avec 55,2 % des suffrages contre 44,8 à François Mitterrand, il a remporté la première élection présidentielle au suffrage universel direct à deux tours. La surprise ne tient pas au résultat final, mais au fait que ce score soit bien en deçà de celui auquel la presse, l'opinion, son camp et lui-même s'attendaient. Car le fondateur de la Ve République a été ni plus ni moins en ballottage, lui que tout un chacun pensait vainqueur dès le premier tour.

Qu'est-il arrivé ? Une conjonction d'éléments disparates. Il y a une certaine usure du pouvoir, qui donna envie aux Français d'exprimer un son différent, de montrer que le changement était souhaité. Le président est arrivé en 1958 ; sept ans de plus c'est beaucoup. Il y a aussi une négligence évidente : trop confiant dans le résultat, peu à l'aise avec les médias nouveaux – dont la télévision –, Charles de Gaulle a méprisé la communication. Il y a, enfin, l'apparition de nouveaux adversaires qui, pour certains, captèrent des suffrages qui auraient pu lui revenir et, pour d'autres, lui donnèrent une sorte de… coup de vieux.

Au premier tour, Charles de Gaulle a dû affronter Jean-Louis Tixier-Vignancour pour l'extrême droite, Marcel Barbu et Pierre Marcilhacy, des « petits » candidats qui grappillèrent quelques voix, mais surtout François Mitterrand, candidat unique de la gauche, et Jean Lecanuet, représentant du centre droit, qui s'est inspiré des campagnes américaines et a reçu les conseils d'une agence de communication. Un Lecanuet qui recueille 15 % des voix. Ce ballottage est un avertissement : le général n'est pas inamovible, les temps changent. De fait, Charles de Gaulle ne finira pas son septennat. En 1969, il démissionnera après la victoire du « non » au référendum sur la régionalisation et la réforme du Sénat.

NAISSANCE DU JOUR

En 1852, Albert A. Michelson, premier Prix Nobel de physique de nationalité américaine.

HOMME DU JOUR

En 1964, André Malraux prononce le discours immortalisé par son « Entre ici, Jean Moulin », à l'occasion du transfert des cendres du résistant au Panthéon.

20 DÉCEMBRE

C'est la Saint Zéphyrin

1192
Richard captif

Pauvre Richard ! Il vient d'être sacré roi d'Angleterre, mais son but est de participer à la troisième croisade et de combattre les troupes du puissant Saladin. Alors il emprunte de l'argent à tout le monde et quitte l'Angleterre. Richard Cœur de Lion ayant la réputation d'être un excellent soldat, son rôle est décisif dans la victoire de Saint-Jean-d'Acre, en juillet 1191. Mais le roi ordonne aussi le massacre de trois mille prisonniers musulmans parce que Saladin tarde à lui remettre une précieuse relique, un morceau de la vraie croix. Conséquence : renforcement immédiat du jihad. Les attaques contre les croisés deviennent incessantes et Richard a bien du mal à atteindre son but : la prise de Jérusalem. La mort dans l'âme, il finit par s'embarquer pour l'Europe, le 9 octobre 1192, après une paix bâclée avec le rusé Saladin. C'est compter sans les manœuvres du roi de France, Philippe Auguste. Les deux princes, qui ont été proches, se haïssent désormais. Le roi fait donc capturer Richard le 20 décembre 1192 par l'entremise du duc Léopold V de Babenberg, qui a été publiquement insulté par lui lors de la croisade. Le duc livre ensuite son prisonnier à l'empereur d'Allemagne Henri V. Qui réclame une rançon formidable. Il faudra à Cœur de Lion attendre février 1194 pour recouvrer la liberté. Et ce grâce à sa mère, la reine Aliénor d'Aquitaine, qui, fort péniblement, parviendra à un premier versement de cent mille marcs d'argent.

Les conséquences de sa longue absence sont désastreuses pour l'Angleterre. En trois ans, son frère Jean aura été bien près de ceindre la couronne. Richard lui pardonne et reprend le combat contre le roi de France en Normandie en partant. Il ne reverra jamais plus l'Angleterre…

NAISSANCE DU JOUR

En 1890, Jaroslav Heyrovsky, seule personne de nationalité tchèque à avoir reçu le Prix Nobel de chimie.

FAIT DU JOUR

En 1975, Jean-Claude Bourret, journaliste sur TF1, présente le premier journal télévisé en couleurs de la télévision française.

21 DÉCEMBRE

C'est la Saint Pierre Canisius

1909
À travers le Groenland

Voilà que le Congrès des États-Unis homologue l'exploit de l'explorateur Peary. Robert Peary a monté deux grandes expéditions à travers le Groenland avant de se lancer à la conquête du pôle Nord, au fil de six campagnes. Première tentative en 1893-1894, et puis 1896, 1897, 1898 jusqu'en 1902, 1905, 1908 et 1909 enfin, pour la célèbre course au Pôle, – course en traîneaux à chiens – qui l'aura opposé à l'infortuné Frederick Cook.

Peary et son équipe – il n'y avait, à ses côtés, que Matthew Henson et quatre Inuits – sont censés avoir atteint le pôle Nord le 6 avril 1909 ; seulement voilà, le concurrent de Peary, Frederick Cook, rentré à sa base le 18 du même mois, prétend avoir atteint le pôle, de son côté, le 21 avril de l'année précédente. Vous saisissez la polémique et ses enjeux pour deux Américains qui, l'un comme l'autre, avaient voué leur existence à cette ambition.

Finalement, c'est le Congrès des États-Unis qui tranche, en faveur de Peary, le 21 décembre 1909. Mais en précisant bien qu'il aura fallu croire ce dernier sur parole, ses preuves se révélant, quant à elles, insuffisantes.

Or, avec le recul, il semble bien qu'aucun des deux n'ait jamais foulé la glace du pôle Nord. Les spécialistes actuels contestent autant l'exploit de Peary que celui de Cook. Voire le contestent davantage. Les arguments que l'explorateur n'a cessé d'avancer pour justifier son exploit sont en effet peu concluants, et même, carrément irréalistes...

En fin de compte, il semble que le premier à avoir atteint le pôle Nord par voie terrestre soit Ralph Plaisted – encore un Américain – avec ses motoneiges ; or ce n'était qu'en 1968 !

NAISSANCE DU JOUR

En 1937, Jane Fonda, actrice américaine.

FAIT DU JOUR

En 1903, John-Antoine Nau reçoit le premier prix décerné par l'académie Goncourt pour son livre *Force ennemie*.

22 DÉCEMBRE

C'est la Sainte Françoise-Xavière Cabrini

1895

Rayons X

Un 22 décembre, en 1895, le physicien allemand Wilhelm Röntgen utilise pour la première fois des rayons X. Sur la main d'une femme. Il réalise donc la première radiographie de l'Histoire.

Et comment est-il arrivé à ce résultat ? En fait, dans le milieu scientifique, on s'intéresse depuis quelque temps à une expérience inédite. On place deux électrodes dans un tube de verre où l'on fait le vide ; on déclenche une décharge électrique entre les deux électrodes et, à ce moment-là, les parois du tube reflètent une lumière verte… À quoi ça sert ? À rien. Personne ne sait trop quoi en penser. Plusieurs hypothèses sont émises, mais aucun chercheur ne voit ce que l'on pourrait en faire concrètement.

C'est alors que le physicien allemand Röntgen fait une découverte capitale : en pleine chambre noire, il place le tube dans un carton opaque et l'approche d'une plaque photographique. Soudain, la plaque s'illumine. Les rayons émis depuis le tube de verre peuvent donc traverser la matière. Mieux, ils s'impriment sur la feuille. Röntgen vient de découvrir un rayon inconnu, qu'il nomme rayon X.

A-t-il tout de suite expérimenté sa découverte sur l'homme ? Oui, en l'occurrence sur sa femme, Anna Berta. Il place la main de cette dernière entre les rayons et la plaque photographique et, au bout de vingt minutes, obtient la première radiographie de l'histoire. On y voit clairement le squelette, ainsi que la bague de son épouse. Conclusion : les rayonnements des électrons sont freinés par le métal.

La radiographie est née, qui va permettre un bond de géant au domaine médical ! Cette découverte vaudra à Röntgen le premier Prix Nobel de physique en 1901.

NAISSANCE DU JOUR

En 1905, Pierre Brasseur, acteur français, père de Claude Brasseur, ayant notamment joué dans *Les Enfants du paradis*.

FAIT DU JOUR

En 1989, l'écrivain et dramaturge Samuel Beckett, auteur notamment de *En attendant Godot*, disparaît.

23 DÉCEMBRE

C'est la Saint Armand

1847
La résistance algérienne

23 décembre 1847 : l'émir Abd el-Kader, le chef militaire algérien en lutte contre la colonisation française, se rend. Après quinze ans de résistance. Et beaucoup de regrets comme d'amertume.

Qui est Abd el-Kader ? Un chef de guerre bien sûr, un symbole de la résistance évidemment, mais aussi – on l'oublie souvent – un écrivain, un philosophe et un religieux.

Né dans l'ouest de l'Algérie en 1808, lui-même fils d'un chef de guerre, il suit des études pendant sa jeunesse, mais, à 24 ans, prend la tête des combattants qui défendent l'Algérie contre l'invasion française. En 1834, il réussit à maîtriser la région d'Oran. Et en profite pour fédérer les tribus dans le but de chasser les Français.

Les batailles se succèdent. Souvent terribles. En 1841, cent dix mille soldats français combattent sur le territoire algérien. Le 16 mai 1843, le duc d'Aumale s'empare de la smala, c'est-à-dire le gigantesque camp itinérant d'Abd el-Kader. Ce qui revient un peu à perdre une ville.

Après cet épisode, Abd el-Kader, affaibli, se réfugie au Maroc. Mais, le 23 décembre 1847, il doit en convenir : la bataille est perdue. Il se rend alors au général Lamoricière à condition de pouvoir s'installer à Alexandrie. Exigence acceptée. Le 24 décembre, il rencontre le général Cavaignac et le duc d'Aumale, gouverneur général. Abd el-Kader laisse sa jument, symbole de sa reddition.

Mais, le 29 décembre, c'est à Toulon qu'il débarque pour être fait prisonnier en France, avant d'être conduit au château de Pau. Dans la diligence qui l'y mène, il découvre la campagne française et se demande, en philosophe qu'il était : « Je vois ces plaines verdoyantes, ces vergers, ces forêts, ces fleuves et ces rivières ; tant d'abondance ! Quels besoins ont les Français d'occuper mon pays, de sable et de rochers ? » La réponse à cette question ? Une autre, très longue, histoire...

NAISSANCE DU JOUR

En 1790, Jean-François Champollion, égyptologue français, première personne à déchiffrer les hiéroglyphes.

HOMME DU JOUR

En 1953, René Coty est élu président de la République.

24 DÉCEMBRE

C'est la Sainte Adèle

1979

« Ariane 1 »

La tension est palpable dans la salle de contrôle de Kourou, en Guyane. Et pour cause : neuf jours plus tôt, un essai de lancement s'était soldé par un échec. 3, 2, 1, 0 ! Ça y est ! Les deux cent dix tonnes pour quarante-sept mètres de haut s'ébranlent. La fusée *Ariane 1* décolle enfin ! À 14 h 14, heure locale. L'aventure spatiale européenne peut vraiment commencer.

Mais combien de temps a-t-il fallu pour mener le projet à bien ? Six ans ! Six années durant lesquelles les ingénieurs de l'Agence spatiale européenne ont mis au point un petit (enfin énorme) bijou de technologie qui, au départ, s'appelait : « lanceur à trois étages de substitution » ou « L3S ». Comme il a vite été compris qu'un tel intitulé n'attirerait ni ne passionnerait les foules, les scientifiques ont avancé différents noms lors d'une réunion tenue le 1er août 1973. Puisque c'était le jour de la fête nationale suisse, certains ont proposé Edelweiss ou Guillaume Tell. Vega ou Orion apparurent. Phoenix aussi, même Pénélope ! Mais, finalement, Ariane est choisi.

Qu'emmène-t-elle là-haut, cette *Ariane 1* ? *Obélix*, un satellite géostationnaire que la fusée doit placer en orbite. Une référence directe au premier satellite français, lancé en 1965, baptisé, lui, *Astérix*.

Le dernier lancement d'*Ariane 1* eut lieu le 22 février 1986, après six ans de bons et loyaux services. Suivirent *Ariane 2*, *Ariane 3*, *Ariane 4* et *Ariane 5*. Les ingénieurs planchent sur *Ariane 6*, prévue pour les années 2020… L'histoire spatiale européenne continue.

NAISSANCE DU JOUR

En 1919, Pierre Soulages, particulièrement connu pour ses tableaux noirs.

HOMME DU JOUR

En 1898, Louis Renault monte la rue Lepic à Paris au volant de sa voiturette, équipée d'une boîte de vitesses. Suite à cet essai, il enregistre les douze premières commandes et deviendra plus tard l'un des plus grands constructeurs automobiles français.

25 DÉCEMBRE

PREMIÈRE PAGE
DE L'HISTOIRE DE FRANCE

C'est la Nativité du Christ

Entre 496 et 499
Le baptême de Clovis

Si le lieu est certain – Reims –, pour ce qui est de l'année, rien n'est moins sûr : l'événement se situe entre 496 et 499. Que se passe-t-il donc, durant ce mystérieux 25 décembre ? Le baptême de Clovis. Un jour qui, lui, ne souffre aucune contestation puisqu'une lettre de l'évêque de Vienne, Avit, le confirme en félicitant Clovis : « C'est pourquoi le jour où l'on célèbre la naissance du Seigneur, qu'il soit aussi le vôtre ; c'est-à-dire le jour où vous êtes né au Christ est aussi le jour où le Christ est né au monde, jour où vous avez consacré votre âme à Dieu. » Le jour de Noël, donc le 25 décembre.

Reste une autre interrogation : pour quelle raison le roi des Francs se fait-il baptiser ? À cause d'une promesse. Une promesse faite à Dieu. Lors de la bataille de Tolbiac contre les Alamans, Clovis aurait juré de se convertir au christianisme s'il remportait le combat. Une fois victorieux, il n'a plus vraiment le choix. Il est baptisé par Rémi, l'archevêque de Reims, pour le plus grand plaisir de sa femme, Clotilde, qui tentait, vainement jusque-là, de pousser son païen de mari vers la religion catholique.

Durant le baptême, le roi n'est pas seul. Trois mille de ses soldats l'accompagnent. Et, selon la tradition, une colombe est descendue du ciel, une ampoule contenant le saint-chrême, l'huile sainte, dans son bec.

Évidemment, cela relève de la légende. Clovis lui-même est un symbole. Par ce baptême, il obtient le soutien de l'Église et fait de la France, d'une certaine manière, « la fille aînée de l'Église ».

NAISSANCE DU JOUR

En 1642, Isaac Newton, philosophe, mathématicien et physicien qui aurait eu la révélation de la gravitation universelle lorsqu'une pomme est tombée d'un arbre sur sa tête.

HOMME DU JOUR

En 1952, Jean Hamburger réussit à Paris la première greffe de rein à partir d'un donneur vivant.

26 DÉCEMBRE

C'est la Saint Étienne

1792 Louis Capet jugé

Dernier jour du procès de Louis XVI, devenu Louis Capet. Voilà deux semaines que les audiences ont commencé. Les juges révolutionnaires chargés de mener les débats n'affichent aucune bienveillance à l'endroit du roi, condamné d'avance. Il bénéficie tout de même d'avocats : Malesherbes, Tronchet et Target. Jusqu'à ce que ce dernier se récuse, se trouvant trop vieux et en mauvaise santé. Il est vrai qu'il convient d'être en forme pour assurer cette défense, qui n'est pas sans risque. Raymond de Sèze le remplace. Et sa plaidoirie va être un morceau d'anthologie, digne d'entrer dans l'Histoire.

Que reproche-t-on à Louis XVI ? Pas moins de quarante-deux chefs d'accusation. Que l'on peut résumer sous un seul vocable : trahison. Quarante-deux chefs d'accusation reposant sur une multitude de pièces. Parmi lesquelles plus de six cents documents trouvés dans une armoire de fer dissimulée dans les murs du palais des Tuileries, correspondances du roi avec des « ennemis de la Révolution », notamment. Les papiers n'ont pas le temps d'être lus en entier, mais est-ce nécessaire : tout accuse cet ancien souverain bien encombrant.

Dans la nuit, Raymond de Sèze rédige sa plaidoirie. Et, ce 26 décembre 1792, voici les mots qui résonnent dans la salle du Manège : « Citoyens, je vous parlerai avec la franchise d'un homme libre : je cherche parmi vous des juges, et je n'y vois que des accusateurs ! [...] Français, la révolution qui vous régénère a développé en vous de grandes vertus ; mais craignez qu'elle n'ait affaibli dans vos âmes le sentiment de l'humanité, sans lequel il ne peut y en avoir que de fausses ! »

À l'issue du procès, les députés se prononcent à trois cent quatre-vingt-sept voix sur sept cent vingt et un pour la mort du roi. Le 21 janvier suivant, Louis XVI est décapité.

NAISSANCE DU JOUR

En 1884, Félix Éboué, administrateur colonial, premier Noir à occuper un grade aussi élevé.

FAIT DU JOUR

En 1898, Pierre et Marie Curie découvrent la radioactivité.

27 DÉCEMBRE

C'est la Saint Jean l'Évangéliste

1979
Les Soviétiques en Afghanistan

« Moi contre mon frère. Moi et mon frère contre mon cousin. Moi, mon frère et mon cousin contre l'étranger. » Ainsi parle un proverbe afghan. Chaque nation étrangère qui aura voulu envahir le pays l'aura ainsi chèrement payé.

À la fin de la Seconde Guerre mondiale, l'Afghanistan se retrouve bien seul : ses relations avec l'Allemagne nazie demeurent dans les mémoires. Si son voisin, le Pakistan, se tourne un temps vers les États-Unis, le pays fait le choix de l'Union soviétique. Ses officiers sont formés à Moscou et le géant russe fournit aide financière et militaire. La soviétisation de l'Afghanistan a débuté, ce qui heurte profondément les mouvements islamistes. Purges, crises économiques, adoption du drapeau rouge contre le drapeau noir de l'islam, la colère gronde. Moscou décide une terrible répression.

En décembre 1979, les chars soviétiques passent la frontière afghane. L'invasion vient de commencer. L'URSS justifie son intervention par la volonté de préserver le gouvernement en place et de maintenir le calme en Asie centrale. Débute une guerre d'embuscades.

Une solide résistance nationale entre en action. Moscou ne s'attendait pas du tout à une telle réaction. Les moudjahidine, les combattants de la foi, vont commencer à faire parler d'eux avec, à leur tête, le fameux commandant Massoud. Celui que l'on baptisera le Lion du Panchir parvient à repousser sept attaques soviétiques de grande envergure contre la vallée éponyme.

NAISSANCE DU JOUR

En 1948, Gérard Depardieu, acteur, producteur de cinéma et de théâtre, viticulteur.

FAIT DU JOUR

En 1983, Jean-Paul II rend visite en prison à Mehmet Ali Agça et accorde son pardon à son agresseur, après l'attentat raté contre lui.

XXe SIÈCLE

PHÉNOMÈNE

28 DÉCEMBRE

C'est le jour des Saints Innocents

1956
Et Dieu créa Brigitte

Il est fou d'amour pour elle. Et, à eux deux, ils forment le couple le plus charmant, le plus prometteur, de la France de l'époque. Il a écrit un scénario, avec son ami Raoul Lévy. Cela s'appelle *Et Dieu créa la femme*. Aucun producteur n'en veut. Alors, elle se rend au Festival de Cannes. Elle est si belle qu'elle éclipse toutes les stars, toutes les Gina Lollobrigida et les Sophia Loren. C'est bien normal. Elle s'appelle Brigitte Bardot.

Et son mari, Roger Vadim, a l'idée de tailler sur mesure un rôle pour Curd Jürgens, vedette incontestée du septième art. Curd apprécie beaucoup le personnage d'Eric Carradine et cette jeune et talentueuse équipe. Il donne son accord. Vadim obtient aussitôt le financement nécessaire. Le tournage débute à Saint-Tropez. Roger Vadim souhaitait « à travers Brigitte, restituer le climat d'une époque, Juliette est une fille de son temps, qui s'est affranchie de tout sentiment de culpabilité ; de tout tabou imposé par la société et dont la sexualité est totalement libre. Dans la littérature et les films d'avant-guerre, on l'aurait assimilée à une prostituée. C'est dans ce film une très jeune femme, généreuse, parfois désaxée et finalement insaisissable, qui n'a d'autre excuse que sa générosité ».

Avec audace et talent, Brigitte Bardot crève l'écran. Et pourtant, l'accueil du public est plus que réservé. La critique juge sévèrement un « physique de boniche et la façon de parler des illettrés ». Roger Vadim et Raoul Lévy décident en décembre 1956 d'exploiter le film aux États-Unis. Le triomphe est phénoménal. Les Américains inventent même le mot Bardolâtrie ! De retour en France, *Et Dieu créa la femme* connaît enfin une gloire totale. Brigitte Bardot séduit, fascine… Un mythe vient de naître. Il existe encore.

NAISSANCE DU JOUR

En 1619, Antoine Furetière, écrivain, poète, fabuliste et lexicographe, auteur d'un dictionnaire qui lui valut d'être exclu de l'Académie française.

FAIT DU JOUR

En 1967, sur une proposition du député gaulliste Lucien Neuwirth, est promulguée la loi autorisant la contraception.

29 DÉCEMBRE

C'est la Saint David

1170
Thomas Becket s'effondre

Ce jour-là, quatre chevaliers entrent dans la cathédrale de Canterbury. Ils sont venus tuer l'archevêque, Thomas Becket. Pourquoi lui en veulent-ils à ce point ? C'est une vieille histoire.

Après des études à Londres et à Paris, Thomas est devenu clerc assez rapidement. Il grimpe très vite les échelons du pouvoir et, en 1154, est fait archidiacre et chancelier par le roi Henri II d'Angleterre. Il est même militaire et se bat avec courage sur les champs de bataille. Enfin, en 1162, c'est la consécration, il est nommé archevêque de Canterbury, poste très prestigieux. Or c'est à ce moment-là que les choses tournent mal.

Thomas Becket compte bien honorer sa charge et cela implique de s'opposer au roi, Henri II, qui empiète sur les droits de l'Église. Il refuse également que le frère du roi, Guillaume Plantagenêt, épouse Isabelle de Warenne pour consanguinité. Le roi fait donc condamner Thomas pour son opposition. Ce dernier se défend d'abord, mais doit vite se réfugier en France pour fuir le royal courroux. Le pape tente de réconcilier les deux parties, en vain.

Finalement, Henri II est menacé d'excommunication. N'ayant plus le choix, il accepte le retour de Thomas qui rentre à Canterbury début décembre. Mais incidemment le roi, comme s'il pensait tout haut, lâche devant sa Cour : « N'y aura-t-il personne pour me débarrasser de ce prêtre turbulent ? »

Le message passe. Quatre de ses chevaliers n'attendent pas un ordre plus officiel et se rendent en la cathédrale de Canterbury. Ils veulent d'abord sortir Thomas de l'église, mais celui-ci résiste. Ils dégainent donc leurs épées sur place et le tuent. L'archevêque s'écroule devant l'autel, assassiné. Il deviendra un martyr et un saint.

NAISSANCE DU JOUR

En 1946, Marianne Faithfull, chanteuse de rock et actrice anglaise.

HOMME DU JOUR

En 1989, l'écrivain et ancien dissident Vaclav Havel est élu président de la République tchécoslovaque.

30 DÉCEMBRE

C'est la Saint Roger

1916
Ils ont tué Raspoutine

Petrograd, un jour d'assassinat. Grigori Iefimovitch, arbore une longue barbe noire hirsute et darde sur chacun un regard hypnotique et terrifiant. Gourou, prophète, conseiller occulte, il fascine autant qu'il agace. Mais certains pensent pire : ils le haïssent. Et veulent s'en débarrasser. Définitivement. Le règne de Raspoutine va s'achever d'ici quelques heures.

La biographie du personnage est aussi mystérieuse que ses pouvoirs. Il dit venir de Sibérie, se présente comme starets, c'est-à-dire patriarche d'un monastère orthodoxe, mais aussi guérisseur. Le « moine fou » – autre de ses surnoms – a réussi en tout cas à faire sa place auprès de la famille impériale. Un jour, le tsarévitch, le fils du tsar Nicolas II, se blesse. Atteint d'hémophilie, sa blessure prend donc des proportions inquiétantes. Raspoutine prétend être en mesure de l'aider. Conduit à son chevet, il lui impose les mains ; et le jeune prince va mieux. À partir de maintenant, son influence, auprès de l'impératrice surtout, ne va cesser de croître.

Le pouvoir implique des ennemis, de la convoitise. En l'occurrence, le prince Felix Ioussoupov, en veut à mort à Raspoutine. Et pour cause : son père a été écarté pour l'avoir critiqué. Ce 30 décembre 1916, Ioussoupov se fait l'ami du starets, l'invite en son palais. En arrivant, il est conduit au sous-sol où on lui sert un verre de vin, assaisonné au cyanure. Mais c'était sous-estimer cette force de la nature. Raspoutine avale tout sans sourciller. Excédé, le prince Ioussoupov saisit un pistolet et tire sur son invité. Mais ce dernier se relève, et s'enfuit. On se lance à sa poursuite. On lui tire une balle dans la tête. Raspoutine n'est toujours pas mort ! Ses assassins le jettent finalement dans le fleuve, la Neva, où il mourra par noyade.

NAISSANCE DU JOUR

En 1865, Rudyard Kipling, écrivain britannique, auteur notamment du *Livre de la jungle*.

FAIT DU JOUR

En 1905, Franz Lehàr présente pour la première fois au Theater an der Wien (Vienne) *La Veuve joyeuse*, célèbre opérette autrichienne en trois actes.

31 DÉCEMBRE

L'ENVOYÉ DES « INSURGENTS »

C'est la Saint Jean-François Régis et la Saint Sylvestre

1776
Benjamin Franklin ambassadeur

Nous voilà, pour conclure l'année et ce livre, en fabuleuse compagnie.

Celle de Benjamin Franklin, venu d'Amérique depuis le début décembre 1776 jusqu'à Paris demander le secours de la France. Notamment pour aider les États-Unis à conserver l'indépendance qu'ils ont proclamée le 4 juillet de la même année. Or il ne suffit pas de le dire : Londres ne comptant pas laisser ses treize colonies d'outre-Atlantique s'émanciper sans combattre, la guerre est ouverte. Et Benjamin Franklin arrive à Versailles en ambassadeur.

Un ambassadeur de marque puisque ce grand scientifique inventeur du paratonnerre est l'un des pères fondateurs des tout jeunes États-Unis d'Amérique. En France, durant plusieurs mois il rencontre les plus hauts personnages de l'État ; jusqu'au roi Louis XVI qui acceptera d'aider les Américains deux ans plus tard en signant un traité d'alliance, « le traité franco-américain d'amitié et de commerce ».

Pourquoi Louis XVI aide-t-il des sujets qui se rebellent contre leur roi ? Principalement parce que la rivalité historique entre la France et l'Angleterre est plus forte que tout. Si on peut participer à l'humiliation de l'Anglais, inutile de se priver ! Du reste, des Français sont partis bien avant la signature du traité porter assistance aux insurgés, tel La Fayette.

C'est à partir de cette période que la France et les États-Unis tissent les liens si particuliers qui les unissent. La guerre d'Indépendance américaine va durer encore cinq ans.

En 1789, George Washington sera élu premier président des États-Unis. Au même moment, les Français, inspirés par cette révolution américaine soutenue par Louis XVI, entameront la leur.

NAISSANCE DU JOUR

En 1944, Marcel Rufo, pédopsychiatre.

HOMME DU JOUR

En 1759, Arthur Guinness lance sa propre brasserie à Dublin pour fabriquer la bière Guinness.

Crédits photographiques

3 janvier, Logo Apple, 1977 © Apple ; 4 janvier, double page : La capitulation de Grenade, par Francisco Pradilla y Ortiz ©Javier Monter ; 5 janvier, Robert-François Damien, d'après gravure © The Library of Congress ; 6 janvier, Henri VIII et Anne de Clèves© Dea Picture Library via Getty Images ; 11 janvier, Le France © Archives François Terrasson ; 13 janvier, The Brox Sisters © Bain News service photo via Library of Congress ; 14 janvier, Bonaparte à la bataille de Rivoli, tableau de Félix Philippoteaux © photographie Jacques Devergeant ; 20 janvier, John Fitzgerald Kennedy © The Library of Congress ; 21 janvier, Louis XVI par Charles Benazech © Musée Carnavalet ; 28 janvier, La signature de l'armistice, gravure d'après photo © RJMN ; 1er février, Woolworth, 1960 © The Post and Courier archive ; 4 février, logo Europe numéro 1 © Europe 1 ; 7 février, Baltimore, l'incendie © The Library of Congress ; 9 février, Couverture de Koenigsmark © Le Livre de Poche ; 12 février, Émile Henry © Koroesu ; 16 février, Félix Faure © Bibliothèque de Lyon ; 17 février, Molière par Pierre Mignard © Photographie de Gilles Durand ; 20 février, John Glenn © Nasa ; 26 février, Napoléon quitte l'Elbe, de Joseph Beaume © Photographie de Jérôme Marsiac ; 27 février, Bonnot et sa bande © Archives des JDF ; 1er mars, Frédéric Chopin par Eugène Delacroix © Le Louvre ; 3 mars, Carmen, affiche © Collection personnelle Jean-Louis Berrat ; 6 mars, Jeanne D'Arc, miniature © Domaine public ; 9 mars, Le méridien de Greenwich © The Library of Congress ; 10 mars, James Earl Ray © The Boston Globe ; 12 mars, La marche du sel © The Library of Congress ; 15 mars, La mort de Jules César, détail © Leemage/UIG via Getty Images ; 18 mars, La Commune, rue d Rivoli © Jules Tangopaso ; 25 mars, Tarzan, the Ape Man © Photo by Movie Poster Image Art/ Getty Images ; 31 mars, les Vêpres Siciliennes, Francesco Hayez © Collection particulière The Yorck Project ; 2 avril, Georges Pompidou © Photo by Keystone-France\Gamma-Rapho via Getty Image ; 7 avril, Mesure des angles, gravure © Collection privée Duflot ; 8 avril, L'entente cordiale © BNF ; 10 avril, Emilio Zapata © The Library of Congress ; 13 avril, Salon de la rue des Moulins (détail) par Henri de Toulouse-Lautrec © Musée Toulouse-Lautrec/Photo par René Virot ; 16 avril, Albert Hoffman © The Library of Congress ; 17 avril, Pete Conrad and Buzz Aldrin, James Lovell's mother, Blanche, Barbara Lovell, Neil Armstrong, Jeffrey, Marilyn et Susan Lovell © Photo by Bill Eppridge/The LIFE Picture Collection/Getty Images ; 16 avril, Incendie à San Francisco © The Library of Congress ; 19 avril, Grace Kelly et Rainier III © Bettmann/Corbis ; 21 avril, Le Baron Rouge © Collection personnelle Jean Morisot, 27 avril, L' Abolition de l'esclavage, par François Biard © Photo RMN/Grand Palais/G. Blot ; 29 avril, Le droit de votes des femmes en France © AFP ; 1er mai, Émeute à Chicago, 1889 © Chicago Tribune ; 4 mai, L'incendie du Bazar de l'hôtel de ville (version colorisée) © Photo by Art Media/Print Collector/Getty Images ; 7 mai, Le Lusitania, gravure © The Library of Congress ; 10 mai, Bombardements en 1940 © Dutch National Archives/The Hague/ANEFO ; 14 mai, Ravaillac, gravure de l'assassinat de Henri IV par Gaspar Bouttats © National Portrait Gallery ; 18 mai, Aliénor d'Aquitaine © Photo by Archive Photos/Getty Images ; 20 mai, Christophe Colomb découvre l'Amérique © Prang Educational Co. ; 21 mai, Charles Linderbergh, The Library of Congress ; 25 mai, Napoléon III par Gustave Le Gray © Gitman Collection ; 28 mai, David et Goliath, Le Caravage © Tomas Masur ; 1er juin, Sgt. Pepper's Lonely Hearts Club Band © EMI/Jann Haworth&Peter Blake ; 3 juin, La Maison-Blanche © The Library of Congress ; 11 juin, André-Hercule de Fleury par Hyacinthe Rigaud ©National Gallery, London ; 12 juin, Nelson Mandela par Eli Weinberg © IDAFSA ; 14 juin, La bataille de Marengo par Louis-François Lejeune © photo de Xavier Arnold ; 17 juin, Les derniers instants de Eugène Weidmann (détail) © Rue des Archives ; 19 juin, Julius et Ethel Rosenberg par Roger Higgins © The Library of Congress ; 25 juin, Portrait d'un homme au ruban noir, Sébastien Bourdon, pour illustrer le personnage romanesque de d'Artagnan inventé par Alexandre Dumas © Musée Fabre/photo de Julien Brasseur ; 28 juin, L'attentat de Sarajevo (version colorisée) © Photo by Popperfoto/ Getty Images ; 1er juillet, Erik Satie © Collection personnelle ; 6 juillet, Bataille de Fornoue, 6 juillet 1495 (détail) © Biblioteca dei Girolamini ; 10 juillet, La dernier joute d'Henri II © Photo by: Universal History Archive/UIG via Getty Images ; 13 juillet, Charlotte Corday après le meurtre de Marat © Photo by Fine Art Images/Heritage Images/Getty Images ; 16 juillet, La famille impériale russe © The State Hermitage Museum ; 19 juillet, Détail d'une construction de ligne de métro durant l'Exposition universelle de Paris © Photo by Popperfoto/Getty Images ; 20 juillet, Buzz Aldrin marchant sur la Lune © Photo by Universal History Archive/Getty Images ; 23 juillet, King Farouk I © The Library of Congress ; 24 juillet, Macchu Picchu par Hiram Bingham, 1912 © National Geographic ; 29 juillet, La marche des scouts © The Library of Congress ; 30 juillet, La Bataille d'Angleterre © Photo by Universal History Archive/Getty Images ; 3 août, L'explorateur Christophe Colomb (version colorisée) © Kean Collection/Getty Images ; 6 août, Hiroshima, 1945 © Photo by: Universal History Archive/UIG via Getty images ; 10 août, Château des Tuileries par G. Texier © Bibliothèque Nationale Française ; 15 août, Elizabeth Taylor dans Cléopâtre, 1963 © Twentieth Century Fox ; 18 août, Scène d rue en Chine lors de la révolution culturelle, 1966 © The Library of Congress ; 24 août, Le massacre de la Saint-Barthélemy, d'après François Dubois © Collection personnelle ; 28 août, I have a dream © Bob Adelman/National Portrait Gallery ; 31 août, Lady Di © Photo by Fox Photos/Getty Images ; 1er septembre, Voyage dans la Lune, de Georges Méliès (détail) © Star Film ; 8 septembre, La destruction du temple de Jérusalem par Jan Luyken © The Memory of the Netherlands ; 9 septembre, L'affaire Dreyfus dans Le Petit Journal, 1895 (détail) © Photo by Universal History Archive/Getty Images ; 12 septembre, François Ier par Jean Clouet © Musée du Louvre ; 14 septembre, Isadora Duncan (détail) © Courtesy of Theatre Arts Books ; 19 septembre, Les Frères Montgolfières © Archives Charbonnel ; 22 septembre, Le professeur J.R.R. Tolkien (détail) © Photo by Haywood Magee/Picture Post/Getty Images, 29 septembre, Vasco Nunez de Balboa (version colorisée) © Photo by Universal History Archive/Getty Images ; 30 septembre, James Dean dans Géant de George Stevens © Warner Bros ; 3 octobre, La réunification allemande, 1990 © German Federal Archives ; 4 octobre, Carte postale célébrant le Spoutnik © Photo by Photo12/ UIG via Getty Images ; 10 octobre, La construction du canal de Panama © Museo Regional Stella Sierra ; 16 octobre, Marie-Antoinette par Louise-Élisabeth Vigée Le Brun © BPK, Berlin, Dist. RMN-Grand Palais / image BPK ; 19 octobre, La marche des 25 000 (version colorisée) © Photo by: Sovfoto/UIG via Getty Images ; Arthur Rimbaut par Carjat © Bibliothèque Nationale Française ; 22 octobre, Guy Môquet © Collection personnelle de Jean-Louis Pingeot ; 27 octobre, Le capitaine Cook par Webber © The Library of Congress ; 28 octobre, À Paris, la tête de la statue de la Liberté de Frédéric-Auguste Bartholdi, qui sera offerte aux États-unis en 1886 (détail d'un carte postale) © Collection personnelle GB ; 4 novembre, Entrée des chars soviétiques à Budapest © Budapest History Museum ; 6 novembre, Soliman le Magnifique, attribué à Titien © photo par Migel Sances Huares ; 9 novembre, Rostropovitch jouant devant le mur de Berlin © Reuters/Ullstein-Succo ; 13 novembre, Claude Monet © Fondation Claude Monet ; 18 novembre, Guillaume Tell (version colorisée) © Photo by Hulton Archive/Getty Images ; 21 novembre, Anne d'Autriche par Peter Paul Rubens © Photo by Ann Ronan Pictures/Print Collector/Getty Images ; 23 novembre, Barbe Noire par J. Basire (version colorisée) © Photo by Hulton Archive/Getty Images; 28 novembre, Cartouche © Collection personnelle J. Ivry ; 2 décembre, Napoléon Ier par Jacques-Louis David (détail) © Photo by Fine Art Images/Heritage Images/Getty Images ; 5 décembre, Alexandre Dumas par Nadar © Musée Alexandre Dumas ; John Lennon par John Rodgers © Redferns/Getty Images ; 12 décembre, Guglielmo Marconi (version colorisée) © Photo by Hulton Archive/Getty Images ; 15 décembre, Drapeau Canadien © Collection personnelle ; 19 décembre, Discours du Général de Gaulle © Archives Ouest-France ; 20 décembre, Richard Cœur de Lion (version colorisée) © Photo by ullstein bild/ullstein bild via Getty Images ; 21 décembre, Robert Peary © Peary-MacMillan Arctic Museum ; 24 décembre, Ariane 1, lancement © ESA ; 28 décembre, affiche Et Dieu... Créa la femme de Roger Vadim © Cocinor/Iéna Productions/UCIL ; 30 décembre, Grigori Raspoutine © The State Hermitage Museum.

Du même auteur

Chez Flammarion
Jacques Garcia ou l'Éloge du décor, 1999 (rééd. 2007).
Le Bal des ifs, 2000.
Parfums, l'empire d'un sens, 2001.
Bruges, invitation au voyage, 2002.
Bordeaux, Grands Crus classés, 2004.
La Régente noire – La Cour des Dames I, 2007 (J'ai Lu, 2008).
Les Fils de France – La Cour des Dames II, 2008 (J'ai Lu, 2009).
Madame Catherine – La Cour des Dames III, 2009 (J'ai Lu, 2010).
Au cœur de l'Écosse, avec Stéphane Bern, 2009.
Au cœur de l'histoire, 2011.
Du sang sur l'histoire, 2012.
François Ier, roi de chimères, 2014.

Chez Perrin
Ils ont sauvé Versailles, 2003 (Tempus, 2012).
Gérald Van der Kemp, un gentilhomme à Versailles, 2005.

Aux Éditions du Chêne
La Grande Époque des sports d'hiver, 2003.
Portraits de cour, avec Stéphane Bern, 2012.

Chez Tallandier
L'Histoire interdite, révélations sur l'histoire de France, 2008.

Chez XO
L'Ombre des Romanov, 2010.

Chez Plon
Dictionnaire amoureux de Versailles, 2013

Chez Pygmalion, collection « Franck Ferrand présente »
De quoi sont-ils vraiment morts ? par le Dr Jacques Deblauwe, Pygmalion, 2013.
Alésia : la supercherie dévoilée, ouvrage collectif sous la direction de Danielle Porte, Pygmalion, 2014.
La Science au secours de l'Histoire : 5 énigmes résolues, par Nicolas Koch, Pygmalion, 2014.

Cet ouvrage a été achevé d'imprimer
En octobre 2015 sur les presses de l'imprimerie
L.E.G.O en Italie